景仁文化社

행정계약법의 이해

김 대 인

景仁文化社

책머리에

이 책은 필자의 학위논문(행정계약에 관한 연구, 서울대학교 대학원 법학박사학위논문, 2006. 2)을 기본토대로 한 것이다. 원래 학위논문보다 약간 축약되긴 하였으나 학위논문의 핵심적인 내용은 그대로 반영했으며, 학위취득 이후의 논의를 고려하여 부분적인 수정이 이루어졌다.

우선 필자가 행정계약법 분야에 관심을 갖게 된 계기를 간단히 설명하고자 한다. 필자는 어린 시절부터 갖게 된 기독교신앙의 영향으로 이웃사랑의 계명을 법학영역에서 어떻게 구현할 것인가에 대한 문제의식을 갖게 되었다. 이러한 문제의식은 체제전환국의 법 및 경제발전을 어떻게 도울 것인지에 대한 관심으로 연결되었고, 이 과정에서 한 국가의 법과 경제가 어떠한 상호관계 가운데 발전하는가에 대한 관심을 갖게 되었다.

법과 경제의 관계에 관한 관심은 다시 공법과 사법 간의 관계에 관한 관심으로 연결되었고 이를 행정법영역에서 구체화하는 과정에서 행정계약법 분야를 만나게 되었다. 행정계약법은 사법의 대표적인 형식인 '계약'형식을 취하면서도 계약체결의 주체가 행정주체라는 점에서 사법과 공법이 교차하는 영역이라는 특성을 갖고 있기 때문이다. 이러한 문제의식하에 행정계약이 기존의 사법상 계약과 어떤 공통점과 차이점을 갖는지를 분석하려고 노력했다.

행정계약법제에 관한 연구를 하면서 머리 속을 떠나지 않았던 화두 중의 하나는 신자유주의적인 세계화의 경향을 어떻게 바라볼 것인가 하는 점이었다. 공공분야에서 계약형식이 광범위하게 사용되는 것은 시장경제원리가 공공분야에 도입되는 신자유주의적인 측면이 존재하기 때문이다. 이러한 문제의식하에 '자유주의—공동체주의의 대립'이라는 사회철학적인 논의를 각국의 행정계약법제를 분석하는 기본틀로 도입했다.

연구를 진행해가면서 행정계약의 유형이 매우 다양함을 발견할 수 있었다. 이처럼 다양한 유형의 행정계약들을 한 논문에서 포괄적으로 다루는 것이 바람직한지에 대한 의문이 제기될 수 있다. 그러나 행정계약법 분야의 연구가 상대적으로 덜 되어 있다는 점, 다양한 유형의 행정계약을 공법적 관점에서 일관되게 조망해보는 것이 필요하다는 점 등을 고려하여 이들을 포괄적으로 다루게 되었다. 물론 앞으로는 각 유형별 연구가 구체적으로 이루어져야 할 것이다.

다양한 행정계약유형 중에서도 관심을 가장 많이 갖게 된 것은 정부조달계약이다. 국가재정지출에 있어서 상당한 부분을 차지하고 있는 정부조달계약의 투명성과 효율성을 높이는 것이 국가재정의 건전화를 위해서 필수적이라고 할 수 있다. 또한 이 분야는 WTO법과 같은 국제경제법이 국내법에 미치는 영향을 고려해야 하는 특성을 갖고 있기도 하다. 필자는 앞으로 정부조달계약분야를 집중적으로 연구할 계획을 갖고 있다.

필자가 오늘날 학자로서의 길을 걷기까지 늘 애정을 갖고 가르쳐주신 은사님들에 대한 감사의 뜻을 밝히지 않을 수 없다. 김동희 선생님은 들뜨지 않고 차분하게 하나하나의 논리를 치밀하게 전개해나가는 학문적 모범을 보여주셨으며, 박정훈 선생님은 어느 한 국가에 치우치지 않는 다원적 비교법학의 지평을 보여주시고 철학적인 관점에서 행정법학을 연구할 수 있는 자극을 주셨다. 최송화 선생님과 故 서원우 선생님은 해석법학에 머물지 않고 입법학까지 나아가는 행정법학의 모델을 보여주셨다. 네 분 선생님들께 진심으로 감사드리면서 이 분들의 가르침에 어긋나지 않는 학자가 되기로 다짐해본다.

　법과 경제의 관계에 관한 학문적 자극을 끊임없이 주셨던 권오승 선생님, 법사회학적인 관점에서 법을 볼 수 있게 해주신 최대권 선생님, 그리고 기독학자로서의 모델을 보여주신 손봉호 선생님께도 진심으로 감사드린다. 논문심사과정에서 날카로운 지적과 함께 격려를 아끼지 않으셨던 박균성 교수님과 이원우 교수님께도 감사드린다. 학위논문을 준비하는 과정에서 늘 격려해주고 지적 자극을 주셨던 한동대학교 법학부의 동료교수님들과 법무법인 소명의 변호사님들께도 감사드린다.

　부모님과 가족들에 대한 감사도 빠뜨릴 수 없다. 소외된 자들에게 관심을 갖는 기독법조인으로서의 모범을 보여주신 아버님(김성길 장로님)과 기도로 격려해주고 계시는 어머님(장숙 권사님)께 진심으로 감사드린다. 마지막으로 학위논문준비로 늦게 집에 들어오는 필자를 늘 응원해준 아내 신혜인과 아들(명현, 유현)에게 감사의 뜻을 전한다.

2007. 2.
포항 한동대학교 연구실에서
김대인

〈목 차〉

서 론

Ⅰ. 연구의 목적

일반적으로 근대 초기의 자유주의 또는 야경국가에서의 행정은 기본적으로 질서유지에 한정되어 있었고, 그에 따라서 행정수단도 행정행위 또는 그에 준하는 행정작용에 한정되어 있었다. 그러나 여러 사회문제의 등장으로 인해 국가의 기능도 질서유지작용에 한정되지 않고 급부행정작용 등으로 확대되게 된다. 이처럼 국가의 행정은 매우 다양한 기능 또는 책무를 그 내용으로 하고 있는 결과 이들 기능 또는 책무를 실현하기 위한 행정수단 또는 작용형식도 상당히 다양화되어 있는데, 그 중요한 것으로서는 전통적인 행정행위 이외에도 행정계약·사실행위·행정입법 등을 들 수 있다.[1]

이처럼 국가기능의 변화에 따른 행정작용형식의 다양화에 따라 전통적인 행정행위 이외의 행정형식에 대한 관심이 높아지고 이에 관한 학계의 활발한 토론이 이루어지고 있는 것은 어쩌면 당연한 현상이라고 할 수 있다. 그런데 행정법실무에서 많이 등장하고 있음에도 불구하고 상대적으로 행정법학계의 관심의 대상에서 벗어나 있다가 최근에 들어와서 점차 관심이 증대되고 있는 행위형식이 있는데 이것이 바로 '행정계약'이다.

---

[1] 김동희, "행정작용론 소고", 행정작용법(중범 김동희 교수 정년기념논문집), 박영사, 2005, 3면 참조.

우리나라의 행정법실무를 보면 양쪽의 의사합치를 핵심으로 하는 계약이 많이 사용되어 왔고, 최근 들어 더욱 빈번하게 사용되고 있음을 볼 수 있다. 정부조달계약의 경우 전통적으로 많이 사용되어온 계약유형으로 볼 수 있고, 공무원고용계약의 경우 전통적으로 사용하여 왔으나 최근 들어 더욱 활발하게 사용되고 있으며, 민간위탁계약, 민관협력계약 등은 최근 들어 등장하기 시작한 계약유형들이다.

이처럼 최근에 들어 계약형식이 더욱 많이 등장하고 활발하게 사용되고 있는 배경은 크게 두 가지로 설명될 수 있다. 첫째, 규제국가에서 협력국가로의 이전 경향을 들 수 있다. 이는 행정의 패러다임 변화와 관련된 것으로 행정의 객체에 불과한 것으로 보았던 시민을 행정의 참여자, 협력자로 위치지우는 경향을 의미한다. 이러한 협력국가의 경향에 가장 부합하는 법형식이 바로 행정계약이라고 할 수 있다.

둘째, 신공공관리론(New Public Management : NPM)의 확산경향을 들 수 있다. 이는 행정의 경영화 또는 경영행정의 제도화를 통해 '작고 효율적인 정부' 또는 '작고 강력한 정부'를 실현하려는 경향을 말한다. 이러한 신공공관리론에 입각한 정부개혁프로그램의 대표적인 내용 중의 하나가 바로 계약제의 도입이다.[2] 우리나라도 국민의 정부 이래로 신공공관리론에 따른 정부개혁프로그램을 적극적으로 도입한바 있고 이러한 결과로 계약형식이 많이 나타나고 있다.[3]

이러한 두 가지 경향은 전통적인 행정의 비효율성에 대한 문제점을 인식하고 '행정효율성의 증대'라는 공동의 목표를 추구한다는 점에서는 서로 공통점이 있다고 할 수 있으나, 다음과 같은 점에서 그 강조점의 차이를 지적할 수 있다. 즉 협력국가의 경향은 '민주주의적 요소'의 보완 또는 강화에 초점을 맞추고 있다면, 신공공관리론의 경향은 공공영역에서의

---

2) 홍준형, "신공공관리이론의 공법적 문제─공무원인사제도개혁을 중심으로", 행정법연구 제4호, 1999, 17면～19면.

3) 공무원계약제도의 활성화를 위한 법제정비와 민간위탁계약의 활성화를 위한 법제정비 등을 그 예로 들 수 있다.

‘시장경제적 요소’의 강화에 초점을 맞추고 있다는 점4)이 그것이다.

이처럼 최근의 행정계약의 증대는 서로 초점이 다른 두 가지 경향을 그 배경으로 하고 있기 때문에 어느 경향에 보다 초점을 맞추는가에 따라 상당히 다른 평가가 나올 수 있다. 행정계약 자체에 대한 평가로 볼 수는 없지만 두 가지 경향에 대한 행정법학계의 반응을 살펴보면 크게 다음과 같이 평가할 수 있다. 첫 번째 경향인 협력국가로의 이전을 통한 민주주의적 요소의 보완 또는 강화에 대해서는 기본적으로 긍정적인 평가가 우세한 반면,5) 두 번째 경향, 즉 공공영역에의 시장경제적 요소를 도입하는 신자유주의적인 경향에 대해서는 헌법적 한계를 지적하거나,6) 법치국가의 관점에서 비판적으로 검토하는 견해7)가 나타나고 있다.

이처럼 협력국가모델 및 신공공관리론에 대한 상이한 평가는 행정계약의 장단점으로 언급되고 있는 것들과 연관성을 갖게 된다. 행정계약의 장점으로는 개별, 구체적 사안에 따라 기계적 법집행이 아닌 행정의 탄력적 시행이 가능하다는 점, 사실관계, 법률관계가 불명확 시 계약과정에서 당사자의 적극적 참여를 통해 불명확성이 제거되며 이를 통해 문제해결이 용이하다는 점, 당사자의 의사합치를 통해 무리한 공권력 행사에서 오는 마찰을 방지할 수 있다는 점 등이 언급되고 있다.8) 이들은 협

---

4) 이러한 점에서 신공공관리론은 신자유주의를 이론적 기초로 하고 있다고 할 수 있다. 홍준형, “신공공관리이론의 공법적 문제-공무원인사제도개혁을 중심으로”, 19면 참조.
5) 협력국가모델을 지지하는 대표적인 논자로 김성수 교수를 들 수 있다. 김성수, 개별행정법-협조적 법치주의와 행정법이론-, 2001, 92~95면 참조.
6) 홍준형, “신공공관리이론의 공법적 문제-공무원인사제도개혁을 중심으로”, 24~29면 참조. 동 문헌에서는 신공공관리론에 의한 공무원인사제도개혁에 헌법적 한계가 있다는 점을 지적하고 있다.
7) 이광윤, “신자유주의와 행정규제의 법리”, 공법연구 제27집 제2호, 1999, 42~48면 ; 이계수, “신자유주의의 세계화와 법치국가의 위기”, 현대 공법학의 과제(청담 최송화 교수 화갑기념논문집), 2002, 958~961면 등 참조.
8) 장태주, “공법상 계약의 적용범위-독일 행정절차법상의 공법상 계약을 중심으로-”, 공법연구 제29집 제2호, 2000, 304~305면 참조.

력국가의 모델의 관점에서 직접민주주의적 요소를 강화하고 이를 통해 행정의 효율성을 강화하는 것이 행정계약의 장점임을 보여준다.

반면에 단점으로는 계약체결을 위한 협상과정에서 부정한 거래가 발생할 수 있다는 점, 의사의 합치가 있었다는 점으로 인해 오히려 국민의 권리구제가 어려워질 수 있다는 점, 행정행위에 대한 엄격한 법적 통제를 회피하는 수단으로 계약이 남용될 수 있다는 점 등이 언급되고 있다.[9] 이들은 공공부문에서 시장원리를 무분별하게 도입할 경우 법치국가원리가 약화될 우려가 있다는 것을 보여준다.

이상의 점들을 고려할 때 다음과 같은 두 가지의 문제가 제기된다. 첫째, 행정실무에 있어서 계약형식이 가지는 장점(민주주의적 요소의 강화를 통한 행정의 효율성의 증대)을 최대화하면서도 단점(법치국가적 통제의 약화)을 최소화하기 위해서는 어떤 법적 규율이 필요한가 하는 문제가 제기된다. 둘째, 이와 관련하여 시장경제적 요소가 공공부문으로 침투하는 것의 한계를 어떤 식으로 설정할 것인가 하는 문제가 제기된다.

이와 관련해서 계약의 형식을 사용했다는 이유만으로 이들을 모두 사법상의 규율에 맡겨두는 것은 법치국가적 통제를 약화시킬 뿐만 아니라 행정의 효율성도 저해할 수 있다는 점에서 문제가 있다고 하겠다. 이러한 관점에서 볼 때 행정에 대한 특별한 수권과 특별한 권한제한을 특징으로 하는 공법적 관점에서 이들 계약들을 접근하는 것이 절실히 요청된다고 할 수 있다.

이처럼 행정계약에 관해 공법적 관점에서의 연구가 절실히 요청됨에도 불구하고 그동안 행정계약에 관한 연구는 행정행위에 관한 연구에 비해 그 구체성이 매우 뒤떨어지는 한계를 드러내왔다. 즉 공법상 계약 또는 행정계약이라고 할 때 위와 같은 다양한 유형의 계약들 중 어디까지를 포함하는 것으로 볼 것인가가 불분명했을 뿐만 아니라, 사법상 계

---

9) 장태주, "공법상 계약의 적용범위－독일 행정절차법상의 공법상 계약을 중심으로－", 공법연구 제29집 제2호, 2000, 306면 참조.

약과 비교할 때 그 내용상 특수성을 어떻게 볼 것인가도 구체화되지 못했다.

그러면 이처럼 공법상 계약 또는 행정계약에 관한 이론이 구체화되기 힘들었던 원인은 어디에 있을까. 첫째, 이론적인 측면에서 우리나라에서 공법의 개념자체가 권력설을 중심으로 매우 좁게 이해되어 왔던 점을 들 수 있다.[10] 이러한 이론적인 입장은 법원의 실무에도 영향을 미쳐서 판례상 공법상 계약으로 인정된 예는 극소수임을 볼 수 있다. 독일을 제외한 각국에서 행정계약법제의 핵심을 이루고 있는 정부조달계약에 대해서 행정법의 연구대상으로 삼아오지 않았던 것도 이러한 영향으로 볼 수 있다.

둘째, 행정계약각론의 기초가 없이 행정계약총론에 대한 논의가 이루어진 점을 들 수 있다. 이처럼 행정계약각론의 기초가 정립되기 힘들었던 원인은 무엇일까. 우선 실무적인 측면에서는 행정계약 자체가 활성화되기 시작한 것이 정부조달계약을 제외하면 매우 최근의 현상이라는 점을 그 원인으로 들 수 있다. 민관협력계약, 민간위탁계약, 규제계약 등의 계약형식이 본격적으로 등장하기 시작한 것은 10년이 채 되지 않는다. 그나마 어느 정도 역사가 있다고 할 수 있는 공무원고용계약 등의 경우 매우 예외적으로만 이루어졌을 뿐만 아니라 이와 관련하여 법원까지 가는 법적 쟁점이 발생하는 경우가 민사상 계약에 비해 매우 드물었다. 이러한 이유로 법원에서의 실무에 연구의 초점이 맞추어진 전통적인 행정법이론에서는 행정계약에 대한 구체적인 연구가 이루어지기 힘들 수밖에 없었다.

그러나 최근에는 이러한 행정계약법연구의 한계를 극복할 수 있는 여러 가지 가능성이 열리고 있다. 첫 번째 문제와 관련해서 학계에서도 공사법구별에 관한 권력설의 한계를 극복하고 이익설적인 관점에서 정부

---

10) 박정훈, "행정조달계약의 법적 성격", 행정법의 체계와 방법론, 박영사, 2005, 221~224면 참조.

조달계약에까지 행정법의 연구범위를 확대하려는 시도[11]가 나오고 있으며, 판례상으로도 넓은 의미에서 정부조달계약체결의 과정 중의 하나라고 할 수 있는 부정당업자제재에 대해 행정소송을 인정함으로서[12] 공법적 통제범위를 확대하고 있다.

두 번째 문제와 관련해서도 민관협력계약, 민간위탁계약, 규제계약 등의 계약형식이 최근 본격적으로 등장하고 있고 있어 행정계약각론 구축의 주요한 소재를 제공해주고 있다. 또한 행정법학의 연구대상이 법원에서의 실무만이 아니라 행정부나 국회에서의 실무에까지 확대됨에 따라[13] 행정부의 실무상 이루어지는 이러한 계약형식들에 대한 연구가 활발하게 이루어 질 수 있는 이론적 토대가 마련되고 있다.

이러한 맥락에서 본 연구는 크게 두 가지를 목적으로 한다. 첫째, 정부조달계약법제를 포함한 포괄적인 행정계약법체계의 구축이다. 이는 행정법학의 자기영역축소의 경향을 지양하고 경제학이나 행정학의 주된 연구대상이 되던 분야에까지 행정법학의 연구대상을 확장함으로써 공법원리의 적용범위 확대를 가져온다는 점에서도 의미가 있다고 할 수 있다.

둘째, 행정계약법각론을 기초로 한 행정계약법총론의 구축이다. 행정계약법총론이 의미있게 정립되기 위해서는 행정실무에서 활용되고 있는 계약에 대한 면밀한 분석이 그 기초가 되어야 함은 물론이다.[14] 행정학의 주요한 분석대상이 되어온 계약들을 법적인 관점에서 분석하기 위해

---

11) 박정훈, "행정조달계약의 법적 성격", 행정법의 체계와 방법론, 박영사, 2005, 163~241면 참조.
12) 대법원 1996.2.27. 선고 95누4360 판결 참조.
13) 서원우, "한국행정법(학)의 현상과 과제", 전환기의 행정법이론, 박영사, 1997, 62~74면이 이러한 문제의식을 대표적으로 보여주고 있다.
14) 이에 관해 다음과 같은 지적이 이루어지고 있다. "… 우선 잠정적으로 공법상 또는 사법상 계약 여부를 가리지 않고, 행정주체가 체결하는 모든 계약을 개별적·구체적으로 검토하여야 할 것이며, 이러한 구체적 검토를 기초로 하여 귀납적으로 공법상 계약과 사법상 계약의 구별기준이나 공법상 계약의 법제를 점차적으로 정립해 나가는 것이 타당할 것으로 본다"(김동희, 행정법 I (제11판), 박영사, 2005, 212면 참조).

서는 행정계약의 유형화를 통한 각론체계를 수립하고 이와 행정계약법
총론과의 유기적인 관계를 설정해주는 것이 필수적이라고 하겠다.

II. 연구의 방법

이처럼 행정법실무에서 사용되는 다양한 유형의 계약들을 연구함에
있어서는 비교법학적 방법론이 필수적이라고 할 수 있다. 우리나라의 행
정계약법의 실무 및 관련법제가 서구 선진국의 영향을 많이 받았다는
점을 고려할 때 그 뿌리를 살펴볼 필요가 있다는 점은 부인할 수 없다고
하겠다. 문제는 비교법의 연구대상을 어느 범위로 잡을 것인가 하는 점
과, 비교법연구를 어떤 관점에서 수행할 것인가 하는 점이다.

행정계약법제에 관한 기존의 비교법적 연구를 보면 독일법제의 소개
가 주류를 이루었고, 프랑스 법제에 대한 소개가 일부 이루어졌으며, 미
국법제에 대한 소개는 매우 제한적으로 이루어졌음을 볼 수 있다. 우리
나라에 바람직한 행정법학을 정립함에 있어서는 어느 한 나라에 치우치
지 않는 다원적 법비교가 바람직하다는 점은 자주 지적되고 있는데,[15]
행정계약의 경우에는 더더욱 그러하다고 할 수 있다. 즉, 우리 행정법체
계가 기본적으로 대륙법체계의 영향을 많이 받았다는 점을 고려할 때
행정계약법 연구에 있어서도 대륙법계국가의 대표적인 국가들인 독일과
프랑스에 대한 연구를 빠뜨릴 수 없을 것이며, 최근에 등장하고 있는 행
정계약의 유형들(민관협력계약이나 민간위탁계약)의 경우 영미법계 국
가들에서 오히려 선도적으로 그 법리가 개발되고 있다는 점을 고려할
때 영미법계의 대표적인 국가들인 영국과 미국에 대한 연구를 빠뜨릴

---

15) 김동희, "행정법 50년과 행정법이론", 아·태공법연구(제5집), 1998, 39~40
 면 참조. 이러한 방법론을 채택한 대표적인 문헌으로 박정훈, "인류의 보편
 적 지혜로서의 행정소송", 행정소송의 구조와 기능, 박영사, 2006, 101~144
 면 참조.

수 없다고 하겠다.

이러한 점을 고려하여 본 논문에서도 독일, 프랑스, 영국, 미국을 비교법의 기본대상으로 삼도록 하되, 필요에 따라서 부분적으로 WTO, EU 등 국제기구의 법제에 대한 분석도 병행하기로 한다. 이는 행정계약법제의 특수성, 즉 계약의 속성상 국경을 넘어 계약이 체결되는 상황이 자주 발생하고 있다는 점 때문이다.16) 이는 특히 정부조달계약에서 현저하게 나타나고 있는데, 이러한 이유로 WTO 정부조달협정(Government Procurement Agreement : GPA)이 체결된 상태이고 이에 가입된 국가들은 위 협정내용에 부합하게 국내법을 정비할 의무를 지고 있다. 이처럼 행정계약법 연구는 소위 '국제행정법'의 차원까지 그 범위가 확장될 수 있다는 점이 그 특징이라고 할 수 있다.

그러나 이러한 다원적 비교법연구를 함에 있어서는 크게 두 가지를 유의해야 함이 지적되고 있다. 각국 법제의 표피만을 분석해서는 안 된다는 지적17)이 하나이고, 비교법연구에만 집중한 나머지 정작 우리나라에서의 법제정립에의 초점이 흐려져서는 안 된다는 지적18)이 나머지 하나이다.

---

16) 행정행위와 같은 일방적인 행정작용의 경우 국경을 넘어서 이루어지기가 쉽지 않으나 당사자의 의사합치를 본질로 하는 행정계약의 경우 국경을 넘어서 쉽게 체결될 수 있다는 특징을 가지고 있다.

17) "당연한 것이나 외국의 관련 이론이나 법제에 관한 연구·검토는 매우 충실하고 철저한 것이어야 한다는 것이다. … 이와 관련하여서는 특히 관련 법리·법제에 대한 연혁적인 고찰, 보다 구체적으로는 그 뿌리 자체에 대한 철저한 연구·검토가 필요하다고 본다" 김동희, "행정법 50년과 행정법이론", 아·태공법연구(제5집), 1998, 40면 참조.

18) "독일의 이론, 미국의 이론, 프랑스의 이론이 아무리 정교할지라도 그것은 그 나라 나름의 역사적 배경과 문제의식 및 문제해결방법론에 근거하여 형성된 것이다. 오늘의 한국의 행정법현상에 대한 학문적 해명은 무엇보다도 우리 나름의 법적 문제의식과 문제해결방법에 의해 이루어져야 할 것이고 외국의 이론은 우리 문제의 해결을 위한 참고와 시사가 됨에 불과한 것이다" 최송화, "한국 행정법학 50년의 성과와 21세기적 과제", 법치행정과 공익, 박영사, 2002, 145면 참조.

본 논문은 다원적 비교법학방법론을 취하되 위와 같은 지적을 고려하여 다음과 같이 세 단계로 행정계약을 분석하고자 한다. ① 외국의 제도를 표면적으로 분석하는데 그치지 않고 그러한 제도가 발생하게 된 역사적, 사회적, 철학적인 배경을 분석한 다음, ② 이들 법제들의 '보편성'과 '특수성'을 발견해내고, ③ 위와 같은 비교법적 분석을 토대로 우리나라의 상황에 적합한 법제를 정립하고자 한다. 이를 보다 자세히 설명하면 다음과 같다.

① 우선 각국의 행정계약제도가 발전해온 역사적, 사회적, 철학적인 배경을 분석하도록 한다. 이를 위해 본 논문에서는 특히 자유주의와 공동체주의의 맥락에서 각국의 제도에 대한 분석을 시도하고자 한다.[19] 이를 위해서는 본 논문에서 자유주의와 공동체주의를 어떠한 의미로 사용하는지를 우선적으로 밝혀야 하겠다.

자유주의나 공동체주의 각각은 매우 다양한 의미로 사용되고 있어서 이를 일의적으로 정의하기는 매우 힘들다고 할 수 있으나,[20] '자유주의와 공동체주의의 대립'의 맥락으로 사용할 때에는 사회철학계에서 존 롤스(John Rawls)의 '정의론'(A Theory of Justice)을 둘러싸고 벌어진 논쟁을 가리키는 것으로 사용되고 있는 것이 일반적이다.[21] 우리나라 법철학

---

19) 다른 행정법분야도 마찬가지이겠지만 특히 행정계약의 경우 공법과 사법의 관계, 법과 경제의 관계에 관한 사상사적인 검토가 매우 요청된다고 할 수 있다. 이런 관점에서의 대표적인 연구로 최송화, "행정법학에 있어서 공사법 구별론의 사상사적 검토", 법치행정과 공익, 박영사, 2002, 73~102면 참조.
20) 자유주의의 다양한 모습에 대해서는 노명식, 자유주의 원리와 역사-그 비판적 연구, 민음사, 1991 참조.
21) 자유주의와 공동체주의에 대한 대표적인 입문서인 Stephen Mulhall/Adam Swift, Liberals and Communitarians(2 ed.), Blackwell, 2004(김해성/조영달 역, 자유주의와 공동체주의, 한울아카데미, 2001)에서는 존 롤즈의 '공정으로서의 정의'(Justice as Fairness)를 현대 자유주의의 전형적인 입장으로 간주하고 이에 관한 두 가지 관점에서의 비판을 다루고 있다. 자유지상주의(libertarianism)의 관점에서의 비판이 하나이고, 공동체주의(communitarianism)에서의 비판이 하나이다.

계에서의 자유주의와 공동체주의에 대한 논의도 이를 중심으로 하고 있다. 우리나라 행정법학계에서도 위와 맥락을 약간 달리하나 역시 자유주의와 공동체주의의 관점에서 행정법학의 발전역사를 분석하고 있는 견해가 나타나고 있다.[22]

　본 논문은 사회철학계와 법학계의 이러한 논의들을 고려하여 다음과 같은 의미로 용어를 사용하고자 한다. 우선 자유주의는 독일식의 고전적 자유주의, 즉 국가와 사회를 구분하고 사회영역에서의 개인의 자유와 권리를 최대한 보장하는데 초점이 맞추어진 자유주의로 파악하고자 한다. 이에 비해 신자유주의는 미국식의 경제적 자유지상주의, 즉 국가와 사회의 구분이 모호하고 국가의 영역에까지 경제적 자유주의의 원리를 관철하려는 자유주의로 파악하고자 한다. 양자의 결정적인 차이는 경제적 자유주의의 원리가 전자의 경우 민간영역에 제한되는 반면, 후자의 경우 공공영역까지 확대된다는 점을 들 수 있다. 반면에 공동체주의는 국가와 사회의 구별을 어느 정도 인정하면서 개인의 자유, 권리 못지않게 공동체적 가치를 중시하는 주의로 파악하고자 한다.[23]

　② 다음으로 각국의 행정계약제도의 비교를 통해 '보편성'(universality)이 작동하고 있는 영역과 '특수성'(particularity)이 작동하고 있는 영역을

---

22) "행정법은 국가공동체의 운영을 맡는 행정에게 특별한 권한과 재량을 부여하면서 동시에 바로 그렇기 때문에 특별한 제한과 통제를 가하는, 말하자면 양날을 가진 칼이다. 따라서 특별한 수권이냐 특별한 제한이냐에 따라 행정법의 중심은 변화하게 마련인데, 행정법 발전의 제1단계는 국가의 우월성에 근거하여 전자를 중시한 국가주의 행정법이었다고 한다면, 제2단계는 개인의 자유와 권리를 최대한 확보하기 위해 후자를 중시한 자유주의 행정법이고, 제3단계는 국가공동체의 이익과 개인의 자유를 동시에 추구하는, 그리하여 행정에 대한 특별한 수권과 특별한 제한을 동시에 지향하는 공동체주의 행정법이라고 할 수 있다" 박정훈, "행정법교육의 목표와 방향", 행정법의 체계와 방법론, 박영사, 2005, 77면 참조.

23) 경제학적 관점에서 이러한 자유주의는 Adam Smith의 경제학이론과 조응하고, 공동체주의는 Keynes의 경제학이론과 조응하며, 신자유주의는 Hayek의 경제학이론과 조응하는 것으로 볼 수 있다.

면밀하게 구분해낸다. 우리나라 비교법학에서는 주요선진국(미, 영, 독, 프)에서 공통적으로 나타나고 있는 법제가 있을 경우 전 세계적인 '보편성'을 인정하고 우리나라에도 이러한 보편성이 그대로 작동하는 것으로 보는 것이 일반적이다. 서구의 근대법체계의 기본적인 보편성, 우리나라의 서구법계수의 역사 등을 고려할 때 위와 같이 보는 것의 '원칙적'인 타당성을 부정하기 힘들다. 그러나 서구법제의 보편성이 '항상' 우리나라 법제의 보편성이 될 수 있는가에 대해서는 깊이 고민할 필요가 있다고 하겠다. 이 점이 바로 세 번째 단계와 연결된다.

③ 우리나라에 적합한 행정계약법제의 정립을 위해서는 서구 주요법제에 있어서의 보편성을 고려하면서도 우리나라의 특수성을 잘 반영하는 것이 필요하다고 하겠다. 특히 우리나라의 특수성을 잘 반영하기 위해서는 우리나라 관련법제의 내용에 대한 실증적 분석도 중요하지만, 우리사회의 특수성에 대한 법사회학적 분석이 필연적으로 따라야 한다고 볼 수 있다[24]. 또한 역사의 발전방향의 관점에서 이러한 서구에서의 보편성을 그대로 우리의 것으로 흡수하는 것이 바람직한지에 대해서도 신중한 논의가 필요하다고 하겠다.

III. 논문의 구성

본 논문은 크게 3장으로 나누어진다. 제1장은 행정계약논의의 기초를, 제2장은 행정계약의 일반론을, 제3장은 행정계약의 주요유형을 고찰한다. 제1장과 제2장이 행정계약총론에 해당된다면, 제3장은 행정계약각론

---

24) 이러한 문제의식을 반영하고 있는 대표적인 문헌으로 최대권, "헌법학방법론의 문제: 그 합리성 모색을 위한 담론", 법학교육, 법학방법론, 박영사, 2003, 233~283면 참조. 계약법분야에서 이러한 관점에서의 대표적인 연구로 이은영, "계약에 있어서 법과 문화", 민사법학 제25호, 2004, 229~255면 참조.

에 해당된다.

　제1장은 행정계약논의를 위한 기초에 해당된다. 제1절에서는 행정계약논의를 위한 기초로 논의되어야 하는 쟁점들에 대해서 개관을 한다. 제2절에서 행정계약, 공법상 계약, 정부계약 등 비교법적으로 다양하게 사용되고 있는 용어 및 유형들을 우리나라에서 어떻게 정립할 것인지를 다룬다. 제3절에서는 공법상 당사자소송의 대상이 되는 협의의 행정계약과 사법상 계약의 구별기준을 살펴본다. 제4절에서는 행정계약의 헌법상의 근거를 어떻게 볼 것인지, 행정계약과 법률우위의 관계, 행정계약과 법률유보와의 관계를 어떻게 설정할 것인가를 다룬다. 제5절에서는 행정작용형식론에 있어서 행정계약의 지위를 행정행위, 행정입법과의 관계에서 고찰한다.

　제2장은 행정계약의 일반론으로서 우선 행정계약의 단계별로 적용법리를 고찰한다. 제1절에서는 행정계약의 일반론으로 논의되어야 할 쟁점들을 개관한다. 제2절에서는 행정계약의 체결 이전 단계에 있어서 어떠한 공법적 특수성이 인정되어야 하는지를 다룬다. 제3절에서는 행정계약의 체결 이후의 계약의 구속력의 한계를 다룬다. 제4절에서는 행정행위의 하자론이나 私法上 계약의 하자론과 행정계약의 하자론이 어떤 차이가 있는지를 다룬다. 제5절에서는 행정계약과 관련된 분쟁해결수단에 있어서 私法上 계약에서의 분쟁해결수단과 다른 특수성은 무엇인지를 살펴본다.

　제3장에서는 행정계약의 주요유형별로 구체적인 고찰을 시도한다. 제1절에서는 행정계약의 기능 및 적용영역을 고려하여 행정계약의 유형화를 시도한다. 이를 토대로 제2절에서는 정부조달계약을, 제3절에서는 민관협력계약 및 민간위탁계약을, 제4절에서는 규제계약을, 제5절에서는 공무원고용계약 및 성과계약을 각각 다룬다.

　각 절에서는 주요외국의 법제를 검토하고 법제상호간을 비교고찰하고(Ⅰ), 우리나라 법제의 현황 및 정립방안에 관해 논의한다(Ⅱ). 주요외국의 법제를 검토함에 있어서는 앞서 본 바와 같이 독일·프랑스·영국·미국의 법제를 검토한다. 외국법제의 검토순서는 다음과 같다. 우선 행정계약총론 분야에서는 우리나라 법제가 독일과 프랑스의 법제에 더 많은 영향을 받고 있다는 점을 고려하여 독일과 프랑스의 법제를 먼저 살펴보고 다음으로 영국과 미국의 법제를 살펴본다(제1장, 제2장). 반면 행정계약각론 분야에서는 주로 미국과 영국에서 먼저 법제가 발달하여 독일과 프랑스에 영향을 미치고 있다는 점, 우리나라에서도 행정계약각론 분야에서는 독일이나 프랑스 보다는 미국과 영국의 법제의 영향을 더 많이 받고 있다는 점을 고려하여 미국과 영국의 법제를 먼저 살펴보고 다음으로 독일과 프랑스의 법제를 살펴보도록 한다(제3장).

결론에서는 자유주의와 공동체주의의 대립의 관점에서 외국의 법제가 전체적으로 어떻게 평가될 수 있는지를 고찰한다. 이를 토대로 우리나라의 행정계약법제정립을 위한 바람직한 해석론과 입법론을 제시하고, 마지막으로 앞으로의 과제를 다루도록 한다.

제1장 행정계약의 기초

제1절 개 관

　행정계약에 관한 법리를 전개함에 있어서는 네 가지의 기초정립이 필요하다. 첫째, 행정계약의 개념, 용어, 유형들을 살펴볼 필요가 있다. 행정계약에 관한 논의의 대상 및 그 범위의 명확화를 위해 이들에 관한 고찰이 필요하다고 하겠다. 둘째, *私法*과의 관계에서 행정계약을 어떻게 볼 것인지가 논의되어야 하고, 셋째, 헌법과의 관계에서 행정계약을 어떻게 볼 것인지가 논의되어야 한다. 행정법의 관점에서 행정계약을 고찰함에 있어서는 관련법과의 관계설정이 명확하게 이루어질 필요가 있다. 이를 위해서는 행정법연구의 일반론과 마찬가지로 *私法*과의 관계, *憲法*과의 관계가 밝혀질 필요가 있다. 넷째, 행정계약이 행정작용형식의 일종이라는 점을 고려하면 행정작용형식론체계상 지위를 어떻게 설정할 것인지가 논의되어야 한다.

　행정실무에서 사용되는 다양한 유형의 계약들과 관련하여 우리나라 행정작용형식론에서는 '행정계약', '공법상 계약' 등 다양한 용어가 사용되고 있다. 이들 용어들을 어떤 의미로 사용하는 것이 바람직한지, 또 행정실무에서 사용되는 다양한 유형의 계약들을 이 개념에 어떻게 포섭시키고 유형화시킬 것인지가 문제된다. 이와 관련하여 외국의 법제를 살펴봄에 있어서는 행정계약과 관련된 논의의 역사를 살펴보는 것이 필수적이라고 할 수 있다. 논의의 역사에서는 크게 두 가지를 살펴보도록 한다.

행정계약의 가능성과 *私法*상 계약과 구별되는 특수성에 관한 논의가 그 것이다(제2절).

　행정계약은 행정작용형식의 일종이라는 점에서 공법적 측면을 가지는 한편, 계약이 *私法*상의 대표적인 법형식이라는 점에서 *私法*적 측면을 동시에 가지고 있다. 행정계약의 양면적 성격으로 인해 '*公法*과 *私法*의 관계론'의 관점에서 행정계약을 어떻게 볼 것인지가 문제된다. 이를 위해서 크게 두 가지를 살펴보도록 한다. 첫째, 일반론으로서 공법과 사법의 관계를 어떻게 설정하는 것이 바람직한 것인가를 살펴본다. 둘째, 이러한 일반론을 토대로 행정계약과 *私法*상 계약의 구별기준을 정립한다 (제3절).

　행정계약에 대한 공법적 규율을 구체화하기 위해서는 행정계약의 헌법상 기초로부터 논의를 출발하는 것이 바람직하다고 하겠다. 즉, 행정계약이 인정되는 헌법상의 근거는 무엇인지, 행정계약과 법률유보의 관계는 어떻게 볼 것인지, 행정계약과 법률우위의 관계는 어떻게 볼 것인지 등이 문제된다. 법률우위와 관련해서는 크게 두 가지를 나누어서 살펴보도록 한다. 법률이 존재하는 상태에서 이에 위반되는 계약이 체결된 때와 반대로 계약이 먼저 존재하고 계약의 내용에 저촉되는 법률이 제정된 때가 그것이다(제4절).

　행정작용형식론에서 전통적으로 관심이 되어 온 것은 행정행위라고 할 수 있다. 그런데 국가기능의 변화에 따른 행정작용형식의 다양화에 따라 전통적인 행정행위 이외의 행위형식이 나타나게 되는데 대표적인 것이 행정계약과 행정입법이다. 이러한 행정작용형식론상 행정계약을 어떻게 위치지울 것인지가 문제된다. 행정계약이 행정행위 또는 행정입법과 어떻게 구별되는지, 양자간의 관계설정은 어떻게 할 것인지 살펴보도록 한다(제5절).

제2절 용어, 개념 및 유형

Ⅰ. 외국의 법제

1. 독 일

1) 논의의 역사

독일의 근대행정법의 아버지라고 불리는 Otto Mayer는 공법영역에서 국가와 개인 간의 계약의 가능성에 관해서 부정적으로 보았다. 즉 계약은 당사자의 동등한 지위가 그 본질이라고 할 수 있는데 개인에 대해 우월한 지위를 갖는 국가가 사인과 계약을 체결하는 것은 불가능하다고 본 것이다.[1] 이러한 Otto Mayer의 공법상 계약 부인론은 국가의사가 선험적으로 시민의 의사보다 우월하다고 보는 국가의사의 우월성을 바탕으로 한 것으로 평가되고 있다.[2] 민법에 대한 행정법의 독자성을 정립하려고 한 Mayer에게 있어서 계약은 사법상의 제도로서 공법에서는 생각하기 힘든 제도였다.

그러나 Apelt는 1920년에 발간된 논문에서 이러한 Otto Mayer의 이론에 반기를 들면서 다음과 같이 주장했다. 계약제도가 私法분야에서 먼저 형성된 것은 사실이나, 당사자의 양보를 통한 공통의 이해를 추구하는 계약제도는 사법분야를 넘어선 일반적인 제도로서 공법에서도 사용할

---

1) Otto Mayer, Zur Lehre vom öffentlichen Vertrag, AöR 3, 1888, S. 42, in: ders, Kleine Schriften zum öffentlichen Recht, Band I, Verwatungsrecht, Berlin 1981. S. 30 참조.
2) 이러한 Otto Mayer의 국가론은 Hegel 철학의 영향이 강한 것으로 평가되고 있다. 자세히는 Ralf Michael Dewitz, Der Vertrag in der Lehre Otto Mayers, Berlin 2004, S. 62 참조.

수 있다는 것이다.[3] 그러나 이러한 주장은 Otto Mayer의 위세에 눌려 그렇게 큰 지지를 받지 못했다.

그러나 서독기본법의 제정은 국가구조의 질적 변동을 가져왔고 이는 실정법상의 제도나 절차에도 많은 영향을 미치게 된다. 행정은 이제 사회의 질서유지를 목적으로 하는 경찰작용중심의 침해행정만이 아니라, 국민 누구에게나 인간다운 생활을 보장하는 것을 내용으로 하는 생존배려를 그의 중요한 임무로 받아들이게 되었다. 다른 한편, 행정을 지탱하는 법적 가치관의 변동도 따르게 되었는데 국민은 이제 통치권력의 객체가 아니라 권력 그 자체를 담당하는 주체적 일부가 되었다. 이와 같은 변화는 공법상 계약에도 점차 영향을 미치게 되었다.

물론 서독기본법의 제정 이후에도 바로 공법상 계약의 가능성이 인정된 것은 아니다. Forsthoff의 경우 이른바 공사혼합영역에서 공법상 계약의 가능성을 인정하면서도 권력관계의 경우에는 계약의 존재를 거의 부인하였고,[4] Bullinger도 공법에서 계약이 인정될 경우에는 '공행정의 상업화'가 이루어질 우려가 있다고 하면서 공법상 계약에 대해 부정적인 견해를 취한바 있다.[5] 이처럼 학계의 논쟁이 계속되던 중 1976년 제정된 독일 연방행정절차법 제54조 이하에서는 '공법상 계약'(öffentlich-rechtlicher Vertrag)에 관해 규정함으로서 공법상 계약의 가능성을 입법적으로 승인하기에 이르렀다.

연방행정절차법에서는 계약의 무효사유 등에 관해 私法상의 계약과 다른 특별규정을 둠으로서 공법상 계약의 특수성을 인정하고 있다. 정부조달계약에 관해서는 전통적으로 사법상의 계약으로 보아 왔으나 최근에 공법적 특수성을 주장하는 견해[6]가 나타나고 있다.

---

3) Willibalt Apelt, Der verwaltunsrechtliche Vertrag, Leipzig 1920, Neudruck 1964, S. 6 참조.

4) Ernst Forsthoff, Lehrbuch des Verwaltungsrecht, 10. neu. Aufl., München, 1973, S. 273-283 참조.

5) Martin Bullinger, Vertrag und Verwaltungsakt, Stuttgart 1962, S. 18.

2) 용어 및 개념

이러한 입법의 영향으로 압도적인 판례[7]와 일부 학설[8]은 '공법상 계약'이라는 용어를 사용하고 있다. 그러나 학계의 다수[9]와 일부 판례[10]에서는 '공법상 계약' 대신 '행정계약'(Verwaltungsvertrag) 또는 '행정법상 계약'(verwaltungsrechtlicher Vertrag)이라는 개념을 선호하고 있다. 그 이유에 대한 대표적인 설명은 다음과 같다.

즉, 공법에는 헌법 또는 국제법이 포함되므로 공법상 계약에도 헌법상 계약 또는 국제법상 계약이 포함되는 것으로 보는 것이 체계정합적인 용어사용이 될 것이나 연방행정절차법상 다루고 있는 공법상 계약은 헌법상 계약이나 국제법상 계약은 포함하지 않으므로 '공법상 계약'이라는 표현은 정확하지 않다는 것이다. 구태여 공법상 계약이라는 용어를 사용하기 위해서는 연방행정절차법에서 다루는 공법상 계약을 협의의 공법상 계약으로 보고, 헌법상 계약이나 국제법상 계약을 포함하여 광의의 공법상 계약으로 보는 방법도 생각해볼 수 있으나 이는 별로 바람직하지 않다는 것이다.[11]

'공법상 계약' 대신 많이 사용되고 있는 '행정계약'의 경우 '행정행

---

6) Volker Schlett, Die Verwaltung als Vertragspartner, 1999, S. 148-155 참조.

7) BVerwG, DÖV 1979, 756 ; BVerwGE 84, 183 ; BVerwGE 84, 236 ; BVerwGE 89, 345 ; BVerwG, DVBl. 1995, 1088 ; BVerwG, JZ 1996, 97 등.

8) Bauer, Hartmut, Anpassungsflexibilität im Öffentlich-rechtlichen Vertrag, in: Hofmann-Riem, Wolfgang/Schmidt-Aßmann, Eberhard(Hrsg.), Innovation und Flexibilität des Verwaltungshandelns, Baden-Baden 1994, S. 245-288 참조.

9) Christian Schimpf, Der verwaltungsrechtliche Vertrag unter besonderer Berücksichtigung seiner Rechtswidrichkeit, Berlin 1982, S. 32ff ; Eberhard Schmidt-Aßmann, Das allgemeine Verwaltungsrecht als Ordnungsidee-Grundlagen und Aufgaben der verwaltungsrechtlichen Systembildung, Berlin/Heidelberg/New York 1998, S. 264- 269 등.

10) BVerwGE 42, 331 ; BVerwGE 84, 258.

11) Volker Schlett, Die Verwaltung als Vertragspartner, 1999, S. 20 참조.

위'(Verwaltungsakt)에 대응하는 개념으로서의 이미지가 강하다고 볼 수 있다. 학설의 일부는 이러한 행정계약을 행정이 공법상 임무를 수행하기 위해 체결하는 모든 계약들로서 행정법적 성질을 가지는 것뿐만 아니라 사법적 성질을 가지는 것도 포함하는 개념으로 사용하기도 한다.[12] '행정법상 계약'은 '사법상의 계약'(zivilrechtlicher Vertrag)이나 '국제법상의 계약'(völkerrechtlicher Vertrag)과 대응하는 개념으로서의 이미지가 강하다고 할 수 있다.[13]

이상의 내용을 토대로 볼 때 독일의 경우 '공법상 계약'이라고 하든지, '행정계약'이라고 하든지, '행정법상 계약'이라고 하든지 간에 기본적으로 연방행정절차법의 공법상 계약에 관한 규정의 적용을 받는 계약들을 그 대상으로 하는 것이 통설적인 입장이라고 할 수 있다.

그리고 행정계약의 개념에 대해서는 행정절차법 제54조 제1항의 규정에 따라 '공법영역에 있어서 권리관계를 발생·변경·소멸시키는 내용의 계약'으로 정의하는 것이 일반적이다.[14] 또한 여기서 행정계약에서의 '계약'의 개념에 관해서는 민법에서의 계약의 개념과 다르지 않다고 보는데 의견이 일치한다. 즉 민법에서의 계약과 마찬가지로 행정계약에서도 '의사의 합치'(Willenseinigung)와 '법적 구속력의 의사'(Rechtsbindungswille)가 필요하다고 보고 있다.[15]

3) 유 형

우선 당사자들의 성질에 따라 세 가지로 분류를 하는 것이 일반적이다. 행정주체 간의 계약, 행정주체와 사인 간의 계약, 사인 상호간의 계

---

12) Walter Krebs, Verträge und Absprachen zwischen der Verwaltung und Privaten, VVDStRL H. 52, 1992, S. 248-284 참조.

13) Schlette, a.a.O., S. 19 참조.

14) Maurer, Allgemeines Verwaltungsrecht, § 14 Rn. 5 참조.

15) Kopp/Raumsauer, Verwaltungsrechverfahrensgesetz-Kommentar, 8. Aufl., München 2003, S. 950 참조.

약이 그것이다. 이러한 유형화는 매우 중요한 의미를 갖고 있는 것으로 평가되고 있다. 첫 번째와 세 번째의 경우 당사자 간의 대등관계를 전제로 한다. 따라서 특별히 어느 한 당사자를 더 보호해야 할 필요성이 크지는 않다는 것이다. 다만 첫 번째의 경우와 달리 세 번째의 경우 행정법상의 계약이면서도 당사자들이 자신의 이기적인 이해관계에 따라 움직일 가능성이 크다는 점이 양자간의 차이점이다. 두 번째의 경우 당사자의 비대등관계가 문제되므로 당사자의 권리보호의 필요성이 더욱 크다는 것이다.[16]

이러한 유형화와 매우 밀접한 관련을 갖는 것으로서 연방행정절차법에서 채택하고 있는 분류가 바로 '대등적 행정계약'(koordinationsrechtlicher Verwaltungsvertrag)과 '종속적 행정계약'(subordinationsrechtlicher Verwaltungsvertrag)의 구분이다. 전자는 계약당사자 간에 명령, 복종의 관계가 아니라 복수의 공행정주체 사이에서처럼 대등한 입장에서 체결되는 계약으로서 행정행위로 대체되어 발령될 수 없는 행정계약을 말하고, 후자는 계약당사자가 명령, 복종의 관계이고 계약에 의한 규율내용이 행정행위의 발령을 대체할 수 있는 행정계약을 말한다. 이 유형에 따라 계약의 무효기준 등에서 차이가 발생한다(연방행정절차법 제59조 제2항).

다음으로 살펴보아야 할 것은 계약의 효력에 따른 유형이다. 즉 계약이 직접적으로 행정법상의 권리 또는 의무를 부과, 취소, 양도 또는 변경하는 효력을 갖는지, 아니면 사전단계처럼 이러한 것에 대한 청구권만을 갖고 별도의 상응하는 조치가 필요한 효력만을 갖는지에 따라 구별된다. 전자를 처분계약(Verfügugsvertrag), 후자를 채무부담계약(Verpflichtungvertrag)이라고 한다. 처분계약의 전형적인 예로는 계약을 통해 인가를 하는 경우, 권리를 계약에 의해 양도하는 것, 권리의 포기를 합의하는 것 등을 들 수 있다.[17]

---

16) Schlette, Die Verwaltung als Vertragspartner, S. 21-23 참조.
17) Schlette, Die Verwaltung als Vertragspartner, S. 22 참조.

이 양자를 구별하는 실익은 다음과 같이 두 가지 정도로 설명되고 있다. 첫째, 양자의 구별을 통해 행정계약의 적용영역과 행정행위의 적용영역을 보다 명확히 하는데 의미가 있다. 행정행위는 직접적인 법적 효력을 발생시키는데 초점이 맞추어져 있고, 행정계약은 장래에 법적 효력을 발생시키는데 초점이 맞추어져 있다. 따라서 채무부담계약이 원칙이고, 처분계약은 예외적으로만 인정되어야 한다고 볼 수 있다.[18]

둘째, 채무불이행법의 적용범위를 명확히 하는데 의미가 있다. 채무불이행법은 어디까지나 채무부담계약의 경우에만 적용이 된다. 왜냐하면 채무부담계약의 경우에만 채무의 이행이 문제가 되며, 처분계약의 경우에는 채무의 이행이 문제되지 않기 때문이다.[19]

행정법의 영역별로 살펴보면 건축법영역에서 건축상세계획의 준비를 위한 계약, 환경법영역에서 자연보호계약, 사회법영역에서 각종의 급부계약, 경제법영역에서 보조금계약, 공무원법영역에서 공무원고용계약 등 다양한 방면에서 행정계약이 사용되고 있다.[20]

물론 연방행정절차법의 적용대상이 되는 행정계약의 범위에 대해서는 의견이 일치하는 것은 아니다. 특히 경제법영역에서 정부조달계약이나 공기업특허계약이 연방행정절차법의 적용 또는 유추적용의 대상이 되는지의 여부에 대해서 의견의 대립이 존재한다.[21]

행정영역별로 나누어보는 의미는 침익행정의 영역과 급부행정의 영역에 있어서 행정계약의 가능성에 차이가 있는지, 기속행정의 영역과 재량행정의 영역에 있어서 행정계약의 가능성에 차이가 있는지 여부를 살펴보는데 있다고 할 수 있다. 기본적으로 급부행정과 재량행정의 영역에서 행정계약이 보다 쉽게 인정될 수 있다고 보는 것이 일반적이나, 침익

---

18) Schlette, a.a.O., S. 23 참조.

19) Schlette, a.a.O., S. 23 참조.

20) Herbert Grziwotz, Vertraggestaltung im öffentlichen Recht, München 2002, S. 97ff ; Elke Gurlit, Verwaltungsvertrag und Gesetz, Tübingen 2000, S. 36-62 참조.

21) Schlette, Die Verwaltung als Vertragspartner, S. 148-155 참조.

행정이나 기속행정의 영역에서도 광범위하게 행정계약이 가능하다고 보고 있다. 순수국고작용으로 이루어지는 계약에 대해서는 사법상 계약에 불과한 것으로 본다.[22]

Schlette는 실무에서 사용되고 있는 다양한 행정계약의 유형을 우선 다른 행정작용형식과의 관계에서 크게 두 가지로 구별하고 있다. 행정계약이 고유한 형식으로 사용되는 '독자적 계약'(autonomer Vertrag)과 다른 행정형식과 경합하여 사용되는 '대체적 계약'(substitutiver Vertrag)이 그것이다. 이에 따라 계약의 기능이 달라진다고 할 수 있으므로 이는 기능별 유형으로 볼 수 있다.[23]

Schlette는 이러한 큰 두 가지 분류와 관련하여 다시 7가지로 구체적인 유형화를 시도하고 있다. ① 행정임무의 수행을 위해 사인을 편입시키는 계약, ② 사인에 대한 급부를 위한 계약, ③ 사인에게 재정적인 이행의무를 부과하는 계약, ④ 일방적, 고권적 침익행정을 피하기 위한 계약, ⑤ 행정의 인가를 대체하는 계약, ⑥ 일방적, 고권적 작용을 준비 또는 보완하기 위한 계약, ⑦ 불분명하고 다툼이 있는 사실관계에 대한 규율을 위한 계약이 그것이다.[24]

2. 프랑스

1) 논의의 역사

프랑스에서는 공법영역에서 계약이 가능한지 여부 자체에 대해서 근본적인 의문이 제기되지는 않았던 것으로 보인다. 그보다는 행정계약의 법제가 사법상 계약의 법제와 근본적으로 다른 것인지, 아니면 같은 것

---

22) Schlette, a.a.O., S. 26-28 참조.
23) Schlette, a.a.O., S. 362-363 참조. Schlette는 이러한 분류를 행정계약의 '기능적 체계화'로 부르고 있다.
24) Schlette, a.a.O., S. 363-367 참조.

인지에 대한 논의가 계속해서 이루어져 왔다. 전자가 행정계약의 '행정작용'으로의 측면을 강조한다면, 후자는 행정계약의 '계약'으로서의 측면을 강조한 것이라고 볼 수 있다.[25]

행정계약의 특수성을 강조하는 입장이 보다 역사가 오래되었다고 볼 수 있다. 1840년도에 이미 Cormenin은 이 계약의 특별한 법제 및 '국가의 이익'(intérêt de l'Etat)에 근거하여 행정계약에 대한 행정법원 판사의 권한을 정당화한바 있다.[26] 하지만 행정계약의 특수한 법제를 처음으로 옹호한 사람은 Gaston Jèze로 평가되고 있다.[27] 그는 꽁세유데따의 판례에 대한 자세한 분석을 바탕으로 사법상 계약과 구별되는 행정계약의 법리를 구축하고 있다.[28] 이에 관한 Jèze의 주요한 주장부분을 인용하면 다음과 같다.

> 만약 행정법원이 행정계약에 관해 관할권을 갖는다면 이는 특별한 법제의 적용을 받기 때문이라고 할 수 있다. 행정계약의 핵심적인 성질은 이것이 특별한 규율체계의 지배를 받는다는 점이다. 특별한 규율은 다음과 같이 요약된다. 즉, 행정계약의 효과가 私法상의 계약의 효과와 동일하지 않다는 것이다. 행정계약은 단지 공역무의 수행의 제약을 의무지우는 것뿐만 아니라 공역무의 수행을 촉진시키는 의무를 지울 수도 있다. 私法상의 계약은 양 당사자가 대등한 지위에 놓인다는 점을 전제로 한다. 그러나 행정계약의 경우는 본질적으로 비대등한 지위에 놓인다는 점을 전제로 한다. 즉 일방은 공익 및 공역무를 대변하며 다른 일방은 사익을 대변한다. 공역무의 개념은 행정계약에 의해 의무를 지는 사람이 보상이 없이 고유한 이익에 앞서서 공역무를 운용할 의무를 포함한다. 이러한 의무는 私法상의 계약에서는 인정될 수 없는 확장된 성질의 의무이다.[29]

---

25) Roland Drago, Le contrat administratif aujourd'hui, in: Droits, Revue française de théorie juridique 12, 1990, p.118 참조.

26) Cormenin, Droit administratif, T.1, 1840, p.502(Drago, Le contrat administratif Aujourd'hui, p.118에서 재인용) 참조.

27) Drago, Le contrat administratif Aujourd'hui, p.118 참조.

28) Gaston Jèze, Les contrats administratifs, T.1, Paris 1927, p.7~38 참조.

29) Jèze, Les contrats administratifs, T.1, p.8.

프랑스행정법을 주로 형성하였다고 볼 수 있는 행정판례에서도 행정
계약을 행정법원의 관할로 하는 한편, 그 내용에 있어서도 사법상 계약
과 구별되는 특수성에 대해 꾸준히 인정해왔다고 할 수 있다.[30] 뒤에서
자세히 보겠지만 불가예견사태론의 적용가능성을 행정계약에만 인정한
것이 대표적인 예라고 볼 수 있다.

이에 반해 행정계약의 '계약'으로서의 측면을 강조하는 입장도 만만
치 않게 주장된바 있다. Romieu는 Deplanque 판결의 결론에서 행정계약
의 법제를 포함하는 '보통법'(droit commun)에 대해 언급했다.[31] Duguit도
"만약 어떤 계약이 진정으로 계약으로서의 요건을 모두 충족시켰다면
… 그 행위가 공법상의 것인지, 사법상의 것인지는 구별할 필요가 없다.
양자는 성질이 동일하고, 따라서 그에 따른 결과도 항상 동일하기 때문
이다. 이와 다른 결론은 불가피하게 자의를 낳게 마련이다"[32]라고 하여
계약의 법제가 사법과 공법에 있어서 차별없이 적용된다는 점을 강조하
였다. 이에 대해서 Jèze는 프랑스의 공법의 현실과 부합하지 않는다는 관
점에서 Duguit의 견해를 비판하고 있다.[33]

2) 용어 및 개념

프랑스에서는 이처럼 행정에 의해 사용되고, 행정법원의 관할이 되는
계약에 대해 일관되게 '행정계약'(contrat administratif)이라는 표현을 주로
사용하고 있다. 독일과 같이 '공법상 계약'(contrat de droit public)이라는
표현은 찾아보기 힘들다. 그리고 행정청이 체결하는 모든 계약에 대해서
'행정계약'의 표현을 사용하는 것은 아니며 이중 행정법원의 관할이 되
는 공법적 성격을 갖는 것에 대해서만 '행정계약'이라는 표현을 사용하

---

30) Jèze, Les contrats administratifs, T.1, p.10~13 참조.
31) Drago, Le contrat administratif Aujourd'hui, p.118 참조.
32) Léon Duguit, Traité de droit constitutionnel(3 édition), T.1, Paris 1927, p.699 참조.
33) Jèze, Les contrats administratifs, T.1, p.8~9 참조.

고 있다. 즉, 행정주체가 체결하는 모든 계약은 '행정의 계약'(contrat de l'administration)으로 부르고 있으며, 이 중 민사법원의 관할이 되는 계약은 '행정의 *私法*상의 계약'(contrat de droit privé de l'administration)이라고 이라 하여 행정계약과 구분하고 있다.[34)]

프랑스에서의 '계약'의 개념과 관련해서는 독일과는 달리 상당히 다툼이 있다.[35)] 이러한 다툼의 원인에는 Duguit의 영향이 크다고 할 수 있다. Duguit는 법률행위(acte juridique)를 두 가지의 관점에서 분류하고 있다. 실체적 관점에서 분류(classification matériell)와 형식적 관점에서의 분류(classification formel)가 그것이다. 우선 실체적 관점에서는 다시 세 가지로 분류하고 있다. 법규행위(acte-règle), 주관적 행위(acte subjectif), 조건행위(acte-condition)가 그것이다.[36)]

다음으로 Duguit는 법률행위를 형식적인 관점에서 일방적 법률행위(acte juridique unilatéral)와 다변적 법률행위(acte juridique plurilateral)로 나눈 다음, 다시 다변적 법적 행위는 세 가지로 분류하고 있다. 합동행위(acte collectif), 협약(union), 계약(contrat)이 그것이다.[37)]

합동행위(acte collectif)는 협정(convention)이 아니고, 동일한 의사들의 선언의 총체이다. 의사의 경합은 '같은 결과를 원해서' 이루어지게 된다. 예를 들어 협회의 설립을 위한 행위를 합동행위의 전형적인 예로 들고 있다.[38)] 협약(union)은 두 가지의 의사가 서로 대립하며 목적을 달성하기 위해서 합치된 경우로서 협정(convention)에 해당된다. 그러나 이는 계약

---

34) Rivero, Jean/Waline, Jean, Droit administratif(20 édition), Dalloz, Paris 2004, p.365, Laubadère, Andre/Gaudemet, Yves, Traité de droit administratif, T.1(16 ed), 2001, p.671 참조.

35) 이에 관해 자세히는 Laubadère/Moderne/Delvolve, Traité des Contrats Administratifs, T.1., Paris 1983. p.17~43 참조.

36) Duguit, Traité de droit constitutionnel, T.1, p.329 참조.

37) Duguit, Traité de droit constitutionnel, T.1, p.375 참조.

38) Duguit, Traité de droit constitutionnel, T.1, p.374 참조. Duguit는 이 개념이 독일의 Gesammtakt 개념의 영향을 받은 것임을 밝히고 있다.

은 아니다. 왜냐하면 협약을 이루는 의사의 합치에서 주관적인 법적 상황, 즉 채권과 채무의 관계가 나타나지 않기 때문이다. 사법에서 결혼과 집단적인 노동협정, 국제법에서의 조약법, 공법에서의 공역무 특허법 등이 협약의 예라고 설명하고 있다.[39]

Duguit는 계약에 대해서 다음과 같이 정의하고 있다. "계약은 두 당사자 간에 이루어진 의사의 합치이며, 일방의 의무를 발생시키는 것을 목적으로 한다. 이 경우 의무를 지는 당사자는 채무자가 되며, 타방 당사자는 채권자가 된다"[40] 다시 말해 협정(convention)이 채무자와 채권자의 주관적인 상황으로 나타나는 경우에만 계약이다. 다시 말해 최종적으로 이는 실체적인 관점에서의 유형화와 밀접한 관련을 갖게 된다. '주관적 행위'인 경우에만 계약이 되기 때문이다.[41]

이처럼 계약을 주관적 행위에만 제한하는 Duguit의 견해는 뒤에 많은 영향을 미치게 된다. 예를 들어 Laubadère 등은 행정계약법에 관한 단행본에서 계약을 주관적 행위에 제한하는 Duguit의 견해를 원칙적으로 지지하는 태도를 나타내고 있다.[42]

앞서 보았듯이 Duguit는 이러한 계약에 관한 자신의 이론이 행정계약에만 적용된다고 생각하지 않았고 사법상 계약을 포함하는 계약전반에 적용된다고 보았다. 그러나 사법학자들에게 이러한 Duguit의 이론은 거의 영향을 미치지 않았다. 즉 사법학자들은 일반적으로 계약이 주관적 행위에 제한된다고 보지 않고, 당사자 간의 의사합치와 법적 의무발생의 의도가 있으면 계약이 성립할 수 있다고 본다.[43] 행정법학자들 가운데에

---

39) Duguit, Traité de droit constitutionnel, T.1, p.374~375 참조.

40) Duguit, Traité de droit constitutionnel, T.1, p.384 참조.

41) Laubadère/Moderne/Delvolve, Traité des contrats administratifs, T.1, p.26 참조.

42) Laubadère/Moderne/Delvolve, Traité des contrats administratifs, T.1, p.39~40 참조. 그러나 이들은 Duguit의 실체법적인 분류만 받아들이고 형식적인 분류는 받아들이고 있지 않다. 즉, 집합적 행위, 협약, 계약을 엄밀히 구분한 Duguit의 이론은 받아들이고 있지 않다.

43) Jacques Ghestin, La notion de contrat, in: Droits Revue française de théorie juridique12,

서도 Duguit의 영향으로부터 벗어나서 계약이 주관적 행위에 제한되지 않고 당사자 간의 의사합치와 법적 의무발생의 의도가 있으면 계약이 성립된다고 넓게 이해해야 한다는 주장[44]이 있다.

3) 유 형

프랑스에서도 당사자 간의 관계에 따른 분류를 중시하고 있다. Chapus 는 행정계약과 사법상 계약의 구별기준에 관한 판례의 태도를 분석하면 서 행정주체 간의 계약, 행정주체와 사인 간의 계약, 사인 상호간의 계약 의 세 가지 경우를 구분하여 분석하고 있다.[45] 이에 관해서는 뒤에서 보 다 자세히 살펴보도록 하겠다.

프랑스에서 행정계약의 유형을 나누는 중요한 기준 중의 하나가 거래 (marché)로서의 성질을 갖는가 하는 점이다. 다시 말해 경제적 계약과 비 경제적 계약을 나누어보는 것이다. 이를 나누는 중요한 실익은 공공조달 법전의 적용여부가 달라진다는 점에 있다.[46] 즉 경제적 계약의 경우에만 공공조달법전이 적용된다. 거래로서의 성질을 갖지 않는 비경제적 계약, 즉 공역무위탁계약이나 공무원고용계약에는 동 법전의 적용이 없다.

행정영역 또는 기능에 따른 분류도 존재한다. 정부조달계약, 공역무특 허계약, 다양한 목적의 계약(매매계약, 임대차계약, 위임계약, 재정계약, 사회적 계약 등), 경제적 계약 등이 그것이다.[47]

Laubadère 등에 의하면 행정영역별로 볼 때 경제영역이나, 사회영역에

1990, p.22 참조.

44) M. Waline, De la situation juridique de l'usager d'un service public, Rev. critique de législ. et de jurispr. 1933, p.237 참조.

45) René Chapus, Droit administratif général, T.1(15 édition), Paris 2001, p.546~568 참조.

46) Chapus, Droit administratif général, T.1, p.1183~1184 참조.

47) Laubadère/Moderne/Delvolve, Traité des contrats administratifs, T.1, p.241~467 참조.

서 계약형식이 보다 활발하게 인정되고 있다고 한다. 행정의 고유한 영역에서는 아직 계약형식이 활발하게 사용되지 못하고 있으나, 이에 대한 변화가 이루어지고 있는데 대표적인 예가 행정 주체 상호간에 체결되는 '계획계약'의 경우로서는 이는 특히 지방자치행정에서 이루어지고 있다고 지적되고 있다.[48]

Richer는 행정계약각론에서 구체적인 유형으로 네 가지를 다루고 있다. ① 정부조달계약(marché publics), ② 공역무특허계약(convention de gestion déléguée du service public), ③ 공물점용계약(convention d'occupation du domaine public), ④ 공무원고용계약(contrats de recrutement d'agents public)[49]이 그것이다. 이처럼 전통적으로 인정되던 계약에 최근에는 새로운 형태의 행정계약이 추가되었는데 그것이 바로 2004년 6월 17일 법률명령에 의해 입법화된 민관협력계약(Les contrats de partnenatiat public-privé)이다.[50]

3. 영 국

1) 논의의 역사

영국에서도 행정이 계약의 형식을 사용할 수 있는가에 대해서 근본적인 의문이 제기되지는 않았던 것으로 보인다. 이는 커먼로의 영향으로 국가와 국민과 대등한 지위에서 계약을 체결할 수 있다고 본 데에서 기인하는 것으로 보인다.

행정계약의 특수성과 관련해서는 1970년대에 들어와서 대륙법계의 행정소송과 유사한 사법심사소송의 도입에 의해 행정계약과 민법상계약의 구별의 필요성이 생겼고 이에 관한 여러 판례들이 나오고 있다. 뒤에

---

48) Laubadère/Moderne/Delvolve, op. cit., p.21 참조.

49) Laurant Richer, Droit des contrats administratifs(2 ed.), 1999, p.311~526 참조.

50) 이에 관해 자세히는 François Brebet, Les contrats de partenariat de l'ordonnance du 17 juin 2004－Une nouvelle espèce de contracts administatifs, Paris 2005를 참조.

서 자세히 보겠지만 사법심사소송이 인정되는 경우에도 계약전체가 아
닌 계약의 일부단계에 대해서만 주로 인정되고 있기 때문에 사법상 계
약과 구별되는 독립적인 행정계약의 정립의 필요성이 독일이나 프랑스
에 비해서는 상대적으로 적다고 할 수 있다. 영국의 행정계약 전반에 관
한 체계적인 이론을 찾아보기는 힘든 것도 이러한 데에서 연유한다고
할 수 있다.

2) 용어 및 개념

행정실무상 이루어지는 계약들 전반을 포괄하는 개념으로 '계약에 의
한 행정'(government by contract)이라는 개념이 자주 사용되고 있으며,[51]
'공공계약'(public contract)이라는 표현도 나타나고 있다. 다만 양자의 개
념이 사용되는 맥락에는 차이가 있다. 즉 계약에 의한 행정작용의 경우
그 법적 성질이 공법적인지, 사법적인지를 크게 구별하지 않고 사용되는
반면, 공공계약은 그 소송형식에 있어서 사법상 계약과 구별되는 계약의
개념으로 주로 사용되고 있다.

영국에서도 미국과 마찬가지로 행정계약의 개념이나 계약의 개념에 관
한 자세한 분석은 찾아보기 힘들다. 다만 계약에 의한 행정의 유형으로
법적인 구속력을 인정하기 힘든 내부계약도 언급을 하면서도 이의 특수
성을 반영해야 한다고 하고 있는 점[52]을 볼 때 원칙적으로 당사자의 의
사합치 외에도 법적 구속력을 별도로 필요로 하는 것으로 판단된다.

---

51) Hugh Collins, Regulating Contracts, Oxford University Press, New York 1999, p.303
　　～320 ; A. C. L. Davies, Accountability-A Public Law Analysis of Government by
　　Contract, Oxford University Press, New York 2001, p.1～8 ; Mark R. Freedland,
　　Government by Contract and Public Law, Public Law 86-104(1994) 등 참조.
52) A. C. L. Davies, Accountability-A Public Law Analysis of Government by Contract,
　　Oxford University Press, New York 2001, p.7 참조.

3) 유 형

Davies는 이러한 '계약에 의한 행정'의 유형을 크게 6가지로 나누고 있다. ① 정부조달계약, ② 민간위탁계약(contracting-out), ③ 민관협력계약(public/private partnership), ④ 정부와 자치규제기관 간의 계약(agreements between the government and self-regulatory organization), ⑤ 내부협약(internal agreement), ⑥ 공무원고용계약이 그것이다.[53]

그러나 위와 같은 '계약에 의한 행정' 전반에 적용되는 법리에 관해 논의하고 있는 것은 찾아보기가 힘들다. Davies는 위와 같은 유형들 중 정부조달계약이나 공무원고용계약은 상대적으로 역사가 오래되었지만 민관협력계약과 같은 경우는 역사가 매우 짧고, 민관협력계약의 경우 법적으로 집행이 가능하지만(enforcible in law) 정부와 자치규제기관 간의 계약이나 내부계약의 경우 법적으로 집행이 불가능하다는 점 등 유형별로 그 차이점이 존재하기 때문에 위 유형들을 일률적으로 다루는 것은 문제가 있다고 지적하고 있다.[54]

4. 미 국

1) 논의의 역사

미국에서는 영국과 마찬가지로 행정청이 계약의 형식을 사용할 수 있는가에 대해 근본적인 의문이 제기되지는 않았던 것으로 보인다. 이 역시 커먼로의 영향으로 볼 수 있다.

공사법의 구별이 엄밀하지 않은 미국에서도 행정청이 체결하는 계약

---

53) Davies, Accountability-A Public Law Analysis of Government by Contract, p.1～8 참조.
54) Davies, Accountability-A Public Law Analysis of Government by Contract, p.8 참조.

이 일반적인 사법상 계약과 구별되는 특수성이 인정될 수 있는가와 관련하여 역사적으로 여러 논쟁이 이루어진바 있다.[55] 특히 헌법상의 계약조항이나 적법절차조항과 관련해서 여러 판례들이 나온 바 있고 이를 둘러싼 여러 가지 논의가 이루어진바 있는데 이는 뒤에서 보다 자세히 살펴보도록 하겠다.

2) 용어 및 개념

미국에서는 독일이나 프랑스와 같이 '행정계약' 또는 '계약'의 개념자체에 대한 치밀한 분석이 이루어지지는 않았던 것으로 보인다. 다만 행정실무상 이루어지는 계약들을 다루는 문헌들을 찾아보면 '정부계약'(government contract)이라는 개념이 많이 등장하고 있음을 알 수 있다. '공공계약'(public contract)이라는 개념도 '정부계약'과 거의 같은 개념으로 사용되고 있으나 정부계약에 비해서는 그 사용빈도가 상대적으로 낮다고 할 수 있다.

행정실무에서 이루어진 여러 가지 유형들의 계약들 중 어디까지가 이 개념에 포함되는가 하는 점이 문헌상 명백하지는 않으나 영국에서의 '계약에 의한 행정'(government by contract)과 마찬가지로 행정주체가 체결하는 각종의 계약들을 모두 포괄하는 넓은 개념으로 이를 사용하고 있는 것으로 파악된다. 그리고 관련문헌들을 보면 정부계약의 가장 대표적인 유형으로 정부조달계약을 다루고 있다.[56]

---

55) 이에 관해 자세히는 Zachary D. Krug, Due Process and the Problem of Public Contracts ; A Critical Look at Current Doctrine, 89 Cornell L. Rev. 1044(2004) 및 Thomas W. Merrill, Public Contracts, Private Contracts, and the Transformation of the Constitutional Order, 37 Case W. Res. L. Rev. 597(1987) 각 참조.

56) 미국공공계약법에 대한 대표적인 단행본들인 W. Noel Keyes, Government Contracts (3rd ed.), 2000 ; Whelan, John W., Federal Government Contracts(2nd ed.), Foundation Press, New York 2002 등을 보면 정부조달계약이 그 내용의 핵심을 이루고 있다.

3) 유　형

　정부계약의 유형에 관해 미국의 경우 독일이나 프랑스와 같이 계약당사자에 따른 분류는 찾아보기가 힘들다. 오히려 계약의 기능에 따른 구별이 보다 일반적이라고 할 수 있다. 예를 들어 Freeman의 경우 정부조달계약(government procurement contract), 민간위탁계약(contracting-out), 규제계약(regulatory contract)으로 분류하고 있다.[57]

　또한 Seidenfeld의 경우 ① 정부조달계약, ② 사적 주체가 정부의 서비스를 제공하는 계약, ③ 행정주체와 피규제 사인 간의 규제의 적용 또는 시행과 관련한 계약, ④ 행정주체와 사인 간에 사인의 규제되는 행위의 요건을 정하는 계약으로 분류하고 있는데[58] 위의 Freeman의 분류와 큰 차이가 없다고 할 수 있다.

　이러한 유형화의 의미에 관해서 Freeman은 다음과 같이 지적하고 있다. 우선 가장 일반적인 정부계약의 유형인 정부조달계약의 경우는 상대적으로 문제가 적다고 한다. 정부조달계약에서는 정부가 사인으로부터 '직접' 필요한 물품, 공사, 서비스 등을 제공받게 되기 때문에 감독이 용이하게 이루어질 수 있기 때문이다. 그리고 정부조달계약은 다른 계약에 비해 민법상 계약과 가장 유사하다고 한다. 그러나 정부가 사인으로 하여금 다른 제3자에게 공역무를 제공하도록 하는 민간위탁계약과 규제계약의 경우에는 정부조달계약과 달리 여러 가지 문제점이 있기 때문에 보다 강력한 행정법적인 통제가 이루어져야 한다고 주장하고 있다.[59]

---

57) Jody Freemen, The Contracting State, 28 Fla. St. U. L. Rev. 155(2000), p.155～156 참조.

58) Mark Seidenfeld, An Apology for Administrative Law in the Contracting State, 28 Fla. St. U. L. Rev. 215(2000), p.215 참조.

59) 예를 들어 민간위탁계약의 문제로는 프로그램 실패의 경우 행정주체가 서비스제공을 담당한 사인에게 책임을 전가할 수 있다는 점, 제3자가 계약과정에 참여하기 힘들다는 점, 행정부와 입법부의 역할을 축소시키면서 사법

5. 외국법제 상호간의 비교

1) 공통점

첫째, 계약의 개념과 관련하여 '당사자의 의사합치'와 '법적인 구속력의 존재'가 필요하다는 점에 대해서는 어느 정도 일치하고 있는 것으로 볼 수 있다. 이로부터 단순한 합의와 법적 구속력 있는 계약의 구별이 어느 법제에서나 문제될 수 있음을 알 수 있다. 물론 프랑스에서는 Duguit의 영향으로 계약의 개념을 이보다 더 좁게 '주관적 행위'에 제한하여 보려는 견해도 존재하나 이 견해에서도 '당사자의 의사합치'와 '법적인 구속력의 존재'가 필요하다는 점에서는 차이가 없다고 하겠다.

둘째, 용어의 사용에 있어서 '공법상 계약'이라는 표현이 각국에서 일부 사용되고는 있으나 이러한 표현보다는 '행정계약', '정부계약', '계약에 의한 행정' 등의 표현이 좀더 선호되고 있다는 점을 알 수 있다. 이는 엄밀한 공사법의 구별보다는 행정주체가 행하는 계약작용에 초점을 맞추어 그 내용의 특질을 실질적으로 파악해보려는 태도가 나타나고 있는 것으로 전반적으로 평가할 수 있다.

셋째, 구체적인 유형 및 강조의 정도에 조금씩 차이가 있기는 하지만 기능을 중심으로 한 유형화가 각국에서 중시되고 있다는 점이다. 이는 어느 법제에서나 행정계약의 '행정작용'으로서의 성질을 고려하고 있는 결과라고 할 수 있다.

넷째, 거래로서의 성질을 갖는 계약, 다시 말해 경제적 계약과(정부조

부에게 지나치게 부담을 줄 수 있다는 점을 들고 있다. 규제계약의 경우에는 피규제기관에게 포획(capture)될 수 있다는 점, 일방적으로 규제조건을 변경함으로 인한 비용을 행정청이 흡수해야 한다는 점, 전임자가 잘못 협상한 결과에 후임자가 구속된다는 점 등을 들고 있다(Jody Freemen, The Contracting State, p.155~160 참조).

달계약이 대표적인 예) 비경제적 계약을 구분하여 보려는 경향이 있다는 점을 들 수 있다. 이는 경제적 계약의 경우 사법상 계약과 가깝다고 보기 때문이다. 다만 독일은 경제적 계약을 국고영역에 속하는 것으로 보아 사법상 계약으로 보고, 프랑스의 경우에는 이것도 행정계약의 일종으로 본다는 점에서 차이가 있다고 할 수 있다.

2) 차이점

첫째, 독일이나 프랑스에서는 행정계약의 개념범위를 소송수단과 밀접한 관련하에 정립하고 있다. 다시 말해 행정계약의 범위와 행정소송의 대상이 되는 범위를 일치시키고 있다. 미국의 '정부계약'이나 영국의 '계약에 의한 행정'의 경우 그 개념범위를 소송수단과는 무관하게 보고 있다는 점에서 차이가 있다.

이는 독일과 프랑스에서는 공사법구별이 명확하여 계약 중에서도 공법상 계약 또는 행정계약의 경우 행정소송의 대상이 되어 독립된 행정법원에서 이를 다루는 반면, 미국과 영국의 경우 기본적으로 공사법의 구별이 명확치 않고 더욱이 행위형식이 계약인 때에는 계약체결의 일방주체가 국가 등 행정주체라고 하더라도 일반 민사상 계약과 마찬가지로 통상적인 민사소송수단을 원칙적으로 사용한다는 점이 반영된 것으로 볼 수 있다. 이 부분에 관해서는 뒤에서 공사법의 구별을 살펴보면서 더욱 자세히 다루어보도록 하겠다.

둘째, 프랑스·미국·영국에서는 행정계약법제의 중심에 정부조달계약이 위치하고 있으나, 독일에서는 그렇지 않다는 점, 프랑스·미국·영국에서는 공역무특허계약, 민간위탁계약과 같이 공역무의 제공을 사인에게 위탁하는 계약이 행정계약법제의 주요유형으로 다루어지고 있는 반면에 독일에서는 그렇지 않다는 점을 들 수 있다. 이는 독일의 행정계약법제의 범위가 타 국가에 비해 상대적으로 축소되어 있음을 보여준다. 이는 공법에 대한 이해의 차이, 즉 독일의 경우 권력설의 영향이 여전히 큰 데에서 그 원인을 찾을 수 있다.[60] 이는 바로 세 번째의 차이점과 연결된다.

셋째, 독일의 경우 행정영역에서 계약의 가능성에 대해 상당히 오랜 기간동안 회의적으로 보아왔으나 프랑스, 미국, 영국의 경우 그렇지 않다는 점을 알 수 있다. 독일의 경우는 Otto Mayer의 강력한 영향하에 오랫동안 근본적으로 대등하지 않은 국가와 국민 사이에 대등성을 본질로 하는 계약이 맞지 않는다고 생각해왔기 때문이라고 할 수 있다.

다만 프랑스·미국·영국이 행정계약의 가능성에 대해 전통적으로 회의적이지 않았던 원인은 약간 다르다고 할 수 있다. 프랑스에서는 행정계약의 '행정작용'으로서의 성격에 초점이 맞추어져서 공법영역에서 계약의 사용가능성에 대해 큰 문제가 없었던 것으로 볼 수 있다. 그러나 미국과 영국에서는 계약으로서의 성질에 초점을 맞추면서도 국가와 국민과 동일하게 커먼로의 적용을 받는다는 사고가 있었기 때문에 행정계약의 사용가능성에 대해 회의적인 견해가 나타나지 않은 것으로 분석할 수 있다.

II. 우리나라의 법제

1. 논의의 역사

우리나라에서 행정계약에 관한 논의의 역사를 보면 독일에서와 같이 행정계약 또는 공법상 계약의 가능성 자체에 대해 회의적인 입장은 찾아보기 힘들다. 이는 독일에서 공법상 계약의 가능성에 관한 논의가 어느 정도 정리가 된 상태의 이론이 우리나라에 소개된 데에서 그 원인을

---

60) 박정훈, "행정조달계약의 법적 성격", 행정법의 체계와 방법론, 박영사, 2005, 173~200면 참조.

찾을 수 있다.

독일과 같이 행정절차법에서 행정계약에 관한 규정을 두고 있지 않은 관계로 행정계약의 특수성에 관한 논의는 주로 개별입법의 해석과 학설에 의존해왔다고 할 수 있다. 그동안 독일이나 프랑스의 법제에 대한 고찰을 바탕으로 하여 우리나라 행정계약의 특수성을 정립하고자 시도가 이루어져 왔다고 할 수 있다. 그러나 실정법제상 행정계약이 인정되는 예가 매우 드물었기 때문에 행정계약의 특수성에 대한 분석이 구체적으로 이루어지기 힘들었다.

다만 최근 국고작용의 일환으로 보아 행정법의 연구대상으로 보지 않았던 정부조달계약에 관해 그 공법적 특수성을 분석하려는 시도가 이루어지고 있다. 또한 개별법령상으로도 행정계약의 예가 많이 등장하고 이의 공법적 특수성에 대한 분석이 활발하게 이루어지고 있다.

2. 용어 및 개념

현재 행정절차법이 제정되어 있는 상태이나 독일의 연방행정절차법처럼 이곳에서 행정계약 또는 공법상 계약에 관한 규율을 하고 있지는 않고 있는 상태이다. 따라서 행정계약 또는 공법상 계약의 개념은 강학상의 개념이라고 할 수 있다.

행정계약 또는 공법상 계약의 용어에 관한 우리나라에서의 논의의 역사를 보면 크게 두 가지의 입장이 대립되어 왔다고 볼 수 있다. 즉, 私法상 계약과 구별되는 '공법상 계약'의 개념에 초점을 맞추어 이론을 정립하려는 견해와 사법상 계약과 공법상 계약을 포함하여 보다 넓은 '행정계약'의 개념에 초점을 맞추어 이론을 정립하려는 견해가 그것이다.

공법상 계약에 한정해서 연구를 하려는 입장의 논거는 기본적으로 공사법의 이원구조를 취하고 있는 우리나라의 경우 공법상 계약과 사법상 계약을 포괄적으로 검토하는 것은 오히려 혼란만을 야기한다는 점을 들

고 있다.[61]

반면에 *私法*상 계약과 공법상 계약을 포괄하는 행정계약의 개념을 인정하는 입장에서는 *私法*상 계약과 공법상 계약의 구별기준이 확립되어 있지 않고, *私法*상 계약에 대해서도 실정법상 특별한 규율이 행해지는 경우가 많다는 점을 고려하면 잠정적으로는 공법상 또는 *私法*상 계약을 구별하지 않고 개별적, 구체적으로 검토할 필요가 있다는 점을 근거로 들고 있다.[62] 다만 이처럼 공법상 계약의 상위개념으로 행정계약의 개념을 인정하면서도 순수한 국고행정작용영역에서의 계약은 행정계약의 범위에서 제외하는 견해도 존재한다.[63]

다음으로 판례의 태도를 살펴보면 공법상 계약이나 행정계약의 개념 자체에 대해서 정의를 내리고 있는 것은 찾기 힘들다. 다만 '공법상 계약'의 개념을 인정한바 있다는 점,[64] 정부조달계약을 순수하게 사법상 계약으로 보고 공법적 특수성에 관한 고려가 약하다는 점[65]을 고려하면 일단 우리 판례는 '공법상 계약' 개념에 초점을 맞추는 태도를 취하고 있다고 할 수 있다.

행정계약 또는 공법상 계약의 개념은 다음과 같이 정의되고 있다. 즉, 공법상 계약과 *私法*상 계약을 포괄하는 행정계약에 대해서는 '행정주체 상호간에 또는 행정주체와 국민 사이에 행정목적을 수행하기 위하여 체결되는 계약'이라고 정의하고,[66] 공법상 계약은 '공법적 효과의 발생을

---

61) 김남진, "공법계약과 사법계약의 구별", 고시계 1984.8, 51면.
62) 김동희, 행정법 I (제11판), 박영사, 2005, 211∼213면 참조.
63) 서원우, "행정계약의 관념", 전환기의 행정법이론, 박영사, 1997, 704면 참조.
64) 대법원 1995.12.22. 선고 95누4636 판결 참조.
65) 대법원은 정부조달계약의 법적 성질과 관련하여 "지방재정법에 의하여 준용되는 국가계약법에 따라 지방자치단체가 당사자가 되는 이른바 공공계약은 사경제의 주체로서 상대방과 대등한 위치에서 체결하는 사법상의 계약으로서 그 본질적인 내용은 사인 간의 계약과 다를 바가 없으므로, 그에 관한 법령에 특별한 정함이 있는 경우를 제외하고는 사적자치와 계약자유의 원칙 등 사법의 원리가 그대로 적용된다 할 것이다"(대법원 2001.12.11. 선고 2001다33604 판결)라고 하여 일관되게 사법상의 계약으로 판시하고 있다.

목적으로 하는 복수의 당사자 사이의 반대방향의 의사의 합치에 의하여 성립되는 공법행위'로 정의하는 것[67]이 일반적이다. '계약'의 개념 자체에 대해서는 '당사자의 의사합치'와 '법적 구속력'의 두 가지 개념요소가 필요하다는 점에 학설이나 판례에서 큰 다툼이 없는 것으로 보인다.

위에서 살펴본 행정계약의 개념에 관한 상반된 견해를 비교법적 관점에서 분석해볼 필요가 있다. 우리나라 판례나 학설에서 논의되고 있는 '공법상 계약'의 개념은 독일연방행정절차법상의 공법상 계약의 개념에 접근하는 것으로 볼 수 있다. 우리나라에서 정부조달계약을 순수한 사법상 계약으로 보는 것은 독일의 통설, 판례가 정부조달계약은 연방행정절차법의 공법상 계약의 규율로 보지 않고 있는 것과 마찬가지로 좁은 공법상 계약개념에 기초한 결과라고 볼 수 있다.

다음으로 우리나라 학설에서 논의되고 있는 '행정계약'의 개념은 공법상 계약과 私法상 계약을 모두 포함하는 개념이라는 점에서 독일이나 프랑스에서 일반적으로 인정되고 있는 행정계약의 개념[68]보다도 더 넓은 개념이라고 할 수 있다. 그리고 이러한 견해는 공사법의 엄격한 구별을 인정하지 않고 있는 미국의 '정부계약'이나 영국의 '계약에 의한 행정'의 개념에 접근하는 개념이라고 할 수 있다.

우선 지적되어야 하는 점은 이러한 견해의 대립이 실제적으로 현저한 차이를 갖고 있다고 하기는 힘들다는 점이다. '공법상 계약'에 초점을 맞추는 견해에서도 이 개념에만 행정법의 연구를 한정해서는 안 되고 私法계약으로서의 행정계약의 특수성에 대해서도 관심을 갖는 것이 필요하다고 지적하고 있다.[69] 또한 '행정계약'에 초점을 맞추는 견해에서도 행정계약의 하위개념으로 공법상 계약의 개념을 인정하고 이의 특수성

---

66) 김동희, 행정법 I, 박영사, 2005, 211면 참조.
67) 김남진/김연태, 행정법 I, 법문사, 2005, 333면 참조.
68) 앞서 보았듯이 독일과 프랑스에서 언급되고 있는 '행정계약'에는 일반민사소송의 대상인 사법상의 계약은 포함되지 않는다고 보는 것이 일반적이다.
69) 김남진, "공법계약과 사법계약의 구별", 고시계 1984.8, 51면 참조.

규명의 필요성을 인정하고 있다.[70)

이러한 점을 고려하여 다음과 같은 개념정립이 필요하다고 판단된다. 우선 행정실무에서 사용되고 있는 여러 가지 유형의 계약을 모두 포함하는 행정계약의 개념을 인정할 필요성이 매우 크다고 하지 않을 수 없다. 그리고 이러한 행정계약의 개념은 당해 계약이 민사소송의 대상인지, 행정소송의 대상인지 여부와 무관하게 인정하는 것이 타당하다. 이를 '광의의 행정계약'이라고 할 수 있을 것이다.

이러한 광의의 행정계약의 개념을 인정해야 하는 근거는 다음과 같다. 첫째, 행정법연구의 대상은 행정작용전반을 대상으로 가능한 한 넓게 인정하는 것이 바람직하다는 점이다. 행정작용의 형식이 다양화되고 있는 추세를 고려할 때 모든 행정작용에 있어서 공법적 특수성을 구체적으로 분석하기 위해서는 연구범위를 가능한 한 넓게 상정하는 것이 필요하다고 하겠다. 이렇게 할 때에 행정실무에서 사용되고 있는 계약의 유형에 따라 공법상 규율의 정도가 어떤 식으로 달라져야 하는지에 관한 구체적인 논의가 가능케 될 것이다. 둘째, 우리나라에서는 독일연방행정절차법과 같이 공법상 계약에 대해 일반적으로 규율하지 않고 각 관련 법률에서 개별적으로 규율하고 있는 체제인 이상 독일의 실정법상 개념인 공법상 계약에 관한 논의를 그대로 받아들이기는 힘들다는 점이 지적되어야 할 것이다.

물론 이러한 견해에 대해서는 공법상 계약에 초점을 맞추는 입장에서 다음과 같은 두 가지 비판이 제기될 수 있다. 첫째, '공법상 계약'에 초점을 맞춘다고 하여 私法상 계약으로 이루어진 행정계약의 특수성이 행정법의 연구대상에서 벗어나야 한다는 것은 전혀 아니라는 비판이 제기될 수 있다. 그러나 일단 공법상 계약에만 초점을 맞출 경우에는 私法상 계약에서 나타나는 공법상 특수성을 일관되게 분석하기가 어려워지는 단점이 존재한다. 이러한 점을 고려할 때 사법상 계약과 공법상 계약을 포

---

70) 김동희, 행정법I(제11판), 박영사, 2005, 211~213면 참조.

괄하는 광의의 행정계약의 개념을 인정해야 할 실익은 존재한다고 할 수 있다.

둘째, 공법상 계약과 사법상 계약을 포괄하는 개념으로서의 광의의 행정계약의 개념은 독일이나 프랑스의 통설이나 판례가 받아들이지 않고 있는 개념으로서 그 보편성을 인정하기 힘들다는 비판이 제기될 수 있다. 그러나 가장 엄격한 공법상 계약의 개념을 고수하고 있는 독일에서도 양자를 포괄하는 행정계약의 개념을 주장하는 견해가 나타나고 있다는 점, 독일에서 정부조달계약을 사법상의 계약으로 보면서도 그 공법적 특수성을 실질적으로 분석하려는 경향이 나타나고 있다는 점,71) 영국과 미국에서 *私法*상 계약과 공법상 계약을 포괄하는 '정부계약'이나 '계약에 의한 행정작용'의 개념을 인정하고 그 특성을 실질적으로 파악하려는 태도가 나타나고 있다는 점 등을 고려할 때 이러한 비판은 그대로 받아들이기 힘들다고 하겠다.

다만 이처럼 광의의 행정계약의 개념을 채택함에 있어서 순수국고적 관계는 제외하는 것이 바람직한 것인지가 문제된다. 뒤에서 보지만 국고이론 자체가 여러 가지 한계를 안고 있다는 점, 행정사법적 관계와 순수국고적 관계의 구별이 명확치 않다는 점을 고려하면 이를 구분하지 않고 광의의 행정계약의 개념에 포섭하는 것이 타당하다고 생각된다.

이처럼 광의의 행정계약의 개념을 사용할 경우에도 실제 소송에 있어서는 민사소송의 대상이 되는 것과 행정소송, 특히 공법상 당사자소송의 대상이 되는 것을 구별해야 할 필요성이 여전히 남는다고 볼 수 있다. 이처럼 광의의 행정계약 중 특히 공법상 당사자 소송의 대상이 되는 계약을 '협의의 행정계약'으로 파악하는 것이 바람직하다. '공법상 계약'이

---

71) 뒤에서 보겠지만 독일에서는 정부조달계약과 관련된 분쟁을 기본적으로 민사법원에서 처리하고 있다. 그러면서도 유럽법의 영향으로 낙찰에 실패한 기업에게 소송을 제기할 수 있도록 함으로서 정부조달계약의 공법적 특수성을 나름대로 반영하려는 모습을 보여주고 있다.

라는 표현은 헌법상 계약이나 국제법상 계약을 포함하게 된다는 점에서 정확한 표현이라고 보기 힘들다는 점, 연혁상 공법상 계약은 행정계약에 비해 좁은 개념으로 이해하게 되어 공법적 규율의 관철을 저해할 가능성이 높다는 점을 고려할 때 '공법상 계약'의 용어는 사용하지 않는 것이 바람직하다고 하겠다.

이렇게 볼 경우 공법상 당사자소송의 대상이 되는 협의의 행정계약과 私法상 계약을 어떻게 구분할 것인가의 문제가 여전히 남게 된다. 이는 공사법의 구별론과 밀접한 관련이 있다고 할 것인바 뒤에서 보다 자세히 다루도록 하겠다.

어쨌든 이러한 의미에서의 광의의 행정계약의 개념은 기존의 행정계약에 관한 개념 그대로 '행정주체 상호간에 또는 행정주체와 국민 사이에 행정목적을 직접적 또는 간접적으로 수행하기 위하여 체결되는 계약'으로 정의할 수 있다. 그런데 협의의 행정계약의 개념을 기존의 공법상 계약에 관한 개념 그대로 '행정주체 상호간에 또는 행정주체와 국민 사이에 공법적 효과의 발생을 목적으로 체결되는 계약'이라고 정의하는 것이 타당한지는 재고를 요한다. 즉, 이렇게 될 때에는 행정소송의 대상이 되지 않는 계약은 당연히 공법적 특수성이 인정될 수 없다는 의미로 오해될 여지가 있기 때문이다.

특정의 행정작용에 공법적 특수성이 존재하는지 여부를 판단함에 있어서는 소송법적인 측면과 실체법적인 측면을 나누어 살펴볼 필요가 있다고 하겠다. 특정의 행정작용이 행정소송의 대상이 될 수 있는가 하는 점은 소송법적인 측면이며 이는 '全部 아니면 全無'(all or nothing)의 문제라고 할 수 있다.72) 그러나 실체법적 측면에서 특정의 행정작용에 공법적 특수성이 존재하는가의 문제는 '정도'(degree)의 문제로 보아야 하고 이것이 소송법적 측면에서의 공사법의 구별과 반드시 일치하는 것으

---

72) 민사소송의 대상이 되든지, 행정소송의 되든지 양자택일의 관계에 놓이게 된다.

로 보기는 힘들다고 하겠다.[73] 다시 말해 실체법적인 관점에서는 사법상 계약의 형식으로 이루어지는 행정계약의 경우도 공법상의 특수성이 인정될 수 있다.[74]

이러한 점들을 고려하면 협의의 행정계약이라고 할 경우에는 계약 전체로 볼 때 실체법상의 공법적 특수성이 현저하여 소송법상으로 공법상 당사자소송의 대상이 되는 것을 말한다고 보아야 할 것이다. 이러한 의미에서 협의의 행정계약은 '행정주체가 체결하는 계약 중 계약전체의 공법적 특수성으로 인해 공법상 당사자소송의 대상이 되는 계약'으로 정의해볼 수 있다.

'계약'의 개념과 관련해서는 통설과 판례의 태도이자 독일, 영국, 프랑스와 마찬가지로 '당사자의 의사합치'와 '법적 구속력'의 존재를 그 근거로 하는 것이 타당하다고 할 것이다. 프랑스의 Duguit의 견해와 같이 이 보다 더 좁게 주관적 행위에 제한되는 것으로 볼 이유는 없다고 하겠다. 판례[75]에서 공무원의 객관적 지위의 창설과 관련되는 공법상 근로계약을 행정계약의 일종으로 보고 있는 것도 이러한 맥락에서 타당하다고 하겠다.

3. 유 형

1) 당사자의 성질에 따른 유형

행정계약의 유형화와 관련해서는 대부분의 학자들은 우선 당사자의

---

73) 독일에서 확립되어 있는 행정사법의 개념도 결국은 행정소송의 대상이 되지 않는 행정작용에도 실체법적인 관점에서는 공법적 특수성이 인정될 수 있다는 점을 긍정하는 이론으로 볼 수 있다.
74) 우리판례에서 사법상 계약으로 보고 있는 정부조달계약에 있어서 부정당업자제재를 행정처분으로 보고 있는 것이 그 예이다.
75) 대법원 2001.12.11. 선고 2001두7794 판결 등.

성질에 따라 크게 ① 행정주체 상호간의 행정계약, ② 행정주체와 사인 간의 행정계약, ③ 사인과 사인 간의 계약을 나누는 것이 일반적이다.

그리고 다시 ① 행정주체 상호간의 행정계약에는 공공단체 상호간의 행정계약, 지방자치단체 상호간의 행정계약 등이, ② 행정주체와 사인 간의 행정계약에는 정부조달계약, 국공유재산에 관한 계약, 공물, 영조물 이용관계의 설정계약, 공무원의 채용계약, 원자력손해배상계약, 임의적 공용부담, 공법상보조계약, 행정사무의 위임, 환경보전계약 등이, ③ 사인과 사인 간의 계약에는 공익사업을위한토지등의취득및보상에관한법률에 의한 사인인 공익사업의 시행자와 토지소유자 및 관계인 사이의 협의가 포함되는 것으로 보고 있다.[76] 이와 관련하여 독일에서의 분류의 영향으로 종속계약과 대등계약을 나누고 있다.[77]

그러나 이러한 분류가 갖는 법적 의미에 대한 규명은 충분히 이루어지지 못하고 있는 것으로 판단된다. 특히 종속계약과 대등계약의 경우 독일에서는 연방행정절차법에서 다르게 규율하기 때문에 이를 구별할 실익이 있으나 그러한 규정이 없는 우리나라의 경우 양자의 구별이 어떤 의미가 있는지 문제된다.

위에서 살펴보았듯이 우리나라에서도 독일과 프랑스의 영향으로 당사자들의 성질에 따라 세 가지로 분류를 하는 것이 일반적인데, 이러한 분류가 갖는 도그마틱적 의미는 무엇인가를 보다 명확히 할 필요가 있다. 독일에서의 논의를 보면 행정주체 상호간의 계약이나, 사인 간의 계약의 경우 당사자의 대등성으로 인해 당사자의 권리보호의 문제가 적으나, 행정주체와 사인 상호간의 계약의 경우 당사자의 비대등성으로 인해 당사자의 권리보호의 문제가 보다 부각된다는 점이 지적된바 있다.

그러나 이러한 관점에서의 유용성은 매우 제한적으로 평가하는 것이 타당하다. 왜냐하면 사인 상호간의 계약이라고 하더라도 일방사인이 공공

---

76) 박윤흔, 최신행정법강의(상)(개정29판), 박영사, 2004, 560~561면 참조.
77) 송동수, "행정계약의 현대적 재조명", 토지공법연구 제10집, 2000, 269~291면 참조.

임무를 수행하는 입장에 있을 경우 당사자 간의 관계가 완전히 대등하다고 보기는 힘든 면이 존재하고, 행정주체와 사인 상호간의 계약의 경우에도 워낙 다양한 유형의 계약이 존재하는 관계로 양 당사자가 항상 비대등한 관계에 있다고 보기 힘들기 때문이다. 이러한 관점에서 '행정주체 간의 계약'·'사인 상호간의 계약'='대등적 계약', '행정 주체와 사인 상호간의 계약'='종속적 계약'이라는 등식은 바람직하다고 볼 수 없다.

위와 같이 계약당사자의 성질을 바탕으로 분류하는 것의 진정한 유용성은 오히려 다음에서 찾을 수 있다. 즉 '행정주체와 사인 상호간의 관계에서 이루어지는 행정계약'과 '사인 상호간의 관계에서 이루어지는 행정계약'을 구별하는 것이 상당한 법적 의미를 갖는다는 점이다. 전자가 전통적인 행정계약이라면 후자는 행정기능이 민영화되는 추세에서 나타나는 새로운 행정계약이라는 점에서 차이가 있다. 또한 전자에서는 Schlette가 말한 '대체적 계약'이 많이 문제되는 반면에, 후자에서는 '독자적 계약'이 주로 문제된다는 점에서도 차이가 있다. 이러한 관점에서 '사인[78] 상호간의 관계에서 이루어지는 행정계약'을 '행정주체와 사인 상호간의 관계에서 이루어지는 행정계약'과 별도의 유형으로 포착해내고 이 유형에서 공법적 특수성을 반영해나갈 필요성은 매우 크다고 하지 않을 수 없다.[79]

---

78) 여기서의 '사인'에 공무수탁사인(Beliene)만 포함되는지 아니면 행정보조자 (Rechtshelfer)도 포함되는지 문제된다. 우선 공무수탁사인과 행정보조자의 개념을 구분할 필요가 있다. 보통 공무수탁사인은 특정의 개별적이 고권적 권한을 자신의 이름으로 행사할 권능이 부여된 사법상의 자연인 또는 법인을 말한다고 보고 있다. 다음으로 행정보조자는 공무수탁사인과는 달리 행정주체를 위하여 비독립적으로 활동하며 단순히 도구로서 공임무수행에 동원되는 경우를 의미한다. 그런데 행정보조자의 경우는 그 비독립성으로 인해 제3자인 국민과 아무런 직접적 법률관계에 서지 않는다고 보고 있다(이원우, "정부기능의 민영화를 위한 법적 수단에 대한 고찰―사인에 의한 공행정의 법적 수단에 대한 체계적 연구", 행정법연구 제3호, 1998, 119~127면 참조). 따라서 '사인 상호간의 행정계약'이라고 할 때 '사인'에는 공무수탁사인만이 포함되고 '행정보조자'는 포함되지 않는다고 보는 것이 타당하다.

2) 계약의 효력에 따른 유형

처분계약과 채무부담계약의 분류를 명시적으로 채택하는 주장은 우리나라에서는 찾아보기 힘들다. 다만 행정계약과 행정행위의 차이점을 설명하면서 원칙적으로 행정계약은 자기집행력이 없다는 지적이 있는데, 이는 계약 자체가 직접적으로 행정법상의 권리 또는 의무를 부과, 취소, 양도 또는 변경하는 효력을 갖는 계약(처분계약)은 예외적으로 인정된다는 독일에서의 논의와 일맥상통한다고 할 수 있다.

이와 관련해서 보조금의 예산 및 관리에 관한 법률 제33조에서 별도의 소송 없이 바로 강제징수를 할 수 있도록 하고 있는데, 이를 상대방이 지는 의무를 불이행한 경우에 강제이행을 인정한 예로 볼 것인지에 관한 견해의 대립이 있다. 이를 부인하는 견해는 위 조항이 정확하게는 계약에 의하여 상대방이 지는 의무불이행에 대한 행정상 강제집행을 인정한 것이 아니고, 계약이 취소된 경우의 보조금반환의무의 불이행에 대하여 행정상강제집행을 인정한 것이라는 점을 근거로 들고 있다.[80] 이러한 견해의 대립은 법령이 예외적으로 처분계약을 인정한 예로 볼 것인지에 관한 견해의 대립으로 읽을 수 있다.

독일에서 논의된 처분계약과 채무부담계약의 구별실익, 즉 ① 채무부담계약이 원칙이고, 처분계약은 예외적으로만 인정되어야 한다는 점, ② 채무불이행법은 어디까지나 채무부담계약의 경우에만 적용이 된다는 점은 우리나라에도 그대로 타당하다고 할 수 있다. 자기집행력을 갖는 처분계약의 경우 행정주체에 의해 행정행위를 피해가기 위해 남용될 수 있다는

---

79) 이러한 계약유형의 대표적인 예로 들 수 있는 것이 2002.6.24. 로또복권발행과 관련하여 정부기관을 대행한 국민은행(일종의 공무수탁사인으로 볼 수 있다)과 (주) KLS 간에 체결된 '온라인연합복권 시스템 구축 및 운영용역계약'이다. 이 계약의 체결과정 및 수익금분배비율에 관해서 많은 법적 논쟁이 제기된바 있다.

80) 박윤흔, 최신 행정법강의(개정26판), 2004, 563면 참조.

점에서 반드시 법적인 근거가 존재하는 경우에만 인정되어야 할 것이다.

3) 계약의 성질에 따른 유형

'거래'로서의 성질이 존재하는가, 즉 경제적 계약으로서의 성질을 갖는가[81]의 여부를 구분하는 태도는 아직 우리 학설이나 판례에서 찾아보기 힘들다. 이와 관련하여 독일과 같이 연방행정절차법이 행정계약에 관해 규율을 하고 있지 않은 우리나라에서는 여러 가지 유형의 행정계약의 적용법리를 결정함에 있어서 '국가를 당사자로 한 계약에 관한 법률'의 적용범위를 어떻게 설정할 것인지가 끊임없이 문제가 되고 있다.

'거래'로서의 성질이 존재하는가, 즉 경제적 계약으로서의 성질을 가지는가의 여부를 구분하는 프랑스의 태도는 우리나라에도 상당한 의미를 갖는다고 볼 수 있다. 왜냐하면 여러 가지 유형의 행정계약의 적용법리를 결정함에 있어서 '국가를 당사자로 한 계약에 관한 법률'의 적용범위를 어떻게 설정할 것인지가 끊임없이 문제가 되고 있는바, 이를 판단함에서 있어서 거래로서의 성질을 갖는지 여부는 매우 유용한 기준이 될 수 있기 때문이다.[82]

다만 이 경우에도 독일처럼 '경제적 계약(순수국고영역에서의 계약)=사법상 계약'의 등식이 성립되는 것으로 볼 수는 없다. 거래로서의 성질을 갖는 계약의 경우에도 그 정도에 차이는 있어도 거래로서의 성질을 갖지 않는 계약과 마찬가지로 공법적 특수성이 반영되어야 할 것이다.

4) 행정영역별 유형

행정영역별 유형과 관련해서 ① 준비행정에서의 계약, ② 급부행정에서의 계약, ③ 규제행정에서의 계약을 나누어 보는 견해[83]를 검토해볼

---

81) 경제적 대가를 지불하고 계약의 목적물을 취득하는 경우를 말한다.
82) '거래'로서의 성질이 약할수록 국가계약법의 유추적용이 어려워질 것이다.

필요가 있다. 이 견해는 급부행정의 경우 특별한 규정이 없는 한 공법상 계약이 활용될 수 있으나, 규제행정의 경우에는 당사자 간의 합의에 의한 계약방식은 원칙적으로 활용되지 않는다고 지적하고 있는데 이 점에서는 권력행정과 비권력행정을 나누어보는 통설의 견해와 크게 다르지 않다고 볼 수 있다.

이 견해에서 흥미로운 점은 준비행정에서의 계약을 구별하고, 행정을 행하기 위한 인적 수단의 정비(공무원고용계약)의 경우는 공법상 계약이고, 물적 수단의 정비(관공청사의 건축계약)의 경우는 주로 민법상 방법에 의한다고 지적하고 있는 점이다. 판례의 태도도 이와 부합한다. 즉 대법원은 공무원고용계약은 대표적인 공법상 계약의 예로 들고 있는 반면에,[84] 정부조달계약은 일관되게 사법상 계약으로 판단하고 있다.[85]

우리나라에서 규제행정의 영역에서 체결되는 행정계약과 급부행정의 영역에서 체결되는 계약은 법률유보와의 관계에 있어서 차이가 있다고 할 수 있다. 즉, 규제행정의 영역에서 있어서 법령상 근거를 보다 엄격히 요구한다고 할 수 있다.

다음으로 준비행정의 영역을 구별하고 이 영역을 다시 인적 수단의 정비와 물적 수단의 정비로 나누어 다르게 파악하는 견해에 대해서는 어떻게 볼 수 있을까. 일단 준비행정의 영역을 구별해내는 것은 행정의 과정을 시간적으로 분석할 수 있도록 해준다는 점에서 장점이 있고 이 영역에서의 공법적 특수성을 규명하는 것이 중요하다는 점을 고려할 때 긍정할 수 있다고 하겠다.

그러나 인적 수단의 정비와 물적 수단의 정비를 구별하여 법적 성질을 다르게 보는 것은 재고를 요한다. 물론 물적 수단의 정비와 관련된

---

83) 박윤흔, 최신 행정법강의(개정26판), 2004, 561~562면 참조.
84) 대법원 1995.12.22. 선고 95누4636, 대법원 2001.12.11. 선고 2001두7794 판결 등.
85) 대법원 1996.12.20. 선고 96누14708 판결, 대법원 2001.12.11. 선고 2001다33604 판결 등.

정부조달계약의 경우 다른 행정계약에 비해 사법상의 계약과 가장 유사성을 갖는다고 보는 것은 사실이다. 그러나 정부조달계약의 경우에도 국가경제적인 차원에서 볼 때 대규모의 재원이 투입된다는 점, 산업정책적인 수단으로 많이 사용된다는 점 등을 고려할 때 인적 수단의 정비와 관련된 계약에 못지않게 공익적 성격을 띤다고 할 수 있다. 따라서 이 부분도 행정계약의 특수성에 대한 분석이 이루어져야 마땅하다.

5) 기능별 유형

기능별 유형에 대해서는 자세한 논의를 찾아보기 힘들고, 개별유형별로 별도로 논의가 진행되고 있는 실정이다. 앞서 비교법적 연구에서 보았듯이 기능별 유형에 따른 법리구축이 영미와 대륙을 불문하고 공통적으로 문제되고 있다는 점을 고려할 때 우리나라도 이 부분에 대한 연구가 요청된다고 할 수 있다.

앞서 보았듯이 비교법적으로 볼 때 행정계약의 유형화에 있어서는 계약의 기능 또는 목적이 매우 중시되고 있음을 볼 수 있다. 이를 참고하여 행정계약의 유형을 구분해볼 필요가 있다. 우선 행정계약의 기능은 크게 네 가지 정도로 요약될 수 있다. ① 개별적, 구체적 사정에 따라 탄력적으로 행정목적을 달성할 수 있다. ② 상대방의 동의를 전제로 하므로 분쟁을 사전적으로 예방하고 행정적응성을 높일 수 있다. ③ 사실관계 또는 법률관계가 불명확한 경우에 해결을 용이하게 하여 행정경제에 이바지할 수 있다.[86] ④ 행정주체가 지급하는 대가 또는 계약갱신여부와 계약상대방이 달성해야 할 성과를 연계시킴으로서 성과주의를 반영할 수 있다.[87]

행정계약이 사용되는 구체적인 예들을 보면 여러 가지의 기능을 함께

---

86) 박윤흔, 최신행정법강의(상)(개정29판), 박영사, 2004, p.555 참조.
87) 행정계약의 이러한 기능은 그동안 크게 부각되지 않았으나 성과계약제도의
　　도입에 따라 이러한 기능이 중시되고 있다.

담당하는 것이 오히려 일반적이라고 할 수 있다. 다만 위의 네 가지 기능 중 어느 하나를 주된 기능으로 하는 때가 많다. ① 개별적, 구체적 사정에 따라 탄력적으로 행정목적을 달성하는 행정계약의 기능은 정부조달계약,[88] 민간위탁계약, 민관협력계약에서 주로 발휘된다. ② 상대방의 동의를 전제로 하므로 분쟁을 사전적으로 예방하고 행정적응성을 높이는 행정계약의 기능은 규제계약에서 주로 발휘된다. ③ 사실관계 또는 법률관계가 불명확한 경우에 해결을 용이하게 하여 행정경제에 이바지할 수 있는 행정계약의 기능은 소송상 화해계약에서 주로 발휘된다. ④ 행정주체가 지급하는 대가 또는 계약갱신여부와 계약상대방이 달성해야 할 성과를 연계시킴으로서 성과주의를 반영하는 행정계약의 기능은 공무원고용계약, 성과계약에서 주로 발휘된다. 정부조달계약이 좀더 전통적인 유형의 행정계약이라고 한다면, 규제계약, 민관협력계약, 성과계약 등은 보다 최근에 나타나고 있는 유형의 행정계약이라고 할 수 있다. 정부조달계약의 경우 전통적인 행정법학에서와 마찬가지로 '행정의 효율성'과 '계약상대방, 즉 사인의 보호' 간의 조정이 주로 문제된다.

규제계약, 민관협력계약은 소위 행정에 있어서의 패러다임의 변화, 즉

---

88) Government Procurement Contract를 '행정조달계약'이라고 부르자는 견해가 제시되고 있다. 이 부분을 인용하면 다음과 같다. "… '정부'조달계약이라고 하면 국가에 의한 계약에 한정된다는 뉘앙스를 갖고 있으므로, 지방자치단체 기타 모든 행정주체에 의한 계약이라는 의미에서 '행정조달계약'이라는 용어가 바람직하다. 이는 용어상의 문제를 넘어 방법론적으로도 중요한 의미를 담고 있다. 즉, 행정이 체결하는 계약을 종래 독일법의 영향 아래 공법상 계약과 사법상 계약으로 구분하던 것을 극복하기 위해 양자를 모두 '행정계약'이라는 개념으로 포괄하고 그 하나의 하부유형으로서 '행정조달계약'을 파악하고자 하는 것이다"(박정훈, "행정조달계약의 법적 성질", 행정법의 체계와 방법론, 박영사, 2005, 170~171면 참조)
본 논문에서는 위와 같은 견해의 취지를 반영하여 정부조달계약을 광의의 행정계약에 포섭하여 분석하되, 정부조달계약이 실정법상의 용어이고(국가계약법 제2조), 다른 학문영역에서도 정부조달계약이라는 표현을 널리 사용하고 있다는 점을 고려하여 '정부조달계약'이라는 표현을 사용하기로 한다.

민간의 참여와 협력을 중시하는 흐름에 놓여있다는 점에서 공통점이 있는데, 이러한 행정에 있어서의 패러다임의 변화과정에서 법치주의와 민주주의의 공법적인 원리를 어떻게 관철해내는가가 주로 문제시된다고 할 수 있다.

성과계약은 성과주의에 입각한 최근의 행정개혁논의의 흐름 가운데 놓여 있는데 이러한 성과주의가 헌법상의 직업공무원제 등과 어떠한 관계에 놓이는지가 문제된다. 제3장의 행정계약각론 영역에서는 이들 유형별로 보다 구체적으로 검토하겠다.

제3절 공사법의 구별과 행정계약

Ⅰ. 외국의 법제

1. 독 일

1) 공사법의 구별

독일에서의 공법과 사법의 구별은 실제적인 중요성이 있다고 할 수 있다. 대표적인 예만 들어도 우선 공법인지 사법인지에 따라 행정절차법의 적용여부가 달라진다.[1] 뿐만 아니라 관련분쟁을 다루는 소송유형이 달라진다. 그리고 독일에서의 공사법관계의 특징 중의 하나는 행정법이 민법을 모방하여 성립된 후 서서히 이로부터 분리되는 과정을 거쳤다는 점이다.[2]

이러한 공사법구별 기준과 관련해서는 여러 가지 학설이 제기된 바 있으나, 가장 대표적인 학설로는 이익설(Interessentheorie), 권력설(Subjektionstheorie), 귀속설(Zuordnungstheorie) 등이 존재한다. 각각의 학설 중 귀속설이 통설의 지위를 차지하고 있으나, 개별사안에서는 이들 학설 모두가 고려되어야 한다는 견해가 유력하다.[3] 하지만 권력설의 영향을 받은 국고이론[4]

---

[1] 연방행정절차법 제1조 제1항은 행정절차법이 '공법상의 행정작용'에만 적용된다고 규정하고 있다

[2] Wolfgang Mayer-Hesemann, Methodenwandel in der Verwaltungsrechtswissenschaft, Heidelberg/Karlsruhe 1981, S. 29-31 참조.

[3] Maurer, Allgemeines Verwaltungsrecht, 15 Auf., §3 Rn. 12-27 참조.

[4] 독일의 국고이론에 대한 대표적인 설명을 인용하면 다음과 같다. "… 근대 독일에서 공법의 본질적 징표가 권력성에 있기 때문에, 국가의 활동 중 이러한 권력성을 갖지 않는 부분은 사법의 영역으로 분리되었는데, 이에 결정

의 영향으로 인해 대체적으로 볼 때 프랑스에 비해서는 공법의 영역이 훨씬 좁다고 할 수 있다. 정부조달계약을 원칙적으로 사법상의 계약으로 보고 있는 것이 그 대표적인 예이다. 그러나 이러한 통설, 판례에 대해서는 다음과 같은 비판이 제기되고 있다. 정부조달계약이 중소기업진흥책 등 공익적인 정책의 관점에서 체결되는 경우에는 공법상의 계약으로 보아야 한다는 것이다.[5]

어쨌든 공법과 사법의 구별기준을 명확히 하는데 초점을 맞추었던 기존의 태도는 주로 사후적으로 소송수단의 확정에 초점이 맞추어졌던 것이 사실이다. 그런데 최근에는 공법과 사법의 차이를 완전히 부정하지는 않으면서도 양자의 상호보완적 성격(Auffangordnung)에 좀더 초점을 맞추는 견해가 나타나고 있다.[6] 이 견해는 법을 통한 사회질서의 유지라는 점은 공사법의 공통된 목적이라는 점, 헌법이 공사법 모두의 기초질서를 이룬다는 점을 강조하면서 양자가 상호보완적 성격을 갖는다는 점을 강조하고 있다.

적인 역할을 한 것이 국고이론(Fiskustheorie)이다. 즉, 군주의 권력 발동에 대하여는 법적 구속이나 재판적 통제가 전혀 불가능하지만 최소한 그로 인한 기득권의 침해에 대해 금전적 보상을 청구할 수 있도록 하기 위해서는 법적으로 그 청구권의 상대방, 다시 말해, 마치 사인과 같이 통상의 민사재판권에 복종하는 피고가 필요한데, 이를 위해 의제된 개념이 바로 국고이다. … 그러나 이러한 국고이론은 19세기 말부터 법치주의의 강화에 따라 그 의미가 반전된다. 공법이 시민의 자유를 확보하기 위한 법적 수단이 됨으로써 국고이론은 이제 행정이 이러한 공법적 구속을 피하기 위한 '사법으로의 도피'를 정당화해주는 명분이 되었다"

이상의 내용에 관해 자세히는 박정훈, "행정조달계약의 법적 성격", 행정법의 체계와 방법론, 2005, 173~180면 참조.

5) Schlette, Die Verwaltung als Vertragspartner, S. 149.

6) Eberhard Schmidt-Aßmann, öffentliches Recht und Privatrecht: Ihre Fuktionen als wechselseitiges Auffangordnungen, in Wolfgang Hoffmann-Riem/ Eberhard Schmidt Aßmann(Hrsg.), öffentliches Recht und Privatrecht als wechselseitiges Auffangordnungen, S. 7-40 참조.

2) 협의의 행정계약과 사법상 계약의 구별

독일에서는 연방행정절차법에서 공법상의 계약에 관한 특별한 규정을 두고 있기 때문에 공법상의 계약과 사법상의 계약의 구별할 실익이 매우 크다고 할 수 있다. 공법상 계약과 사법상 계약의 구별과 관련하여 현재 통설,[7] 판례[8]의 입장을 점하고 있는 것은 계약의 '대상'(Gegenstand)을 기준으로 하는 것이다. 이는 계약의 주체에 초점을 맞추는 입장[9]과 대조되는 것으로 계약의 내용에 초점을 맞추어 내용이 공법적인 성격을 가질 경우 공법상 계약으로 본다는 것이다.

그리고 이러한 입장은 입법적으로 채택되었다고 보는 것이 일반적이다. 즉 행정절차법 제54조는 '공법의 영역에서의 권리권계'가 계약에 의해 발생, 변경, 소멸되는 경우를 공법상 계약으로 규정하고 있는데 이에는 계약의 대상을 기준으로 공법상 계약을 판단하겠다는 입법자의 의사가 명확하게 반영되었다는 것이다.[10]

이처럼 계약의 대상(내용)을 기준으로 판단하는 것이 위에서 살펴본 공사법의 구별일반론에서 제시된 학설들과 어떤 관련이 있는가에 대해서는 문헌들에서 명백히 나타나고 있지 않다. 이러한 태도는 이익설, 권력설, 귀속설 등 어느 입장에서도 설명이 가능하다고 할 수 있다.

그렇다면 구체적으로 어느 경우에 계약의 내용이 공법적인 성질을 갖는 것으로 볼 것인가가 문제가 된다. 이와 관련해서 계약이 관련된 규범의 성질을 기준으로 보아야 한다는 학설[11]이 유력하고, 다수의 판례도 이 태

---

7) Walter Krebs, Verträge und Absprachen zwischen der Verwaltung und Privaten, VVDStRL H. 52, 1992, S. 275-276 ; Wolff/Bachoff/Stober, Verwaltungsrecht, Band 1, 11.Aufl., München 1999, §22 Rn. 55 등.

8) BVerwGE 22, 138(140) ; BVerwGE 25, 299(301), BVerwGE 30, 65(67) ; BVerwGE 42, 331(332); BVerwGE 49, 359(361) 등.

9) 계약의 당사자에 행정주체가 포함되면 공법상의 계약으로 보는 입장을 말한다.

10) Schlette, Die Verwaltung als Vertragspartner, S. 113.

도를 취하고 있다. 이 견해는 공법규범이 규율하고 있는 사안과 관련된 계약을 공법적 성질을 갖는 계약으로 보고 있다.

이 기준에 따르면 공법상 계약의 예로 다음을 들 수 있다. 공법의 내용을 집행하는 내용의 계약,12) 공법에서 불분명하게 규율하고 있는 내용을 규율하는 계약,13) 행정행위나 기타의 고권적인 행정작용을 대체하는 내용의 계약,14) 행정행위나 기타의 고권적인 행정작용의 발령의 의무를 지우는 내용의 계약,15) 공법상의 권한이나 의무를 근거지우거나 변경하거나 확정하는 계약16) 등이 그것이다.

이처럼 규범의 성질을 기준으로 판단하는 학설에 대해서는 규범의 성질이 공법적인지 여부를 다시 판단해야 하는 문제가 남고, 계약의 공법에의 연결의 정도가 어느 정도인지가 불명확하며, 관련된 규정이 존재하지 않는 경우에 기준으로 부적합하다는 비판이 제기되고 있다.17)

2. 프랑스

1) 공사법의 구별

프랑스에서의 공사법의 구별은 행정재판의 기능적 특수성과 결부된 것이다. 대혁명 당시 구체제하에서 보수적 태도를 취했던 법원에 대한

---

11) Maurer, Allgemeines Verwaltungsrecht, §3 Rn. 25 ; Christian Schimpf, Der verwaltungsrechtliche Vertrag unter besonderer Berücksichtigung seiner Rechtswidrigkeit, Duncker & Humblot, Berlin 1982, S. 61 참조.

12) 도시계획법(Baurecht)상의 각종의 계약이 그 대표적인 예이다. BGHZ 54, 287, BVerwGE 32, 37 등.

13) BVerwG 19.8.1988, Buchholz 442.40 §29a LuftVG Nr. 1, S. 1, 8.

14) BGH 10.12.1987, Z 102, S. 33ff.

15) Maurer, Allgemeines Verwaltungsrecht, §14 Rn. 11.

16) Dirk Ehlers, Verwaltung in Privatrechtsform, Duncker & Humblot, Berlin 1984, S. 444 참조.

17) Schlette, Die Verwaltung als Vertragspartner, S. 119-121 참조.

불신으로 말미암아 행정재판권이 일반 사법권과 완전분리되었고, 심지어 1790년 법률[18]에 의해 일반법원이 행정에 대해 관여를 하는 것이 형벌로 금지되었다.[19]

행정작용에 대한 분쟁은 나폴레옹에 의해 설립된 꽁세유데따(Conseil d'État)가 담당하게 되었고 꽁세유데따는 행정의 특수성을 근거로 사법의 내용과는 전면적으로 다른 법원칙들을 판례법으로 발전시켰다. 이 점에서 민법을 모방하여 성립된 후 서서히 분리되는 과정을 밟은 독일과는 상당한 차이가 있다고 할 수 있다.[20]

이러한 공사법의 구별기준과 관련하여 초기에는 공권력 발동여부를 기준으로 한 적이 있었으나, 1873년의 Blanco 판결 이후 줄곧 공역무(service public) 또는 공공성과 같은 기능적, 실질적인 기준에 의하고 있다.[21]

2) 협의의 행정계약과 사법상 계약의 구별

이러한 공사법구별의 일반이론을 기초로 할 때 어떤 경우에 행정소송의 대상이 되는 행정계약으로 볼 수 있는지 문제된다. 판례는 이와 관련하여 행정주체 상호간에 계약이 체결되는 때, 행정주체와 사인 간에 계약이 체결되는 때, 사인 상호간에 계약이 체결된 때를 구별하고 있다.[22]

우선 행정주체 상호간에 계약이 체결된 때에는 원칙적으로 행정계약으로 보는 것이 권한재판소(Tribunal de Conflit)의 입장이다.[23] 또한 공역

---

18) Loi de 16-24 aout 1790, Art. 13.
19) 박정훈, "인류의 보편적 지혜로서의 행정소송", 서울대학교 법학 제42권 제4호, 2001, 70면 참조.
20) 박정훈, "인류의 보편적 지혜로서의 행정소송", 서울대학교 법학 제42권 제4호, 2001, 71면 참조.
21) 프랑스에서도 독일과 마찬가지로 주체설, 이익설 등의 대립이 있었다. 프랑스에서의 공사법의 구별에 관한 자세한 논의는 성낙인, 프랑스헌법학, 1995, 18~28면 참조.
22) 이하는 주로 Chapus, René, Droit administratif général T.1(15 édition), Montchrestien, 2001, p.549~568을 참조함.

무를 수행하는 사인과 일반사인 상호간에 계약이 체결된 때 원칙적으로 사법상 계약으로 보는 것이 권한재판소의 입장24)이나 사인 상호간의 계약이라고 하더라도 '행정주체를 위하여'(pour le compte d'une personne publique)25) 계약이 체결된 경우에는 행정계약이 될 수도 있다.26)

가장 문제가 되는 것은 행정주체가 사인과 계약을 체결한 때이다. 행정주체와 사인 간에 체결한 계약이 유효하게 행정계약이 되는 것은 당해 계약이 '공적 관리행위'(acte de gestion publique)로서 평가되는 경우이다.27) 그렇다면 어느 경우에 당해 계약이 공적 관리행위로서 인정될 수 있는가가 문제된다. 이에 관해서 판례는 크게 세 가지의 유형을 들고 있다. ① 계약조항으로 인해 행정계약으로 인정되는 사례, ② 대상에 의해 행정계약으로 인정되는 사례, ③ 법제도의 결과로 행정계약으로 인정되는 사례가 그것이다. 이를 차례로 살펴보도록 하자.

(1) 계약조항 때문에 행정계약으로 인정되는 사례

행정주체가 체결한 계약이 '보통법과 다른 특별조항'(clause exorbitante du droit commune)28)을 포함하고 있을 경우에는 행정계약이다. 비록 행정계약의 성질에 대해서 밝히기 위해서 판례가 그 내용에 대해 19세기 초반부터 언급해온 것은 사실이나, 1912년의 꽁세유데따의 Granits des Vosges 판결29)이 '보통법과 다른 특별한 조항'의 범위를 설명한 대표적

---

23) TC 21 mars 1983, Union der Assurances de Paris, AJ 1983, 356.

24) TC 26 juin 1989, SA Cie gén. d'entreprise de chauffage, D 1990, SC 191.

25) '행정주체를 위하여'(pour le compte d'une personne publique)라는 표현은 행정주체의 명시적, 묵시적인 권한위임은 없지만 행정주체를 대신하여 사인이 계약체결 등의 행위를 하는 것을 말한다. Chapus, Droit administratif général T.1, p.569 참조.

26) TC 8 juillet 1963, Soc. Entreprise Peyrot Rec. 787, AJ 1963, 463.

27) Chapus, Droit administratif général T.1, p.548~549 참조.

28) 이러한 표현은 1930년부터 판례와 학설에 의해 사용되기 시작했는데, 여기서 '보통법'이라 함은 '私法'을 의미한다.

29) CE 31 juillet 1912, Soc. des granits porphyroïdes des Vosges, Rec. 909, RDP 1914,

인 판례이다.

이러한 특별한 조항에 의해 행정계약이 되는 경우는 다양하다. 원칙적으로 모든 계약은 조항에 의해 행정계약이 될 수 있다. 필요로 하는 역무의 성질이나 체결되는 계약의 집행절차상의 차이와 무관하게 행정계약이 될 수 있다. 다만 이러한 원칙에 대해서 예외가 존재한다. 계약이 상공업적 공역무(service public industriel et commercial)와 그 사용자 간에 체결된 때가 그것이다. 그러한 계약은 비록 보통법과 다른 특별조항을 포함하고 있더라도 항상 그 대상(objet) 때문에 사법상의 계약이 된다.[30]

비슷한 예외가 예전 판례에서 잡종재산의 관리(gestion du domaine privé)를 위해 체결된 계약과 관련하여 인정된 적이 있다. 이 경우는 그 대상으로 인해 항상 사법상의 계약으로 인정된 바 있다.[31] 그러나 1954년에 내려진 판례의 결과로 위 판례는 더 이상 유효하지 않다. 위 계약들은 보통법과 다른 특별조항을 담고 있는 경우에는 행정계약이 된다.[32]

계약당사자의 단순한 의사의 표시만으로는 행정계약을 인정할 수 없다. 즉, 당사자들이 예컨대 행정계약을 체결할 것을 원하였다든지, 계약 내에 재판관할권의 귀속에 관한 규정, 예컨대 행정법원을 관할로 하는 규정을 삽입한다든지 하는 것만으로는 행정계약으로 볼 수 없다.[33] Vedel은 당사자의 의사는 그것이 의미있는 것이 되기 위해서는 객관적인 방법으로 표시되어야 한다고 지적한바 있다. 계약 내에 보통법과 다른 특별조항을 포함하는 것이 대표적인 방법이라는 것이다.[34] 그렇다면 구체적으로 어느 경우에 '보통법과 다른 특별조항'이 인정될 수 있는가가 문제된다.

145.

30) CE 13 octobre 1961, Etabliss. Companon-Rey, Rec. 567, AJ 1962, 98.

31) CE Sect. 26 janvier 1951, Soc. minière, Rec. 49, S 1951. 3. 33.

32) CE Sect. 17 décembre 1954, Grosy Rec. 674, D 1956, 527.

33) TC 22 avril 1985, Coujard de Laplanche, DA 1985, 289, RDP 1985, 1697.

34) Vedel, Remarques sur la notion de clause exorbitante, Mélanges Metre(1956), p.527 (Chapus, Droit administratif général T.1, p.551에서 재인용) 참조.

우선 '사인 간의 관계에서는 배제되는 조항'을 들 수 있다. 이러한 조항들은 사인 간의 계약에는 불가능하거나 생각할 수 없는 경우들이다. 예를 들면 국가의 집행적 절차(procédé de l'état exécutoire)에 의해 계약상 채권을 회수할 수 있는 조항을 두는 경우,[35] 행정주체의 공무원에 의해 작성된 확인서를 보증으로 한다는 조항을 두는 경우,[36] 경찰의 운영비용의 일부를 계약상대방인 사인이 부담한다는 조항을 두는 경우[37] 등을 들 수 있다. 제3자에게 영향을 미치는 조항을 두고 있는 경우에도 이에 해당할 수 있다. 예를 들어 계약상대방에게 그에게 맡겨진 농촌학교의 학생들에 대해 징계권을 행사할 수 있는 권한을 부여하는 조항을 두고 있는 경우[38]가 그러한 예이다.

다음으로 '불평등한 조항'을 들 수 있다. 이러한 조항들은 사인을 행정주체의 통제 또는 권한에 종속시키는 특징을 가지고 있다. 행정주체에게 일방적으로 계약상대방에 대하여 일정한 조치를 취하는 것을 허용하거나 계약상대방을 통제하는 것을 허용하는 조항이 그러한 예이다.[39] 구체적인 예로는 특정의 작용에 관해서는 행정청의 승인을 받을 것을 요하는 의무를 부과하는 조항,[40] 행정주체에 의해 지정된 증권을 매도할 의무를 부과하는 조항,[41] 행정주체의 결정이 있을 때 공공시설의 임차를 중단할 의무를 부과하는 조항,[42] 행정청이 요청하면 바로 회계장부를 제출할 의무를 부과하는 조항[43] 등을 들 수 있다.

그 외에 지속적으로 계약상대방의 행동을 결정하는 경우를 들 수 있

---

35) TC 27 juillet 1950, Peulabœuf, Rec. 668.

36) TC 14 novembre 1960, Soc. Vandroy-Jaspar, Rec. 867, AJ 1961, 89.

37) CE 19 février 1988, Sarl Pore Gestion, 77, D 1988, IR 76.

38) CE 3 juillet 1925, de Mestral, D 1926, 3.17.

39) Chapus, Droit administratif général T.1, p.553 참조.

40) CE Ass. 26 février 1965, Soc. du vélodrome du parc des Princes, 133, RDP 1965, 506.

41) CE Sect. 10 mai 1963, Soc. La Prospérité fermière, Rec. 288.

42) TC 2 juillet 1962, cons. Cazautets, Rec. 823, RDP 1962, 1203.

43) TC 22 juin 1998, Miglierina, DA 1998, 335, JCP 1998, Ⅳ, 2141.

다. 예를 들어 지역의 극장에서 장르와 영상물을 상영하는 횟수와 관련한 조항,[44] 극장을 다양한 축제, 시상식, 컨퍼런스 등의 개최를 위해 市가 사용하도록 허용할 의무를 부과하는 조항,[45] 겨울 스포츠 시즌동안 레스토랑을 열 의무에 관한 조항들이 그것들이다.[46]

마지막으로 행정주체에게 계약을 해지 또는 정지하는 결정을 내릴 수 있는 권한을 부여하는 조항, 또는 전적인 권한으로 그 계약을 해제할 수 있는 것을 규정한 경우를 들 수 있다. 최근의 판례에서 명백하듯이 그러한 조항들은 계약상대방이 어떠한 잘못이 없음에도 불구하고 그에게 계약상의 의무를 지게 하는 경우에 보통법과 다른 특별조항으로 평가된다.[47] 그 조항들이 최고를 한 다음에 효력이 발생하는지, 아니면 최고가 없이 그러한 효력이 발생하는지에 차이가 없다.[48] 또한 손해배상을 예정하는지 여부에 따라서도 차이가 없다.[49]

때로는 계약내용에 행정의 입찰공고서의 내용을 준용한다는 규정을 두는 경우가 존재한다. 이 계약이 준용하는 입찰공고서의 내용이 보통법과 다른 특별조항을 포함하는 때에 당해 계약은 행정계약으로서의 성질을 갖는다. 보통법과 다른 특별조항이 법률에 위반되거나 공법상의 특정의 원리에 반한다는 이유로 무효일 때에는 이러한 조항으로 인해 행정계약으로서의 성질이 부여될 수 없다.[50]

(2) 대상에 의해 행정계약으로 인정되는 사례

첫째, 공토목공사의 수행과 관련된 계약을 들 수 있다. 여기에서의 행

---

44) TC 2 juillet 1962, cons. Cazautets, Rec. 823, RDP 1962, 1203.

45) Civ. 1er novembre 1992, Comm. de Pantin, JCP 1993, IV, 28.

46) Civ. 1er 16 mars 1999, SNC Hôtelière Guyanaise, JCP 1999, IV, 943.

47) Civ. 1er 16 mars 1999, SNC Hôtelière Guyanaise, JCP 1999, IV, 943.

48) CE Ass. 26 février 1965, Soc. du vélodrome du parc des Princes, 133, RDP 1965, 506.

49) TC 17 octobre 1988, Mlle Jean, Rec. 493, DA 1988, 640, JCP 1990, 21550.

50) Chapus, Droit administratif général T.1, p.555~556 참조.

정계약의 성질은 共和曆 3년 5월 28일(28 pluviose an Ⅲ)의 법률[51] 제4조에 의해 인정된다. 공토목공사(travail public)와 관련된 계약들의 경우 '법률의 내용에 의해' 행정계약이 되는 것은 아니다. 즉, 그 성질상 사법상의 계약이나 입법자가 행정계약으로 취급하기로 입법적 결단을 내려서 행정계약이 되는 것은 아니다.[52]

공토목공사의 수행은 사실상 전통적으로 '공적 관리작용'(opération de gestion publique)이며, 그 과정에서 공권력의 우월한 지위가 충분히 드러난다. 사인 소유의 토지(terrain privé)의 처분이 공토목공사의 수행을 위해 필수적일 때 이 토지를 잠정적으로 사용할 권한을 갖는 것이 그 예이다.[53]

이러한 유형의 계약의 대표적인 경우는 행정주체와 기업 간에 공익과 관련된 건물공사의 수행을 위해 체결되는 계약들이다. 여기에는 '공토목공사계약'[54](marchés d'entreprise de travaux public)이 포함된다.[55] 다음으로 '공토목공사의 특허계약'[56](contrats de concession de travaux publics), 공사의 집행을 지휘하거나 감독하는 건축가의 참여계약 등이 이러한 유형이 속한다.[57] 마지막으로 공토목공사와 밀접한 관련성이 있는 계약들이 이에 해당한다. 예를 들어 인력과 공사자재를 공사현장으로 공급하는 계약, 공토목공사로부터 발생하는 분쟁해결에 관한 계약 등이 그러하다.[58]

둘째, '공물의 사용에 관한 계약'(contrat comportant occupation du domaine public)을 들 수 있다. 이 계약과 관련된 분쟁은 행정법원의 관할이 된다. 1938년 6월 17일의 법률명령(décret-loi)의 규정이 명시적으로 그렇게 규정하고 있다. 공토목공사계약과 마찬가지로, 이는 법률의 내용에 의한

---

51) 이 법률은 동법상의 분쟁을 행정법원의 관할로 규정하고 있다.
52) Chapus, Droit administratif général T.1, p.557참조.
53) Chapus, Droit administratif général T.1, p.557 참조.
54) 이 계약에 기해 기업은 스스로 건축할 뿐만 아니라 완공된 시설물을 사용할 권한을 갖는다.
55) Chapus, Droit administratif général T.1, p.557 참조.
56) 이 경우 기업에 대한 비용지급은 시설물의 이용자의 사용료에 의해 확보된다.
57) Chapus, Droit administratif général T.1, p.557 참조.
58) Chapus, Droit administratif général T.1, p.558 참조.

행정계약은 아니다. 공물의 관리는 전형적으로 공적 관리이다. 따라서 공물의 사용을 내용으로 하는 계약이 그 대상을 이유로 행정계약이 되는 것은 자연스러운 일이다. 1938년의 법률명령은 명확하게 적정한 판례에 의한 해법이 부존재하는 것을 보완하기 위한 것이었다.[59]

이에 속하는 행정계약의 유형으로 우선 '공물의 목적 외 사용'(affectation de la dépendance dominale)과 관련된 계약들을 들 수 있다. 시멘트공장을 운영하기 위해서 항구의 토지를 점유하는 계약,[60] 뷔페의 경영을 위해 역 또는 재판소를 사용하는 계약[61] 등이 그 예이다.

다음으로 '공물의 목적 내 사용'(destination de la dépendance dominale)과 관련된 계약들을 들 수 있다. 해수욕과 관련된 시설을 경영하기 위해 해변의 일부를 점유하는 계약,[62] 광고를 목적으로 세워진 기둥 위에 광고를 붙이는 계약[63] 등이 그 예이다.

셋째, '공역무의 조직 또는 집행 그 자체와 관련된 계약'(contrat relatif à l'organization ou à l'exécution même d'une service public)을 들 수 있다. 이는 순수하게 판례상 인정된 행정계약의 유형이라고 할 수 있다. 이와 관련한 대표적인 판례는 꽁세유데따가 1956년 내린 Bertin판결[64]이다. 이 사건에서는 '공역무의 집행 그 자체'(exécution même d'une service public)를 목적으로 한 계약이 문제되었다.

이러한 계약들을 구성하는 범주는 공역무의 '필요를 위하여'(pour les besoins) 체결되는 계약들[65]의 범주와 구별이 된다. 그리고 보통법과 다른 특별조항을 담고 있는 경우에만 행정계약이 되는 범주와도 구별이 된다.[66] 이러한 유형의 계약으로는 공역무위탁계약, 행정적 공역무에의 고

---

59) Chapus, Droit administratif général T.1, p.558 참조.
60) CE Sect. 19 octobre 1956, Soc. Le Béton, Rec. 375, AJ 1956. 2, 472.
61) CE 24 avril 1959, SNCF 264 ; CE 23 octobre 1968, Brun 503.
62) CE Sect. 39 mai 1975, Dme Gozzoli, 325, AJ 1975, 348.
63) CE Sect. 20 avril 1956, Ville de Nice, 162, AJ 1956.2, 226.
64) CE Sect. 20 avril 1956, Ep. Bertin, 167, AJ 1956.2, 221.
65) 조달계약, 운송계약 등이 그 예이다.

용계약, '행정적 공역무의 사용자'(usager des service public administratif)와 체결하는 계약 등이 존재한다.[67]

(3) 법률의 내용에 의해 행정계약으로 인정되는 사례

미리 정해진 법제로부터 출발하여 계약의 성질을 결정하게 되는 경우를 '법률의 내용에 의한 행정계약'(contrats administratifs en conséquence de leur régime)이라고 한다.[68] 이러한 예를 들면 다음과 같다. 프랑스전력공사(EDF)가 그 전기를 독립한 생산자로부터 매수하는 계약은 행정계약으로 평가된다. 왜냐하면 관련 법률이 '보통법과 다른 법제'(régime exorbitant du droit commune)에 속하기 때문이다. 즉, 관련 법률에서는 전기생산자들에게 전기를 판매해야 할 의무를 부과하고 있고, 계약관련분쟁이 발생할 때 법원에의 소송 전에 소속부처의 장관에 대해 이의신청절차를 필수적으로 거치도록 규정하고 있다. 이러한 때에는 '계약'의 조항이 특별한 것이 아니고, 반대로 '법률'의 내용이 특별하고, 이러한 특별한 법률의 내용에 의해 행정계약이 인정된다.[69]

3. 영 국

1) 공사법의 구별

영국에서는 오랫동안 행정부는 국민과 동일한 지위에 서게 된다는 것을 근거로 행정재판권이 민사재판권과 분리되지 않은 채 일반법원의 관

---

66) Chapus, Droit administratif général T.1, p.559 참조.

67) Chapus, Droit administratif général T.1, p.562~565, Rivero/Waline, Droit administratif (20 édition), Paris 2004, p.372~373 참조.

68) Chapus, Droit administratif général T.1, p.567 참조.

69) CE Sect. 19 janvier 1973, Soc. d'exploitation électrique de la rivière du Sant, 48 AJ 1973, 358.

할에 속했다. 주지하다시피 다이시(A.V. Dicey)는 법의 지배가 갖는 첫 번째 의미로서 일반법의 절대적 우위와 최고성을 강조하면서, 행정에게 특별한 권한과 지위를 부여하는 공법이라는 관념을 거부하고, 이러한 공법에 해당하는 프랑스의 행정법은 법의 지배원칙과 모순되는 것이라고 보았다.

그러나 1976년과 1981년의 개혁에 의해 사법심사청구소송(application for judicial review)제도가 도입되어 공법적 사건은 반드시 이에 의해 하여야 하고 그 관할도 고등법원의 국왕재판부의 전문재판부가 맡게 되었다.70) 따라서 영국에서도 공사법구별의 실익이 생겼다고 할 수 있다.

문제는 어떤 사건을 공법사건으로 보아 사법심사청구의 대상으로 볼 것인가 하는 점이다. 이와 관련하여 초기의 판례는 권한부여의 기초(source of power)를 중시하였다. 이 입장에 의하면 행정권한이 법률상(statutory) 부여되거나 대권적인(prerogative) 성격을 가지는 경우에는 공법적 성격을 띠는 것으로 보아 사법심사청구의 대상이 되는 것으로 보는 반면, 행정권한이 계약에 의해 주어지는 경우에는 사법적 성격을 띠는 것으로 보아 사법심사청구의 대상이 되지 않는 것으로 보게 된다.71) 따라서 이처럼 권한부여의 기초를 중시하는 견해에 의하면 계약에 의해 권한이 부여되는 행정계약과 관련하여 발생한 분쟁을 공법적인 성격의 것으로 보기 힘들었다.

그러나 Datafin 판결72) 이후 권한부여의 기초를 기준으로 하는 것은 지나치게 좁은 관점이라고 보고 결정권자에 의해 행해지는 기능을 중시하여 행정권한의 기초가 무엇이든지 간에 문제된 법적 주체가 행하는 기능이 공적인 성격의 것인가를 따지는 것이 일반적이다. 물론 이처럼

---

70) 박정훈, "영국의 행정소송", 주석 행정소송법, 박영사, 1227~1228면 참조.
71) 이처럼 권한부여의 기초를 중시하는 것은 의회주권을 강조하는 다이시의 영향으로 분석되고 있다. 이에 관해서는 Murray Hunt, Constitutionalism and the Contractualization of Government; in Michael Taggart ed., The Province of Administrative Law, 1997, p.38 참조.
72) R. v. Panel on Take-overs and Mergers, ex. p. Datafin plc.[1987] 1 All E.R. 564.

기능을 중시할 경우에도 그 범위가 그렇게 분명한 것은 아니다. 따라서 이와 관련해서 법원은 여러 가지 기준들을 정립하고 있는데 이를 살펴보면 다음과 같다.[73)

첫째, '만약 없었다면'의 심사('but for' test)이다. 만약 비법률상의 기구(non-statutory body)가 없었다면 정부자체가 쟁점이 되고 있는 행위를 거의 불가피하게 개입하여 규제하였을 경우인지 여부를 말한다. 여기서 법원은 가정적인 질문을 던지는 것으로 볼 수 있다.

둘째, 정부가 문제된 기구의 행위에 대해 재정을 지원하는 방식으로 동 행위를 승인하거나 동기부여를 한 경우인지 여부, 정부가 문제된 기구를 공법상 규제의 구조에 편입시켰는지 여부, 또는 기구가 '정부의 권한하에'(under authority of government) 설립되었는지 여부이다. 여기서 법원이 관심을 갖는 것은 무엇이 일어날 수 있는가 하는 점이 아니라, 실제로 무엇이 일어났는가 하는 점이다. 단지 기구의 존재가 명시적 또는 묵시적으로 입법에서 인정되었다는 사실만으로는 충분치 않다.

셋째, 그 기구가 광범위하고 독점적인 권한을 행사하고 있는지 여부, 예를 들어 무역, 전문직, 스포츠 등에의 진입을 효율적으로 규제하고 있는지 여부이다. 그러나 독점적인 권한을 가지고 있다는 점과 공적인 기능을 행사하고 있다는 점이 동일시되는 것은 아니다. 다른 사람에 대해 광범위한 권한을 가지는 것은 사적인 영역에서도 자주 이루어지며 이 경우 사법심사청구가 불가능하다. 결정이 그 영향을 받는 사람에게 미치는 영향의 중대성 또는 그 행위로 인하여 영향을 받는 사람의 숫자는 관련이 있는 것으로 인정되지 않는다.

넷째, 권리침해를 주장하는 사인이 결정권자(decision-maker)에 구속되기로 동의하였는지(consensually submitted) 여부이다. 계약이 존재하는 경우에는 원칙적으로 계약상의 소송(contractual claim)이 가능하므로, 사법심사청구를 불가능하게 하다고 본다. 그런데 권리를 침해받은 사람과 기

---

73) 이하의 내용은 주로 de Smith/Woolf/Jowell, Judicial Review of Administrative Action (5th ed.), Sweet & Maxwell, London 1995, p.170~172를 참조함.

구 간의 계약여부와는 무관하게 특정의 기구가 규제적인 기능을 행사하는 경우가 있다. 즉, 사인이 그 기구의 규제에 따를 지의 여부에 대해 선택을 할 수 밖에 없는 상황을 발생시키는 경우가 그러한 경우이다. 이 경우에는 계약이 체결되었다고 하더라도 사법심사청구가 원칙적으로 권리침해를 받은 당사자에게 가능하다.

학계에서는 위와 같은 네 가지의 기준 중의 어느 하나에만 지나치게 의존하는 것은 바람직하지 않다는 지적이 이루어지고 있다. 각 사건에 따라 위의 네 가지 기준이 서로 균형있게 고려되어 공적인 기능을 행하는 경우인지 여부를 판단해야 한다는 것이다.[74]

2) 협의의 행정계약과 사법상 계약의 구별

그렇다면 이러한 공사법구별의 일반론을 토대로 할 때 계약형식에 의한 행정작용은 어떻게 볼 수 있는지가 문제된다. 위에서 살펴본 공사법구별의 일반론을 종합해보면 '권한부여의 기초'(source of power)가 구별기준으로서의 중요성이 많이 약화된 것은 사실이나 공법상 기능을 행하고 있는가를 판단하는 네 가지 기준 중 넷째 기준에 여전히 영향을 미치고 있음을 볼 수 있다. 이러한 이유로 오늘날도 행정작용이 계약형식에 의해 이루어지는 경우 그 계약으로부터 발생하는 분쟁은 보통 *私法*에 의해 해결되는 것으로 보고 있다.[75]

다만 다음과 같은 크게 두 가지의 예외가 인정되고 있다. 첫째, 행정에 의한 계약이 공적인 기능을 행사하고 있고, 계약법이 국민에게 적정한 구제수단(appropriate remedy)을 인정하고 있지 않는 경우에는 사법심사청구가 인정될 수 있다.[76] 둘째, 공적인 기능을 하는 주체가 계약의 체결여부를 결정하는 것은 사법심사청구의 대상이 될 수 있다. 이 경우에

---

74) de Smith/Woolf/Jowell, Judicial Review of Administrative Action, p.172.

75) de Smith/Woolf/Jowell, Judicial Review of Administrative Action, p.178.

76) de Smith/Woolf/Jowell, op. cit., p.178.

는 행정청기관의 재량의 요소가 들어가게 되는바 이 경우 권한남용이 있어서는 안 되기 때문이다.[77]

4. 미 국

1) 공사법의 구별

미국은 영국의 전통을 계승하여 공사법의 구별이 없이 보통법의 일원적 체계를 가지고 있다. 공법이라는 개념이 있기는 하지만 이는 단지 헌법상의 기본권이 적용되는 영역이라는 의미일 뿐 보통법과 구별되는 별도의 법영역으로 파악되지 않는다. 이는 근본적으로 미국의 재판제도가 연방대법원 산하의 일원적 체계로 구성되어 있기 때문이다.

다만 1946년에 제정된 연방행정절차법의 6개 조문에서 사법심사의 대상, 원고적격, 심사범위 등 그 허용요건과 본안요건을 규정하고 있는데, 이는 사인 간의 민사소송에서는 문제되지 않는 특수한 내용이다. 이러한 점에서 비록 관할과 절차의 면에서 보통법소송 내지 일반민사소송과 독립된 행정소송은 인정되지 않는다고 하더라도 그 보통법소송의 한 유형으로서 행정기관의 행위를 다투는 특별한 소송이라는 의미에서 행정소송은 엄연히 존재한다는 지적[78]이 있다.

2) 협의의 행정계약과 사법상 계약의 구별

앞서 보았듯이 미국에서는 보통법소송과 독립된 행정소송이 존재하지 않기 때문에 행정소송의 대상이 되는 협의의 행정계약의 개념을 정립해야 할 실익은 매우 약하다고 할 수 있다. 다만 연방행정절차법에 따

---

77) de Smith/Woolf/Jowell, op. cit., p.178.
78) 박정훈, "인류의 보편적 지혜로서의 행정소송", 행정소송의 구조와 기능, 박영사, 2006, 113면 참조.

라 행정기관의 행위를 다투는 사법심사를 행정소송이라고 보는 전제에 설 때에는 행정계약이 이 사법심사의 대상이 되는지가 문제된다.

사법심사의 대상이 되는 것은 행정청의 행위(agency action)이다(연방행정절차법 제702조). 그리고 여기서의 '행정청의 행위'에는 '행정청의 규칙, 명령, 허가, 제재, 급부 또는 그에 상응하는 것 또는 그 거부 및 부작위의 전부 또는 일부'가 포함된다고 규정하고 있다[연방행정절차법 제551조 (13)항]. 그리고 이러한 행정청의 행위에는 행정계약(government contract) 체결행위도 포함되는 것으로 보는 것이 판례,[79] 학설[80]의 태도이다.

5. 외국법제 상호간의 비교

1) 공사법의 구별

일단 공사법구별의 일반론의 관점에서 보면 독일은 권력설이 여전히 영향을 미치고 있는 관계로 공법의 영역이 상당히 좁은 반면, 프랑스, 영국에서는 기능을 중심으로 실질적으로 파악하는 결과로 공법의 영역이 독일에 비해서는 넓다고 할 수 있다. 독일에서 귀속설이 통설이면서도 이익설에 의한 보완이 필요하다는 주장이 제기되고 있는 점은 공법의 영역이 보다 실질적으로 판단되어야 한다는 점에 대한 인식이 확대되고 있음을 보여준다고 볼 수 있다.

2) 협의의 행정계약과 사법상 계약의 구별

이러한 공사법구별의 일반론은 공법상 계약과 사법상 계약의 구별에도 그대로 영향을 미치고 있음을 알 수 있다. 기능적, 실질적으로 공법을

---

79) Hardin v. Kentucky Utils. Co., 390 U.S. 1(1968)

80) Schwartz, Bernard, Administrative Law(3rd ed.), Little, Brown and Company, Boston/ Toronto/London 1991, p.488 참조.

이해하는 프랑스의 경우 계약조항, 계약대상, 관련법제 중 어느 하나에 의해서라도 이러한 공적인 기능이 인정되는 경우에는 행정계약으로 이해하고 있으며, 영국에서도 계약이 공적인 기능을 수행하고 있고, 계약법이 적절한 권리구제를 부여하지 못하고 있는 경우에 공법상 권리구제 수단을 인정하고 있다. 다만 영국은 권한부여의 기초를 중시하여 계약이 권한부여의 기초가 되는 경우에 일단 사법으로 본다는 점에서는 프랑스에 비해서 협의의 행정계약의 범위가 좁은 것으로 볼 수 있다. 미국에서는 독일에서 전형적인 사법상 계약으로 보고 있는 정부조달계약도 연방행정절차법에 의한 사법심사의 대상이 된다고 본다는 점에서 협의의 행정계약의 범위가 상당히 넓다고 할 수 있다.

독일은 공법상의 계약과 사법상의 계약의 구별기준으로 '계약의 대상'을 들고 있으나, 그 실제적인 내용을 보면 '관련 법제의 성질'을 중시하고 있다는 점에서 계약조항, 계약의 대상, 관련 법제를 기준으로 하고 있는 프랑스에 비해서 행정계약의 범위가 축소되어 있다고 할 수 있다. 또한 독일의 통설, 판례는 권력설의 영향을 받은 국고이론의 영향하에 정부조달계약을 체결하는 행정주체를 단순한 사경제의 주체로 보아 정부조달계약의 법적 성질을 私法상 계약으로 보고 있다는 점에서 프랑스와 차이가 있음은 물론이고 정부조달계약을 행정계약의 핵심에 놓고 그 내용의 공법적 특수성을 실질적으로 분석하는 미국이나 영국과도 차이가 있다고 할 수 있다. 이러한 점을 고려할 때 공사법의 구별기준과 관련하여 기능을 중심으로 실질적으로 보는 전제하에 행정계약을 정부조달계약을 포함하는 상당히 넓은 의미로 이해하는 것이 어느 정도 보편성을 갖는다고 할 수 있다.

II. 우리나라의 법제

1. 공사법의 구별

학설상 공법과 사법 간의 구별기준에 관해서 독일에서 언급되고 있는 이익설, 권력설, 귀속설 등이 소개되고 있고 이 기준들이 모두 상호보완적으로 사용되어야 한다고 보는 것이 일반적이다. 이는 앞서 본 독일의 유력한 견해와 일치한다. 우리나라 판례는 공사법의 구별에 관해 일반적인 기준을 정립하고 있지는 않으며, 공법상 계약에 관한 판례를 통해 그 태도를 추측할 수 있을 따름이다.

그런데 한편으로 다수의 학설은 행정작용을 권력작용, 관리작용, 국고작용으로 3분하고 있으며, 국고작용은 순수한 사법작용으로 보고 있다. 이러한 분류는 판례에 의해서도 받아들여지고 있다. 그런데 이러한 분류는 우리의 행정법체계가 독일의 권력설의 영향을 절대적으로 받고 있음을 명확하게 보여준다.

이러한 우리의 통설, 판례의 태도가 앞서 본 공사법구별의 일반론에 관한 각국의 보편적 경향과 일치하지 않음은 물론이고, 바람직한 것으로 보기도 힘들다.[81] 다만 우리판례가 독일과는 달리 정부조달계약의 부정당업자제재처분에 대해 행정처분성을 인정하고 행정소송을 허용하고 있는 점은 독일의 권력설의 영향을 벗어나는 하나의 단초를 보여준 것으로서 긍정적으로 평가할 수 있다.

---

81) 이에 관해서 자세히는 박정훈, "행정조달계약의 법적 성격", 561면~630면 참조.

2. 협의의 행정계약과 사법상 계약의 구별

우리나라에서 행정계약(협의)과 사법상 계약의 구별실익은 행정소송법상 공법상 당사자소송의 대상이 되는지 여부에 차이가 생긴다는 점에서 찾을 수 있다. 최근의 행정소송법 개정과정에서 공법상 당사자소송의 활성화를 위한 개정이 진행되고 있다는 점,[82] 다른 유형의 소송을 사용함으로써 재판부로서도 계약의 공법상 특수성에 대한 자각이 발생할 가능성이 크다는 점을 고려할 때 공법상 당사자소송의 대상이 되는지 여부에 관한 논의의 실익이 충분히 존재한다.

우리나라에서의 사법상 계약과 공법상 계약(또는 행정계약)의 구별기준에 관한 기존의 논의는 주로 독일에서의 논의에 기초한 것이라고 할 수 있다. 즉 계약의 대상을 기준으로 해야 한다는 것인데 위에서도 보았지만 결국 이 기준에 의하더라도 다시 공사법구별의 일반론으로 돌아가게 된다는 점을 유의할 필요가 있다. 공사법의 구별에 관한 판례를 우선적으로 살펴보도록 하자.

> 지방자치법 제9조 제2항 제5호 (라)목 및 (나)목 규정에 의하면, 이 사건 서울특별시립무용단원의 공연 등 활동은 지방문화 및 예술을 진흥시키고자 하는 서울특별시의 공공적 업무수행의 일환으로 이루어진다고 해석될 뿐 아니라, 원심이 확정한 바와 같이 단원으로 위촉되기 위하여는 일정한 능력요건과 자격요건을 요하고, 계속적인 재위촉이 사실상 보장되며, 공무원연금법에 따른 연금을 지급받고, 단원의 복무규율이 정해져 있으며, 정년제가 인정되고, 일정한 해촉사유가 있는 경우에만 해촉되는 등 서울특별시립무용단원이 가지는 지위가 공무원과 유사한 것이라면, 서울특별시립무용단 단원의 위촉은 공법상의 계약이라고 할 것이고, 따라서 그 단원의 해촉에 대하여는 공법상의 당사자소송으로 그 무효확인을 청구할 수 있다. ─대법원 1995.12.22. 선고 95누4636 판결

---

82) 이에 관해서 자세히는 류지태, "당사자소송 및 기관소송", 행정소송법 개정안 공청회, 대법원, 2004, 131~149면 참조.

　　지방재정법에 의하여 준용되는 국가계약법에 따라 지방 자치단체가 당
사자가 되는 이른바 공공계약은 사경제의 주체로서 상대방과 대등한 위치
에서 체결하는 사법상의 계약으로서 그 본질적인 내용은 사인 간의 계약
과 다를 바가 없으므로, 그에 관한 법령에 특별한 정함이 있는 경우를 제
외하고는 사적자치와 계약자유의 원칙 등 사법의 원리가 그대로 적용된다
할 것이다. －대법원 2001.12.11. 선고 2001다33604 판결

　　위의 첫 번째 판례는 시립무용단 단원의 위촉계약과 관련된 사건이고,
두 번째 판례는 정부조달계약과 관련된 사건이다. 전자의 경우는 공법상
의 계약으로 보고, 후자의 경우는 사법상의 계약으로 보았다. 그러면 이
처럼 양자의 성질을 다르게 본 근거가 무엇인지 의문이 제기된다. 우선
양 판례 모두 관련법제의 내용을 매우 중시한 것을 알 수 있다. 즉, 첫
번째 판례는 지방자치법에서 시립무용단의 활동이 공공적 업무수행의
일환으로 규정되어 있다는 점에 초점을 맞추었고, 두 번째 판례도 국가
를 당사자로 한 계약에 관한 법률 제4조에 "계약은 상호 대등한 입장에
서 당사자의 합의에 의해 체결되어야 한다"라고 규정되어 있다는 점을
중시했음을 알 수 있다.

　　양 판례 모두 이처럼 관련 법제의 내용을 중시했다는 점에서는 유사
하다고 할 수 있으나, 그 이론적 맥락은 상당한 차이가 있다. 우선 두 번
째 판례는 권력설의 영향이 매우 강함을 알 수 있다. 왜냐하면 정부조달
계약을 사법상의 계약으로 본 가장 중요한 논거가 "상대방과 대등한 위
치에서 체결한 계약"이라는 점에 있기 때문이다. 반면에 첫 번째 판례는
이익설에 가까운 입장으로 볼 수 있다. 왜냐하면 이와 유사한 판례에서
"공법상의 근무관계의 설정을 목적으로 하여 대등한 지위에서 체결한
공법상 근로계약"[83]이라는 표현을 사용하고 있는 데에서도 알 수 있듯
이, 이 판례에서는 즉 공적 주체와 사인이 '대등한 지위'에 있음에도 불
구하고 그 계약의 목적이 '공익적'이라는 점에서 공법상 계약의 특성을
포착해내고 있기 때문이다.

---

83) 대법원 2001.12.11. 선고 2001두7794 판결 참조.

이상의 두 판례를 종합해서 보면 대법원의 공사법구별기준이 그렇게 명확한 것은 아니라고 할 수 있다. 다만 대법원에서 공법상 계약으로 본 예가 공무원고용계약 등 매우 제한적이라는 점을 고려하면 아직 권력설적인 입장이 대법원의 주류적인 태도로 판단된다. 그리고 이는 독일의 국고이론의 영향이 아직 많이 남아있는 것으로 평가할 수 있다.

독일에서 지나치게 좁게 공법을 이해함에 따라 정부조달계약 등의 공법적 특수성을 제대로 반영하지 못한다는 비판을 받고 있는 점을 고려할 때, 우리나라의 공사법구별기준을 정함에 있어서 독일과 동일하게 그 기준을 설정하는 것은 부당하다고 하겠다. 영국의 경우에도 '권한의 기초'(source of power)를 중시하는 입장은 의회주권을 토대로 한 것인바 헌법적 기초가 다른 우리나라의 경우 그대로 받아들이기 힘들다고 하겠다.

결국의 행정의 기능을 강조하는 영국에서의 입장과 공역무를 중심으로 기능적으로 이해하는 프랑스의 입장이 우리법제의 정립에 보다 큰 도움을 줄 수 있다고 할 것이다. 이러한 맥락에서 특히 프랑스에서 행정계약과 사법상 계약의 구별기준으로 정립하고 있는 기준들이 우리나라에서의 기준을 세워감에 있어서도 매우 유용한 기준이 될 수 있다는 지적84)은 타당하다고 하겠다. 프랑스의 기준을 중심으로 구체적으로 살펴보도록 하겠다.

우선 프랑스와 마찬가지로 사인 간의 계약에서는 배제되는 조항이 들어간다든지, 계약상대방을 공적 주체의 통제에 종속시키는 불평등한 조항이 들어가는 경우에는 계약조항으로 인해 협의의 행정계약으로 인정할 수 있다고 하겠다. 이렇게 볼 때에는 현재 판례가 일관되게 사법상의 계약으로 보고 있는 정부조달계약에 있어서 그 조항의 내용에 '공익적 사유로 인한 해약' 조항 등 사법상 계약에 들어가지 않는 특별조항이 들어갈 때에는 바로 협의의 행정계약으로 인정할 수 있게 된다.

---

84) 김동희, "프랑스 행정법상의 행정계약에 관한 고찰", 서울대 법학 제32권 3·4호, 1991, 44면 참조.

다음으로 법률의 내용에 의해 협의의 행정계약으로 인정될 수 있는 경우는 이미 우리 판례가 채택하고 있는 것으로 볼 수 있다. 앞서 보았듯이 관련법제에서 계약의 대상에 대해 사법상의 계약과 다른 규율을 하고 있는 경우에는 당연히 협의의 행정계약으로 인정할 수 있을 것이다.

마지막으로 계약의 대상에 의해 협의의 행정계약으로 인정될 수 있는 경우는 좀더 신중하게 판단할 필요가 있다. 공역무의 개념을 중심으로 공법이 형성되어 온 프랑스는 이를 독자적인 행정계약판단의 범주로 보고 있으나, 공역무의 개념이 아직 완전히 정착되지 않은 우리나라에 있어서 이 기준을 완전히 독자적인 기준으로 받아들일 수 있는지는 의문이라고 하지 않을 수 없다. 이 기준도 구별기준으로 고려하되 계약조항 및 법률의 내용 기준을 함께 고려하는 것이 타당하다고 할 것이다.

제4절 행정계약의 헌법상 기초

Ⅰ. 외국의 법제

1. 독 일

1) 행정계약의 헌법적 근거

1976년에 연방행정절차법이 행정계약에 관한 규정을 둔 이후에도 헌법상 인정되고 있는 법률유보(Vorbehalt des Gesetzes)와 법률우위(Vorrang des Gesetzes)와의 관계에서 행정계약을 어떻게 이해할 것인지는 여전히 문제가 되고 있다. 이와 관련하여 계약자유의 헌법적 근거가 무엇인가 하는 점을 우선적으로 살펴볼 필요가 있다.

우선 私法상 계약의 자유의 헌법적 근거에 대해서는 일반적 인격권에 관한 규정(기본법 제2조 제1항)만을 근거로 보는 견해[1]와 이 규정과 더불어 자유권에 관한 각 개별조항들(제5조 제1항, 제12조 제1항, 제14조[2] 등)이 함께 헌법적 근거가 된다고 보는 견해[3]가 나누어지고 있다. 양 견해의 차이는 개별영역의 이익상황에 따라 계약자유를 다르게 볼 헌법적 근거를 인정하는지의 여부라고 볼 수 있다.

그렇다면 행정계약의 자유도 사법상 계약의 자유와 마찬가지로 위와

---

1) 판례의 주류적인 태도이다. BVerfGE 65, 195(210) ; BVerfGE 73, 261(270) ; BVerfG, NJW 1996, 2021 등.
2) 기본법 제5조 제1항은 자유로운 의사표현의 권리에 관한 규정이고, 기본법 제12조 제1항은 직업의 자유에 관한 규정이고, 기본법 제14조는 재산권에 관한 규정이다.
3) Höfling, Wolfram, Vertragfeiheit-Eine grundrechtsdogmatische Studie, Heidelberg, 1991, S. 4ff.

같은 헌법조항에 의해 보호되는가 하는 문제가 제기된다. 이 문제는 크게 두 가지를 나누어서 볼 필요가 있다. 가장 전형적인 행정계약의 유형이라고 할 수 있는 '(본래적 의미의) 행정주체와 사인 상호간의 행정계약'을 놓고 볼 때, ① 사인에게 인정되는 행정계약의 자유와 ② 행정주체에게 인정되는 행정계약과 관련된 권한[4]을 나누어 볼 필요가 있다. 그 이유는 독일에서는 원칙적으로 행정주체는 기본권 보호의무를 부담하는 주체이지, 기본권 향유의 주체로 보지 않기 때문이다.[5]

① 우선 사인에게도 사법상 계약의 자유와 유사한 권리가 행정계약에 있어서도 인정된다는 지적이 있다. 사법상 계약에서 계약의 당사자에게 '독립적이고, 자기책임에 근거한 계약내용의 형성'이 이루어지는데 행정법에서도 이러한 경우가 상당히 발생한다는 것이다. 국민이 행정에게 급부를 청구하여 받는 급부행정의 영역에서는 계약상대방인 국민에게 '공법상의 결정여지'(öffentlichrechtlicher Entscheidungsspielraum)가 인정되는 경우가 발생할 수 있다는 것이다.[6]

② 다음으로 행정주체는 기본권주체가 될 수 없는 이상 사인과 같이 기본법 제2조의 일반적 인격권을 근거로 행정계약의 자유를 향유할 수는 없다. 다만 통설과 판례[7]는 헌법상의 민주주의원리[8]를 근거로 행정주체가 행정계약을 체결할 권한을 갖는다고 보고 있다. 즉, 민주주의원리는 입법과정에서만 국민의 참여를 보장하는 것이 아니라 행정과정에서도 국민의 참여를 보장하는 것인데, 행정계약을 통해 국민의 행정과정

---

4) 행정주체는 헌법상 자유권의 향유주체가 아닌 이상 '행정주체의 행정계약의 자유'라는 표현은 적절하지 않다고 하겠다.

5) Schlette, Die Verwaltung als Vertragspartner, S. 71-72 참조.

6) Schlette, Die Verwaltung als Vertragspartner, S. 68 참조.

7) BVerwG 4. 2. 1966, NJW 1966, 1936.

8) 기본법 제20조 제2항

모든 국가권력은 국민으로부터 나온다. 그것은 국민으로부터 나온다. 그것은 국민에 의하여 선거와 투표를 통해서 행사되고 입법, 집행 및 사법의 특별기관에 의해서 행사된다.

의 참여가 이루어질 수 있다는 것이다.9)

그러나 이처럼 민주주의원리에 입각하여 행정주체에게 행정계약을 체결할 권한이 인정된다고 하더라도 법치주의의 원리에 따른 제한을 여전히 받는다고 할 수 있다. 이러한 맥락에서 행정계약과 법률유보 및 법률우위의 관계가 문제된다.

2) 법률유보와의 관계

연방행정절차법이 제정되면서 동법 제54조 제1문10)에서 공법상 계약의 원칙적인 허용규정을 둠에 따라 현재 압도적인 판례11)는 법령에 의한 개별적인 수권이 없더라도 계약당사자의 동등한 위치에서의 자유로운 의사합치를 바탕으로 하는 한 행정청은 자유롭게 행정계약을 체결할 수 있다고 보고 있다.

그러나 학설상으로는 연방행정절차법 제정 이후에도 여전히 다툼이 있다. 일부의 견해12)는 판례와 마찬가지로 행정계약은 법률유보의 원리의 적용을 받지 않는다고 보아 법률상의 수권근거가 없어도 계약체결이 가능하다고 보는 반면, 다른 견해13)는 법률유보의 원리는 행정행위형식에 따라 달라질 수 없다고 보아 행정계약에도 여전히 동일하게 적용된다고 보고 있다.14)

---

9) Obermayer, Verwaltungsverfahrensgesetz-Kommentar, 3. Aufl., Neuwied/Kriftel 1999, § 54 Rn. 2 ; Schlette, Die Verwaltung als Vertragspartner, S. 103 등.

10) 연방행정절차법 제54조 제1문: 공법분야에 있어서 법률관계는 법규정이 달리 규정하고 있지 않은 한 계약에 의하여 창설·변경 또는 소멸시킬 수 있다.

11) BVerwGE 42, 331, 335 ; VGH Mannheim 20. 12. 1983, VBlBW 1984, S. 377, 379 ; VGH Mannheim 12. 3. 1984, DÖD 1986, S. 65, 67 등.

12) Kopp/Raumsauer, Verwaltungsverfahrensgesetz-Kommentar, 8. Aufl., München 2003, S. 948-949 참조.

13) Christian Schimpf, Der verwaltungsrechtliche Vertrag unter besonderer Berücksichtigung seiner Rechtswidrigkeit, Berlin 1982, S. 176ff 참조.

14) 그러나 이러한 견해의 대립은 실제적으로 큰 의미가 없다는 지적이 있다.

3) 법률우위와의 관계

연방행정절차법이 제정되기 이전에 독일의 지배적인 의견은 법률에 위반되는 행정계약을 무차별적으로 엄격하게 다루어야 한다는 것이었다. 다시 말해 행정계약이 위법할 경우에는 그 위법이 어떠한 종류이든지, 그 정도가 어떠하든지 간에 당해 행정계약은 무효인 것으로 보았다. 다시 말해 두 가지 종류의 계약이 존재한다고 보았다. ① 적법하고, 유효한 계약과 ② 위법하고, 무효인 계약이 그것이다. 이들 사이에 중간단계는 존재하지 않았다.[15]

그런데 연방행정절차법은 이러한 엄격한 무효도그마로부터 벗어났다. 즉 행정절차법 제59조[16]를 통해 '위법성=무효'의 등식이 더 이상 성립되지 않게 되었다. 제59조 제2항에서는 종속적 행정계약의 경우에 무효

개별 법령에서 행정계약에 관해 별도의 수권규정을 두고 있는 경우가 많기 때문이다. Schlette, Die Verwaltung als Vertragspartner, S. 93 참조.

15) Imboden, Der vertragrechtliche Vertrag, S. 97 ; Forsthoff, Lehrbuch des Verwaltungsrecht, S. 283 참조.

16) 동 규정의 내용은 다음과 같다.

행정절차법 59조(공법상의 계약의 무효)

① 공법상의 계약은 민법전 규정의 준용으로 무효가 되는 경우에는 무효로 한다.

② 제54조 후단에서 말하는 계약은 다음 각호의 경우에도 무효로 한다.

  1. 상응되는 내용의 행정행위가 무효로 되는 경우.

  2. 상응되는 내용의 행정행위가 단순히 제46조에서 말하는 절차상 또는 형식상의 흠을 이유로 하여서만 위법으로 된 것이 아니었고 또한 그러한 것이 계약체결자에게 고지되었던 경우.

  3. 화해계약의 체결을 위한 요건이 존재하지 아니하며 또한 상응되는 내용의 행정행위가 제46조에서 말하는 절차상 또는 형식상의 흠을 이유로 하여서만 위법으로 된 것이 아닌 경우.

  4. 관청이 제56조에 따라 허용되지 아니하는 반대급부를 약속한 경우.

③ 계약의 일부만이 무효에 관련된 경우에 당해 계약이 무효의 부분이 없이도 체결되었을 것이라고 추정될 수 없는 때에는 이를 전부 무효로 한다.

사유를 열거하고 있다. 그리고 이는 제1항에서의 민법의 무효사유를 보충하고 있다. 이 규정에 의하면 각 개별법령의 위반이 있다고 하여 행정계약이 항상 무효가 되는 것이 아니며, 행정절차법 제59조 제1항, 제2항에 의해 무효가 인정되어야만 한다. 이에 의하면 무효사유에는 해당하지 않은 '단순히 위법'한 계약이 존재하게 된다.17)

2. 프랑스

1) 행정계약의 헌법적 근거

프랑스의 학설,18) 판례19)에서는 행정주체는 사인과 마찬가지로 '계약의 자유'(liberté contractuelle)를 향유한다고 보고 있다. 그러나 이러한 계약상의 자유가 그 자체로 헌법상의 가치를 갖는 것으로 보는 것은 아니다.20) 계약상의 자유가 헌법상의 가치를 갖지 않는다고 보는 이유는 크게 두 가지로 설명되고 있다.

첫째, 헌법상 이러한 자유를 인정할 근거가 될만한 규정을 찾을 수 없고, 둘째, 계약자유를 제한하는 수많은 법률들이 존재함을 고려할 때 계약자유가 헌법상 지위를 갖는 것으로까지 인정할 수는 없다는 것이다. 이처럼 계약자유가 헌법상 지위를 갖는 것으로 인정되지는 않기 때문에 의회는 법률에 의해 계약의 자유를 다양하게 제한할 수 있다.21)

그러나 의회가 계약의 자유를 제한하는 데 있어서는 한계가 존재한다. 계약자유를 제한하는 것이 헌법상 보장되는 자유와 권리를 침해하는 결

---

17) Schlette, Die Verwaltung als Vertragspartner, S. 538-539 참조.
18) Richer, Droit des contrats administratifs, p.125 참조.
19) CE 2 février 1983, Union de transports publics urbains et régionaux, Rec. 33, RDP 1984, 212 ; CE 28 janvier 1998 Soc. Borg Waner, Rec. 20, AJDA 1998, 287 등.
20) CC 4 juin 1984, Rec. 113; CC 3 août 1994, Rec. 117 등.
21) Guettier, Christophe, Droit des contrats administratifs, PUF, Paris 2004, p.130 참조.

과를 가져오거나,[22) 헌법상 보장되는 지방자치단체의 자유로운 행정을 침해하는 결과를 가져오는 경우[23)가 그러한 예이다.

2) 법률유보와의 관계

프랑스 판례의 주류적인 태도는 행정작용형식 간에 원칙적으로 선택의 가능성을 부인하고 있다. 다시 말해 계약이 일방적 행정작용을 대체할 수 없다는 것이다.[24) 이러한 판례의 태도를 기초로 Richer는 행위형식은 법률의 규정에 따른다고 보고 있다.[25) 다시 말해 법률에 일방적 행정작용에 관해서만 규정을 두고 있는 경우에는 일방적 행정작용만이 가능하고, 계약에 관해서만 규정을 두고 있는 경우에는 계약만이 가능하다는 것이다. 그러나 프랑스에서 이처럼 일방적 행정작용을 대체하는 행정계약이 인정되지 않는다고 하여 모든 행정영역에 있어서 행정계약의 체결을 위해서 법률의 근거를 요한다고 해석할 수는 없다. 그 이유는 다음과 같다.

첫째, '일방적 행정작용을 대체하는 행정계약이 인정되지 않는다'는 법리는 조세법, 경찰법과 같은 소위 고권적 행정영역에서만 적용된다는 점이 지적되고 있기 때문이다.[26) 둘째, 헌법 제34조에 정해진 입법사항

---

22) CC 20 mars 1997, Rec. 31 ; CC 10 juin 1998, Rec. 258, AJDA 1998, 540 등. 헌법위원회는 1998년 6월 10일 결정에서 "입법자는 적법하게 체결된 협정과 계약의 경제성에 대해서 그가 인간과 시민의 권리에 관한 선언 4조로부터 나오는 자유를 분명하게 침해하는 그러한 정도에 이르는 범위까지 영향을 미치는 법률을 제정할 수는 없다"고 판시한바 있다.

23) CC 20 janvier 1993, Rec. 14 ; CC 26 janvier 1995, Rec. 183 등. 헌법 제72조 제2항에서는 "지방자치단체는 선출된 의원에 의하여 법률이 정하는 바에 따라 자유로이 자치를 행한다"고 규정하고 있다.

24) CE Sect. 20 janvier 1978, AJDA 1979, 37 ; CE 8 mars 1985, RFDA 1985, 363 ; CE Sect. 23 juin 1995, CJEG 1995, 376 등.

25) Richer, Droit des contrats administratifs, p.52 참조. 최근의 '계약주의'의 증대에 따라 이러한 엄격한 판례의 태도에 대해서는 비판이 이루어지고 있다고 한다. Richer, op. cit., p.53 참조.

26) 프랑스 학자로서 이러한 분석을 하고 있는 문헌으로는 Autexier, Christian J.,

을 고려할 때 모든 종류의 행정계약의 체결에 있어서 법률의 근거를 요
한다고 해석하기 힘들기 때문이다.[27]

이상의 내용을 종합할 때 프랑스에서는 고권적 행정영역에 있어서는
행정계약의 체결에 법령의 근거를 요하나, 그 외의 영역에 있어서는 법
령의 근거를 요하지 않는다고 판단된다.

3) 법률우위와의 관계

우선 행정계약이 존재하고 그 내용을 변경하거나 계약내용에 영향을

Verträge und Absprachen zwischen der Verwaltung und Privaten in Frankreich, VVDStRL H. 52, S. 293을 들 수 있다. 독일에서도 이 점을 독일 행정계약과 프랑스 행정계약의 주된 차이점으로 지적하고 있다. 이에 관해서는 Willy Spannowsky, Grenzen des Verwaltungshandelns durch Verträge und Absprachen, Berlin 1994, S. 477-478 참조.

27) 헌법 제34조
  ② 법률은 다음 사항을 규정한다.
    －시민의 권리 및 공적 자유의 행사를 위하여 시민에 부여된 기본적 보장, 국방을 위하여 시민에 과하여진 시민의 신체상 및 재산상의 의무
    －개인의 국적, 신분 및 능력, 부부재산제, 상속 및 증여
    －중죄 및 경죄의 결정과 이에 과하는 형벌, 형사소송절차, 일반사면, 새로운 재판기관의 창설 및 사법관의 신분
    －모든 성질의 조세의 기준, 세율, 징수의 태양 및 통화발행제도
  ③ 법률은 또한 다음의 사항도 규정한다.
    －국회 및 지방의회의 선거제도
    －각종의 공공단체의 창설
    －국가의 공무원 및 군인에 인정되는 기본적 보장
    －기업의 국유화 및 공기업에서 사기업에로의 기업소유권의 이전
  ④ 법률은 다음 사항의 기본원칙을 정한다.
    －국방의 일반조직
    －지방공공단체의 자유로운 행정, 그 권한 및 재원
    －교육
    －소유권, 물권과 민사상 및 상사상의 채무에 관한 제도
    －노동법, 노동조합법 및 사회보장법

미치는 법률을 제정하는 것이 가능한지 문제된다. 행정계약에 영향을 미치는 법률의 가능성은 1909년에 유명한 국회에서의 토론을 낳기도 하였다.[28] 오늘날 법률의 합헌성이 통제되고 있으나 계약에 대해서 인정된 권리를 존중하는 헌법상의 원리는 존재하지 않는다. 헌법재판소[29]도 법률은 행정계약을 변경할 수 있다는 점을 인정한바 있다.[30]

이처럼 이미 존재하는 계약의 내용을 변경하거나 효력에 영향을 미치는 법률이 만들어질 경우 '기존 계약의 존중'과 '입법적 권한'의 존재를 어떻게 조화를 이룰 것인지가 문제될 수밖에 없다. 이와 관련하여 프랑스에서는 계약내용의 변경을 인정하는 대신에 보상을 하는 방식을 채택하고 있다.[31] 단, 법률의 조문이 그 자체에서 보상가능성 자체를 배제하고 있는 경우는 제외된다.

다음으로 법률이 먼저 존재하고 이에 위반되는 행정계약이 체결된 경우가 문제된다. 이 경우 프랑스는 원칙적으로 무효로 인정하고 있으므로[32] 이 점에서 법률우위가 보다 명확하게 관철되고 있는 것으로 볼 수 있다.

---

28) Richer, Droit des contrats administratifs, p.260~261 참조.
29) CC 26 janvier 1995, JO 1995, p.1706.
30) 그런데 이러한 설명은 일견 앞서 헌법상 보장되는 자유와 권리를 침해하는 내용의 법률이 제정되어서는 안 된다는 설명과 모순되는 것처럼 보인다. 그러나 여기서 "계약에 대해서 인정된 권리를 존중하는 헌법상의 원리는 존재하지 않는다"라는 표현은 계약의 자유가 헌법상 보호되는 가치가 아니라는 의미에 불과하다고 하겠다. 또한 법률이 행정계약을 변경할 수 있다는 것도 인간과 시민의 권리에 관한 선언 4조*로부터 나오는 자유를 분명하게 침해하는 정도에 이르지 않는 경우를 전제로 한 것으로 이해할 수 있다.
    *1789년 8월 26일 인간과 시민의 권리선언 제4조
    자유란 타인을 침해하지 않는 모든 것을 할 수 있다는데 있다. 따라서 각 개인의 자연권의 행사는 사회의 여타 구성원에게 동일한 권리의 향유를 보장해주는 경우에만 제한이 있다. 이러한 제한은 법률에 의해서만 정해질 수 있다.
31) CE 14 février 1936, S. 1936, 3, 81.
32) 이 부분은 '제2장 제4절 행정계약의 하자'에서 보다 자세히 다루도록 하겠다.

3. 영 국

1) 행정계약의 헌법적 근거

불문법국가인 영국에서는 계약자유에 관한 명시적인 헌법상의 근거를 찾아보기는 힘들다. 다만 1998년에 제정되어 헌법유사의 기능을 담당하고 있는 인권법(Human Rights Act)[33]의 내용을 살펴볼 필요가 있다. 이 법률 제1조 제1항에서는 유럽인권협약(European Convention on Human Rights)상 보호되는 기본권이 인권법상 보호된다고 규정하고 있고, 동 협약 제1부속서(First Protocol) 제1조에서는 재산권의 보호(Protection of property)에 관한 규정을 두고 있다. 그렇다면 여기서 계약자유가 위 협약 제1조의 재산권의 보호에 해당하는지가 문제가 된다고 할 수 있는데 계약자유일반이 이 규정에 의해 보호되는 것은 아니라고 보는 것이 유럽인권법원의 판례의 태도이다.[34] 이러한 점을 고려할 때 계약자유 일반을 인권법에 의해 보호되는 인권협약상의 기본권으로 보기는 힘들다고 하겠다.

이처럼 영국에 있어서 계약자유를 헌법상의 원리로까지 이해하는 것은 힘들다고 보이나, 영국의 커먼로상 계약자유가 당연히 인정되며 이러한 계약자유의 원리는 행정주체에도 당연히 적용된다고 보고 있다.[35] 이

---

33) 이는 유럽인권협약을 국내법으로 전환한 것으로 영국국내법을 유럽인권협약에 합치되도록 해석할 의무를 부과하고 있으며(6조), 유럽인권협약에 합치되지 않는 법률의 경우 불합치를 선언할 수 있도록 규정하고 있다(4조). 이러한 불합치의 선언으로 바로 당해 법률이 무효가 되는 것은 아니나 이로 인해 입법개선책임이 부과된다는 점에서(10조) 상당한 법적 의미를 갖는다고 볼 수 있다.

34) 유럽인권법원에서는 계약상의 정당한 기대(legitimate expectation)가 있는 경우 이 조항에 의해 보호된다고 보고 있다. 이러한 전제하에 계약갱신의 정당한 기대를 할 수 있었던 경우에 이 조항의 적용을 긍정한 사례가 있다. Case of Stretch v. The United Kingdom, 44277/98[2003] ECHR 320 (24 June 2003).

35) Griffith, J. A. G./Street, H., Principles of Administrative Law(2 ed.), p.256 참조.

는 커먼로의 본질상 행정주체를 동일하게 취급하는 당연한 결과라고 볼
수 있다.

2) 법률유보와의 관계

영국에서의 행정계약과 법률유보의 관계를 살펴보기 위해서는 왕
(crown)이나 그의 대리인들(crown agents)[36]이 계약을 체결하는 경우와 그
외의 행정주체들(bodies which are not crown agents)이 계약을 체결하는 경
우를 나누어서 보아야 한다. 왕은 계약을 체결하는 권한을 포함하여 자연
인이 갖는 모든 권리를 갖는다고 보는 것이 The Banker 사건[37]에 의해 인
정된바 있다. 이러한 결과로 왕은 어떠한 목적의 계약이든지 간에 의회의
승인이 없이 체결할 수 있다고 인정되었다. 이 사건이 기초로 한 논리, 즉
왕이 자연인과 구별되지 않는다는 논리에 대해서는 오늘날 많은 비판이
이루어지고 있으나, 왕이 법률의 규정 없이 일반적으로 계약을 체결할 권
한을 갖고 있다는 결론은 일반적으로 받아들여지고 있다.[38] 다만 이 경우
에도 의회는 왕의 권한을 법률에 의해 제한할 수 있다.[39]

왕의 대리인(crown agents)은 명시적으로 법률의 수권이 있는 경우에만
독자적인 계약체결의 주체가 될 수 있으며, 그렇지 않은 일반적인 경우에
는 다만 왕의 대리인으로서만 계약을 체결할 수 있다.[40] 후자의 경우 계
약의 주체는 어디까지나 왕이 된다. 왕의 대리인이 아닌 대부분의 행정주
체들은 법률에 의해 설립되고 법주체(corporate entity)로서의 성질을 부여
받는다. 이러한 행정주체들은 '법률상의 행정주체'(statutory corporations)로
불린다. 이러한 행정주체들은 오직 법률에 의해 특별히 부여된 권한만을

---

36) 중앙정부의 장관들이 대표적인 예이다.

37) (177) 90 E.R. 270.

38) Sue Arrowsmith, The Law of Public and Utilities Procurement, Sweet & Maxwell,
   London 1996, p.10 참조.

39) Sue Arrowsmith, The Law of Public and Utilities Procurement, p.11 참조.

40) Sue Arrowsmith, The Law of Public and Utilities Procurement, p.11~13 참조.

보유한다.[41] 이러한 원칙은 다른 권한과 마찬가지로 계약체결권한에 적용된다. 따라서 이들은 왕이나 자연인과는 달리 계약을 체결할 수 있는 일반적인 권한을 부여받지는 않는다.[42]

행정주체 권한의 정확한 범위는 관련된 법률의 구체적인 내용에 달려 있다고 할 수 있다. 때때로 매우 구체적인 목적을 위한 계약을 체결할 권한이 입법자에 의해 부여되는 경우가 있다. 이러한 예로 1970년의 지방행정청(물품 및 서비스)법[Local Authorities (Goods and Services) Act]를 들 수 있다. 이 법률에서는 명시적으로 행정주체에게 특정의 공공주체 간에 물품과 서비스의 조달에 관한 계약을 체결할 수 있는 권한을 부여하고 있다. 그러나 반드시 이러한 명시적인 규정이 존재해야만 하는 것은 아니다. 즉, 행정주체가 특정한 행위 또는 프로젝트를 수행하기 위해서는 이와 관련된 계약을 체결할 권한을 갖는다. 그러한 계약체결에 관한 규정이 명시적으로 법률에 존재하지 않는다고 하더라도 계약체결의 권한을 갖는다.[43][44]

3) 법률우위와의 관계

우선 법률이 존재하고 이에 위반되는 행정계약이 체결된 경우를 보도록 하겠다. 행정주체가 위법한 계약의 체결을 제안하거나 계약을 체결한 경우에는 공법상 원고적격을 갖는 이해관계인은 행정주체가 계약을 체결하지 못하도록 막는 것을 청구하거나, 체결된 계약이 위법하다는 것의

---

41) Att.-Gen. v. Manchester Coroaration[1906] 1 Ch. 643 ; Att.-Gen. v. Fulham Corporation [1921] 1 Ch. 44.

42) Sue Arrowsmith, The Law of Public and Utilities Procurement, Sweet & Maxwell, London 1996, p 13 참조. Hazell v. Hammersmith 사건이 이와 관련된 대표적인 사례이다([1991] 2 W.L.R. 372).

43) Sue Arrowsmith, The Law of Public and Utilities Procurement, p.14 참조.

44) 이러한 원리를 학자들은 "명시적 또는 묵시적 권한의 원리(the express or implied authority doctrine)"라고 부르고 있다. Carl Emery, Administrative Law: Legal Challenges to Official Action, Sweet & Maxwell, London 1996, p.237 참조.

선언을 구할 수 있다. 앞서 Hammersmith 사건에서 보았듯이 지방자치단체의 경우 감사(auditor)가 이러한 위법성의 선언을 청구할 수 있다.[45]

위법한 계약의 이행을 청구할 수 있는가를 살펴보도록 하겠다. Ashbury Carriage and Iron Co. v. Riche[46] 사건에서 대법원(House of Lords)은 법률상 민간단체(private statutory corporation)가 체결한 위법한 계약은 이 단체를 상대로 이행을 청구할 수 없다고 판시한바 있다. 그리고 이러한 원리는 행정주체가 체결한 위법한 행정계약에도 인정될 수 있다는 주장이 많았는데 이러한 주장은 Credit Suisse v. Allerdale B.C. 사건[47]에서 인정된바 있다.

또한 법원은 다음과 같은 주장을 받아들이지 않았다. 즉 '공법을 위반한 계약은 자동적으로 무효로 보아서는 안 되며, 계약의 집행가능성은 사법상 재량에 속해야 하며, 신의에 따른 행동한 계약상대방을 보호해야 한다'는 주장을 받아들이지 않았다. 이러한 법원의 해석에 대해서는 다음과 같은 견해가 제시되고 있다. 공법적으로 관련규정은 일반적으로 불법적인 목적으로 공공자금이 사용되는 것을 막는데 있는바 이러한 이익을 보호를 위해 위와 같은 해석이 정당화될 수 있다는 것이다.[48]

이러한 원리를 예를 들어 정부조달계약에 적용해보면 다음과 같은 결론에 이르게 된다. 즉, 법률상의 행정주체에게 물품이나 서비스를 공급한 회사는 만약 이것이 위법한 것으로 인정될 경우에는 계약의 이행을 청구할 수 없음을 의미한다. 이는 그 프로젝트의 성격 때문에 위법성이 명백한 경우[49]에도 적용됨은 물론, 물품이나 서비스가 적법한 목적으로 사용될 수 있음에도 불구하고 위법한 목적으로 사용되는 경우에도 적용된다고 본다. 이 경우 공급자는 이익의 상실에 대해 손해배상을 청구할

---

45) Sue Arrowsmith, The Law of Public and Utilities Procurement, p.15 참조.

46) (1875) LR 7 HL 653.

47) Judgement of May 6, 1994.

48) Arrowsmith, The Law of Public and Utilities Procurement, p.15~16 참조.

49) 이를 운영할 아무런 권한이 행정주체에게 없음에도 불구하고 레저 센터를 건설하는 계약을 체결하는 경우를 예로 들 수 있다. Arrowsmith, The Law of Public and Utilities Procurement, p.16 참조.

수도 없고, 계약을 근거로 하여 이미 발생한 비용 등에 청구할 수도 없다고 본다.[50]

다음으로 행정주체가 계약을 체결한 이후에 이에 위반되는 법률이 체결된 경우에 이의 효력을 어떻게 볼 것인지에 대해 살펴보도록 하겠다. 이 문제에 관한 학설의 명시적인 언급은 찾기 힘드나, 왕의 일반적인 계약체결권한에 대해서도 이를 제한하는 법률의 제정이 가능하고, 기타의 행정주체의 경우에도 법률상 계약체결권한이 원칙적으로 인정되는 경우에만 계약체결이 이루어질 수 있다는 점, 무엇보다 영국에서는 의회주권의 원리가 강력하게 자리 잡고 있다는 점 등을 고려하면 이 때에도 법률의 우위가 강력하게 관철되는 것으로 판단된다.

4. 미 국

1) 행정계약의 헌법적 근거

미국에서 행정계약의 헌법적 기초로서 우선적으로 살펴보아야 하는 것은 연방헌법 수정 제1조(X)이다. 이를 '계약조항'(contract clause)이라고 부르는 것이 일반적이다.[51] 이 규정은 수정헌법 제14조로 적법절차조항이 들어오기 전까지만 해도 헌법에서 가장 소송이 많이 제기되는 근거가 되는 규정이었다. 이 규정은 원래 처음에는 사법상의 계약을 보호하기 위한 취지에서 출발하였으나 곧 이 규정의 적용범위가 확대되어 공법상 계약까지 보호하는 규정으로 해석되었다.[52]

---

50) Arrowsmith, The Law of Public and Utilities Procurement, p.16 참조.
51) 헌법 수정 제1조(X) : 어떤 주든지 조약, 동맹 또는 연합을 체결하거나 체포면허장을 수여하거나 화폐를 주조하거나 신용증권을 발행하거나 금, 은화 이외의 것으로서 채무반환의 법정수단으로 하거나 재판에 의하지 않는 처벌법이나 소급법이나 또는 계약상의 채무를 침해하는 법률 등을 제정하거나 귀족의 칭호를 수여할 수 없다.
52) Merrill, Public Contracts, Private Contracts, and the Transformation of the Constitutional

　이 규정과 관련하여 연방대법원에 처음으로 제기된 사건은 바로 공법상 계약의 침해에 관한 사건[53]이었는데 이 사건에서 Marshall 대법관은 헌법상 계약조항의 문언이 공법상 계약과 *私法*상 계약을 차별한다고 볼 여지가 없다고 판단하여 헌법상 계약조항이 사법상 계약만이 아니라 공법상 계약의 근거가 될 수 있음을 명확히 하였다.

　이러한 헌법상 계약조항은 새로운 법률로부터 공법상 계약의 효력을 보호하는 강력한 헌법적 근거가 되었다고 할 수 있는데 계약보호의 정도에 있어서 Fletcher v. Peck 사건[54]에서는 공법상 계약과 사법상 계약의 보호에 차이를 두지 않았으나 차츰 양자의 보호에 차이를 두는 경향이 나타나기 시작한다.

　이와 관련하여 관심을 갖고 볼 사건은 Charles River Bridge v. Warren Bridge[55]이다. 이 사건도 공법상 계약의 효력과 관련된 사건인데 이 사건에서 다수의견을 쓴 Taney 대법원장과 반대의견을 쓴 Story 대법관 간에 논쟁이 붙었는데 그 핵심은 계약의 구속력을 강하게 인정하여 채권채무관계의 안정성을 보다 중시할 것인가[56] 아니면 새롭게 변화된 환경에 따라 채권채무관계를 탄력성있게 변경하는 것을 인정할 것인가[57] 하는

　　Order, 37 Case W. Res. L. Rev. 597(1987), p.597~603 참조.

53) Fletcher v. Peck, 10 U.S.(6 Cranch) 87(1810).

54) 10 U.S.(6 Cranch) 87(1810).

55) 36 U.S.(11 Pet) 420(1837). 이 사건의 개요는 다음과 같다. 이 사건에서 주정부는 Boston 과 Charleston 사이를 잇는 다리(이 다리의 이름이 Charles River Bridge이다)를 만들어 통행료를 받을 수 있도록 허가하는 내용의 계약을 한 업체와 체결했다. 이 계약당시에 이는 독점적인 계약이라는 점이 묵시적으로 합의된 상태였다. 그러나 통행량의 증가로 새로운 다리건설의 필요성이 발생하자 주정부는 다른 업체에게 무료통행이 가능한 다리(이 다리의 이름이 Warren Bridge이다)를 허가하는 내용의 계약을 새롭게 체결하였다. 그러자 Charles River Bridge를 건설한 업체 측에서 자신이 체결한 공법상 계약이 침해되었다고 주장하면서 Warren Bridge을 상대로 소송을 제기하였다.

56) Story 대법관의 견해였다.

57) Taney 대법원장의 견해였다.

점이었다. Taney 대법원장을 비롯한 다수의견은 새롭게 변화된 환경에 따라 채권채무관계를 탄력성 있게 변경하는 것이 타당하다고 보아, 새로운 다리설치가 인정되었다고 하여 이것이 원래의 공법상 계약을 침해한 것으로 볼 수 없다고 보았다.

이 판결의 중요한 의미는 Fletcher 사건에서 인정되었던 私法상 계약과 공법상 계약의 동등한 취급에 변화가 발생하기 시작했다는 점이다. 즉 공법상의 의무관계는 주(state)에 유리하게 해석되는 결론에 이르게 되었다. 그리고 이 판결에서는 이처럼 사정변경에 의한 계약의 수정의 법리가 사법상 계약에까지 인정될 수 있는가에 대해서는 판단을 하지 않았다. 이러한 이유로 이 사건으로 인해 공법상 계약은 사법상 계약에 비해 덜 보호받는다는 사법심사의 이중기준(dual standard review)이 성립되었다는 평가가 있다.58)

이처럼 공법상 계약이 私法상 계약에 비해 그 구속력이 약화됨에 있어서는 곧 이어 등장한 두 가지의 원칙이 영향을 미쳤는데 '유보된 권한의 원칙'(reserved powers doctrine)과 '양도할 수 없는 권한의 원칙'(inalienable powers doctrine)이 그것이다. 전자는 주는 면허장(corporate charter)을 취소, 변경, 수정할 권한을 유보하고 있기 때문에 사인과 체결한 어떠한 약속도 계약조항에 따른 배상책임을 지지 않고 취소할 수 있다는 원칙을 의미하고, 후자는 주는 경찰권한과 같이 계약에 의해 사인에게 양도할 수 없는 특정의 권한을 갖고 있다는 원칙을 말한다.59)

이처럼 헌법초기의 150년간은 헌법상의 계약조항이 공법상 계약보다는 私法상 계약을 보다 강하게 보호하는 것으로 평가되었다. 그러나 이러한 이중기준은 1930년대의 대공황시기에 다시 변모를 겪게 된다. 이후의 판례의 전개과정은 법률우위와의 관계로 다시 자세히 검토하도록 하겠다.

---

58) Merrill, Public Contracts, Private Contracts, and the Transformation of the Constitutional Order, 37 Case W. Res. L. Rev. 597(1987), p.604 참조.
59) Merrill, op. cit., p.604~605 참조.

2) 법률유보와의 관계

미국에서는 행정계약과 법률유보에 관한 자세한 논의를 찾아보기는 쉽지 않다. 다만 헌법에서 계약조항을 인정하고 있고 이는 사법상의 계약만이 아니라 공법상 계약까지 보호하기 위한 취지라는 판례의 태도를 고려할 때 행정주체도 헌법상 행정계약을 체결한 일정한 권한을 보유하고 있는 것으로 볼 수 있고, 이를 바탕으로 할 때 행정계약의 체결에 있어서 반드시 법적인 근거를 요하지 않는다는 점에 대한 추론이 가능하다.

3) 법률우위와의 관계

법률우위와 관련하여 크게 두 가지를 나누어 볼 필요가 있다. 이미 법률이 존재하고 있는 상태에서 이에 위반되는 행정계약이 체결된 경우와 행정계약이 먼저 존재하는 상태에서 이에 영향을 미치는 법률이 제정되는 경우가 그것이다.

우선 이미 법률이 존재하고 있는 상태에서 이에 위반되는 행정계약이 체결된 경우를 살펴보도록 하겠다. 미국에서는 '명백한 위법성'(palpable illegality)이 존재하는 계약과 '부적절한 계약'(improper action)을 구별하고 있다. 양자의 차이를 설명함에 있어서 명백한 위법성이 존재하는 계약의 경우에는 계약이 존재하지 않는 것이 되며, 계약체결(award)이 취소되어야 한다고 보고 있으며, 부적절한 계약의 경우에는 일단 계약은 존재하는 것으로 보아야 하고 이 경우 '편의적인 해약'(termination for convenience)이 문제된다고 보고 있다.[60]

'명백한 위법성'이라는 표현을 사용하고 있으나 이것과 '단순한 위법성'이라는 것을 구별하고 있는 것으로 보이지는 않는다. 즉 '명백한 불법성'은 '부적절한 계약'에 대한 대조표현으로 사용되고 있는 것이지, '단

---

60) Keyes, Government Contracts, p.29 참조.

순한 위법성'에 대한 대조표현으로 사용되고 있는 것은 아니다.

또한 명백한 위법성이 존재하는 경우 계약이 부존재한다고 하면서도 계약체결이 취소되어야 한다고 보고 있고, 또 위법적인 계약은 무효라는 표현도 사용되고 있다. 이를 토대로 볼 때 미국의 경우 '부존재'와 '무효'라는 표현이 엄밀하게 구분되어 사용되고 있지 않음을 알 수 있다. 그리고 취소라는 표현도 이러한 무효나 부존재를 확인한다는 의미가 강함을 알 수 있다. 이러한 점들을 종합적으로 고려하면 우선 법률이 존재하고 이에 위반되는 계약이 체결된 경우에는 원칙적으로 무효를 인정하고 있는 것으로 판단된다.

다음으로 행정계약이 먼저 존재하는 상태에 이에 영향을 미치는 법률이 제정된 경우를 살펴보도록 하겠다. 우선 Roosevelt 대통령이 대공황시기를 극복하기 위해서 채택한 금본위제의 탈퇴정책과 관련하여 발생한 분쟁을 분석해보도록 하겠다.

1933년 연방의회는 금 또는 금에 상응하는 가치로 채무를 이행할 것을 내용으로 하는 모든 계약들이 공공정책에 반한다(against public policy)고 선언하였다.61) 이러한 연방의회의 결정에 대해 채권자들은 연방헌법 수정 제5조의 규정을 위반하여 정당한 보상이 없이 재산권을 침해한 것이라고 주장하면서 위헌을 주장하였으나 법원은 이를 받아들이지 않았다.62)

다수의견을 쓴 Hughes 대법원장은 이러한 의회의 결정이 '민간기업'(private corporation)의 계약상 채무를 규율할 경우와 '연방'의 계약상 채무를 규율하는 경우를 구별해야 한다고 판시했다. 즉 이 사건과 같이 '민간기업'의 계약상 채무의 경우 의회의 정당한 권한의 행사 앞에서는 헌

---

61) 이러한 정책을 취한 표면상의 이유는 다음과 같다. 당시 대공황으로 인해 달러의 평가절하가 예상되는 상황에서 금본위제를 고수할 경우 채권자는 급격한 부의 상승을 경험하고, 채무자는 급격한 부의 하락을 경험하게 되는 바, Roosevelt 대통령은 이러한 급격한 부의 이전을 원치 않았던 것이다.

62) Norman v. Baltimore & Ohio R. R. and Unites States v. Bankers Trust Co., 294 U.S. 240(1935); Nortz v. Unites States , 294 U.S. 317(1935) 등.

법적 보호를 받기 힘들다고 보았다. 그러나 연방의 계약상 채무의 경우에는 이를 침해하는 의회의 권한이 제한된다고 보았다.[63]

이러한 금본위제와 관련된 사건들(Gold Clause Cases)은 수정헌법 5조와 관련해서 판단했기 때문에 헌법상 계약조항의 해석에 직접적인 영향을 미친 것은 아니다. 그러나 이 사건들에서 대법원은 이전의 150년의 경향과는 오히려 반대로 사법상 계약보다는 공법상 계약을 보다 강하게 보호하는 모습을 보여주기 시작하는 태도를 묵시적으로 보이기 시작했다.

이러한 태도가 보다 확실하게 나타난 판례는 United States Trust Co. v. New Jersey[64] 사건이다. 이 사건에서 대법원은 헌법상의 계약조항 때문에 계약에 영향을 미치는 모든 입법이 위헌이 되는 것은 아니라고 보았다. 유보되거나 양도불가능한 권한의 범위 내에서는 계약에 영향을 미치는 입법이 헌법적으로 허용될 수 있다는 것이다. 또한 경제적 또는 사회적 입법에 있어서 그 입법이 '합리적이고 중요한 공익달성에 필요한 경우'에는 계약에 영향을 미치는 입법이 합헌적이라고 보았다.

그러나 대법원은 이처럼 기존의 판례를 언급한 이후에 공법상 계약은 사법상 계약과는 달리 입법에 의한 계약침해에 있어서 입법이 '합리적이고 중요한 공익달성에 필요한 경우'인 것만으로는 합헌성을 인정하기에 충분치 않다고 보았다. 그 이유는 정부는 특히 세금을 걷을 수 없는 경우 별도의 재정확보의 필요성을 갖게 되는데 만약 주가 그가 중요하다고 생각하는 목적에 돈을 쓰기 위해 기존의 공법상 계약에서의 자신의 재정적 의무를 감축시키는 것을 인정하게 될 경우에는, 헌법상의 계약조항은 아무런 계약보호의 역할을 담당하지 못한다는 것이다. 결국 이 판결은 공법상 계약을 침해하는 입법의 경우에는 사법상 계약을 침해하

---

63) 그러나 결과적으로는 연방이 채무자로 계약을 체결한 경우에도 사인인 채권자가 손해를 입증하지 못했다고 하여 채권자의 연방에 대한 청구를 기각했다. 어쨌든 이 사건은 사법상 계약의 구속력보다 공법상 계약의 구속력을 보다 강하게 인정한 것으로 볼 수 있다.

64) 431 U.S. 1(1977).

는 입법에 비해 보다 엄격한 합헌성심사가 이루어져야 한다는 것으로 읽힐 수 있는데 이 판결이 1980년대까지의 주류적인 판례였다.

이러한 헌법상의 계약조항을 둘러싼 해석 변화에 관해서 Merrill은 다음과 같이 분석하고 있다. 이러한 해석의 변화는 자유방임국가로부터 복지국가로의 전환, 그와 이와 수반한 계약제도의 쇠퇴 및 불법행위책임제도의 확대경향을 반영한 것으로 분석된다는 것이다. 이를 보다 자세히 설명하면 다음과 같다.

우선 사법상 계약의 구속력이 약화되는 경향은 바로 계약제도의 쇠퇴를 반영하는 것으로 볼 수 있다는 것이다.[65] 다음으로 공법상 계약의 구속력이 상대적으로 강화되는 추세는 다음과 같이 설명된다는 것이다. 즉, 공법상 계약의 경우 진정한 의미의 계약으로 볼 수 없고 일종의 '법적 권한'(entitlement)[66]으로 보는 것이 타당하다는 것이다. Merrill은 연방대법원에서 Perry v. Sindermann[67] 사건 이후 공법상 계약의 침해문제를 헌법상 계약조항에 의해 해결하기보다는 헌법상 적법절차조항에 의해 해결하는 경향이 나타나고 있는 것도 이러한 데에서 연유한다고 분석하고 있다.

---

65) Merrill, Public Contracts, Private Contracts, and the Transformation of the Constitutional Order, 37 Case W. Res. L. Rev. 597(1987), p.625～626 참조. 이는 Gilmore의 유명한 '계약의 죽음'(Death of Contract) 모델을 수용한 것으로 볼 수 있다. 즉 자유방임국가에서는 사인의 계약상 이익을 보호하는데 초점을 맞추게 되나 복지국가로 전환이 되면서 사인의 계약상 이익을 보호하는 것이 후퇴하게 되는데 이는 계약제도의 쇠퇴 및 불법행위책임제도의 확대로 이어지게 된다는 것이다.

66) 적법한 절차에 의하지 않고는 침해될 수 없는 법적인 권한을 의미한다. 즉 법적인 권한의 존재는 헌법상의 적법절차조항의 적용을 위한 전제요건이라고 할 수 있다.

67) 408 U.S. 593(1972).

5. 외국법제 상호간의 비교

1) 행정계약의 헌법적 근거

우선 독일과 미국에서는 일단 행정계약의 경우 헌법상의 근거가 존재한다고 보는 점에서 공통점을 갖고, 프랑스에서는 행정계약의 자유가 헌법상 보장되는 것으로까지 보지는 않는다는 점에서 독일, 미국과 차이가 있다. 물론 프랑스에서도 시민의 자유와 권리를 침해하는 결과를 낳을 때에는 위헌성이 인정될 수 있다고 보고 있으나 이것이 계약자유의 헌법적 가치를 인정한 결과가 아니라는 점은 앞서 지적한바 있다.

이처럼 행정계약의 헌법상 근거를 인정하는 독일과 미국에서도 다시 면밀한 비교를 요한다. 독일과 미국에 있어서 행정계약과 사법상 계약을 차별할 헌법상의 근거가 존재하는 것으로 볼 수 있는가 하는 점이다. 독일에 있어서 행정계약에 있어서 행정주체가 사인과는 달리 계약의 자유를 주장할 수 없다고 본다는 점에서 사법상 계약과 차별할 헌법이론적 근거가 존재하는 것으로 볼 수 있다. 이에 비해 미국의 경우 그렇다고 단정하기는 어려운 점이 존재한다. 비록 미국판례를 역사적으로 분석할 때 행정계약과 사법상 계약을 차별하는 2중기준이 지속적으로 작동해왔지만 어느 쪽의 계약의 구속력을 다 강하게 인정되는가에 대해서는 판례의 태도가 끊임없이 변동해왔기 때문이다.

2) 행정계약과 법률유보

우선 독일의 경우 법률유보에 관한 이론에 따라 달라질 여지가 있는 것은 사실이나 규제행정에서 주로 사용되는 있는 '행정행위를 대체하는 행정계약'의 경우에도 행정계약의 체결에 법률상의 근거를 반드시 요하지 않는다고 보고 있고, 급부행정에서도 행정계약의 체결에 법률상의 근거를 요하지 않는다고 보고 있다. 다만 독일에서는 권력설을 영향으로 권력행정과 비권력행정을 일단 구별하여 후자의 영역에서 있어서 법률유보를 상대적으로 완화하려는 경향이 여전히 남아있다고 할 수 있다. 어쨌든 고권행정의 영역에서는 계약행위형식 간에 선택가능성이 원칙적으로 인정되지 않고 법률의 규정에 따라야 한다고 보는 프랑스에 비해 법률유보의 원칙이 독일에서는 상대적으로 완화되어 적용되고 있다고 볼 수 있다.

그렇다면 독일과 프랑스에서 이러한 차이가 발생하고 있는 이유는 무엇일까. 이는 독일에서의 행정계약은 '계약'으로서의 측면이 좀더 강하게 부각되는 반면에, 프랑스에서의 행정계약은 '행정작용'으로서의 측면이 좀더 강하게 부각되는 데에서 그 원인을 찾을 수 있다. 양자의 차이는 여러 가지 점에서 나타나고 있지만 원칙적으로 자기집행력이 있는지 여부에서 나타나게 된다. 이러한 이유로 독일에서의 행정계약은 반드시 법률상 근거를 요하지 않는다고 보게 된다.[68] 반면에 프랑스에서는 행정계약도 공권력의 행사로서의 측면이 부각됨에 따라 고권행정에서의 행정계약에 있어서는 법률상의 근거를 엄격하게 요하게 된다.

계약체결에 있어서 원칙적으로 법률상 근거를 요하지 않는다고 볼 수 있는 미국의 법제도 이 점에 있어서는 독일의 법제에 보다 가까운 것으로 볼 수 있다. 다만 미국의 경우 권력행정과 비권력행정을 구분하지 않고 있다는 점에서 양자를 구분하여 보려고 하는 독일과 차이가 있다고 할 수 있다.

3) 행정계약과 법률우위

행정계약과 법률우위의 관계는 다시 두 가지로 나누어서 볼 필요가 있다. ① 이미 법률이 존재하고 이후에 이에 위반되는 행정계약이 체결

---

68) 사적 자치의 원리에 따라 사법상 계약이 법률상 근거를 요하지 않는 것과 유사하다.

되는 때와, ② 행정계약이 우선적으로 존재하고 이의 내용에 영향을 미치는 법률이 제정된 때가 그것이다.

① 이미 법률이 존재하고 이후에 위반되는 행정계약이 체결되는 때를 보면 독일에서는 계약이 항상 무효가 되는 것은 아니고 단순위법한 계약의 개념을 인정하는 반면에, 프랑스와 미국에서는 이러한 개념을 인정하지 않고 원칙적으로 무효가 되는 것으로 보고 있다. 이러한 점을 고려할 때 이미 법률이 존재하고 이후에 위반되는 행정계약이 체결되는 경우에는 독일에 비해 프랑스나 미국에서 법률우위가 보다 강하게 관철되고 있는 것으로 볼 수 있다.

② 행정계약이 우선적으로 존재하고 이의 내용에 영향을 미치는 법률이 제정된 때를 보면 계약조항이 존재하는 미국에 비해, 이러한 조항이 존재하지 않고 계약의 자유의 헌법상 가치를 인정하지 않는 프랑스에서 이러한 법률에 따른 행정계약의 내용변경을 보다 쉽게 인정하고 있는 것을 볼 수 있다. 이러한 점을 고려할 때 행정계약이 우선적으로 존재하고 이의 내용에 영향을 미치는 법률이 제정된 경우에는 프랑스에서 미국보다 법률우위가 보다 강하게 관철되고 있는 것으로 볼 수 있다.

II. 우리나라의 법제

1. 행정계약의 헌법적 근거

우리나라에서는 독일의 학설, 판례의 영향으로 계약자유의 헌법적 근거를 독일기본법 제2조에 대응하는 헌법 제10조의 행복추구권에서 찾는 것이 학설의 일반적인 태도이다. 이와 관련한 헌법재판소의 판례를 살펴보면 우선 헌법 제10조의 행복추구권 속에 함축된 일반적인 행동자유권으로부터 일반적 행동자유권이 도출되고 이로부터 계약자유원칙이 파생된다고 보고 있다.[69] 그 외의 헌법상 개별적인 자유권 규정은 계약자유원칙의 근거조항으로 보지 않고 있는데 이는 독일의 일부학설과 판례의 태도와 일치하는 것으로 볼 수 있다. 그런데 헌법재판소는 헌법 제10조 이외에 헌법 제119조 제1항도 계약자유의 원칙이 파생되는 근거조항이 된다고 보고 있는데 이 점은 독일의 학설, 판례와는 차이가 있다고 할 수 있다.

이러한 차이는 독일 기본법에는 우리나라 헌법 제119조 이하와 같은 경제조항이 존재하지 않는데서 유래한다고 볼 수 있다. 이러한 헌법재판소의 태도는 우리나라의 헌법과 독일 기본법의 차이를 고려하였다는 점, 장식적 의미에 불과한 것으로 보기 쉬운 경제조항의 재판규범성을 인정하였다는 점에서 일단 긍정적으로 볼 수 있다. 그렇다면 헌법 제10조만이 아니라 헌법 제119조 제1항도 계약자유원칙의 헌법적 근거조항으로 볼 때와 단지 헌법 제10조만을 계약자유원칙의 헌법적 근거조항으로 볼 때를 비교할 때 구체적으로 어떤 차이점이 발생하는가 하는 문제가 제기된다. 헌법재판소는 이에 관해서는 구체적인 논증을 하지 않고 있으나 이 문제를 해결하는 것은 헌법상 경제조항의 의미를 보다 분명하게 한다는 점에서 매우 중요한 의미를 지닌다고 볼 수 있다.

거의 대부분 경제적 계약이 문제되는 사법상의 계약에 있어서 헌법 제119조 제1항도 계약자유원칙의 헌법적 근거조항으로 보는 법적 의미가 그렇게 크다고 보기는 힘들다. 생각해볼 수 있는 것은 계약자유를 제한하는 기준인 국가안전보장, 질서유지, 공공복리(헌법 제37조 제2항)를 해석함에 있어서 경제의 규제와 조정에 관한 헌법 제119조 제2항의 규정을 고려해야 한다는 점 정도라고 할 수 있다.[70]

이처럼 사법상 계약의 헌법적 근거를 헌법 제10조, 제119조 제1항에서 찾는다고 볼 경우에 행정계약의 헌법적 근거도 동일하게 볼 수 있는지

---

69) 헌재 1991.6.3. 선고 89헌마204 결정.
70) 오히려 헌법상 경제조항의 법적 의미가 분명하게 드러나는 곳이 바로 '행정계약'이라고 할 수 있다. 이 부분은 뒤에서 다시 살펴보도록 하겠다.

가 문제된다. 특히 행정주체가 계약을 체결할 권한을 사법상의 계약자유의 일환으로 보는 것이 타당한지 문제된다.

행정계약의 헌법상 근거를 어떻게 볼 것인지가 문제이다. 이에 관해서는 아직 국내의 관련문헌이나 판례를 찾아볼 수 없으나 다음과 같이 분석할 수 있다. 우선 '행정주체와 사인' 간에 체결되는 행정계약을 전제로 할 때 독일과 마찬가지로 사인의 관점과 행정주체의 관점을 나누어 볼 필요가 있다.

① 사인의 입장에서는 사법상 계약과 마찬가지로 헌법 제10조의 행복추구권에서 행정계약의 헌법적 근거를 찾는 데는 큰 무리가 없다고 하겠다. 문제는 헌법 제119조 제1항도 그 근거로 볼 수 있는가 하는 점이다. 행정계약에 있어서는 앞서 보았듯이 그 종류가 매우 다양하고 이들 모두를 경제적 계약으로 보기는 힘들며 오히려 사법상 계약에 비해 비경제적 계약이 상당히 많다.71) 이러한 점에서는 헌법 제119조 제1항은 행정계약 중 경제적 계약의 경우에만 그 근거가 될 수 있다고 할 것이다. 그리고 이렇게 보는 경우에도 행정주체에게 계약자유의 기본권이 부여될 수는 없다고 보아야 할 것이다.

이처럼 행정계약 중 경제적 성질을 갖는 계약은 헌법 제10조 및 헌법 제119조 제1항에 의한 보호를 받고, 이에 관한 제한은 헌법 제37조 제2항과 헌법 제119조 제2항이 담당한다는 점에서 일단 헌법상 구조는 사법상의 계약과 동일하다고 할 수 있다. 그리고 이 경우 제119조 제1항에 의한 계약보호를 기본으로 하므로 제119조 제2항에 의한 계약자유의 제한은 보충적으로만 적용된다고 해석될 가능성이 높다. 그러나 헌법 제37조 제2항의 공공복리를 해석함에 있어서는 행정계약의 특수성이 반영될 여지는 여전히 남아있다고 할 수 있다.

---

71) 앞서 본 기능별 유형에서 '규제의 합리화를 위한 계약'의 경우 비경제적 계약인 경우가 많고, '민영화를 위한 계약' 중에서도 전통적인 행정작용(예를 들어 교정행정)을 사인에게 위탁하는 경우는 비경제적 계약에 해당되는 것으로 볼 수 있다.

비경제적 성질의 행정계약은 헌법 제10조만이 행정계약의 헌법적 근거가 되며, 헌법 제119조 제1항은 헌법적 근거로 보기 힘들다. 따라서 이러한 유형의 행정계약의 제한도 헌법 제37조 제2항만이 담당하게 된다. 따라서 행정계약의 제한의 가능성이 상대적으로 좀더 열린다고 할 수 있다. 이처럼 비경제적 계약의 경우 계약자유의 제한이 보다 광범위하게 이루어질 수 있는 가능성이 발생한다는 점에서 경제적 계약과 차이가 있다고 할 수 있다.[72]

② 행정주체는 원칙적으로 기본권의 주체로서의 성격을 인정할 수 없다는 점을 고려할 때, 행정주체의 행정계약과 관련된 권한의 헌법적 근거를 헌법 제10조의 행복추구권에서 찾을 수는 없다고 하겠다. 행정주체의 행정계약체결의 권한은 독일에서와 마찬가지로 민주주의원리에서 도출하는 것이 타당하다고 하겠다. 즉, 헌법전문이나 헌법 제1조에서 도출되는 민주주의원리는 대의민주주의만이 아니라 참여민주주의의 원리도 포함되는 것으로 볼 수 있다. 행정계약은 참여민주주의의 원리의 하나의 실현수단으로서 헌법적 의미를 갖는 것으로 보아야 한다. 물론 이렇게 볼 경우에도 법치주의의 원리에 따른 한계를 갖는다고 볼 것이다.

2. 행정계약과 법률유보

이 문제는 보통 행정계약의 자유성의 문제, 즉, 명시적 법률의 근거가 없는 경우에도 행정주체는 계약형식에 의하여 행정목적을 수행할 수 있는가의 문제로 다루어지고 있는데, 행정계약은 비권력적 행정작용의 일종으로서, 권력적 행위인 행정행위 등과는 성립의 기초를 달리하여 당사

---

72) 물론 비경제적 계약의 종류가 다양하다는 점을 고려하면 일률적으로 이렇게 이야기하기는 힘든 면이 있다. 예를 들어 미국의 예를 보면 정부조달계약에 비해 공무원고용계약을 헌법상의 적법절차의 원리에 의해 보다 강하게 보호하려는 경향을 보이고 있는 점을 그 예로 들 수 있다.

자 사이의 의사합치에 의하여 성립하는 것이므로 법률의 명시적 근거가 없어도 성립할 수 있다고 보는 것이 일반적이다.[73]

이상의 내용을 토대로 할 때 독일의 주류적인 판례의 태도가 거의 우리나라의 논의에 그대로 영향을 미치고 있음을 알 수 있다. 행정계약의 '계약'으로서의 측면이 보다 강조되고 있으면서 동시에 권력설의 영향이 남아있기 때문이다. 그러나 독일의 판례이론을 그대로 우리나라에 받아들이는 것이 바람직한지에 대해서는 재고를 요한다.

특히 행정주체에게는 헌법상 계약자유의 기본권이 인정되기 힘들다는 전제에 설 때 법률이 없이도 자유롭게 행정계약의 체결이 가능하다고 볼 수 있는지는 헌법이론상 의문이라고 하지 않을 수 없다. 더구나 독일행정절차법 제54조와 같이 행정계약의 체결을 일반적으로 인정하고 있는 규정이 없는 상태에서 독일과 동일한 해석을 하는 것은 무리라고 하겠다.

이러한 점을 고려할 때 행정행위에 관해서만 법령상 근거가 있을 때, 행정행위나 행정계약에 대해 모두 법령상 근거가 존재하지 않는 때, 행정행위와 행정계약에 모두 법령상 근거가 존재하는 때를 구별하여 볼 필요가 있다.[74]

3. 행정계약과 법률우위

우리나라에서는 보통 행정계약과 법률우위의 관계를 논의함에 있어서는 ① 법률이 우선적으로 존재하고 이 내용에 위반한 행정계약이 체결되는 때가 주로 논의되고 있다고 볼 수 있고, ② 행정계약이 체결된 이후에 이 내용에 영향을 미치는 법률이 만들어지는 때에 대해서는 거의 논의가 이루어지지 않고 있다. 그러나 위 두 가지는 서로 구별하여 볼 필요가 있

---

73) 박윤흔, 최신행정법강의(상)(개정29판), 박영사, 2004, 559면 참조.
74) 이에 관해 자세히는 제1장 제5절에서 다루기로 한다.

다. 양자 모두 계약의 구속력(pacta sunt servanda)과 법률우위가 상충된다는 점에서는 공통점을 가지나, ②의 사례에 있어서는 계약상대방의 신뢰보호의 요청이 ①의 사례보다 강하다고 볼 여지가 있기 때문이다.

① 우선 기존의 법률에 위반한 내용의 행정계약이 체결된 때를 살펴보도록 하겠다. 판례의 태도를 보면 정부조달계약이 관련법령을 위반한 사례에 대해 판시한 사항을 찾아볼 수 있는데 관련법령에서 정해놓은 절차를 지키지 않은 경우에 무효를 인정한 예75)가 있는가 하면, 세부심사기준에 위반된 적격심사의 경우에 무효를 인정하지 않은 예76)가 있다. 이러한 대법원의 태도는 결과적으로 '단순위법한 계약'의 개념을 인정하는 독일의 태도와 유사한 결론에 이르게 됨을 알 수 있다.77)

그러나 행정계약과 관련된 법령의 규정은 원칙적으로 강행규정으로 보아야 하고, 이 점에서는 정부조달계약에 있어서도 큰 차이가 없다고 보아야 할 것이다. 또한 독일과 같이 단순위법한 계약의 개념을 인정할 법률상 근거도 존재한다고 보기 힘들다. 이러한 점을 종합할 때 행정계약이 관련법령을 위반하여 체결된 경우는 원칙적으로 무효로 보아 법률우위의 원칙을 엄격하게 관철하는 통설의 견해가 타당하다고 하겠다.

② 다음으로 기존의 행정계약의 내용에 영향을 미치는 법률이 체결된 때를 살펴보도록 하겠다. 이 경우 계약상대방은 일단 적법하게 체결된 계약의 효력을 신뢰하였으나 사후에 제정된 법률에 의해 계약의 효력을 침해받게 된다는 점에서 앞서의 경우와는 차이가 발생하게 된다. 즉, 신뢰보호자체도 헌법상의 법치국가의 파생원리라고 할 수 있는 법적 안정성으로부터 나오는 것인바, 이러한 신뢰보호와 법률우위의 형량의 문제

---

75) 대법원 2004.1.27. 선고 2003다14812 판결, 대법원 1993.11.9. 선고 93다18990 판결, 대법원 1993.6.8. 선고 92다49447 판결, 대법원 1989.4.25. 선고 86다카 2329 판결 등

76) 대법원 2001.12.11. 선고 2001다33604 판결.

77) 이처럼 판례가 같은 법령위반에 대해서도 계약의 무효여부를 다르게 본 것은 중대한 법령위반은 무효로 보고 경미한 법령위반은 무효로 보지 않겠다는 취지로 분석할 수 있기 때문이다.

가 발생한다고 할 수 있다.

우리나라에서는 미국과 같이 헌법상 계약조항이 존재하지 않는다는 점에서 미국에 비해서는 행정계약의 내용에 영향을 미치는 법률제정의 헌법적 허용가능성이 보다 크다고 보아야 할 것이다. 이에 대해서는 다음과 같은 반론이 제기될 수 있다. 우리나라에서도 국민의 관점에서 보면 행정계약의 자유가 헌법 제10조의 행복추구권이나 경제조항을 토대로 헌법상 보장되고 있으므로 미국과 다르게 볼 필요가 없다는 것이다.

그러나 이에 대해서는 다음과 같은 재반론이 가능하다. 미국연방헌법상의 계약조항은 미국의 건국시절 시민의 재산권을 국가의 개입으로부터 철저히 보호하고자 하는 자유주의적 취지가 담겨져 있는 것이다. 이러한 미국의 계약조항은, 헌법상의 행복추구권을 근거로 계약자유가 인정되지만 일반적 법률유보(헌법 제37조 제2항)를 통해 공익적인 관점에서의 기본권 제한이 광범위하게 가능한 우리나라와는 차이가 크다고 보아야 한다.

또한 우리나라에서는 행정주체의 관점에서는 당연히 계약의 자유가 인정되는 것이 아니고 민주주의원리, 특히 참여민주주의의 원리를 토대로 행정계약에 관한 권한이 인정된다. 이러한 점에서는 대의민주주의의 원리 및 법치주의의 원리가 강조되는 법률우위의 원리와의 관계에서 상당한 제약을 받는다고 하지 않을 수 없다.

제5절 행정의 행위형식체계에 있어서의 행정계약

Ⅰ. 외국의 법제

1. 독 일

1) 행정작용형식론 개관

독일은 행정행위, 행정계약, 행정입법, 사실행위를 명확하게 구분하고 있으며, 이들 각각은 서로 다른 실체법상의 효력을 가짐과 동시에 각각 다른 소송유형에 의해 다투도록 하고 있다. 즉 실체적 공정력이 발생하는 행정행위의 경우는 취소소송에 의해 다투도록 하고, 실체적 공정력이 인정되지 않는 행정계약은 이행소송, 행정입법은 규범통제소송에 의해 각각 다투도록 하고 있다. 그리고 법적 효력이 없는 사실행위의 경우 일반이행소송에 의해 다투도록 하고 있다.

이러한 전통적인 이론에 대해서는 행정의 행정작용형식을 지나치게 정태적으로 분석하는 한계를 나타내고 있다는 점, 행정작용론이 지나치게 하자이론과의 관련하에서만 분석이 이루어졌다는 점에서 많은 비판이 이루어진바 있다. 전통적 행정작용형식론에 대한 대안으로 법관계론 (Rechtsverhältnistheorie)이 제시되기도 하였다.[1] 그러나 현재 법관계론이 기존의 행정작용형식론을 완전히 대체할 정도의 의미를 갖고 있다고 보지는 않는 것이 일반적이다. 물론 본 논문의 주제가 되고 있는 계약의 경우 다른 행정작용형식에 비해 법관계론에 의해 설명이 잘되는 것은 사

---

[1] 대표적인 문헌으로 Norbert Achterberg, Rechtsverhältnisse als Strukturelemente der Rechtsordnung. Prolegomena zu einer Rechtsverhältnistheorie, in ders, Theorie und Dogmatik des öffentlichen Rechts, Berlin 1980, S. 135-162 참조.

실이다. 그러나 계약이 반드시 법관계론의 관점에서만 보다 설득력있는 논증이 가능해지는 것은 아니라고 보는 것이 일반적이다. 이하에서는 전통적인 이론에 따라 행정계약과 행정행위의 구분, 행정계약과 행정입법의 구별에 관해 보다 자세히 살펴보도록 하겠다.

2) 행정계약과 행정행위

(1) 행정계약과 행정행위의 구별

행정계약과 행정행위가 작용형식론에 있어서 가지는 가장 큰 유사성은 양자가 모두 개별사안에 대한 규율을 다룬다는 점을 들 수 있다. 따라서 일반적, 추상적 규율을 특징으로 하는 행정입법에 대한 공통의 전선을 구성한다고 할 수 있다. 그리고 양자의 차이점으로 행정행위는 일방적·명령적 행위이고, 행정계약은 쌍방적이고 동의에 의한 작용형식이라는 점을 드는 것이 일반적이다.

양자의 구별실익은 다음과 같은 점들을 들 수 있다. 형식적인 측면에서 계약은 서면형식을 요하나, 행정행위는 무형식이라는 점, 작용의 효력측면에서 계약이 행정행위보다 강한 구속력이 인정된다는 점,[2] 규율의 관철측면에서 계약상 청구의 집행을 위해서는 별도의 소송이 필요하나, 행정행위는 그 자체가 집행효과가 있다는 점 등이 그것이다.[3]

이러한 관점에서 양자의 구별은 독일에서 실제적인 의미가 있다고 할 수 있는데 양자를 구체적으로 어떻게 구별할 것인가 하는 점이 다음으로 문제된다. 이는 양자의 구별이 문제되는 몇 가지의 사례를 중심으로 보다 구체적으로 다루어보도록 하겠다.

첫째, '협력을 요하는 행정행위'(mitwirkungsbedürftiger Verwaltungsakt)와

---

2) 예를 들어 행정행위의 경우 행정주체가 이를 취소할 다양한 가능성을 가지나, 계약의 경우에는 원칙적으로 행정주체에 의한 원칙적인 취소가 불가능하다는 점을 들 수 있다.

3) Schlette, Die Verwaltung als Vertragspartner, S. 176-177 참조.

의 구별이 문제된다. '협력을 요하는 행정행위'란 행정행위의 발령에 있
어서 국민의 협력을 필요로 하는 행정행위를 의미한다.[4]

 협력을 요하는 행정행위는 계약과 현저히 유사하다. 신청을 필요로
하는 행정행위는 계약과 더욱 유사하다. 국민의 신청은 계약에서의 청약
과 유사하며, 행정청의 결정은 청약에 대한 승낙과 유사하다.[5]

 물론 이러한 계약의 유사성 때문에 바로 협력을 필요로 하는 행정행
위를 행정행위의 목록으로부터 뽑아내어 바로 행정계약의 유형으로 포
섭하자는 주장이 이루어지고 있는 것은 아니다. 왜냐하면 이미 행정절차
법에서 협력을 요하는 행정행위를 행정행위로 전제한 여러 가지 규정들
이 존재하고 있기 때문이다(행정절차법 제22조, 제45조 제1항 제1호).[6]

 다만 문제는 협력을 요하는 행정행위와 행정계약이 매우 유사한 모습
을 나타내고 있는데 이를 어떤 식으로 구별할 것인가 하는 점이다. 이에
대해서 우선적으로 국민이 단지 문제된 결정을 내릴 것인지 말 것인지
에 대해서만 영향을 미치는 것이 아니고 그의 내용에 대해서도 영향을
미칠 수 있는 경우를 계약으로 보고, 단지 문제된 결정을 내릴 것인지
말 것인지에 대해서만 영향을 미치는 경우에는 협력을 필요로 하는 행
정행위로 보자는 견해가 제시되고 있다.[7]

 그러나 이러한 주장에 대해서는 다음과 같은 비판이 있다. 즉, 일반민
사계약의 경우 일방당사자가 다른 당사자가 제시한 정형적인 계약의 내
용을 수정없이 받아들이는 약관에 의한 계약체결이 엄연히 계약으로 인
정되는 것과 마찬가지로, 행정주체와 국민 간의 행정계약의 경우에도 이
처럼 국민이 계약의 내용에 영향을 미치지 못하고 다만 행정주체가 제
시한 정형적인 계약내용을 받아들일지 여부만을 결정해야 하는 상황이

---

4) Schlette, a.a.O., S. 179 참조.

5) Schlette, Die Verwaltung als Vertragspartner, S. 180 참조.

6) Schlette, a.a.O., S. 181 참조.

7) Wolff/Bachoff/Stober, Verwaltungsrecht, Band 2, 6.Aufl., München 2000, § 54 Rn.
 14 참조.

자주 발생하는데 이런 경우도 당연히 계약에 포섭해야 한다는 것이다. 또한 협력에 의한 행정행위에 있어서도 행정청과 국민 간의 내용에 대한 협상이 이루어지는 경우가 자주 발생하고 있다는 것이다. 이러한 점을 고려할 때 국민이 규율의 내용에 영향을 미칠 수 있는지 여부만으로 계약과 협력을 필요로 하는 행정행위를 구별하는 것은 부당하다는 비판이 이루어지고 있다.[8]

다음으로 양자의 구별기준으로 당사자의 의사를 기준으로 해야 한다는 주장이 있다. 계약의 법적 효과가 의도될 경우에는 계약으로 보고, 행정절차법 제35조 이하의 행정행위의 효과가 의도될 경우에는 행정행위로 보아야 한다는 것이다. 그리고 이러한 당사자의 의사는 객관적인 징표로 판단되어야 한다는 것이다.[9]

당사자의 의사를 판단할 객관적인 징표로는 다음과 같은 점들이 제시되고 있다. 우선 양자간에 이루어진 작용이 어떤 표제하에 이루어졌는지,[10] 작용이 어떤 형식으로 이루어졌는지[11] 등이 객관적 징표로 볼 수 있다는 것이다.[12] 그리고 이 외에도 구체적인 사례에서 있어서 양 작용형식 중 어느 하나만이 적법할 때[13]에는 당사자들이 적법한 작용형식을 고르고자 했을 것으로 추정하는 방안이 제시되고 있다.[14]

---

8) Schlette, a.a.O., S. 183 참조.

9) Christian Schimpf, Der verwaltungsrechtliche Vertrag unter besonderer Berücksichtigung seiner Rechtswidrichkeit, Berlin 1982, S. 38ff. 참조.

10) '행정행위', '처분', '명령'이라는 표현이 이루어졌는지, 아니면 '계약', '협정', '합의'라는 표현이 이루어졌는지를 검토해볼 수 있다.

11) 권리구제수단을 고지하고 이유제시가 이루어졌다면 행정행위로 보고, 개별조항을 열거하고 참여자의 서명이 이루어지는 경우에는 계약으로 볼 수 있다.

12) Spannowsky, Willy, Grenzen des Verwaltungshandelns durch Verträge und Absprachen, Berlin 1994, S. 75 참조.

13) 행정절차법 57조 서식의 형식을 지키지 않았다든지, 계약형식의 금지가 존재하는 경우라든지, 행정행위발령의 권한이 존재하지 않는다든지 등 여러 가지 경우를 예로 들 수 있다.

14) Schlette, Die Verwaltung als Vertragspartner, S. 40 참조.

둘째, 확언 또는 확약과의 구별이 문제된다. 행정주체가 일방적인 급부를 약속하는 것은 '확언'(Zusage) 또는 '확약'(Zusicherung)으로 표시된다. 양 개념은 오늘날 동일한 의미로 사용되고 있지는 않다. 확언은 상위 개념을 형성하며 행정주체가 나중에 공법상의 작위 또는 부작위를 할 것으로 스스로 의무지우는 것을 의미한다. 확약은 행정절차법 제38조에서 자세하게 다루어지고 있는 것으로 확언의 하위사례에 해당한다. 그리고 특정의 행정행위를 발령하거나 발령하지 않을 것을 약속하는 것에 제한된다.[15)

이러한 확언 또는 확약은 그 약속의 일방성으로 인해 행정행위의 특별한 하위형식에 불과한 것으로 보는 것이 일반적이다.[16) 행정절차법에서도 이에 관해 행정행위의 장에서 규율하고 있으며 행정행위의 수많은 규정들이 이에 준용된다고 규정하고 있다(행정절차법 제38조 제2항, 제44조, 제45조, 제48조, 제49조).

그러나 이러한 확언 또는 확약은 현저한 계약적인 요소를 담고 있는 것으로 보고 있다. 즉, 행정주체는 법적으로 구속력있는 자기채무부담의 의사표시를 아무런 동기도 없이 하는 경우는 드물며 보통 국민이 그러한 행정청의 자기채무부담을 주장하거나 이를 청구할 경우에 이러한 자기채무부담의 의사표시를 하는 것이 일반적이다. 따라서 계약상의 의사합치와 매우 유사한 상황이 주어지게 된다.[17)

그리고 더 나아가 확언 또는 확약은 협력을 요하는 행정행위와는 다르게 고유한 '처분'이 존재하지 않고 단지 그의 사전단계만이 존재한다. 이처럼 미래에서만 충족될 수 있는 채무부담의 형성은 계약과 매우 유사한 것으로 볼 수 있다. 특히 일방의 당사자만이 의무를 부담하는 계약의 체결도 가능하다고 보는 것이 일반적인바, 이렇게 볼 경우 행정주체만이 의무를 부담하는 계약과 확약, 확언과의 구별은 더더욱 쉽지 않게

---

15) Maurer, Allgemeines Verwaltungsrecht, §9 Rn 59 참조.

16) Kopp/Raumsauer, a.a.O., S. 194-196 참조.

17) Schlette, Die Verwaltung als Vertragspartner, S. 194.

된다고 할 수 있다.[18)]

이 경우에도 일단 위에서 언급한 기준들이 타당하다고 할 수 있는데 특히 구체적인 사례에서 양 행위형식 중 적법한 것이 하나만 존재할 경우에 적법한 행위형식으로 추정하는 것이 특히 중요한 기준이 될 수 있다. 확언과 확약은 주로 공무원법, 조세법에서 문제가 많이 되고 있는데 양자의 영역은 계약이 활용하기 힘든 것으로 보는 영역들이다.[19)]

(2) 양자의 관계설정

우선 그에게 부여된 임무를 수행하기 위해서, 행정주체는 원칙적으로 수단의 자유로운 선택권을 갖는다. 다시 말해 각 관련된 개별법이 제한된 임무를 갖지 않는 한, 임무수행을 위해서 그가 어떠한 작용형식을 사용할 것인가는 그의 재량범위에 속한다고 보는 것이 일반적이다.[20)]

행정행위와 계약이 그의 법제도에 있어서 현저하게 구별되기 때문에, 행정청의 결정에 따라 매우 많은 것이 좌우된다. 즉, 형식적, 절차적 관점에서만 아니라 구속력, 하자효과, 내용적인 형성가능성, 절차적인 관철가능성이 달라진다. 이러한 의미에서 행위형식선택의 재량은 형식적, 절차적 측면을 넘어서서 실체적(법효과적) 재량의 요소까지 포함한다는 지적이 이루어지고 있다.[21)]

여기서 다음과 같은 질문이 제기된다. 즉, 입법자에 의해서 행정절차법 제9조, 제54조 2문에서 행정주체에게 인정된 재량이 작용형식 중 어느 한 형식이 다른 형식에 비해 법률적으로 선호되는 것으로 받아들여지지 않는다는 의미에서 중립적인가, 그렇지 않으면 소위 '의도된 재

---

18) Schlette, a.a.O., S. 195.

19) Schlette, a.a.O., S. 197.

20) Joachim Burmeister, Verträge und Absprachen zwischen der Verwaltung und Privaten, VVDStRL H. 52, 1992, S. 208-209 ; Spannowsky, Grenzen des Verwaltungshandelns durch Verträge und Absprachen, S. 122-123 참조.

21) Schlette, Die Verwaltung als Vertragspartner, S. 198.

량’(intendiertes Ermessen)이 존재하는가, 즉 하나의 작용형식에게 유리한 규율의 추정이 존재하고 예외적인 경우에만 이로부터 벗어난 결정이 가능한가 하는 질문이 그것이다.[22]

행정행위의 우선성을 주장하는 견해는 다음과 같은 논거를 제시하고 있다. 즉, 입법자는 계약을 비전형적인 작용형식으로 보고 있고 행정행위는 1977년부터 국가 행정작용의 원칙적인 형식으로 자리잡고 있다는 것이다. 이는 행정절차법 상에서 행정행위가 차지하고 있는 조문수를 계약의 그것과 비교해보면 쉽게 알 수 있다는 것이다.[23]

계약의 우선성을 주장하는 견해는 다음과 같은 논거를 제시하고 있다. 즉, 행정행위는 그 일방적인 성격을 고려할 때 비례원칙을 근거로 하여 국민의 동의가 불가능한 경우에만 최후의 수단으로만 사용될 수 있다는 것이다. 또한 국가의 이해가 관료적 국가로부터 협력적 국가로 전환되고 있는 점을 고려할 때 원칙적으로 계약에 의한 해결을 모색해야 한다는 것이다.[24]

그러나 양자의 주장 모두에 대해 다음과 같은 비판이 이루어지고 있다. 우선 행정행위의 우선성을 주장하는 견해에 대해서는 입법자가 행정절차법의 제정초기에 계약을 다룸에 있어서 행정행위에 비해 덜 노력을 기울였다고 하더라도 이것만으로 입법자가 행정행위의 우선성을 지속적으로 고착시키려는 의사로 보기 힘들다는 것이다. 또한 만약 입법자의 의사가 그러했다면 행정행위에 유리한 당위규정을 정립하는 것을 통해 계약의 보충성을 분명하게 확정하였을 것이나 그렇지 않은 점을 볼 때 입법자가 행정행위의 우선성을 의도한 것으로 보기 힘들다는 것이다.[25]

---

22) Schlette, Die Verwaltung als Vertragspartner, S. 198-199 참조.

23) Spannowsky, Grenzen des Verwaltungshandelns durch Verträge und Absprachen, Berlin 1994, S. 146 참조.

24) Walter Krebs, Konsensuales Verwaltungshandeln durch Verträge und Absprachen, DÖV 1989, S. 974 참조.

25) Schlette, Die Verwaltung als Vertragspartner, S. 199-200 참조.

계약의 우선성을 주장하는 견해에 대해서도 다음과 같은 비판이 이루어지고 있다. 계약의 행정절차법상 규정내용이 충분치 않고 서면형식을 요구하기 때문에 보편적으로 행정행위를 대체하는 기능을 하기는 힘들다는 것이다. 그리고 협력적 국가에서도 국가와 사인 간의 협력이 필수적으로 그리고 배타적으로 계약적 작용에 의해 이루어질 것이 요청되는 것은 아니라는 것이다.26) 이러한 점을 고려할 때 행정청의 작용형식의 선택에 대한 결정은 어느 한쪽의 방향으로 사전적으로 결정되어 있는 것은 아니며, 계약과 행정행위는 동등한 지위를 가진다고 보는 것이 일반적이다.27)

행정절차법의 규율시스템에 의하면 계약과 행정행위는 엄격하게 대체적인 작용형식으로 보이는 것이 사실이나, 실무상 양 작용의 중첩적인 사용이 일관되게 나타나고 있다. 이는 법적으로 허용가능하다고 보는 것이 일반적이다. 크게 두 가지 결합형식이 나타나고 있다.

첫 번째의 유형은 소위 '2단계론'(Zweistufentheorie)으로 설명되고 있는 것이다. 우선적으로 행정행위가 발령된다. 이는 원칙적으로 특정의 행정작용을 '할 것인지, 말 것인지'를 결정한다. 이러한 근본규율은 두 번째 단계에서 계약상의 규율을 통해 보완이 이루어진다. 이는 보다 구체적인 양상으로 '어떻게'의 내용을 담고 있다. '전통적인' 개념에 의하면 이러한 계약은 사법상의 성격을 갖는다. 물론 개별적인 영역에서는 공법적인 성격을 갖는 변형된 계약이 존재할 수 있다. 이 경우 '행정행위+행정계약'의 결합형태가 나타나게 된다.28)

두 번째의 유형은 채무부담(Verpflichtung)과 이의 집행(Verfügung)을 결

---

26) Schlette, a.a.O., S. 200 참조.

27) Walter Krebs, Verträge und Absprachen zwischen der Verwaltung und Privaten, VVDStRL H. 52, 1992, S. 262 ; Hartmut Bauer, Anpassungsfähigkeit im Öffentlich-rechtlichen Vertrag, in Hofmann-Riem, Wolfgang/Schmidt-Aßmann, Eberhard(Hrsg.), Innovation und Flexibilität des Verwaltungshandelns, Baden-Baden 1994, S. 266 등.

28) Schlette, Die Verwaltung als Vertragspartner, S. 191-192 참조.

합하는 유형이다. 이는 앞서와 반대로 '행정계약+행정행위'의 형식을 취한다고 할 수 있다. 예를 들어 우선적으로 행정청이 추후 특정의 인가를 발령하기로 하는 약정을 체결한다. 이 약정에 따라 나중에 상응하는 행정행위가 내려짐으로서 위 약정의 내용이 실현된다.[29)]

이러한 계약과 행정행위의 결합이 이루어질 경우에 행정행위법과 계약법 간의 긴장관계를 어떻게 풀어나갈 것인지가 문제이다. 즉 계약과 행정행위의 하자이론이 서로 다른데, 어느 한쪽에 하자가 발생할 경우 다른 쪽에 어떠한 영향을 미친다고 볼 것인가가 문제될 수 있다. 이는 뒤에서 계약의 하자론에서 보다 자세히 다루도록 하겠다. 이와 관련하여 계약과 행정행위의 결합의 적법성은 인정되나 이처럼 양자의 하자이론의 갈등으로 인한 법적 불안정성이 존재하므로 양자의 결합방식이 자제되어야 한다는 견해[30)]가 있다.

3) 행정계약과 행정입법

(1) 행정계약과 행정입법의 구별

행정계약과 행정입법은 일단 다음과 같은 점에서 구별된다고 보는 것이 일반적이다. 즉, 행정계약은 개별적인 법적 주체 간의 관계와 관련되며 따라서 행정행위와 마찬가지로 구체적, 개별적 규율인 반면에, 행정입법은 특정되지 않은 수많은 경우 때로는 다양한 사례들에 적용되는 추상적, 일반적인 규율이라는 점이 그것이다.[31)] 그러나 양자가 아무런 관련이 없는 것은 아니며 규범정립계약(normsetzungsvertrag)과 규범대체계약(normersetzender Vertrag)의 두 가지 방식으로 양자의 교차가 이루어질 수 있다. 이에 대해서 다음에 보다 구체적으로 살펴보도록 하겠다.

---

29) Schlette, a.a.O., S. 192 참조.
30) Schlette, a.a.O., S. 193 참조.
31) Schlette, a.a.O., S. 204 참조.

(2) 규범정립계약

규범정립계약(normsetzungsvertrag)은 두 가지로 나누어 볼 수 있다. 법규범을 제정하고, 변경하고, 보충하고, 폐지하는 공권력주체의 채무부담을 근거지우는 계약(진정규범정립계약)과 현재규범을 유지하고 새로운 규범을 제정하지 않겠다는 것을 약속하는 계약, 즉, 현 상태를 보장할 것을 약속하는 계약(부진정규범정립계약)이 구별된다.[32]

행정의 규범정립계약은 무엇보다 '도시계획협정'(Bauplanungsabreden)의 형식으로 최근까지 실무상 자주 나타나고 있다. 건축주협회나 건축회사들은 게마인데와 명시적인 계약에 의한 의무부담[33]을 약정한다.[34]

이러한 도시계획협정은 일련의 법적인 문제들을 낳게 된다. 무엇보다 명시적으로 법규범과 개별행위 간에 다툼이 없이 존재하는 단계구조를 무효화시키고 심지어는 이를 뒤집는 계약이 근본적으로 적법한가의 문제가 제기된다. 1970년대 후반~1980년대 초반의 판례는 명확하게 건축상세계획을 발령할 의무를 부과하는 계약의 적법성을 부인하였다.[35] 그 이유는 다음과 같다. 즉 이처럼 사전적으로 구속을 하는 것은 형량명령, 일반인과 다른 행정청의 참여권리(건설법전 제1조 제6항, 제3조, 제4조 참조)를 침해하는 것이기 때문이다. 학설[36]도 이러한 판례를 지지하였고, 입법자도 이러한 의사를 나타낸 바 있다.[37]

---

32) Schimpf, Der verwaltungsrechtliche Vertrag unter besonderer Berücksichtigung seiner Rechtswidrichkeit, Berlin 1982, S. 82; Spannowsky, Grenzen des Verwaltungshandelns durch Verträge und Absprachen, Berlin 1994, S. 148 참조.

33) 건축상세계획이 특정의 내용을 담도록 의무지우거나, 더 나아가 건축상세계획을 발령하지 않도록 의무를 지우는 것이 대표적인 예이다.

34) Schlette, a.a.O., S. 206-207 참조.

35) BVerwG, NJW 1980, 2538; BVerwG, DÖV 1981, 878 등.

36) Klaus-Peter Dolde/Michael Uetrchtritz, Ersatzansprüche aus Bauplanungsabreden, DVBl, 1987, S. 447 참조.

37) §6 Abs. 2 S.3 BauGBMaßnG : "… 건축계획(Bauleitplan)이나 기타 도시계획상

(3) 규범대체계약

계약적인 협정이 단지 법규범의 사전절차를 이루는 것이 아니라 심지어는 이를 대체하는 것을 규범대체계약이라고 부르는데 이는 자연보호법에서 전형적으로 나타난다. 자연보호의 목적을 기초보호수준에 관한 행정입법을 제정하는 것을 통해 실현하는 것이 우선 가능하다. 그러나 자연보호 행정청은 최근에 점점 더 이러한 행정입법의 제정보다는 잠재적인 규범의 수범자, 즉, 보호범위에 속하는 토지의 소유자[38]와 협정[39]을 선호하고 있다. 결합형태도 나타나고 있다. 여기서도 어느 정도 '기본적인 보호'만이 행정입법에 규정되고, 이를 근거로 보다 자세한 보호는 계약적인 협정을 통해 이루어진다.[40]

이러한 소위 '계약을 통한 자연보호'(Vertragsnaturschutz)는 현재 매우 중요한 역할을 담당하고 있는데 그 이유는 이해관계인에 의한 보다 높은 수준의 수용성, 각 사례의 특별한 상황에의 더 나은 적응가능성 외에도, 개별사례에 있어서 '법률의 수준을 넘는 보호의 약정'(übergesetzlicher Mehrleistung)이 가능하다는 장점이 있기 때문이다.[41]

이러한 종류의 계약의 가능성은 앞서 본 규범정립계약의 가능성보다 훨씬 좁다고 할 수 있다. 그러나 기초보호수준을 법규명령을 통해 정립할 가능성이 법률에 규정되어 있다고 하여 바로 계약형식이 금지되는 것은 아니며, 이러한 종류의 계약은, 그것이 자연보호법적으로 가능한

의 규정(städtebauliches Satzung)을 정립해줄 것을 요청하는 것이 계약을 통해 근거지워질 수는 없다"

38) 대체로 농부들이다.

39) 이 협정은 광범위하게 법규명령의 보호명령(다양한 방식의 사용제한, 보호조치와 발전조치, 니더작센주 자연보호법 24조 이하 참조)을 포함하는 것을 그 내용으로 한다.

40) Schlette, a.a.O., S. 208-209 참조.

41) Udo Die Fabio, Vertrag statt Gesetz/-Gesetzesvertretende und gesetzesausfüllende Verwaltungsverträge im Natur- und Landschaftshutz, DVBl. 1990, S.340-341 참조.

범위를 지키는 경우에는 가능하다고 보는 것이 일반적이다.[42]

2. 프랑스

1) 행정작용형식론 개관

프랑스에서는 행정행위(acte administratif)의 개념은 넓은 의미로는 일방적 행정작용(décision administratif)과 행정계약(contrat administratif)을 모두 포함하는 개념으로 사용되고 있다. 여기서의 일방적 행정작용에는 독일식의 협의의 행정행위개념과 행정입법제정행위가 포함된다. 일방적 행정작용은 월권소송의 대상이 되며, 쌍방적 행정작용은 완전심판소송의 대상이 된다는 점에서 차이점이 있다.

이러한 이유로 프랑스에서는 일단 행정계약과 일방적 행정작용의 구별문제를 다루면서 그 내용의 하나로 법규명령적 조항의 문제를 다루는 것이 일반적이다. 이하에서 살펴보도록 한다.

2) 행정계약과 일방적 행정작용

(1) 행정계약과 일방적 행정작용의 구별

앞서 보았듯이 프랑스에서 행정계약은 원칙적으로 완전심판소송의 대상이 되고, 일방적 행정작용은 월권소송의 대상이 된다는 점에서 양자를 구별할 실익은 매우 크다고 할 수 있다. 행정작용의 주체(의사를 표시한 주체)의 숫자만으로 양자가 구별되기는 힘들다고 보고 있다. 즉 행정작용의 주체가 단일한 경우 일방적인 행정작용이라는 점에 대해서 의문의 여지가 없으나, 주체가 둘 이상인 경우에 당연히 행정계약이 되지는 않기 때문이다.[43]

---

42) Schlette, a.a.O., S. 210 참조.

Chapus는 결국 기준이 되는 것은 행정작용의 내용(contenu de l'acte)이라고 보고 있다. 즉 주체 간의 관계를 상호적으로 규율하는 데 초점이 맞추어져 있는 것이 계약이고, 타인의 행동을 일방적으로 규율하는데 초점이 맞추어져 있는 것이 일방적 행정작용이라는 것이다.44)

물론 어떤 내용을 담고 있는가도 그렇게 명확한 것이라고 보기는 힘들다. 이와 관련하여 일단 행정작용에 붙여진 이름이 결정적인 것은 아니라는 점이 지적되고 있다. 예를 들어 튈러리공원의 잠정적인 점유의 승인과 관련해서 마치 계약과 유사하게 '입찰공고내역'이라는 말이 붙고, 장관과 공공시설물의 장의 서명이 들어갔지만 이는 어디까지나 일방적인 행정작용으로 평가를 받고 있다.45) 다음에는 몇 가지 사례를 들어 보다 구체적으로 살펴보도록 하겠다.

사법상의 계약에서 우월한 경제적 지위에 있는 당사자에 의해 계약의 내용이 확정되고 타방당사자는 이 계약의 수용여부에 대해서만 결정할 수 있는 경우가 존재하고 이 경우의 계약을 부합계약(contrat d'adhésion)이라고 한다. 행정계약에 있어서도 이와 유사하게 계약의 내용이 전적으로 행정주체에 의해 결정되고 상대방인 사인은 이에 구속되는지의 여부에 대해서만 판단할 수 있는 경우가 존재한다.46)

이러한 예는 특히 정부조달계약에서 많이 발생한다. 정부조달계약에서 사인의 권리와 의무는 상당부분 행정주체가 미리 정해놓은 입찰공고내역에 의해 좌우되는 경우가 많다. 이러한 경우 이를 일방적인 행정작용으로 볼 것인지, 아니면 계약으로 볼 것인지가 문제된다. 앞서 입찰공고내역과 같은 계약적인 형식이 사용된 것만으로 당연히 계약으로 볼

---

43) Chapus는 이러한 예로 둘 이상의 장관이 동일하게 권한을 갖고 있는 사안에 대해서 장관들이 공동으로 결정을 내리는 경우를 예로 들고 있다. 이 경우 의사표시의 주체는 둘 이상이지만 일방적 행정작용으로 보아야 한다는 것이다. Chapus, Droit administratif général Ⅰ, p.491 참조.
44) Chapus, Droit administratif général Ⅰ, p.492 참조.
45) CE Sect. 23 juin 1995, Assoc. Défense Tuileries, 268, CJEG 1995, 376.
46) Chapus, Droit administratif général Ⅰ, p.493 참조.

수는 없다는 점을 지적한 바 있으나, 이러한 부합계약의 경우에는 계약이라고 보는 데 의견의 대립이 없다고 할 수 있다. 왜냐하면 비록 그 내용이 일방에 의해 결정되었다고 하더라도 그 내용은 어디까지나 주체 간의 관계를 상호적으로 규율하는 데 초점이 맞추어진 것으로 볼 수 있기 때문이다.[47]

일방적 행정작용의 내용과 관련하여 행정주체가 권리나 의무를 부과하는 사인과의 협상이 이루어지는 경우가 자주 발생한다. 이를 '협상에 의한 일방적 작용'(acte unilatéral négocié)이라고 하는데 이는 경제행정이나 전문가 규제행정분야에서 많이 나타나고 있다. 그리고 공무원의 근무조건, 보수지급조건과 관련해서도 많이 발생하고 있다. 1983년 7월 13일 법률 9조는 이러한 실무를 아예 공식화해서 공무원은 그의 신분상의 규율을 형성함에 있어서 참여한다고 규정하고 있다.[48]

그러나 이처럼 일방적 행정작용을 형성함에 있어서 사인이 참여하여 협상이 이루어질 경우 그 법적 성질을 어떻게 볼 것인지가 문제된다. 이와 관련한 판례의 사례군을 크게 둘로 나누어 살펴볼 필요가 있다.

첫째로 행정주체와 사인 간의 협상에 의해 합의된 내용을 행정주체가 승인결정을 하는 경우를 볼 필요가 있다. 이러한 예로 국가와 전문직협회 간의 협의에 의해 보수수준이 확정되는 경우를 들 수 있다. 이 사례에서 국가의 대표와 전문직협회는 토론 끝에 보수수준에 관해 합의를 했고, 장관은 이 합의내용을 결정에 의해 승인한 바 있다. 이러한 결정의 성질에 관련하여 판례는 이는 계약이 아니며 '의사합치를 통한 규율적 성격을 가지는 일방적 결정'으로 인정한바 있다.[49]

둘째로 공역무 조직과 관련하여 협정이 맺어진 경우를 볼 필요가 있다. 에어 알제리에 고용되었던 사람들을 에어 프랑스에 통합하는 과정에

---

47) Chapus, Droit administratif général Ⅰ, p.493 참조.

48) Chapus, Droit administratif général Ⅰ, p.493 참조.

49) CE 23 octobre 1974, Valet, 500, AJ 1975, 363; CE 4 juillet 1975, Synd. nat. du commerce de la chaussure, 404, R에 1976, 376.

서 관할장관은 에어 프랑스와 협정을 체결한바 있다. 이러한 협정의 성질에 관련하여 판례는 이 협정이 '공역무 그 자체의 조직'과 관련된다는 이유로 법규명령적 성질을 가지며 그에 따라 일방적인 행정작용의 성질을 가진다고 판시한 바 있다.[50]

(2) 양자의 관계설정

독일과는 달리 프랑스의 경우 행정주체가 원칙적으로 행정계약과 일방적 행정작용 중에서 선택할 수 있는 권한을 갖는다고 보지 않는다. 일방적 행정작용의 행사와 마찬가지로 행정계약의 경우에도 권한부여의 법적인 근거를 요한다고 보는 것이 일반적이다.[51] 이러한 이유로 예컨대 Richer는 행정계약과 일방적 행정작용 사이의 분배는 원칙적으로 법조문에 달려있다고 보고 있다.[52]

판례에 의하면 일방적 결정의 권한의 행사와 관련된 합의는 무효이거나 많은 경우 효과가 없다고 보는 것이 일반적이다. 따라서 앞으로 내릴 일방적 결정에 대해 약속하는 것[53]이나, 일방적 작용 대신에 계약을 대체하는 것[54]은 일반적으로 금지된다고 볼 수 있다. 이는 앞서 보았듯이 행정주체에게 양자간에 선택의 가능성이 일반적으로 부여되지 않고 있는 것과 관련이 있다고 할 수 있다. 그러나 계약주의(contractualism)의 확산에 따라 이러한 판례의 태도에 대해서는 많은 비판이 이루어지고 있다.[55]

다만 '일방적 결정을 대체하는 행정계약의 금지'법리의 적용범위는 다음과 같이 제한된다. 제52차 독일국법학자대회에서 프랑스의 행정계

---

50) CE Sect. 23 février 1968, Picard, 131, AJ 1968, 457.

51) Richer, Droit des contrats administratifs, p.52 참조.

52) Richer, Droit des contrats administratifs, p.52 참조.

53) CE 23 janvier 1981, Siméon, AJDA 1981, 204.

54) CE Sect. 20 janvier 1978, Synd. Nat. de l'enseingnement technique agricole public, AJDA janvier 1979, 37 ; CE 8 mars 1985, Assoc. les Amis de la Terre, RFDA 1985, 363.

55) Richer, op. cit., p.53 참조.

약에 관해 발표한 Autexier에 의하면 이러한 법리는 조세법, 일반경찰법 그리고 경제규제, 영업규제, 환경규제와 같은 특별경찰법의 영역에서만 적용된다고 한다.[56] 이러한 Autexier의 글을 토대로 하여 Spannowsky는 프랑스에서는 행정주체가 고권행정의 영역에서는 행정계약체결의 권한이 제한되는 것으로 보인다고 평가하고 있다.[57]

일방적 행정작용과 행정계약의 장점을 결합하기 위해서 양자의 결합형태에 대해서 법령에서 규정하고 있는 경우가 많다. 특히 일정한 권한부여를 하기로 행정주체와 사인 간의 협정이 체결되고 이에 따라 행정주체가 사인에게 권한부여에 관한 승인을 하는 예가 많이 나타나고 있다. 행정주체가 납세자에게 일정한 재정적 이익을 주기로 약정하고 실제로 그러한 재정적 이익을 부과하는 경우, 지방자치단체가 기업에게 재정적 지원을 하기로 약정을 하고 실제로 재정적 지원의 승인을 하는 경우 등이 그것이다. 이는 앞서 독일에서 본 채무부담과 이의 집행을 결합한 형태와 매우 유사하다고 할 수 있다.[58]

3) 법규명령적 조항 또는 법규명령적 효과를 갖는 계약

(1) 개 념

'법규명령적 조항'(clauses réglementaire)이라 함은 행정계약의 조항 중에서 행정주체가 상대방 당사자의 지위를 일방적으로 규율하는 효력을 갖는 조항을 의미하며, '법규명령적 효과를 갖는 계약'(contrat à effets réglementaire)의 개념은 계약 전체적으로 위와 같은 효력을 갖는 계약을 의미한다.[59] 이런 '법규명령적 조항' 또는 '법규명령적 효과를 갖는 계약'은 그 규율

---

56) Autexier, Christian J., Verträge und Absprachen zwischen der Verwaltung und Privaten in Frankreich, VVDStRL H. 52, S. 293 참조.

57) Willy Spannowsky, Grenzen des Verwaltungshandelns durch Verträge und Absprachen, Berlin 1994, S. 477-478 참조.

58) Richer, op. cit., p.57 참조.

59) Richer, Droit des contrats administratifs, p.58~59 참조.

의 일방성으로 인해 행정주체에 의한 계약의 변경, 폐지 등이 보다 자유롭다고 할 수 있다.

프랑스에서 이러한 개념이 원래부터 그렇게 자명하게 받아들여진 것은 아니다. 프랑스 행정법이론의 기초자 중의 한명인 Duguit는 계약이란 당사자 상호간의 주관적 상황을 창설하는 행위로 보았다.[60] 그렇기 때문에 법규명령적 조항처럼 객관적 상황을 창설하는 규율하는 행위는 원칙적으로 계약의 개념에 포섭시키기가 힘들었다. 그러나 이러한 Duguit도 공역무 특허계약과 관련해서 제한적으로 이러한 개념을 받아들인 바 있다.[61] 이후 판례와 실정법은 이 개념의 적용범위를 확대하여 오늘날은 이러한 개념이 매우 광범위하게 받아들여지고 있다.

프랑스에서는 공역무를 크게 둘로 나누어본다. 행정적인 성격을 가진 공역무와 상공업적 성격을 가진 공역무가 그것이다. 전자의 경우[62] 공역무의 관리주체인 행정주체와 이 서비스의 이용자 간에 체결되는 계약의 성질을 행정계약으로 보고,[63] 후자의 경우[64] 그 계약의 성질을 사법상의 계약으로 보는 것이 일반적이다.[65]

Duguit는 행정적인 성격의 공역무의 관리주체와 이용자 간의 관계가 계약으로 다루어지는 것 자체가 형식의 오류라고 보았으나, 이러한 Duguit의 태도는 받아들여지지 않았고 현재 실정법상 이러한 관계는 계약의 형식으로 규율되고 있다. 다만 이는 '법규명령적 계약'으로서의 성질을 부여받고 있다. 따라서 행정주체가 당해 공역무의 운용조건을 변경하거나 공역무 자체를 폐지할 수 있는 가능성이 인정되고 있다.[66]

---

60) Duguit, Traité de droit constitutionnel, T.1, p.384 참조.

61) Duguit, De la situation juridique du particulier faisant usage d'un service public, Mél. Hauriou, 1929, p.258 참조.

62) 공공교육, 의료서비스 등이 그 대표적인 예이다.

63) CE Sect., Avis 28 juillet 1995 Kilou, Dr. adm., 1995, 613.

64) 가스, 수도서비스 등이 그 대표적인 예이다.

65) Richer, op. cit., p.59~60 참조.

66) Richer, Droit des contrats administratifs, p.59~60 참조.

프랑스에서는 공역무를 행정주체가 직접 제공하지 않고 다른 주체에게 공역무를 제공할 권한을 부여하는 특허를 내려줄 경우에 이를 전통적으로 계약형식으로 해왔다. 주관적 상황의 창설이 계약의 핵심이라고 보아 공역무 사용자와의 관계에서 계약으로의 성질부여를 거부하였던 Duguit도 공역무 특허계약과 관련해서는 '법규명령적 조항'을 인정한 바 있다. 따라서 Duguit의 이론에 따르면 하나의 공역무 특허계약의 조항들 중에는 통상적인 계약조항들과 법규명령적인 계약조항들이 병존할 수 있게 된다.

이러한 Duguit의 이론은 이후에 판례[67]에 의해 받아들여졌고, 이 이론은 반드시 특허와 관련이 없다고 하더라도 공역무의 수행과 관련된 모든 계약에까지 확대되었고, 더 나아가 법규명령적 조항만을 담은 계약도 가능하다는 지점까지 이르게 되었다. 이처럼 법규명령적 조항만을 담은 계약이 바로 '법규명령적 효과를 가진 계약'이라고 할 수 있다.[68]

3. 영 국

1) 행정작용형식론 일반

영국에서는 독일이나 프랑스와 같이 행정작용형식론이 치밀하게 발달되어 있지 않다. 이는 독일이나 프랑스에서의 행정작용형식론이 일반소송과 독립된 행정소송과의 밀접한 연관 속에서 발전되었으나, 영국은 보통법 단일체제로 행정작용에 대해 특별한 소송형식이 인정되지 않은 데서 연유한 것으로 볼 수 있다.

다만 영국에서도 독일이나 프랑스와 유사하게 처분절차(adjudication)와 규칙제정절차(rule-making)가 존재하며, 전자는 특히 판례법으로 정립된

---

67) CE Sect 23 février 1968, Picard, Rec. 131; CE Sect. 18 MARS 1977, Chambre de Commerce de La Rochelle, Rec. 1953.

68) Richer, op. cit., p.61〜62 참조.

자연적 정의(natural justice)에 따라 청문절차 등을 거칠 의무를 인정하고 있다.[69] 독립된 행정절차법에서 처분절차와 규칙제정절차를 모두 규율하고 있는 미국법제와는 차이를 나타내고 있다.

2) 행정계약과 처분 상호간의 관계

영국에서는 독일에서와 같이 '처분을 대체하는 행정계약'의 인정여부에 관해 직접적인 논의를 찾기는 힘드나 뒤에서 보듯이 규제계약의 개념이 당연히 인정되고 있다는 점을 고려하면 행정작용형식의 선택에 대해서는 행정주체에게 재량권이 존재하는 것으로 판단된다.

3) 행정계약과 행정입법 상호간의 관계

'협상에 의한 규칙제정'(negotiated rule-making)이 규칙제정방식의 하나로 행정절차법에 규정되어 있는 미국과는 달리 영국에서는 독립된 행정절차법에서 규칙제정의 방식에 대해서 일반적으로 규정을 하고 있지는 않다. 다만 개별법령에서 행정입법을 제정하는 과정에서 의견청취절차(consultation)를 거치도록 규정한 때가 있고 판례법에 따라 의견청취절차를 거칠 의무가 부과되는 때가 존재한다.[70]

개별법령에서 의견청취절차를 거치도록 규정했을 때는 이것이 필수적 절차인 때와 임의적 절차에 불과한 때가 나누어진다. 필수적 절차인 때에는 이를 거치지 않을 때에는 당해 행정입법은 무효가 된다. 의견청취절차를 거쳐야 하는 대상에 관해서는 행정주체에게 재량권이 부여된 때와 법령에 명시해 놓은 때가 있다.[71]

---

69) Wade, H.W.R./Forsyth, C.F., Administrative Law(8th ed.), Oxford University Press, New York 1994, p.469~547 및 p.839~883, Craig, P.P., Administrative Law(5th ed.), Sweet & Maxwell, London 2003, p.365~455 참조.

70) Craig, P.P., Administrative Law(5th ed.), Sweet & Maxwell, London 2003, p.380 참조.

보통법상 일반적으로 의견청취절차를 거쳐야 할 의무가 부과되는 것은 아니다. 다만 판례법에 의해서 의견청취절차를 거쳐야 할 의무를 인정한 사례가 존재한다. 예를 들어 행정주체가 특정의 개인 또는 그룹에게 특정한 정책변화가 있을 것이라고 표명한 때에는 당해 개인 또는 그룹의 의견청취절차를 거쳐야 하며,[72] 특정의 개인이 기존의 정당한 이해관계를 누리고 있는 권리에 영향을 미치는 행정입법을 제정할 때에는 당해 개인의 의견청취절차를 거쳐야 한다.[73] 이처럼 의견청취절차를 거쳐야 하는 의무가 부과될 때, 제출된 의견과 관련하여 행정주체와 사인 간에 일정한 의사합치가 있다고 하더라도 이것이 바로 법적 구속력이 있는 것으로 보고 있지는 않다.[74]

4. 미 국

1) 행정작용형식론 일반

미국 역시 독일이나 프랑스와 같이 행정작용형식론이 치밀하게 발전되어 있지 못한 상태이나, 일단 연방행정절차법(APA)을 중심으로 처분절차(adjudication)와 규칙제정절차(rulemaking)가 구별되고 있고, 연방조달규칙(FAR)을 중심으로 정부계약(government contract)이 인정되고 있다는 점에서는 큰 차이가 없다고 할 수 있다. 다만 독일, 프랑스와 차이라고 한다면 위와 같은 행정작용들에 대해 기본적으로 민사소송을 제기하게 되며 다만 처분이나 행정입법의 경우 연방행정절차법의 특별한 조항의 적용을 받는다는 점을 들 수 있다.

---

71) Craig, P.P., Administrative Law(5th ed.), Sweet & Maxwell, London 2003, p.380∼381 참조.

72) R. v. Secretary of State for the Home Department Ex p. Khan[1985] 1 All E.R. 40.

73) R. v Birmingham CC Ex p. Dredger[1993] C.O.D. 340.

74) Craig, P.P., Administrative Law(5th ed.), Sweet & Maxwell, London 2003, p.380∼388 참조.

2) 행정계약과 처분 상호간의 관계

미국에서 행정계약과 처분 상호간의 관계를 살펴봄에 있어서는 규제계약(regulatory contract)에 대해 분석해볼 필요가 있다. 규제계약의 대표적인 예로 Project XL를 들 수 있다. 이는 정부와 피규제기관, 일반공중이 효과적인 오염원통제를 위한 협약을 체결하는 것을 말한다.[75] 이는 의회의 입법에 의한 법률적 근거가 없이 행정부의 주도하에 마련된 규제개혁제도라는 점에 그 특징이 있다. 이처럼 법률적 근거가 없이 규제계약이 체결된 것의 법적인 정당성에 대해서는 환경청과 학자들 간에 견해의 대립이 있다.[76]

Project XL은 환경계약으로 칭해지고 있으나 이의 구체적인 법적인 효력에 관해서 환경청은 참여기업이 책임을 져야 하는 약속과 참여기업의 단순한 희망사항을 구별하고, 다시 책임을 져야 하는 약속을 '강제집행이 가능한 약속'과 그렇지 않은 '임의적 약속'으로 구분하고 있다.[77]

규제행정의 영역에서 계약의 형식을 사용되는 것은 행정청의 재량의 일종으로 평가되고 있다. 비록 규제계약의 법적 근거를 어느 정도로 요할 것인가에 대해서는 견해의 대립이 있는 것은 사실이나 법령의 취지에 반하지 않는 한 처분이 아닌 계약의 형식이 가능하다고 보는 것이 일반적이라는 점[78]에서 행정계약과 처분 간의 상당한 선택의 재량이 행정청에 부여되고 있는 것으로 평가할 수 있다.

---

75) 이에 대해 보다 자세한 것은 이희정, 법의 지배와 행정법상 재판 외 분쟁해결수단 : 미국의 경우를 중심으로, 서울대학교 대학원 법학박사학위논문, 2004.2., 203~220면 참조.
76) 이에 대해서는 제3장 제5절에서 보다 자세히 다루도록 하겠다.
77) 이희정, 전게논문, 218면 참조.
78) Jody Freeman, The Contracting State, 28 Fla. St. U. L. Rev. 155(2000), p.157 참조.

3) 행정계약과 행정입법 상호간의 관계

미국에서 행정계약과 행정입법 상호간의 관계를 살펴봄에 있어서 '협상에 의한 규칙제정절차'(negotiated rulemaking)를 분석해볼 필요가 있다. 이는 행정입법의 정립에 있어서 이해관계인이 협상과정에 참여하는 절차를 말하는데 협상을 위해 조직된 협상위원회에서 일정한 합의안이 도출된 경우 이를 행정계약과 같이 법적 구속력을 인정할 수 있는지가 문제가 된다.

협상에 의한 규칙제정법은 이에 대해 "행정청은 행정청의 법적 의무와 일치하는 한 최대한 위원회의 합의를 통한 규칙안을 행정청이 입법예고 및 의견제출절차를 위해 공시하는 규칙안의 기초로 삼아야 한다"라고 규정하고 있다. 따라서 이 규정에 따르면 최종 규칙은 아니지만, 협상 후 진행되는 비정식절차에 공고할 규칙안에는 합의안의 반영이 어느 정도 권고되고 있다고 할 수 있다. 그러나 이에 대해 어떤 법적 구속력을 인정하는 것은 법문의 표현상 어려울 것이라는 지적이 있다.[79] USA Group Loan Services, Inc. v. Riley 판결이 이와 관련된 것으로서 결론적으로 행정청의 이러한 구속적 의무는 인정되지 않는다고 보고 있다. 이러한 점을 볼 때 미국의 협상에 의한 규칙제정절차에서 협상위원회의 합의안은 행정계약으로서의 법적 구속력은 인정하기 힘들다고 할 수 있다.

5. 외국법제 상호간의 비교

1) 행정계약과 행정행위의 관계

독일과 프랑스의 가장 큰 차이점은 독일에서는 행정주체가 원칙적으로 행정작용형식에 대한 자유로운 선택권을 갖는 것을 원칙으로 하나,

---

79) 이희정, 전게논문, 235면 참조.

프랑스에서는 고권행정에 있어서는 이러한 선택권을 원칙적으로 인정하지 않으며 법률의 규정 내용에 좌우되는 것으로 보고 있다는 점을 들 수 있다. 미국에서는 견해의 대립이 있으나 행정실무상 법률상 근거가 없는 규제계약이 인정되고 있는데서 알 수 있듯이 독일의 태도에 보다 가까운 것으로 평가된다.

이러한 차이로 인해 독일이나 미국에서는 행정행위를 대체하는 행정계약의 적법성이 상당히 넓게 인정되고 있으나, 프랑스에서는 그 적법성의 인색에 상대적으로 인색하다고 할 수 있다. 즉, 행정작용형식선택의 탄력성에 있어서 독일이나 미국이 프랑스보다 높다고 할 수 있다.

그렇다면 독일, 미국과 프랑스에서 이러한 차이가 발생하고 있는 이유는 무엇인지 문제된다. 우선 독일과 프랑스의 차이는 앞서 살펴본 공사법의 관계에서의 행정계약에 대한 분석과 논리적인 일관성이 있는 것으로 판단된다. 독일에서의 공법의 발전과 프랑스에서의 공법의 발전의 중요한 차이점 중의 하나가 독일에서는 사법과의 유사비교를 통해 공법이 발전해온 반면, 프랑스에는 사법과의 단절을 통해 공법이 발전해왔다는 점에 있다. 이는 행정계약에도 그대로 영향을 미친 것으로 볼 수 있다. 즉, 독일에서의 행정계약은 훨씬 사법친화성이 강하다. 그러나 프랑스에서의 행정계약은 사법상의 계약과는 단절되어 공권력의 행사로서의 측면이 부각되게 된다.

이러한 이유로 독일에서의 행정계약은 반드시 법률상 근거를 요하지 않는다고 보게 된다. 이러한 이유로 행정작용형식의 선택에 있어서도 반드시 법률의 내용에 좌우되지 않고 탄력성을 갖게 된다. 반면에 프랑스에서는 행정계약도 공권력의 행사로서의 측면이 부각됨에 따라 고권행정에서의 행정작용에 대해서는 법률상의 근거를 엄격하게 요하게 되고 이에 따라 일방적 행정작용과의 관계는 법률의 규정에 좌우되는 결론에 이르게 되는 것이다.

미국과 프랑스의 차이는 기본적으로 행정의 재량에 대한 통제구조의 차이로 설명되어야 할 것이다. 즉, 프랑스에서는 의회의 법률을 통한 실체적 통제가 중시되는 반면에, 미국에서는 정보공개, 국민참여 등 절차상의 통제가 중시된다는 점을 들 수 있다. 이러한 결과로 프랑스는 행정형식의 선택을 기본적으로 의회에서 결정하고, 미국은 행정형식의 선택에 대해 기본적으로 행정청의 재량에 맡기되 절차적 통제에 치중하는 것으로 분석해볼 수 있다.

2) 행정계약과 행정입법의 관계

독일에서 '규범정립계약'이나 '규범대체계약'의 개념이 존재하나 그 법적 구속력의 인정에는 매우 인색함을 볼 수 있다. 프랑스에서도 인정되고 있는 '법규명령적 효력을 갖는 행정계약'의 경우에도 계약에 의해 행정입법 자체의 정립을 인정하는 것은 아니라고 볼 수 있다. 미국에서의 협상에 의한 행정입법의 경우에도 협상안의 구속력이 인정되지 않는다. 결국 미국, 영국, 프랑스 모두 행정입법과 같은 일반적, 추상적 효력이 발생하는 규범의 정립과 관련한 합의 자체에 구속력을 인정하는 것은 아니라고 할 수 있다.

II. 우리나라의 법제

1. 행정작용일반론에서의 행정계약의 지위

우리나라의 행정작용일반론은 전통적으로 독일이론의 영향을 많이 받아온 것으로 볼 수 있다. 행정행위의 개념이 독일과 유사하게 매우 좁게 이해되고 있는 점, 행정작용형식 상호간의 선택에 있어서 상당한 재량권이 행정청에게 부여되는 것으로 이해하고 있는 점 등이 그러한 예라고 할 수 있다.

이러한 기존의 행정작용일반론에 대해서는 독일 내에서의 논의와 마찬가지로 여러 가지의 비판이 제기되고 있는 것이 사실이다. 이 과정에서 독일에서의 법관계론도 소개되고 있으나,[80] 이를 통해 기존의 행정작용일반론을 대체하자는 주장으로까지는 아직 발전하고 있지는 않은 것으로 보인다.

행정계약과 기타 행정작용 간의 선택에 관해 행정청의 재량의 문제는 재량을 인정할 것인지의 여부를 판단하는 일도양단의 문제가 아니라 어느 정도 인정할 것인가 하는 '정도'의 문제라고 할 수 있다. 독일과 프랑스의 태도가 어느 정도 구별이 되는 것은 사실이나, 독일에서도 법률에 다른 규정이 있는 경우에는 법률에 따른다고 보고 있고, 프랑스에서도 어느 행위형식에 의할 것인지에 관해 법률의 규정이 전혀 없는 경우 어느 정도의 선택권을 인정하고 있는 점을 고려할 때 양국의 차이는 상대적이라고 하겠다.

우리나라에서 행정행위를 광범위하게 계약에 의해 대체가 가능토록 하는 것은 법치국가적 보장체계를 잠탈할 위험이 매우 높고, 이렇게 볼 실정법상의 근거도 존재하지 않는다는 점에서 경찰법, 조세법 등의 영역에서 양자의 선택을 어느 정도 제한하는 프랑스적인 모델이 어느 정도 설득력을 갖는 것으로 볼 수 있다. 이러한 관점에서 조세법과 같이 침해적인 행정영역에 있어서 행정행위를 대체하는 행정계약의 존재를 부인하는 견해[81]는 타당하다고 하겠다.

---

80) 가장 대표적인 문헌으로 서원우, "현대행정법학에 있어서의 법관계론", 전환기의 행정법이론, 박영사, 1997.

81) 김성수, 일반행정법(제2판), 2004, 385면 참조.

2. 행정계약과 협의의 행정행위

1) 양자의 구별

프랑스 모델을 대폭적으로 받아들인 행정소송법개정안에서도 협의의 행정행위의 개념이 전혀 무용한 것은 아니라고 할 수 있다. 협의의 행정행위의 경우 행정입법과 마찬가지로 취소소송의 대상이 되지만 관할, 제소기간 등에 있어서 양자간에 차이가 발생하기 때문이다. 또한 우리나라의 경우 행정계약과 (협의의) 행정행위의 구별실익이 상당히 크다고 할 수 있다. 독일과 달리 행정절차법에서 행정계약에 관한 규율을 하고 있지 않은 상태여서, 행정절차법상의 각종의 의견청취절차(청문, 공청회, 의견제출)를 거칠 법적 의무가 있는지 여부가 달라질 수 있기 때문이다. 행정계약과 (협의의) 행정행위의 구별기준을 어떻게 볼 것인가와 관련해서 이와 관련한 대법원의 태도를 살펴보도록 하자.

광주광역시문화예술회관장의 단원 위촉은 광주광역시문화예술회관장이 행정청으로서 공권력을 행사하여 행하는 행정처분이 아니라 공법상의 근무관계의 설정을 목적으로 하여 광주광역시와 단원이 되고자 하는 자 사이에 대등한 지위에서 의사가 합치되어 성립하는 공법상 근로계약에 해당한다고 보아야 할 것이므로, 광주광역시립합창단원으로서 위촉기간이 만료되는 자들의 재위촉 신청에 대하여 광주광역시문화예술회관장이 실기와 근무성적에 대한 평정을 실시하여 재위촉을 하지 아니한 것을 항고소송의 대상이 되는 불합격처분이라고 할 수는 없다. ―대법원 2001. 12. 11. 선고 2001두7794 판결

계약직공무원에 관한 현행 법령의 규정에 비추어 볼 때, 계약직공무원 채용계약해지의 의사표시는 일반공무원에 대한 징계처분과는 달라서 항고소송의 대상이 되는 처분 등의 성격을 가진 것으로 인정되지 아니하고, 일정한 사유가 있을 때에 국가 또는 지방자치단체가 채용계약 관계의 한쪽 당사자로서 대등한 지위에서 행하는 의사표시로 취급되는 것으로 이해되므로, 이를 징계해고 등에서와 같이 그 징계사유에 한하여 효력 유무를 판

단하여야 하거나, 행정처분과 같이 행정절차법에 의하여 근거와 이유를 제시하여야 하는 것은 아니다. ─대법원 2002. 11. 26. 선고 2002두5948 판결

첫 번째 판례는 채용기간이 만료된 후에 새로운 채용계약을 거부한 사안과 관련된 것이고, 두 번째 판례는 채용기간 도중에 일정한 사유가 발생하여 채용계약을 해지한 사안과 관련된 것이다. 양자의 경우 채용계약의 거부나 채용계약의 해지의 처분성을 부인하고, 채용계약이 공법상 계약으로서의 성격을 가진 것으로 이해하고 있다는 점에서 공통적이다. 그렇다면 판례는 무엇을 공법상 계약과 처분의 구별기준으로 보고 있는가. 양 판례를 검토해보면 '대등한 지위에서 의사합치'가 이루어졌는지 여부를 기준으로 보고 있음을 알 수 있다.

판례에서 취하고 있는 '비대등성=처분', '대등성=계약'의 도식은 이미 독일에서도 인정되지 않고 있는 도식이라고 할 수 있다. 독일에서 종속적 행정계약이 인정되고 있고 우리나라에서도 이 개념을 인정하는 것이 다수의 견해라는 점을 고려하면 '대등성' 여부가 행정계약과 처분의 절대적인 구별기준이라고 보기는 힘들다고 하겠다.

이처럼 행정계약과 협의의 행정행위의 구별기준을 '대등성'을 토대로 하는 것은 정당화되기 힘들다고 한다면 양자의 구별기준을 어떻게 정립해볼 수 있을까. 우선 당사자의 의사, 즉 쌍방 간의 법률관계를 상호적으로 규율할 의사가 있는지 여부를 기준으로 판단하되, 이를 판단함에 있어서는 행정작용에 붙인 이름, 행정작용의 형식 등 여러 가지 외부적인 상황들을 광범위하게 참조해야 할 것이다. 다만 당사자의 권리구제의 필요성을 고려하여 행정계약의 과정 중 일부를 분리하여 처분으로 보아 취소소송의 대상이 되도록 하는 것이 바람직하다고 하겠다.[82]

---

82) 이러한 견해는 다음의 문헌에서 이미 제시된 바 있다. 조태제, "공공조달행정에서의 공정성확보를 위한 사법심사제도의 도입방안", 토지공법연구 제13집, 2001, 49~73면, 박정훈, "행정조달계약의 법적 성격", 행정법의 체계와 방법론, 박영사, 2005, 229~236면 등 참조. 이에 관해 보다 자세히는 제2장 제5절에서 다루도록 하겠다.

이러한 맥락에서 다음과 같은 질문이 제기된다. 우선 ① 채용기간이 만료된 후에 새로운 채용계약을 거부한 사안과 ② 채용기간 도중에 일정한 사유가 발생하여 채용계약을 해지한 사안을 동일하게 취급하여 모두 처분성을 부인한 것이 과연 타당한가 하는 점이다.

우선 ① 판결을 보면, 처분성을 부인할 때에는 권리구제에 어려움이 생길 수 있다는 점이 문제된다. 물론 공법상 당사자소송의 형식으로 새로운 채용계약거부의 무효확인을 구해볼 수도 있겠지만 기본적으로 계약의 체결여부는 행정청의 재량에 속한다고 볼 가능성이 많기 때문에 이 소송을 통해 구제될 가능성은 상당히 낮은 것으로 보아야 한다. 이러한 채용계약거부의 처분성을 인정해서 취소소송이 가능하다고 보아야 재량권의 일탈, 남용에 따른 통제가 보다 용이해진다고 하겠다.[83] 이론적으로 보더라도 프랑스나 영국의 예를 볼 때 채용계약이 공법상 계약이라고 하더라도 계약체결여부의 결정은 분리가능한 행위로 얼마든지 취소소송의 대상으로 삼을 수 있다고 하겠다.

다음으로 ② 판결에서도 처분성을 당연히 부인할 수 있는가가 문제가 될 수 있다. 왜냐하면 이 경우 계약위반에 의한 해지라고 보기는 힘들고 공익적인 사유로 해지를 한 사유로 보이는바 일반적인 계약해지와는 차별성이 인정될 가능성이 있기 때문이다.

2) 양자의 관계설정

(1) 양자의 선택

현재 우리나라 통설의 입장은 독일의 예에 따라 행정주체에게 행위형

---

83) 물론 이 경우 판례의 도그마틱에 따르면 신청인에게 법규상, 조리상 신청권이 있는지 여부를 별도로 따져보아야 할 것이다. 비록 행정계약이 문제된 사안은 아니지만 기간제로 임용된 국립대학교수가 재임용에서 탈락한 경우 이의 처분성을 인정한 최근의 대법원판례는 많은 시사점을 제공한다고 하겠다(대법원 2004.4.22. 선고 2000두7735 전원합의체 판결).

식의 선택의 자유가 존재한다고 보고 있다. 즉, 행정행위와 행정계약 간에 자유로운 선택권이 행정주체에게 인정된다는 것이다. 이러한 전제하에서 독일과 같은 종속적 계약(행정행위를 대체하는 계약)을 우리나라의 행정계약의 한 유형으로 설명하는 것이 일반적이다. 그리고 이러한 종속적 계약의 대표적인 예로 토지수용과정에서의 협의매수, 1회 용품사용제한 자발적 협약84) 등을 들고 있다.

이러한 통설에 대해서는 다음과 같은 반대의견이 제시되고 있다. 행정행위의 근거규범만 존재하면 얼마든지 자유롭게 행정계약을 체결할 수 있는 것은 아니며 여기에는 일정한 조리상의 한계가 존재하며 행정작용의 법적 성격에 따른 차별적인 고찰이 필요하다는 지적이 그것이다. 이 견해는 공평부담의 원칙이 실현되어야 하는 침해적 행정작용의 영역, 예를 들어 조세법영역에서는 행정계약에 의한 행정행위의 대체는 인정될 수 없다고 한다.85)

'행정행위를 대체하는 행정계약'의 개념을 일반적으로 인정하는 다수의 견해에 대해서는 다음과 같은 점에서 의문이 있다고 하겠다. 우선 우리나라에는 독일의 연방행정절차법과 같이 종속적 계약에 관한 규정이 존재하지 않는다는 점이다. 많은 학자들이 종속적 계약의 예로 들고 있는 토지수용과정에서의 협의매수나 1회 용품 사용제한 자발적 협약의 경우는 그 법률상 근거가 존재하는 경우86)로서, 독일에서 말하는 전형적인 종속적 계약(행정행위의 법률상 근거만이 존재하고 있는 경우에 행정행위를 대체하는 행정계약)과는 거리가 있다고 할 수 있다. 또한 독일에서 양자간에 자유로운 선택권을 부여하고 있는 중요한 실정법상의 근거

---

84) 이희정, 전게논문, 310면 참조.

85) 김성수, 일반행정법(제2판), 2004, 385면 참조.

86) '협의에 의한 토지매수'는 공익사업을 위한 토지 등의 취득 및 보상에 관한 법률 제16조, 제17조에 그 근거를 두고 있고, '1회용품 사용제한 자발적 협약'은 자원의 절약과 재활용촉진에 관한 법률 시행규칙 별표 2 비고 9호에 그 근거를 두고 있다.

중의 하나는 행정절차법에서 양자의 법형식을 대등한 위치에서 규율하고 있다는 점이다. 그러나 독일과는 달리 우리 행정절차법에서는 행정계약에 관해 전혀 규율하고 있지 않다.

행정청에 의한 행정작용형식의 선택을 어느 정도 인정할 것인가의 문제는 행정청의 재량을 어느 정도 인정할 것인가의 문제와 연결된다고 할 수 있다. 이를 바꾸어서 말하면 행정청의 작용형식의 선택재량에 대한 통제를 어떤 식으로 합리화할 것인가의 문제라고 할 수 있다.

우리헌법구조상 실체적 법률유보원리와 절차적 통제의 원리가 모두 들어와 있다는 점을 고려하면 의회가 정한 법률의 내용에 따라서만 행정작용형식을 선택하도록 하는 것은 지나치게 실체적 법률유보의 요소만을 강조한 것으로 보아야 한다. 따라서 어느 정도 행정청에게 행정작용형식의 선택권을 인정하면서 절차적 관점에서의 통제를 보다 적극적으로 활용하는 것이 필요하다고 생각된다.

이처럼 행정작용형식의 선택과 관련해서 행정청에게 일정한 재량권을 부여하여 행정의 탄력성을 부여하면서도 실체적 법률유보의 관점에서의 통제와 절차적 관점에서의 통제의 균형을 추구하는 방안은 모색해 볼 필요가 있다. 크게 셋으로 나누어볼 필요가 있다. ① 행정행위에 관해서만 법령상의 근거가 있을 때, ② 행정행위나 행정계약에 대해 모두 법령상 근거가 존재하지 않는 때, ③ 행정행위와 행정계약에 모두 법령상 근거가 존재하는 때가 그것이다.

① 우선 행정행위에 대해서만 법령상 근거가 존재하는 때를 보도록 하겠다. 이 경우는 입법자의 의도에 의해 어느 정도 행위형식에 대한 결정이 이루어진 것으로 보아야 한다. 따라서 이 경우 규제행정의 영역에서 행정계약으로의 대체는 원칙적으로 부인해야 할 것이고, 급부행정의 영역에서도 국민의 기본권에 중대한 영향을 미칠 우려가 있는 때에는 행정계약으로의 대체는 부인해야 할 것이다. 다만 급부행정의 영역 가운데에서도 국민의 기본권에 중대한 영향을 미칠 우려가 없는 경우에는

행정행위에 관한 규정만이 있다고 하더라도 행정계약으로의 대체가 가능하다고 하겠다.

② 다음으로 행정행위나 행정계약에 대해 모두 법령상 근거가 존재하지 않는 때를 보도록 하겠다. 이 때에도 계약이 국민의 기본권에 중대한 영향을 미칠 우려가 있는 때에는 당연히 법률유보를 요한다고 보아야 할 것이다. 다만 입법자가 묵시적으로 행정계약의 허용가능성에 대해 인정을 했기 때문이거나 아직 과소법화상태로 충분한 법적 규율이 이루어지지 않았고, 국민의 기본권에 중대한 영향을 미치지 않는 경우라면 예외적으로 법령상 근거가 없어도 행정계약이 가능하다고 볼 것이다. 다만 이 경우에도 절차적 통제의 강화(정보공개, 행정절차법의 유추적용, 제3자의 참여)를 통해 실체적 법률유보의 완화를 보완할 필요가 있다고 하겠다.[87]

③ 마지막으로 행정행위와 행정계약에 대해 모두 법령상 근거가 존재할 때에는 양자 중의 어느 행위형식을 선택할 것인가에 대해서는 행정청에게 광범위한 재량권이 부여된다고 보아야 할 것이다. 행정절차법이 행정행위에 대해서만 규정하고 있고 행정계약에 대해서는 규정하고 있지 않다고 하여 정식적인 행위형식인 행정행위를 우선적으로 선택해야 할 의무가 행정청에 부과된다고 해석하기도 힘들고, 반대로 행정계약이 보다 비권력적인 행위형식이라고 하여 행정행위에 비해 항상 우선시되어야 한다고 해석하기도 힘들다고 보아야 한다. 물론 개별법령의 취지에 따라 어느 한 형식의 우선권이 인정되는 경우는 충분히 존재할 수 있다.

---

87) 예를 들어 '페인트 중 위발성유기화합물(VOC) 저감 자발적 협약'의 경우 환경규제행정영역에서의 행정계약이라고 볼 수 있는데 법령상의 근거가 없이 이루어져서 그 적법성이 논란이 될 수 있다. 이 경우 아직 법령상의 근거가 마련되기 전에도 규제가 가능토록 한다는 점에 의미가 있으므로 행정계약의 성립이 충분히 가능하다고 볼 수 있다(이희정, 전게논문, 309면 참조). 다만 이런 경우 행정계약을 통해 정식의 법률의 제정을 지연시킬 우려가 있는바 이를 막기 위해서는 절차적 통제가 강화될 필요가 있다. 이희정, 전게논문, 309면 참조.

예를 들어 에너지이용합리화법에 따르면 행정청은 관련기업과 행정계약에 해당하는 자발적 협약을 체결할 수도 있고(동법 제12조의 2), 행정행위에 해당하는 개선명령을 내릴 수도 있다(동법 제33조). 다만 여기서의 개선명령이 에너지관리지도결과 필요하다고 인정되는 경우에 할 수 있도록 보충적인 행정작용으로 규정되어 있다는 점을 고려하면 협약체결이 우선시되는 것이 보다 합목적적인 것으로 해석될 여지가 크다고 하겠다. 그러나 이것도 어디까지나 합목적성의 문제로 보아야하고 합법성의 문제로까지 보기는 힘들다고 하겠다.

(2) 양자의 결합

앞서 공무원고용계약에 관한 판례에서 보았듯이 계약체결여부에 대한 결정을 행정행위로 볼 경우에는 행정행위와 행정계약이 결합된 형식이 우리나라에도 인정될 수 있다고 볼 수 있다. 환경규제행정법상의 자발적 협약에 있어서도 자발적 협약 자체는 행정계약으로 보더라도, 협약기업의 선정행위, 이행계획서에 대한 평가 후 적합결정을 내리는 행위, 이행계획상 목표 및 달성방법의 변경에 대한 산업자원부 또는 환경부장관의 동의행위, 지원의 제한결정, 연료사용규제의 유예조치의 중단결정, 정부의 자발적 협약의 해지 등이 각각 독립적인 행정행위를 구성하는지 여부도 역시 문제될 수 있다.[88]

행정계약의 일부를 분리하여 행정행위(처분)로 보는 것은 영국이나 프랑스의 예에서 보듯이 이에 대한 취소소송이 가능토록 하여 적법성을 보장하는 기능을 한다는 점에서 충분히 가능하다고 보아야 할 것이다. 다만, 어디까지를 행정행위로 볼 수 있는가 하는 문제는 여전히 남는다고 볼 수 있다. 예를 들어 행정계약의 체결여부의 결정을 항상 행정행위로 보는 것이 타당한지 의문이 제기될 수 있다.

그러나 행정계약의 체결여부는 첫째, 이해관계인의 법률관계에 중대

---

88) 이희정, 전게논문, 319면 참조.

한 영향을 미친다는 점, 둘째, 행정의 재량통제를 위해서는 행정행위로서의 성질을 부여하는 것이 바람직하다는 점을 행정행위(처분)로 보아 취소소송이 가능토록 하는 것이 바람직하다.

행정행위와 계약의 결합방식과 관련하여 한 가지 더 살펴보아야 할 것은 보조금지급관계의 법적 성질이다. 보조금예산 및 관리에 관한 법률에서는 보조금지급결정 및 취소에 관해 규정하고 있는데 이러한 보조금지급관계의 법적 성질에 관해서는 독일에서의 논의를 토대로 2단계설(행정행위+계약)이 주장된바 있었으나, 법률의 취지상 보조금지급결정이나 이의 취소는 각각 행정행위로 보아야 한다는 것이 현재의 통설[89]과 판례[90]의 태도이다. 이러한 통설의 태도는 보조금지급결정의 취소를 계약의 해지행위로 보지 않는다는 점에서 2단계설을 취하지 않은 것으로 평가하는 것이 일반적이다.[91] 그러나 보조금지급의 취소를 행정행위로 보는 것이 반드시 2단계설과 모순되는 것은 아니라고 할 수 있다. 분리가능한 행위이론에 의하면 계약의 체결 이후 과정에서 계약의 취소행위를 별도로 분리하여 취소소송이 가능한 것으로 볼 수 있기 때문이다.

최근의 행정실무를 보면 보조금지급과정에서 협약이 체결되는 예가 많이 나타나고 있다. 이는 특히 교육행정법분야에서 많이 나타나고 있는데 대학교에 일정한 보조금을 지급하면서 이와 관련된 여러 가지 조건을 부과한 협약을 공적 주체와 대학교 간에 체결하는 것이 그 예이다. BK21 사업이라든지, 지방대학 혁신역량 강화사업(NURI) 등에서 이러한 협약이 나타나고 있다.[92]

---

89) 김용섭, "경제행정법상 보조금", 고시계 제46권 제3호, 2001.3, 29면 참조.
90) 대법원 2005.1.28. 선고 2002두11165 판결.
91) 이 과정에서 보조금지급의 조건과 지급취소의 기준은 행정행위에 부과된 부관의 일종으로 보아온 것이 통설적인 입장이라고 할 수 있다. 이처럼 보조금지급관계에서 계약적인 성질에 대한 고려는 크게 이루어지지 않았다고 볼 수 있다.
92) 이러한 협약에는 보조금지급을 조건으로 각 사업연도별로 충족해야 할 요건들(예를 들어 교수대 학생 비율)이 적시되어 있고 이러한 조건이 충족되

전통적인 교부금지급관계의 관점에서 보면 위와 같은 협약은 일종의 쌍방적 행정행위에 부가된 부관정도의 의미만을 갖는 것으로 보게 될 것이다. 그러나 형식상으로나 내용상으로 이러한 협약은 법적 구속력이 발생하는 당사자 간의 의사합치로서 당연히 행정계약으로서의 성격을 갖는 것으로 보아야 할 것이다. 그리고 이처럼 행정계약으로서의 성질을 인정하게 될 때 사업취소 등에 있어서 계약의 구속력에 따른 당사자의 신뢰보호가 균형있게 다루어질 수 있을 것이다. 이러한 경우 교육행정영역에서의 교부금지급의 경우 전형적으로 행정행위(계약체결여부의 결정)와 행정계약이 결합된 형태가 된다.

3. 행정계약과 행정입법

우리나라의 경우 행정입법의 절차와 관련해서는 행정절차법상 입법예고제도가 도입되어 있고 그 기준과 절차는 시행령의 성격을 가진 법제업무운영규정 제4장의 '국민의 입법의견수렴'에 의해 규율된다. 다만 행정절차법상 입법예고제도의 적용범위는 '법령 등'으로 되어 있으나 법제업무운영규정 제2조 및 제14조를 보면 일단 문헌상으로는 법규명령만 포함되고 행정규칙은 배제되는 것으로 되어 있다.

그러나 행정규제기본법 제9조에 의하면 규제를 신설 또는 강화하고자 하는 경우에는 공청회, 행정상 입법예고 등의 방법으로 행정기관, 이해관계인, 전문가 등의 의견을 충분히 수렴하도록 하고 있다. 여기서의 행정규제는 법령 등 또는 조례, 규칙에 규정되는 사항으로서 국가 또는 지방자치단체가 특정한 행정목적을 위하여 국민의 권리를 제한하거나 의무를 부과하는 내용을 말한다. 여기서의 '법령 등'은 행정규칙도 포함한다.

이러한 법규정들을 종합적으로 검토해보면 법규명령만이 아니라 행

___
지 못할 경우 사업취소가 이루어질 수 있다는 점이 적시되어 있으며, 이러한 협약에는 관련 행정청과 대학의 서명이 들어가는 것이 일반적이다.

정규칙에서도 의견수렴절차의 일환으로서 행정상 입법예고를 할 수 있다고 볼 수 있다. 문제는 이러한 의견수렴절차에 계약에 의한 행정입법의 정립도 포함될 수 있는가 하는 점이다. 실제로 팔당상수원 보호를 위한 특별대책지역 고시의 개정과정에서 환경부는 의견수렴을 진행하던 중에 주민들의 강력한 반발에 부딪치자 지역주민들과의 협의회 구성과 합의안 도출이라는 새로운 행정입법절차를 시도한바 있다.93)

이처럼 지역주민들과의 구성한 협의회에서 도출된 합의안에 행정계약으로 성질을 인정할 수 있는지 문제된다. 즉, 환경부는 이 합의에 내용에 구속되어 이 내용대로 고시를 개정할 계약상의 의무를 진다고 볼 수 있는지 문제된다.

앞서 보았듯이 지역주민들과의 구성한 협의회에서 도출된 합의안에 행정계약으로 성질을 인정할 수 있는지 문제된다. 비교법적으로 보더라도 행정입법을 정립하기로 하는 합의에 법적인 구속력을 부여하는 경우가 드물다는 점, 합의에 참여하지 않은 제3자에게까지 법적인 구속력을 가져오는 행정입법정립계약의 개념을 인정하는 것은 절차적 통제를 탈피할 우려가 있다는 점을 고려할 때 법적 구속력을 부인하는 위 견해는 타당하다고 하겠다.94)

---

93) 이에 관해 자세히는 이희정, 전게논문, 341면~354면 참조.

94) 이희정 교수도 "공법상 계약이라는 행위형식이 일반적으로 인정된다고 하더라도 … 재산권 및 거주이전의 자유를 제한하는 권력적 행위를 규정하는 법규명령의 효력을 가지는 행정입법행위에 관해 계약이 성립할 수 있다고 보기는 성질상 어렵다"고 보고 있다. 이희정, 전게논문, 135면.

제2장 행정계약의 일반법리

제1절 개　관

　다양한 유형의 행정계약들에서 공통적으로 나타나는 일반법리를 추출할 필요가 있다. 이것이 가능할 때 독자적인 행위형식유형으로서 의미를 갖는다고 볼 수 있다. 이를 위해서 네 가지를 나누어서 보고자 한다. 첫째, 계약체결과정에서의 법적 규율을 살펴보고, 둘째, 계약체결 이후의 법적 규율을 살펴본다. 양자를 구별하여 고찰하는 이유는 계약체결시점을 기준으로 하여 법적 구속력이 정식으로 발생하기 때문이다. 계약체결과정에서 발생하는 분쟁과 계약체결 이후에 발생하는 분쟁의 유형에 차이가 있다는 점에서도 양자를 구별하여 볼 실익이 있다. 즉, 계약체결과정에서는 행정주체와의 계약체결을 놓고 경쟁하는 사인 간에 분쟁이 발생하는 사례가 많은 반면, 계약체결 이후에는 계약체결의 당사자 간에 분쟁이 발생하는 사례가 많다. 셋째, 행정계약의 하자론을 다루도록 한다. 넷째, 행정계약과 관련하여 발생한 분쟁해결수단을 다룬다. 행정계약의 하자론과 분쟁해결수단은 밀접한 관련이 있다고 할 수 있다.

　계약체결과정에서의 법적 규율과 관련해서는 계약당사자를 누구로 할 것인지, 계약상 의사표시에 하자가 발생할 때 그 효과를 어떻게 보아야 하는지, 계약의 방식은 어떻게 할 것인지 등이 문제된다. 이들 문제를 다룸에 있어서는 민법상의 이론과 비교할 때 어떤 특수성이 인정될 수 있는지를 고찰한다. 즉, 법인격이 없는 기관 상호간에도 계약체결이 가능한지, 민법상의 의사표시하자론이 행정계약에도 그대로 적용되는지를 살펴보도록 한다(제2절).

계약의 쌍방당사자는 그 기초가 되는 일정한 사정을 고려하여 계약을 체결하는 것이 일반적이다. 그런데 계약이 성립한 후 그 기초가 되는 사정이 근본적으로 변경되었을 경우 당해 계약에 어떠한 효과를 인정할 것인가가 문제된다. 또한 특별한 공익적인 필요가 인정될 경우에 계약의 구속력을 그대로 유지하는 것이 타당한지도 문제된다. 전자는 사정변경에 따른 계약의 변경, 해지의 문제로, 후자는 공익적 사유로 인한 계약의 변경, 해지의 문제로 구별하여 다루는 것이 일반적이다. 전자와 관련해서는 민법상의 사정변경법리와 비교할 때 행정계약에 어떤 특수성이 인정될 수 있는지 살펴보도록 한다. 후자는 행정계약의 특유한 법리라고 볼 수 있는데 그 한계를 어떻게 인정할 것인지를 살펴보도록 한다(제3절).

행정계약의 하자론과 관련해서는 행정행위의 하자론과 어떤 차이점이 인정될 수 있는지를 중점적으로 살펴보도록 한다. 특히 취소할 수 있는 행정계약의 개념이 인정될 수 있는지를 고찰해보도록 한다(제4절).

행정계약과 관련해서 여러 가지 분쟁이 발생할 수 있다. 행정계약체결을 놓고 경쟁하는 사인 상호간에 분쟁이 발생할 수도 있고, 행정계약을 체결한 계약당사자 상호간에 분쟁이 발생할 수도 있다. 이들 분쟁들은 행정부 내에서 해결할 수도 있고, 법원에서 해결할 수도 있다. 행정계약의 유형별로 분쟁해결수단이 어떻게 달라지는지, 이들 분쟁해결수단에 어떠한 공법적 특수성이 인정될 수 있는지를 살펴본다(제5절).

제2절 행정계약의 체결과정의 법적 규율

Ⅰ. 외국의 법제

1. 독　일

1) 계약의 당사자

민사법에서와 마찬가지로 행정계약도 원칙적으로 법주체(Rechtssubjekt)에 의해서만 체결될 수 있다. 행정절차법 제54조 2문에는 "행정청은 … 공법상의 계약을 … 체결한다"[1]라고 규정하여 마치 행정청이 계약의 주체인 것으로 오해를 불러일으키고 있으나, 행정청이 직접 계약의 당사자가 되는 것이 아니라, 행정청이 속한 행정주체(연방, 주, 란트크라이스, 게마인데, 기타 공법상의 주체들)가 계약의 당사자가 된다는 점에 대해서 의견이 일치되고 있다.[2]

이 경우 행정청은 그에게 부여된 권한의 힘으로 법주체에게 효력을 미치면서 법주체의 기관으로서 행동하는데 불과한 것으로 보게 된다. 공무수탁사인(Beliene)은 행정청인 동시에 독립한 행정주체로서 인정되기 때문에, 공무수탁사인 스스로가 행정계약의 당사자가 되며, 그에게 권한을 부여한 행정주체가 계약당사자가 되는 것은 아니다.[3]

그런데 개별 행정청도 계약당사자가 될 수 있는 경우가 있는데, 법률이 그에게 명시적으로 상응하는 부분적인 권리능력을 부여하는 경우가 그러

---

1) "… kann die Behörde ..einen öffentlich-rechtlichen Vertrag … schließen"

2) Schimpf, Der verwaltungsrechtliche Vertrag unter besonderer Berücksichtigung seiner Rechtswidrichkeit, Berlin 1982, S. 127 ; Schlette, a.a.O., S. 438 참조.

3) Schlette, Die Verwaltung als Vertragspartner, S. 439 참조.

하다. 특히 동일한 법주체 내의 기관 상호간에도 계약을 체결할 수 있는 경우가 발생한다. 이는 일종의 '내부적인'(intrapersonal) 계약이라고 할 수 있는데 이는 일반적으로는 법주체성이 없는 기관 상호간의 협약이어서 비공식적인 합의에 해당한다고 보게 된다. 그러나 이것이 법적인 구속력이 있는 행정계약으로 인정되는 경우가 발생할 수 있다. 관련된 조직법이 상응하는 계약체결의 권한을 부여하고 있는 경우가 그러하다. 이는 실제로 지방자치의 영역에서 많이 발생하고 있는데, 지방의회와 지방행정청 간에 재정적인 문제에 관해 협정이 맺어지는 경우가 그러한 대표적인 예이다.[4]

2) 계약상의 의사표시

(1) 청약과 승낙, 계약의 해석

민사법에 있어서와 마찬가지로 행정계약도 계약당사자들의 청약(Angebot)과 승낙(Annahme)에 의해 이루어진다. 이러한 행정계약상의 의사표시에는 민법 제130조~제132조 및 제145조~제157조의 의사표시에 관한 규정이 적용된다고 보는 것이 일반적이다. 또한 민법 제170조~제173조의 표현대리에 관한 규정도 적용된다고 본다. 이러한 규정은 부분법질서를 넘어서는 일반원리의 표현으로 보기 때문이다. 물론 민법상의 의사표시에 관한 규정이 모두 그대로 행정계약에 적용되는 것은 아니다. 예를 들어 구두에 의한 계약체결에 관한 민법 제151조의 규정은 적용되지 않는다.[5]

민법 제133조, 제157조는 행정절차법 제62조 2문을 매개로 하여 계약해석의 기초가 된다. 이러한 관점에서 민법에서 형성된 해석원칙들은 행정계약에 준용될 수 있다고 보는 것이 일반적이다.[6] 다만 민법 제157조에서 거래관행(Verkehrssitte)은 공행정작용의 특수성인 임무수행의 효율성, 공익의 고려, 법률의 준수의 관점에서 상대화되어야 한다고 본다.[7]

---

4) Schlette, a.a.O., S. 440 참조.

5) Schlette, a.a.O., S. 442 참조.

6) Tiedemann, in: Obermayer, Verwaltungsverfahrensgesetz, §62 Rn. 43 참조.

(2) 계약체결의 재량

법률이 다르게 규정하고 있지 않은 한, 행정계약 체결에 대한 결정은 행정청의 재량에 속한다. 행정청이 어떠한 작용형식을 합목적적이고 효율적인 것으로 여기는가에 따라 행정목적을 계약의 방식에 의해 추구할 수도 있고 다른 행위형식에 의해 추구할 수도 있다. 또는 부작위상태로 남아있을 수도 있다.[8]

이에 따라 국민은 행정청에 대한 청약권을 일반적으로 가질 수는 없다. 다만 예외적으로 행정청에게 특정한 내용을 국민과 체결할 법적인 의무가 긍정될 수 있다. 법률로 명시적으로 규정된 경우가 그러한 예이나, 보다 중요한 경우는 재량권의 0으로의 수축이 인정되는 경우이다. 이는 기본법 제3조 제1항, 제12조 제1항을 근거로 한다. 물론 매우 드물기는 하지만, 국민으로로부터 신중하면서도 내용적으로 받아들여질 만한 계약요청이 이루어졌고, 일방적인 행정작용에 의하거나 부작위로 남아있을 어떠한 이유도 존재하지 않는 경우에 재량권의 0으로의 수축이 이루어져서 행정청은 계약체결의 의무를 지게 될 수 있다.[9]

(3) 계약체결과 관련된 결정의 법적 성질

행정청은 보통 계약체결에 임하기 이전에 복잡한 결정과정을 거치는 것이 일반적이다. 행정청의 내부적인 검토절차[10] 및 다수의 신청자들 중에 선택하는 절차를 거치게 된다. 이러한 절차를 거친 후에 행정청은 계약체결을 하기로 하거나 계약체결을 하지 않기로 하는 결정을 내리게 된다. 그런데 바로 이러한 계약체결을 하거나, 하지 않기로 하는 결정의

---

7) Erichsen in: ders/Ehlers, Allgemeines Verwaltungsrecht, §22 Rn. 13 ; Schlette, a.a.O., S. 443 참조.

8) Schlette, Die Verwaltung als Vertragspartner, S. 444 참조.

9) Schlette, a.a.O., S. 445 참조.

10) 위원회 등을 거치는 경우가 존재한다.

법적 성질이 문제된다. 순수하게 *私法*적인 관점에서 보면 이는 계약체결의 의사표시에 불과한 것이 되나, 행정법적인 관점에서 보면 계약체결여부에 대한 결정은 일방적 성격을 띠고 있으므로 행정행위로 보아 취소소송의 제기가 가능토록 해야 하는 것이 아닌가하는 의문이 제기된다.

계약체결을 하기로 하는 결정(Entscheidung zugunsten eines Vertragschlusses)이나 계약체결을 거부하는 행정청의 결정(ablehnende Entscheidung)이나 모두 행정상의 의사표시에 불과하며 행정행위로서의 법적 성질을 갖는 것은 아니라는 점이 통설[11]과 판례[12]라고 할 수 있다. 이에 대해서 행정계약의 체결은 근본적으로 행정행위의 형식으로 내려진 결정이며, 행정계약은 일반적으로 2단계론(Zweistufentheorie)[13]의 방식으로 이루어진다고 주장하는 견해[14]가 제시되고 있다.

이러한 소수견해에 대해서는 다음과 같은 비판이 있다. 첫째, 계약을 체결하기로 하는 결정에는 아직 행정절차법 제35조의 의미에서의 '규율'을 포함하고 있지 않다는 것이다. 즉 사안에 대한 규율은 계약에 의해 비로소 이루어지고, 사전적으로 이루어진 계약체결을 하기로 하는 행정청의 결정은 '독립적인 규율성이 흠결된 사전준비행위'에 불과하다는 것이다.[15] 둘째, 이러한 2단계론의 구성은 행정행위와 행정계약이 동등

---

11) Krebs, Verträge und Absprachen zwischen der Verwaltung und Privaten, VVDStRL H. 52, 1992, S. 261 ; Tiedemann, in: Obermayer, Verwaltungsverfahrensgesetz, §54 Rn. 8, Kopp/Raumsauer, Verwaltungsverfahrensgesetz, §54 Rn. 17, Henneke: in: Knack, Verwaltungsverfahrensgesetz, §54 Rn. 30 등 참조.

12) VGH München NJW 78, 2411 ; OVG Schleswig DGem 91, 357 등.

13) 2단계이론은 원래 1950년대 급부행정 영역에서 급부거부결정에 대한 취소소송을 인정하기 위해 제안된 것으로서, 급부의 방법과 절차(제2단계)는 비권력적인 것이지만, 급부상대방을 정하는 결정(제1단계)은 권력적인 행위로서 행정행위에 해당하기 때문에 이에 대해 취소소송을 제기할 수 있다는 것이다. 박정훈, "행정조달계약의 법적 성격", 행정법의 체계와 방법론, 박영사, 2005, 190면 참조.

14) Harries, Heinrich, Verwaltungsentscheidung und Rechtsverhältnis-Rechtsbindung und Rechtswahl der Verwaltung im Grenzbereich zwischen öffentlichem und privatem Recht, NJW 1984, S. 2190 참조

한 지위와 가치를 갖는다고 보는 행정절차법의 내용을 위반하는 결과를 가져온다는 것이다. 왜냐하면 2단계론으로 구성하게 될 경우 계약형식은 행정행위형식에 비해 부수적, 보충적 지위에 머물게 되는 결과에 이르기 때문이다.[16) 셋째, 2단계론으로 구성을 한다고 하더라도 계약당사자 외의 제3자의 법적인 지위의 보호에 큰 도움이 되지 않는다는 것이다. 즉, 제3자에 의한 계약무효소송이 원칙적으로 불가능한 프랑스의 경우 분리가능한 행위이론을 통해 계약체결행위를 별도로 행정행위로 볼 실익이 있으나, 제3자에 의한 계약무효소송이 가능한 독일의 경우 구태여 계약체결행위를 행정행위로 볼 실익이 없다는 것이다.[17)

이러한 관점에서 행정계약을 체결하는 결정이나 체결하지 않기로 하는 결정 모두 행정행위로 보지 않는 것이 통설적인 견해라고 할 수 있다. 다만 행정주체가 이러한 결정에 명시적으로 '결정'(Bescheid), '처분'(Verfügung)과 같은 표현을 사용하고 권리구제수단을 고지한 경우에는 행정행위로 볼 수 있다.[18)

4) 계약의 방식

(1) '서면방식'의 구체적인 의미

행정절차는 무방식의 원칙을 취하고 있다(행정절차법 제10조 1문). 이에 따라 행정행위는 원칙적으로 형식으로부터 자유롭게, 다시 말해 구두로도 발령이 될 수 있다. 행정계약은 이와 달리 서면의 방식을 취해야 한다(행정절차법 제57조). 이러한 서면주의 원칙은 다른 개별법에서도 규정되어 있다(건설법전 제11조 제3항, 제124조 제4항). 서면의 방식은 계약의 유효성의 요건이다. 이를 준수하지 않을 경우에는 행정절차법 제

---

15) Maurer, Allgemeines Verwaltungsrecht, §9 Rn. 9 참조.

16) Schlette, Die Verwaltung als Vertragspartner, S. 447 참조.

17) Henneke, in: Knack, Verwaltungsverfahrensgesetz, §54 Rn. 30; Schlette, a.a.O., S. 447 등 참조.

18) BVerwG, NVwZ 1988, 51-52 ; BVerwG, NJW 1988, 1991~1992 참조.

57조 제1항 1문, 민법 제125조 1문에 의해 계약이 무효가 된다. 방식의 하자는 치유불가능하다.[19)]

행정절차법 제57조의 서면주의 원칙은 두 가지의 기능을 수행한다. 첫째, 졸속으로 계약체결이 이루어지는 것을 방지한다.[20)] 둘째, 어떤 내용으로 법률행위가 이루어졌는가에 대한 설명을 제공한다.[21)] 두 번째 기능이 사인과 행정주체에 동일하게 유리하게 작용하는 반면에, 첫 번째 기능은 사인에게 더 유리하게 작용한다.[22)]

여기서 우선 살펴보아야 하는 것은 행정절차법상 '서면형식'이 구체적으로 무엇인가 하는 점이다. 단순히 양 당사자의 이름이 명시되기만 하면 되는지, 아니면 양 당자사의 자필서명을 요하는 것인지, 각자의 의사표시를 담은 서면이 교환되는 것으로 충분한 것인지, 아니면 단일의 서면에 양 당사자의 의사합치내용이 담겨야 하는 것인지 등의 문제가 제기된다.

행정절차법 제57조는 이러한 문제들에 관해 자세하게 규정을 하고 있지 않고 행정절차법의 기타의 규정들에서도 이에 관한 규정을 찾을 수 없기 때문에, 행정절차법 제62조 2문에 따라 민법의 보충적인 적용을 고려해야 한다. 이와 관련하여 가장 문제가 되는 것은 자필서명을 요구하고 있고, 단일의 서면에 의할 것을 요구하고 있는 민법 제126조의 규정이 행정법상의 계약에 그대로 준용되는가 하는 점이다.[23)]

통설[24)]과 판례의 주류적인 태도[25)]는 민법 제126조를 수정없이 준용하

---

19) Schimpf, Der verwaltungsrechtliche Vertrag unter besonderer Berücksichtigung seiner Rechtswidrichkeit, S. 130 참조.

20) 이는 '졸속으로부터의 보호기능'(Übereilungsschutzfunktion), '위험경고기능'(Warnfunktion)으로 불리고 있다.

21) 이는 '명확화기능'(Klarstellungsfuktion), '증명기능'(Beweisfunktion)으로 불리고 있다.

22) Henneke, in: Knack, Verwaltungsverfahrensgesetz, §57 Rn. 3; Wolff/Bachoff/Stober, Verwaltungsrecht, Band 2, § 54 Rn. 37 참조.

23) Schlette, Die Verwaltung als Vertragspartner, S. 453 참조.

24) Schimpf, Der verwaltungsrechtliche Vertrag unter besonderer Berücksichtigung seiner

는데 찬성하고 있다. 통설과 주류적인 판례가 압도적으로 민법 제126조를 수정없이 준용하는 데 찬성하고 있는 이유를 정리해보면 다음과 같다.

첫째, 이렇게 보아야 행정계약과 다른 행정작용형식의 구별이 용이하다는 것이다. 둘째, 앞서 본 서면형식의 기능들인 명확화기능, 증명기능 등이 이렇게 볼 때 제대로 충족될 수 있다는 것이다. 셋째, 이처럼 엄격한 형식에 의해 계약내용을 확정하게 되면 계약의 존재와 내용과 관련된 분쟁을 예방하게 되어 사후적인 시간부담과 업무부담이 줄게 되는 장점이 존재한다는 것이다.[26]

그러나 최근 다음과 같은 반대견해가 제시되고 있다. 행정절차법 제37조 제3항을 근거로 하여 이름의 제시만으로 충분하고 자필서명은 불필요하며, 서로 관계를 가진 서면의 교환으로도 충분하다는 것이다. 이러한 견해는 엄격한 형식을 요하게 될 경우 행정계약체결의 업무부담이 지나치게 크게 되어 행정의 효율성을 저해한다는 점을 가장 큰 이유로 들고 있다.[27] 그리고 판례도 최근 '일방적 의무부과와 관련된 계약' (einseitig verpflichtender Vertrag)의 경우에는 단일서면성(Urkundeneinheit)을 요하지 않는다고 판시한 바 있다.[28]

(2) 서면방식의 적용범위

서면주의원칙은 행정절차법 제57조의 분명한 문언에 따라 행정절차법이 적용되는 행정계약에 적용된다. 그리고 행정절차법이 유추적용되거나 행정절차법 제54조～제62조의 법원리적인 적용이 긍정되는 경우에도 적용된다. 개별법이 예외적으로 다른 형식을 규정하고 있는 경우에만

Rechtswidrichkeit, S. 129 ; Erichsen in: ders/Ehlers, Allgemeines Verwaltungsrecht, §26 Rn. 5; Tiedemann, in: Obermayer, Verwaltungsverfahrensgesetz, §57 Rn. 15 등 참조.

25) BVerwGE 98, 58(67), BVerwGE 84, 236(244) 등.

26) Schlette, a.a.O., S. 455-460 참조.

27) Henneke, in: Knack, Verwaltungsverfahrensgesetz, §57 Rn. 5 참조.

28) BVerwGE 96, 326(332)=NJW 1995, 1004.

이의 적용이 배제된다.[29]

행정절차법 제57조의 서면방식의 의미가 현저하게 떨어지는 경우가 존재한다. 경제적으로도 그 중요성이 떨어지고 그것이 매우 일상적인 행위여서 졸속으로부터의 보호 등의 필요성이 별로 없는 경우가 그것이다. 이러한 대표적인 예로는 박물관의 사용, 수영장의 사용 등과 같이 공공시설물의 사용관계에서 체결되는 계약을 들 수 있다. 이러한 계약에 대해서는 서면방식을 요하지 않는다는 점에 대해서는 의견이 거의 일치된다.[30]

2. 프랑스

1) 계약의 당사자

프랑스에서 '의사표시 하자이론'(théorie des vice du consentement)은 2차적인 지위를 차지하고 있으며, 일방적인 행정작용과 마찬가지로 행정청의 권한의 문제가 기초적인 중요성을 가지고 있다.[31] 私法상의 계약에 있어서 계약의 주체가 법인인 때에는 계약을 체결할 능력은 조직의 목표에 의해 제한된다. 또한 계약에의 서명은 법인으로부터 이러한 권한을 부여받은 자에 의해서만 이루어질 수 있다. 다만 私法상 계약의 경우 표현대리이론(théorie du mandat apparent)에 의해 권한없는 자가 서명한 계약도 본인인 법인에게 효력이 발생한다.[32]

행정계약에 있어서 계약당사자 중 행정주체는 私法상의 법인과 마찬가지로 계약이 조직의 목표 안에 들어가야 하며 그러한 효과를 갖도록 권한을 부여받은 자에 의해 서명이 이루어져야 한다. 그러나 행정계약의

---

29) Schlette, a.a.O., S. 461 참조.

30) Kopp/Raumsauer, Verwaltungsverfahrensgesetz, §57 Rn. 6; Erichsen in: ders/Ehlers, Allgemeines Verwaltungsrecht, §26 Rn. 5 등 참조.

31) Richer, Droit des contrats administratifs, p.126 참조.

32) Richer, op. cit., p.126~127 참조.

경우 권한규율의 절대적인 성격으로 인해 표현대리이론은 적용되지 않는다. 이러한 한도 내에서 행정계약의 특수성이 인정된다고 할 수 있다.[33]

계약을 체결할 권한은 법률 또는 행정입법에 의해 부여된다. 권한은 유일한 행정청에 의해 행사되기도 하고, 여러 행정청 간에 권한이 분할되기도 한다.[34] 권한이 분할되는 대표적인 사례는 지방의회와 지방행정청 간의 권한분할이다. 지방자치단체에 의해 체결되는 대부분의 행정계약에 있어서 지방행정청은 지방의회의 의결에 의해 권한을 부여받아야 한다. 이것이 흠결된 경우에는 권한이 없는 행정청에 의해 계약이 체결된 것이 된다.[35]

지방행정청의 서명이, 지방의회의 의결이 지방행정청에게 전달되기 이전에 이루어진 경우는 어떠한지 문제가 제기된다. 만약 시장에게 서명을 하도록 권한을 부여한 의결이 서명의 시점까지 전달되지 않았다면, 시장은 계약에 서명을 할 권한을 부여받지 않았다고 꽁세유데따는 판시했다.[36] 의결의 전달 이전에 서명이 된 계약은 공공질서의 위반을 이유로 무효가 된다.[37] 다만 이처럼 엄격하게 지방의회의 의결을 요하는 것은, 지방의회가 시장에게 특정의 계약을 체결할 권한을 위임하는 것을 허용하는 방식을 통해 완화되기도 한다.[38]

동일한 법주체 내의 기관 상호간에도 계약을 체결하는 것이 가능한가 하는 점이 프랑스에서도 논의가 이루어지고 있다. 프랑스에서도 국가의 의사는 단일해야 한다고 보고 국가를 단일의 법인격으로 인정하기 때문에 국가 내의 행정기관 상호간의 계약의 체결은 원칙적으로 불가능하다

---

33) Richer, op. cit., p.127 참조. 다만 권한을 갖지 않은 행정청이 계약을 체결하더라도 외관상 정당한 권한을 가진 것처럼 나타날 경우에는 '사실상의 공무원 이론'에 의해 계약의 존재가 인정될 가능성이 존재한다. Pouyaud, Dominique, La nullité des contrats administratifs, LGDJ, Paris 1991, p.404 참조.

34) Richer, op. cit., p.132 참조.

35) CE 31 juillet 1992, Soc. Barchetta, Rec. 307.

36) CE 20 janvier 1989, Ville de Milau, MP 1989, 241, 12.

37) CE 8 février 1999, Commune de Cap d'Ail, req. 185749.

38) Richer, Droit des contrats administratifs, p.134~135 참조.

고 본다.[39]

다만 개인의 주관적인 권리능력을 중시하는 사법과는 달리, 공법에서는 행정청의 권한이 중심적인 개념이므로 법률이나 행정입법에서 규정할 경우에는 동일한 법주체 내부의 기관 상호간에도 계약의 체결이 가능하다고 보는 것이 일반적이다.[40] 그러나 훈령(circulaire)과 같은 행정규칙의 형식으로 이러한 계약의 체결을 인정할 수는 없다고 본다.[41]

2) 계약상의 의사표시

의사표시의 하자와 관련된 민법상의 이론들은 행정계약에도 적용되나, 실제로 이러한 민법상의 이론의 적용에 의해 계약이 무효로 인정되는 경우는 매우 드물다. 이러한 원인으로는 공법에 있어서 계약체결절차와 관련하여 구체적인 규정들이 마련되어 있다는 점이 지적되고 있다.[42] 어쨌든 민법상의 이론과 마찬가지로 기망, 강박, 착오 등이 행정계약에서도 문제가 될 수 있다.

기망(dol)에 의해 체결된 계약은 무효이다. 기망과 관련해서 오래된 행정법원 판례는 침익적인 기망, 즉, 상대방에게 큰 부담을 주는 조건을 기망에 의해 받아들이게 한 때에만 상대방에게 손해배상청구가 가능하다는 논리를 전개한바 있다.[43] 그러나 私法에서는 이러한 양자의 기망을 구별할 기준이 명확하지 않다는 논의가 지배적이며, 오늘날 행정계약에서도 이러한 사법이론의 영향으로 양자의 구별을 명확하게 인정하기 힘들다는 논의가 유력하다.[44] 강박(violence)도 마찬가지로 계약무효의 원인

---

39) Richer, op. cit., p.10 참조.
40) 이러한 계약을 소위 "자기 자신과의 계약"(Contrat avec soi-meme)이라고 부르고 있다. Richer, op. cit., p.10~11 참조.
41) Richer, op. cit., p.11 참조.
42) Richer, Droit des contrats administratifs, p.139 참조.
43) CE 14 décembre 1923, Soc. des grands moulins de Corbeil, Rec. 852.
44) Richer, op. cit., p.140 참조.

이 된다. 이러한 강박은 당사자에 의해 이루어질 수도 있고 제3자에 의해 이루어질 수도 있다.[45)]

그러나 가장 자주 발생하는 하자는 착오(vice)이다. 계약내용에 대한 착오, 이보다는 드물지만 계약상대방에 대한 착오 등이 그 대표적인 예이다. 계약이 무효가 되기 위해서는, 착오가 중요한 사실에 관한 것이어야 하고 과실이 없어야 한다. 그런데 행정법원은 이러한 착오에 의한 계약의 무효를 예외적으로만 인정하고 있다.[46)]

행정주체의 계약상대방인 사인이 다음과 같이 주장하는 경우가 자주 있다. 즉 정부조달계약에서의 가격의 평가 또는 공역무특허계약에서의 사용료의 평가 등에 있어서 착오가 있으므로 계약이 무효라는 주장이 그것이다. 그러나 이러한 주장은 행정법원에서 받아들여지지 않고 있다. 왜냐하면 이는 성실한 기업의 측면에서는 과실이 있는 것으로 보기 때문이다.[47)] 법의 착오(erreur de droit)도 특별한 사정이 없는 한 과실이 있는 것으로 여겨지고 있다.[48)]

행정법원은 민사법원에 비해 착오로 인한 하자를 받아들이기보다는 계약의 안정성을 훨씬 중요시하는 입장을 취하고 있다. 이와 관련된 대표적인 판례가 바로 1976년 12월 1일의 베레조프스키 결정이다.[49)] A市는 사인인 B에게 장례서비스를 위탁하는 특허계약을 체결했다. 묘지를 만들기 위한 업무의 과정에서, 지하수의 존재가 드러났다. 이는 이 업무를 불가능하게 하는 것은 아니지만 훨씬 큰 부담을 지우는 것이었다. 꽁세유데따는 계약이 유효하다고 판시했다. 왜냐하면 지하수의 존재는 "그의 목적에 따라 동의가 이루어진 토지의 사용을 불가능하게 만드는 장애물이라고 볼 수 없기 때문이다"[50)] 전체적으로 볼 때 프랑스의 행정판례는 행

---

45) CE 19 janvier 1945, Soc. des aéropanes, G. voisin, Rec. 19.

46) Richer, op. cit., p.140 참조.

47) CE 30 mai 1980, Soc. de la piscine de la dame Blanche, Rec. 257.

48) CE 25 octobre 1946, Ville de Sancerre, Rec. 247.

49) Pouyaud, La nullité des contrats administratifs, p.106 참조.

50) CE 1 décembre 1976, Berezowski, D. 1978, 45.

정계약과 관련하여 민법상의 의사표시의 하자이론의 적용을 최소화하고 행정계약의 안정성을 보다 중시하고 있는 것으로 볼 수 있다.

3) 계약의 방식

원칙적으로 행정계약의 체결은 구두에 의할 수 있다.[51] 행정계약의 갱신의 경우에도 마찬가지이다.[52] 그럼에도 불구하고, 비공식적인 의사의 표시가 항상 유효한 것은 아니다. 다수의 행정청의 동의가 요청되는 경우에는 비공식적인 의사표시가 이루어질 수 없다. 조문이 서면의 형식을 부과하는 경우에는 비공식적인 의사표시가 이루어질 수 없다(예를 들어 공공조달법 제11조, 공무원에게 적용되는 서면에 의한 공사계약을 부과하는 1991년 10월 14일의 훈령 91/533).[53]

3. 영 국

영국에서 왕(crown)은 자연인과 마찬가지로 법률의 근거가 없이 일반적으로 계약을 체결하는 권한을 갖는다. 왕의 대리인(crown agent)은 명시적으로 법률의 수권이 있는 때에만 독자적인 계약체결의 주체가 될 수 있으며, 그렇지 않은 일반적인 때에는 왕의 대리인으로서만 계약을 체결할 수 있다. 그 외의 행정주체(body which are not crown agent)는 왕이나 자연인과는 달리 계약을 체결할 수 있는 일반적인 권한을 가지지는 않으며 법령에 의해 특별히 계약체결의 권한을 부여받는 때에만 계약을 체결할 수 있다.[54]

---

51) CE Sect. 20 avril 1956, Bertin, AJDA 1956, Ⅱ, 221. 다만 실무상 행정계약은 거의 대부분 문서에 의해 이루어지고 있다고 한다(Richer, Droit des contrats administratifs, p.136 참조).

52) CAA Paris 11 octobre 1994, SARL Technog, AJDA 1994, 901.

53) Richer, Droit des contrats administratifs, p.136 참조.

왕(crown)이 대리인을 통해 행정계약을 체결할 때 민법상의 대리이론
이 원칙적으로 적용된다고 본다. 즉, 이 때 대리인이 계약에 의해 구속되
는 것이 아니라 왕이 계약에 의해 구속된다.[55] 따라서 왕을 대리하여 계
약을 체결했을 때에 대리인은 계약상의 책임을 부담하지 않는다.

다만 공무원이 왕을 대리할 권한없이 계약을 체결했을 때에는 무권대
리인의 책임법리[56]에 의해 개인적으로 책임을 질 수 있다.[57] 그러나 이
러한 무권대리인의 책임법리는 왕의 대리인에게는 적용이 없다고 보는
것이 판례의 태도이다.[58] 만약 공무원에게 무권대리인의 책임을 묻게 할
때에는 왕의 대리인으로서 계약을 체결하는 업무를 회피하는 경향이 발
생할 수 있다는 것이 그 근거로 제시되고 있다.[59] 그러나 이처럼 왕과
다른 행정주체를 차별하여 전자에는 무권대리인의 책임의 법리가 적용
되지 않고 후자에게만 적용된다고 보는 것은 합리성을 인정하기 힘들다
는 견해가 제시되고 있다.[60]

왕을 구속하는 계약을 왕을 대리하여 체결할 수 있는 대리인의 자격

---

54) Arrowsmith, Sue, The Law of Public and Utilities Procurement, Sweet & Maxwell, London 1996, p.11~13 참조.

55) Colin Turpin, Government Procurement and Contracts, Longman, Harlow 1989, p.94 참조.

56) '묵시적 권한보장'(implied warranty of authority)의 법리라고 불리고 있다(Colin Turpin, Government Procurement and Contracts, Longman, Harlow 1989, p.96 참조). 대리인으로 계약을 체결하는 사람은 자신에게 대리의 권한이 있음을 묵시적으로 보장한다고 보아 만약 권한이 없는 것으로 밝혀진 때에는 당해 무권대리인에게 책임을 물을 수 있는 제도이다. 우리나라 민법 제135조상의 '무권대리인의 책임'과 유사하다고 할 수 있다.

57) Colin Turpin, Government Procurement and Contracts, Longman, Harlow 1989, p.96 참조.

58) Dunn v. McDonald [1897] 1 Q.B. 555. 왕이 아닌 기타 행정주체를 대리하여 계약이 체결된 때에는 적용될 수 있다는 의미이다.

59) Arrowsmith, Sue, The Law of Public and Utilities Procurement, Sweet & Maxwell, London 1996, p.23 참조.

60) Colin Turpin, Government Procurement and Contracts, Longman, Harlow 1989, p.96 참조.

이 누구에게 인정되는지가 문제이다. 여기에는 우선 각료 (Queen's Minister)가 해당된다. 이들은 각자가 담당한 부처의 임무에 대해서 왕에게 책임을 지며 따라서 그들의 부처의 업무와 관련하여 행정계약을 체결할 수 있는 권한이 인정된다. 그러나 정부부처에 고용된 공무원(Civil Servant)들은 일반적으로 왕을 구속할 수 있는 계약체결권한이 인정되지 않는다. 물론 이들 공무원에게는 장관으로부터 권한위임을 통해 계약체결권한이 인정될 수 있다. 이러한 공무원의 계약체결권한의 존재와 범위는 각 부처의 조직구조, 내부규칙 등에 의해 정해진다. 이들 공무원은 그들이 담당하는 임무와 관련하여 부수적인 계약을 체결할 수 있으며, 여기에는 반드시 공식적이거나 명시적인 권한부여가 필요한 것은 아니다.[61]

만약 공무원이 그의 권한범위를 넘어서 계약을 체결할 때에는 왕은 당해계약의 구속을 받지 않는다. 그러나 이 때 표현대리의 법리(principle of ostensible authority)의 적용을 통해 계약의 구속력이 인정될 수 있다. 그러나 표현대리법리의 적용범위는 매우 제한적이다. 우선 당해 공무원이 자신이 마치 정당한 권한이 있는 것처럼 행동한 것만으로는 표현대리가 성립할 수 없고, 권한있는 행정청이 당해 공무원에게 권한을 공식적으로 부여한 외관이 존재해야 한다. 또한 당해 공무원이 그의 권한에 대한 법령상 제한을 벗어나서 행동한 때에는 표현대리가 성립할 수 없다.[62]

영국에서도 법주체성이 있는 당사자 간의 계약에만 원칙적으로 법적 구속력을 인정하는 관계로 행정주체 내부의 기관 상호간에 체결된 내부계약(internal contract)에 대해서는 법적 구속력이 인정되지 않는다고 보는 것이 일반적이다.[63] 그러나 최근 신공공관리론에 입각한 행정계약과정에서 행정주체 내부에 시장원리를 도입하기 위해 계약을 체결하는 예가 늘어나고 있는데 이들 계약의 공법적 특수성에 대한 연구가 활발히 이

---

61) Colin Turpin, Government Procurement and Contracts, Longman, Harlow 1989, p.94~95 참조.

62) Attorney-General for Ceylon v. Silva[1953] A.C. 461.

63) Davies, Accountability-A Public Law Analysis of Government by Contract, Oxford University Press, New York 2001, p.7 참조.

루어지고 있다.64) 이러한 계약의 대표적인 예로 '국립의료서비스계약'(National Health Service contract : NHS contract)을 들 수 있다.65)

　이러한 내부계약은 법적인 강제력은 인정되지는 않는다. 이는 법주체 상호간의 계약이 아니라는 점이 반영된 측면도 있지만 분쟁의 내용이 특정의 공역무에 대해 재정지원이 제대로 되었는가 하는 정책적인 문제여서 법원이 심사하기에 적절치 않다는 점이 반영된 측면도 존재한다.66)

　이처럼 내부계약을 법적 구속력을 가진 정식의 계약으로 볼 수는 없다고 하더라도 내부계약을 체결하는 당사자가 행정주체 내부에서 어느 정도 독립성을 가진 기구인지 여부에 따라 계약과 상당한 정도의 유사성을 가질 수 있고,67) 계약체결 이전과정에 대한 중재(arbitration)시스템의 도입 등 일반 사법상의 계약에는 인정되지 않는 분쟁해결시스템이 작동한다는 점에서 공법적 특수성이 존재한다고 지적되고 있다.

---

64) 대표적으로 Davies, Accountability-A Public Law Analysis of Government by Contract, Oxford University Press, New York: 2001을 들 수 있다.

65) 전통적으로 영국의 의료서비스공급시스템은 위계질서에 의해 이루어졌다. 즉, 의료서비스와 관련된 재정은 중앙에서 道의료기구(Regional Health Authority)로 분배되었고, 이 재정은 다시 道의료기구에서 市의료기구(District Regional Health Authority)로 분배되었다. 시의료기구는 이 재정을 토대로 당해 지역 내의 의료서비공급자들을 관리했다. 이러한 전통적인 시스템은 1990년의 국립의료서비스와 지역보건법(National Health Service and Community Care Act)에 의해 개혁이 이루어지게 된다. 즉 市의료기구와 서비스공급자들을 분리하여 후자에게 독립성을 부여하고 양자간의 계약에 의해 의료서비스의 성과에 따라 계약의 갱신여부와 재정분배정도를 정하게 된다. 이는 신공공관리론에 입각한 행정개혁의 하나의 사례로 평가된다. '정책수립자와 정책집행자의 구분', '공공부문 내 시장원리의 도입'이라는 신공공관리론의 두 가지 특징을 모두 가지고 있기 때문이다. Davies, Accountability-A Public Law Analysis of Government by Contract, Oxford University Press, New York 2001, p.28 참조.

66) Davies, Accountability-A Public Law Analysis of Government by Contract, Oxford University Press, New York: 2001, p.66 참조.

67) Davies, Accountability-A Public Law Analysis of Government by Contract, Oxford University Press, New York 2001, p.43～44 참조.

4. 미 국

연방정부가 체결하는 계약에 있어서는 계약공무원(contracting officer)만이 연방정부를 대표하여 계약서에 서명할 수 있다. 계약서에는 계약을 체결하는 계약공무원의 이름과 공직명이 명시되어야 한다. 계약공무원은 이러한 서명이 계약당사자인 연방정부를 구속하는 효력이 있다는 점을 보장할 의무가 있다.[68] 계약공무원은 이처럼 계약체결 이외에도 계약의 이행 및 계약해지에 관해서도 권한을 갖는다. 다만 각각의 행위에 대해 별도의 공무원이 선임될 수도 있다. 예를 들어 계약의 해지만을 담당한 공무원(terminating contract officer : TCO)은 계약해지의 권한만을 행사할 수 있다.[69]

특별히 법에 의해 금지되지 않는 한, 계약체결의 권한은 행정청의 長에게 부여된다. 그는 계약행위를 직접할 수도 있고, 행정청의 계약기능을 수행할 수 있는 광범위한 권한을 계약공무원에게 위임할 수도 있다. 그런데 이러한 권한의 적정한 위임이 흠결된 때에는 당해 계약은 무효이다. 연방순회항소법원(Court of Appeals for the Federal Circuit)은 해군이 조달권한의 위임을 획득하는 것을 실패한 경우에, 계약의 무효를 선언한 바 있다.[70]

그리고 표현대리(apparent authority)의 법리는 연방정부에게 불리하게 적용될 수는 없다고 보고 있다. 즉, 권한을 흠결한 계약공무원에 의해 체결된 계약으로 인해 계약상대방에게 피해가 발생한다고 하더라도 이를 배상할 책임을 없다는 것이다.[71] 그 이유는 계약상대방은 계약공무원의 권한의 범위에 대한 지식을 갖고 있는 것으로 전제하기 때문이다. 이처럼 권한에 대

---

68) Keyes, Government Contracts, p.12 참조.
69) Keyes, Government Contracts, p.10 참조.
70) Keyes, Government Contracts, p.15 참조.
71) Federal Crop Insurance Corp. v. Merrill (332 US 380, 1947).

한 지식을 뒷받침하기 위해 계약상대방은 연방정부와 계약함에 있어서 정부의 공무원에게 그의 권한의 증거를 보여달라고 요청할 수 있다.[72]

이러한 표현대리의 법리와 금반언의 원리(estoppel)와의 관계가 문제된다. United States v. Zenith-Godley Co. 사건[73]에서, 정부는 피고에게 농림부를 통해 지급된 금원을 반환할 것을 구했다. 왜냐하면 그 지급은 권한이 없이 이루어졌기 때문이다. 농림법(Agriculture Act)은 농림부장관에게 우유생산자에게 가능한 가격지지(price support)를 하도록 권한을 부여하였다. 그러나 감사원장(Comptroller General)에 의해 결정된 농림부장관의 권한을 넘어서는 규칙을 농림부가 만들었다. 그리고 이 규칙에 의해 피고에게 보조금이 지급되었다. 이 보조금의 반환청구를 받은 피고는 다음과 같이 주장했다. 즉, 정부의 하자로 인해 피고의 지위가 변경되었고, 따라서 미국은 금반언의 의무가 있다고 주장했다. 그러나 법원은 이러한 주장을 받아들이지 않았다. 금반언은 연방정부에 불리하게 적용되는 소송수단이 아니라는 것이다. 왜냐하면 누구도 정부의 공무원의 외관상의 권한에 의지할 수 없으며, 정부는 그의 실제적인 권한의 범위 내에 있지 않은 공무원의 행위 또는 진술에 의해 금반언의 의무를 질 수는 없기 때문이다.[74] 연방대법원은 금반언의 원칙의 적용에 있어서 사인과 정부를 차별하고 있는 것을 알 수 있다.[75]

다만 무권한의 행위에 대해서 권한이 있는 행정공무원은 이를 승인(ratification)할 수 있는 권한을 갖는다. 문제는 이러한 명시적인 승인행위가 없는 경우에도 묵시적인 승인이 인정될 수 있는가가 하는 점이다.[76] 이와 관련해서 비록 법원이 스스로 무권한의 공무원의 행위를 승인할

---

72) Keyes, Government Contracts, p.15 참조.

73) 295 F.2d 634(2nd Cir. 1961).

74) 연방대법원은 이처럼 금반언의 원칙을 연방정부에게 불리하게 적용하는 것을 회피하는 입장에 있으나, 몇몇의 하급법원들은 이와 달리 연방정부에게 불리하게 금반언을 적용하는 모습이 나타나고 있다.

75) Keyes, Government Contracts, p.18~21 참조.

76) Keyes, Government Contracts, p.21 참조.

수는 없으나 법원이 다음과 같은 방식으로 사실상 승인을 인정할 수 있다. 즉, 권한이 있는 상급자가 그 협정에 대해서 몰랐다는 것은 '믿을 수 없다'(incredible)고 판단하는 방식으로 사실상 승인을 인정할 수 있다.[77] 이러한 방법은 계약분쟁조정위원회(Boards of Contract Appeals : BCA)에 의해 광범위하게 사용되었다.[78]

5. 외국법제 상호간의 비교

1) 공통점

독일과 프랑스는 다음과 같은 점에서 계약체결과정상 공통점을 가지고 있다. 법률이나 행정입법에 근거규정이 있을 때에는 동일한 법주체 내부의 기관 상호간에도 계약이 가능하다고 보는 것이 그것이다. 이러한 점은 민사상의 계약에 비해 특수성을 보여주는 것이라고 볼 수 있는데, 그 근거는 프랑스에서 상당히 설득력있게 제시하고 있다고 할 수 있다. 즉, 권리가 중요한 민사법과는 달리, 공법에서는 행정청의 권한이 매우 중요한 요소이므로, 권한이 서로 다른 기관 간의 계약이 가능하다고 볼 여지가 충분히 있다는 것이다. 영국에서는 내부계약의 법적 구속력까지는 인정하지 않으나 계약체결이전에 발생한 분쟁과 관련하여 중재제도를 채택하는 등 구제절차에 있어서 공법적 특수성을 인정하려는 모습을 보이고 있다. 이러한 영국의 태도는 사법상 계약과 다른 특수성을 인정한다는 점에서는 독일, 프랑스와 그 맥락을 같이 한다고 할 수 있다.

2) 차이점

우선 계약체결과정에서의 독일과 프랑스의 가장 큰 차이점을 든다면

---

77) Keyes, Government Contracts, p.22 참조.
78) Keyes, Government Contracts, p.22~23 참조.

민법상의 의사표시하자의 이론이 행정계약에서 차지하는 위치가 매우 다르다는 점이다. 독일에서는 민법상의 의사표시하자이론이 거의 그대로 적용되는 반면에 프랑스에서는 민법상의 이론이 상당히 수정되어 제한적으로 적용된다는 점이다. 앞서도 보았듯이 프랑스는 독일과는 달리 기망, 강박, 착오 등에 의한 계약의 하자의 인정에 매우 인색하며 계약의 안정성을 훨씬 강조하는 입장에 서있다. 독일과 프랑스의 법제에서 계약체결상 또 다른 차이점이라고 한다면 계약의 방식에 있어서 독일은 서면방식을 원칙적으로 하는 반면, 프랑스는 구두작성도 원칙적으로 가능하다는 점을 들 수 있다.

이러한 차이점들이 발생하고 있는 근본적인 원인에 대해서는 다음과 같은 설명이 가능하다고 본다. 행정계약의 이론을 구성함에 있어서는 '계약'으로서의 성질을 강조하는 관점과 '행정작용'으로서의 성질을 강조하는 관점이 나누어질 수 있다. 전자는 사법상의 계약과 행정계약이 공통의 원리에 의해 지배된다고 보는 경향을 갖게 되며, 후자는 서로 다른 원리에 의해 지배된다고 보는 경향을 갖게 된다.

일반적으로 독일의 행정법발전이 민법과의 유사, 변용을 통해 이루어져 왔고, 프랑스의 행정법발전은 민법과의 단절, 분리를 통해 이루어져 왔다고 설명되고 있다. 이러한 점을 행정계약에 적용하여 보면 독일은 행정계약의 '계약'으로서의 성질을 강조하는 입장에 설 가능성이 높고, 프랑스는 행정계약의 '행정작용'으로서의 성질을 강조하는 입장에 설 가능성이 높음을 알 수 있다.

프랑스에서 민법상의 의사표시하자이론을 행정계약에 적용하는데 소극적인 이유는 이러한 맥락에서 설명이 된다고 할 수 있다. 그러나 바로 다음과 같은 의문이 제기된다. 즉, 독일에서 민법과는 달리 서면방식을 원칙으로 정하고 있는 것은 오히려 이 측면에 있어서는 독일이 프랑스보다 공법적 특수성을 강조하고 있는 것으로 볼 수 있는 것이 아닌가 하는 점이다.

그러나 방식상의 차이는 실제적으로는 그렇게 의미가 크다고 할 수 없다. 왜냐하면 프랑스에서도 실무상은 거의 대부분 서면작성이 이루어지고 있기 때문이다. 따라서 이러한 방식상의 차이로 인해 위의 큰 도식이 결정적으로 타격을 입는다고 볼 수는 없다.

표현대리에 관한 법리의 적용에 있어서 미국은 권한없는 공무원이 계약을 체결했을 때 금반언의 적용을 받지 않고 당해 계약은 원칙적으로 무효로 인정되며, 영국도 표현대리법리의 적용이 매우 제한적으로 인정된다. 프랑스도 사실상 공무원이론의 적용여지가 있기는 하나 표현대리법리의 적용에 매우 소극적이다. 이에 반해 독일에서는 민법상의 표현대리의 법리가 거의 그대로 적용된다. 이 점에서도 미국, 영국, 프랑스의 행정계약법제가 사법상 계약과 다른 특수성을 강조하고 있다는 점이 드러난다.

II. 우리나라의 법제

1. 계약의 당사자

우리나라에는 행정계약체결과 관련하여 독일의 행정절차법과 같은 일반적인 규정은 존재하지 않는다. 다만 각 개별법령에서 행정계약체결에 관한 규정들을 두고 있는데 그 대표적인 법률은 '국가를 당사자로 하는 계약에 관한 법률(이하 국가계약법)'이라고 할 수 있다.

국가계약법 제5조 제1항은 "상호 대등한 입장에서 당사자의 합의에 따라 체결되어야 하며, 당사자는 계약의 내용을 신의성실의 원칙에 따라 이를 이행해야 한다"라고 규정하고, 제6조에서는 계약사무를 처리하기 위해 필요한 경우에는 그 소속공무원 중에서 계약에 관한 사무를 담당하는 공무원(이를 계약관이라고 한다)에게 위임할 수 있다고 규정하고 있다.

국가계약법의 제목에서도 명확하게 나타나지만 정부조달계약에 있어서 일방 당사자는 법인격을 갖는 행정주체가 된다. 이러한 원칙은 정부조달계약 이외의 행정계약의 경우에도 적용된다는 점에 대해서는 크게 이견이 없다. 우리나라의 통설이 계약의 일방당사자가 행정주체이어야 한다고 보는 것도 같은 취지라고 하겠다.

우리나라에서도 권한이 있는 행정청의 공무원에 의해 계약이 체결되었는지 여부가 계약의 유효성을 판단함에 있어서 중요하다. 다시 말해 행정청의 권한에 관해 규정된 행정조직법상의 규율을 엄격하게 해석하는 것이 바람직하다고 할 수 있다. 따라서 민법상의 표현대리의 법리를 준용하여 권한이 없는 행정청의 공무원에 의해 체결된 계약에 대해서 계약의 효력을 인정하는 것은 바람직하다고 볼 수 없다. 이렇게 볼 경우 정당한 계약공무원으로 신뢰하여 계약을 체결한 상대방의 보호문제가 발생할 수 있다. 이 경우 계약의 존속 자체의 보호보다는 신뢰에 대한 보상보호에 초점을 맞추는 것이 타당하다고 하겠다.

다음으로 동일한 법주체 내부의 기관 상호간에도 행정계약의 체결이 가능한 것으로 볼 수 있을지가 문제된다. 법령상의 근거가 존재할 경우 이러한 계약의 성립가능성은 부인할 수는 없다고 하겠다. 국가법인설을 취하면서도 이러한 내부계약의 성립이 가능하다고 볼 수 있을지에 대해서는 의문이 제기될 수 있으나, 공법에서는 권리보다는 권한이 중요한 개념이 되며, 단일한 주체 내에서도 권한이 서로 다른 기관이 존재할 수 있는 이상 이들 상호간에도 계약체결이 가능하다고 보는 것이 타당하다고 하겠다.

현행 법제상 이러한 내부계약의 성립여부가 문제되는 예로는 각종의 인허가의제 제도에서 관계기관의 장과 협의를 거치는 과정에서 이루어지는 협의를 들 수 있다.[79] 이러한 협의는 의제대상 인허가관청의 의견

---

79) 대표적인 규정으로 인허가 의제에 관해 규율하고 있는 사회기반시설에대한

을 듣는 데 그치는 것이 아니라, 그것은 관계 관청의 동의를 구하는 절차로 해석되고, 그러한 점에서 그것은 내용적으로는 합의에 해당되는 것으로 보는 것[80]이 일반적이다. 그런데 이러한 합의를 법적 구속력 있는 계약으로서 볼 수 있는가 하는 점이다.

이러한 협의가 이루어졌음에도 불구하고 주무관청에서 이를 단지 참고자료로만 삼아 관련법률 또는 다른 법률에 따른 인허가요건을 갖추지 않았음을 이유로 주된 인허가를 거부하는 것은 위법함을 면치 못한다고 보아야 한다. 즉 이러한 협의에 따른 합의에 법적인 구속력을 인정하는 것이 타당하다. 이러한 관점에서 이러한 협의에 따른 합의는 기관 상호 간에 체결되는 내부계약에 해당된다고 볼 수 있지 않은가 하는 의문이 제기될 수 있다.

그러나 이러한 협의에 법적 구속력이 인정된다고 하여 행정계약으로서의 성격까지 당연히 인정된다고 볼 수는 없다. 이러한 협의의 경우 협의대상인 행정기관의 장이 자신의 견해를 일방적으로 주무관청의 장에게 표시하는데 불과[81]하기 때문에 계약의 핵심요소인 의사합치적인 요소를 인정하기는 힘들다고 보아야 한다.

2. 계약상의 의사표시

의사표시의 하자에 관한 민법상의 규정들이 행정계약에도 그대로 적용되는지가 문제된다. 우선 학설상으로는 의사표시상의 하자에 대해서는 민법상의 계약의 경우와 마찬가지로 무효와 취소의 하자가 모두 인정된다는 견해[82]가 제시되고 있다. 이 견해는 민법상의 의사표시의 하자

민간투자법 제17조 제2항을 들 수 있다(다른 법률에 의한 인허가 등의 의제).

80) 김동희, 행정법 I(11판), 179면 참조.

81) 실무상 이러한 협의가 이루어지는 과정에서 관계행정기관의 장들이 나란히 서명한 계약서가 작성되는 것도 아니고, 단지 협의대상 행정기관의 장이 서면으로 의견을 제시하는데 불과하다.

에 관한 규정이 행정계약에도 그대로 적용된다는 견해로 판단된다.

대법원은 착오에 관한 민법상의 규정이 광의의 행정계약에 속하는 정부조달계약에도 원칙적으로 적용된다고 보고 있다.[83] 다만 비진의의사표시에 관한 민법 제107조가 사인의 공법행위에는 적용되지 않는다고 본 판례[84]가 있으나, 이는 행정계약이 문제된 사례가 아니었기 때문에 행정계약에 관한 판례로 보기는 힘들다.

이처럼 민법상의 의사표시의 하자이론이 원칙적으로 행정계약에도 적용된다고 보는 학설, 판례와 다른 취지의 견해가 제시되고 있다. 행정계약에 있어서는 '취소'의 개념이 있을 수 없다는 견해[85]가 그것이다. 이 견해들은 민법상의 계약의 하자에 관한 규정들이 행정계약에는 그대로 적용될 수 없다는 취지인지를 명확하게 밝히고 있지는 않다. 행정계약에 있어서는 '취소'의 개념이 없다는 견해를 일관하면 논리적으로는 민법상의 계약의 하자에 관한 규정들이 행정계약에는 그대로 적용될 수 없다는 결론에 이르게 된다.

민법상의 의사표시 하자이론이 행정계약에도 원칙적으로 적용된다고 보는 학설이나 판례의 태도가 정당한지에 대해서는 의문이 제기된다. 민법상의 의사표시하자이론은 사적 자치에 기반하여 진정한 의사를 상당 부분 존중하기 위한 법제도라고 볼 수 있다. 그러나 행정계약의 경우 당사자들의 진정한 의사 못지않게 계약에 관한 공익적인 요청이 중시된다는 점을 고려해야 한다.

이러한 점들을 고려하면 민법상의 의사표시 하자이론을 그대로 받아들이는 것은 부당하며 상당한 수정이 불가피하다고 할 것이다. 그러나 행정계약의 '취소' 자체가 원천적으로 불가능하다고 보는 견해는 재고

---

82) 류지태, 행정법신론(제8판), 신영사, 2004, 241∼242면.
83) 대법원 1997.8.22. 선고 97다13023 판결 참조.
84) 대법원 2001.8.24. 선고 99두9971 판결 참조.
85) 김남진/김연태, 행정법Ⅰ(제9판), 법문사, 2005, 338면 ; 홍정선, 행정법원론
    (상)(제13판), 박영사, 2005, 416면 참조.

를 요한다. 행정계약의 하자론에서 보다 자세히 보겠지만 이 견해가 부인하는 것은 어디까지나 '쟁송취소'로 판단된다. 즉, 법원의 취소판결에 의해 비로소 취소의 효력이 발생하는 쟁송취소의 개념은 행정계약에는 인정될 수 없다는 것이다. 이러한 의미라면 위 견해는 충분히 설득력이 있다고 할 수 있다.

그러나 위 견해가 민법상 의사표시의 하자론에서 '취소'사유로 규정하고 있는 착오나 기망 등을 원인으로 한 '계약당사자에 의한' 취소가 행정계약에는 불가능하다는 의미라면 이는 받아들이기 힘들다고 하겠다. 왜냐하면 이런 견해에 따르면 착오나 기망이 있을 경우 계약이 무효이거나 유효하거나 둘 중의 하나의 결론에 이르게 되는 결론이 되나, 양자의 결론 모두 불합리하기 때문이다.

3. 계약의 방식

독일과 같이 행정절차법에서 행정계약에 관한 규정을 두고 있지 않은 우리나라에서는 구두에 의한 계약도 원칙적으로 가능한 것으로 해석될 여지가 크다고 할 수 있다. 다만 국가계약법 제11조 제1항은 "각 중앙관서의 장 또는 계약담당공무원은 국가와 계약을 체결하고자 하는 자로 하여금 계약을 체결하고자 할 때에는 계약의 목적·계약금액·이행기간·계약보증금·위험부담·지체상금 기타 필요한 사항을 명백히 기재한 계약서를 작성하여야 한다"라고 규정하여 계약서작성의 원칙을 채택하고 있다.[86] 그리고 동조 제2항은 계약서를 작성하는 경우에는 그 담당공무원과 계약상대자가 계약서에 기명·날인 또는 서명함으로써 계약이

---

[86] 동법 시행령 제49조에서는 계약금액이 3천만 원 이하인 계약을 체결할 경우, 경매에 부치는 경우, 물품매각의 경우에 있어서 매수인이 즉시 대금을 납부하고 그 물품을 인수하는 경우, 각 국가기관 및 지방자치단체 상호간에 계약을 체결하는 경우, 전기·가스·수도의 공급계약 등 성질상 계약서의 작성이 필요하지 아니한 경우 등에는 계약서작성의 생략을 허용하고 있다.

확정된다고 규정하고 있다. 정부조달계약에 적용되는 이 규정의 적용범위를 어느 정도로 보아야 하는지 문제된다.

해석론상으로는 행정계약일반에 관해 독일행정절차법과 같이 서면주의에 관한 규정이 존재하지 않으므로 개별법령에서 특별한 규정을 두고 있지 않을 경우에는 원칙적으로 구두에 의한 계약체결이 가능한 것으로 볼 수 있다. 그러나 이러한 해석은 상당히 제한적인 범위에서만 인정되어야 할 것이다. 즉 앞서 보았듯이 국가를 당사자로 하는 계약에 관한 법률 제11조에서는 원칙적으로 계약서를 작성하도록 규정하고 있는바 국가계약법상의 규정은 정부조달계약과 유사한 성격을 갖는 행정계약에 유추되어야 할 것이다.

계약내용의 특정이나 법적 안정성을 위한 서면방식의 요청은 행정계약에 있어서 중요한 법적인 의미를 갖는 것으로 보아야 한다. 판례가 법령상 규정된 방식을 거치지 않은 경우에는 계약의 무효를 인정하고 있는 것도 같은 맥락이라고 할 수 있다.[87]

여기서 입법론적으로 독일과 같이 행정절차법에서 행정계약일반에 관한 규정을 두면서 서면작성의 원칙을 규정하는 것이 바람직한가, 아니면 프랑스와 같이 일반법을 두지 않고 개별법에 의해 필요한 경우 서면작성을 요하도록 하는 것으로 족한가 하는 문제가 제기된다. 앞서 보았듯이 프랑스에서도 실무상 거의 대부분 계약서가 작성되고 있다는 점, 계약내용을 명확하게 하고 계약서 작성에 신중을 기하도록 하기 위해서는 행정절차법 등에 명문의 규정을 두어 서면의 형식을 요하도록 하는 것이 타당하다.

---

87) 대법원 2004.1.27. 선고 2003다14812 판결 참조.

제3절 행정계약의 체결 이후의 법적 규율

Ⅰ. 외국의 법제

1. 독 일

1) 사법상 계약[1]

사정변경이론은 독일보통법 초기에는 많이 논의되고, 또한 프로이센, 바이에른 등 일부 지방법에는 명문으로 수용되기도 하였으나, 19세기 들어와서는 계약충실의 원칙(pacta sunt servanda)에 압도되어 부정되기에 이르렀다.[2] 그러나 19세기 중반 Windscheid는 사정변경이론의 영향을 받으면서도 그 보다는 주관적 요소에 치중한 '전제론'(Lehre von der Voraussetzung)을 전개하였다. 그에 의하면 전제란 동기와 조건의 중간에 위치한 제3의 형태인데, 이는 계약상 의미있는 것으로서 의사표시 내에 표현된 의사제한으로 파악되고 있다. 이러한 전제는 모든 계약에 묵시적으로 자리잡고 있기 때문에 계약체결 시 그 전제가 된 상황이 변경되면 그 계약은 효력을 잃는다는 것이다.[3]

그러나 이러한 '전제론'은 '전제'와 계약상 의미가 없는 '동기'(Motiv)와의 구분이 모호하고, 표의자의 의사만 중시되고, 상대방의 의사 내지

---

1) 이하의 독일의 학설 및 입법상황, 판례의 태도는 백태승, 독일 행위기초론의 발전과 최근 동향, 저스티스 제25권 제1호(1992.7), 53～64면과 Paula Macedo Weiss, Pacta sunt servanda im Verwaltungsvertrag, Frankfurt 1998, S. 5-22를 주로 참조하였다.
2) 백태승, 전게논문, 54면.
3) 백태승, 독일 행위기초론의 발전과 최근동향, 54면 ; Paula Macedo Weiss, a.a.O., S. 16.

이해는 거의 무시되어 계약충실의 원칙이 너무 쉽게 저해된다는 비판을 받게 되어 학계의 지지를 받지 못했다.[4] 이와 같은 배경하에 기초된 독일민법(BGB)에는 Windscheid의 전제론은 물론, 사정변경이론의 일반적인 수용은 거부된 채, 다만 사정변경이론에 입각한 개별규정을 두는데 그치게 되었다(예컨대 민법 제321조, 제519조, 제528조, 제530조, 제605조, 제610조 등).[5]

제1차 세계대전 이후 극심한 물가상승에 직면하여 1921년 Oertmann에 의하여 행위기초에 대한 개념정립과 함께 '행위기초론'(Lehre von der Geschäftgrundlage)이 처음으로 주창되었다. 그는 "행위기초란 계약체결 시 나타나고 상대방에게도 그 중요성이 인식되어 이의가 주장되지 않는 일방 당사자의 표상 또는 행위의사가 그 기초위에 세워지는 어떤 사정의 존재 또는 발생에 관한 양당사자의 공통된 표상이다"라고 정의하였다.[6]

1921년 Oertmann의 행위기초론이 발표되자마자 1922년 비큐나 방적사례(Vigogne-Spinnerei-Fall : RGZ 103,328)에서 제국재판소(RG)가 이 이론을 곧바로 채택한 이래 현재의 판례에서도 위 정의는 행위기초에 대한 정의로 자주 원용되고 있다. 이처럼 독일의 판례에서도 채택된 Oertmann의 행위기초론을 기준으로 볼 때 독일의 행위기초론과 사정변경이론은 다음과 같은 주요한 차이점이 지적되고 있다.

우선 요건면에서 사정변경이론은 '객관적인 사정'(objective Sachverhalt)에 초점을 맞추고 있는 반면, 행위기초론은 일방당사자의 '주관적인 표상'(subjective Vorstellung)에 초점을 맞추고 있다. 또한 사정변경이론은 이러한 객관적인 사정이 사후에 변경된 경우만을 다루나, 행위기초론은 계약 처음부터 하자가 있었던 경우도 다룬다.[7] 또한 효과면에서도 전자의 경우 계약의 해소(Lösung)에 이르는 반면, 후자의 경우 계약의 변경

---

4) 백태승, 전게논문, 54면 ; Paula Macedo Weiss, a.a.O., S. 16.
5) 백태승, 전게논문, 54면.
6) 백태승, 전게논문, 54-55면 ; Paula Macedo Weiss, a.a.O., S. 17.
7) Heinrich de Wall, Die Anwendbarkeit privatrechtlicher Vorschriften im Verwaltungsrecht, Tübingen 1999. S. 279-280.

(Anpassung)을 원칙으로 하고, 이것이 불가능하거나 기대할 수 없는 경우에만 예외적으로 계약의 해지 또는 해제가 가능토록하여 보다 탄력적인 효력을 부여하고 있다.[8]

그러나 Oertmann의 행위기초론에 대해서는 '당사자의 표상'을 강조함으로써 당사자의 주관적 요소가 중시되고 있고, 이럴 경우 당사자에게 알려지지 않았거나 또한 예견될 수 없는 현재 또는 미래의 객관적 사정변경을 행위기초에서 제외하는 이론상의 난점이 있다는 비판이 제기되었다. 이러한 맥락에서 당사자의 주관적 요소에 치우친 Windscheid와 Oertmann의 주관설에 대한 비판에서 출발하여 계약당사자들의 공통적 계약목적(Gemeinsamer Vertragzweck)을 강조하는 객관설이 제기되기도 하였다.[9]

제2차 세계대전 이후 다양한 학자들이 행위기초론을 전개하였으나 그 중 가장 대표적인 것은 라렌쯔(Larenz)의 견해이다. 그는 앞서 주관설과 객관설을 종합하여 주관적 행위기초와 객관적 행위기초를 구별하고 있다. 그에 의하면 주관적 행위기초란 양당사자의 일정한 공통된 표상 또는 기대로서, 만약 그것이 옳지 않음을 알았더라면 원래 계약을 체결하지 않았거나 적어도 일방 당사자에게 부당하게 요구될 수 없을 정도로 양당사자에게 계약체결 시 이끌려 지는 것을 말한다. 이와 관련하여 그는 공통착오의 문제를 집중적으로 다루고 있다.[10]

2차 세계대전 이후에는 판례는 학설의 발전에 발맞추어 행위기초론의 적용에 종전보다 신중을 기하고 있다. 즉 계약법상 중대한 의미를 가지는 계약충실의 원칙과 관련하여 행위기초론은 감내할 수 없고 또한 법과 정의에 부합되지 않아 당사자에게 기대할 수 없는 결과를 피하기 위하여 불가피하게 보일 때에만 적용된다는 것이다. 여기서 무엇보다 계약목적과 임의법규로부터 도출되는 위험부담이 가장 중요한 판단기준이 된다고 한다.[11] 그러던 중 2002.1.1. 민법이 개정되면서 행위기초의 상실

---

8) Heinrich de Wall, a.a.O., S. 280.
9) 백태승, 독일 행위기초론의 발전과 최근동향, 55면.
10) 이상 백태승, 전게논문, 56면 참조.

에 관한 일반규정이 명시적으로 들어가게 되었다. 그 내용을 살펴보면 다음과 같다.

> 제313조(행위기초의 장애)
>
> ① 계약의 기초되는 사정이 계약체결 후 급격하게 변화되고 당사자가 그러한 변화를 미리 알았더라면 계약을 체결하지 않았거나 다른 내용으로 체결하였을 경우에는 일방에게 특히 계약상 또는 법률상의 위험분배 등 개별적인 상황을 고려하여 원래의 계약대로 유지할 것을 기대할 수 없는 한 계약의 조정을 청구할 수 있다.
>
> ② 계약의 기초가 된 근본적인 관념이 잘못된 것으로 판명된 경우도 사정의 변경과 동일시된다.
>
> ③ 계약의 변경이 가능하지 않거나 일방에게 기대할 수 없게 된 경우에는 타방은 계약을 해제할 수 있다. 계속적 채권관계에서는 해제권을 대신하여 해지권이 발생한다.

위 제1항은 이른바 객관적 행위기초의 상실, 즉 실제로 계약의 기초된 사정이 변경되어 계약대로의 이행을 기대할 수 없게 된 경우에, 곧바로 계약이 파기(Aufhebung)되는 것이 아니라, 일방에게 계약의 변경(Anpassung)을 청구할 수 있는 권리를 인정한다. 또한 동조 제2항은 이른바 주관적 행위기초의 상실, 즉 실제사정은 변화되지 않았지만 계약의 양당사자가 모두 동기의 착오에 빠진 경우를 전항의 사정변경의 경우와 마찬가지로 처리하고 있다. 만약 계약의 조정이 불가능하거나 기대할 수 없는 경우에는 계약의 해제 또는 해지가 인정된다.[12]

2) 행정계약

이처럼 사법상의 계약의 경우 통상법원의 판례는 행위기초론 또는 사정변경이론의 적용에 매우 신중한 상태인 반면, 헌법재판소는 1973.1.30.

---

11) 백태승, 전게논문 63면 ; BGHZ 74, 370.

12) 송호영, 새로운 독일 채무불이행법의 체계, 민법연구 제23권(2003), 234면.

주(Freistaat) 간의 계약13)이 문제된 사례에서 사정변경이론을 '명시되지 않은 헌법의 구성부분'(ungeschriebene Bestandteil des Verfassungsrecht)으로 인정하여 계약의 수정을 인정한 바 있다.14)

이 사례에서 헌법재판소는 사정변경이론을 '명시되지 않은 헌법의 구성부분'으로 인정하면서, 지방제도개혁에 따른 독립시(市) 요건의 변화는 당사자가 계약의 기초로 삼은 부분의 예측불가능한 변경에 해당하므로 Bayern州가 변화된 사정에 따라 발령한 법규명령은 계약위반에 해당하지 않는다고 판시하였다. 위 헌법재판소판례에 의해 사법상의 계약 등에서 도입된 사정변경이론이 pacta sunt servanda의 일반원칙에 대한 예외로 자리잡게 되었고, 행정법에서도 이 이론이 타당하다는 점이 인정되었다고 볼 수 있다.15)

앞서 보았듯이 사법상 계약의 경우 입법 상으로 2000년대에 들어와서야 비로소 행위기초의 상실에 관한 규정을 민법에 두기에 이르렀으나, 1976년 5월 25일부터 효력이 발생한 행정절차법(VwVfG)에서는 공법상의 계약에 대해 이미 다음과 같은 규정을 두고 있다.

제60조(특별한 사정이 있는 경우의 변경과 해지)

① 계약내용의 확정에 기준이 된 사정이 계약체결 이후 계약당사자에 대하여 원래 계약의 규정을 이행하여 줄 것을 기대할 수 없도록 중대하게 변경된 경우에는 다른 계약당사자는 계약내용을 변경된 사정에 맞추어 변경할 것을 요청하거나, 변경이 불가능하거나 이를 계약당사자에게 기대하는 것이 불가능한 경우에는 계약을 해지할 수 있다. 행정청은 공익에의 중대한 침해를 피하거나 제거하기 위해 이를 해지할 수 있다.

---

13) 이 계약은 행정절차법에 규정되어 있는 공법상 계약과 그 성격이 완전히 일치한다고 볼 수는 없으나, 행정주체 간의 계약이라는 점에서 공법상 계약과 매우 유사하다고 할 수 있다.

14) BVerfGE 34, 216.

15) Paula Macedo Weiss, a.a.O., S. 39.

우선 앞 1문의 규정은 요건 면에서는 순수하게 객관적인 사정의 변경을 염두에 두었다는 점에서 사정변경이론을 수용하였고, 효과 면에서는 계약의 변경을 원칙으로 하고 계약의 해지는 예외적으로 인정하였다는 점에서 행위기초론을 수용하였다는 평가를 받고 있다.16) 다음으로 2문의 규정과 행위기초론 또는 사정변경법리와의 관계를 어떻게 볼 것인지가 문제이다. 2문의 규정은 미국의 편의적 해약(termination for convenience)이나, 프랑스의 공익적 사유로 인한 계약해지와 유사성이 있다고 할 수 있다. 즉, 이 규정은 행정의 공익적 성격을 고려한 특수한 제도로, 사정변경법리와는 구별되는 것으로 보는 것이 타당하다.

1문에 의한 계약의 변경·해지의 경우와 2문에 의한 계약의 변경·해지의 중요한 차이라고 볼 수 있는 점은 손실보상(Entschädigung)여부에서 차이가 난다는 점을 들 수 있다. 즉, 사정변경에 의한 계약의 변경·해지는 손실보상을 요하지 않으나, 공익을 이유로 한 계약의 조정·해지는 손실보상을 요한다고 보는 것이 일반적이다.17)

정부조달계약에 관한 판례를 보면 이를 사법상 계약으로 보는 전제하에 행위기초론이나 사정변경이론의 적용에 매우 인색한 태도를 보이고 있다. 예컨대 1973년 원유가인상사건18)이 대표적인 예이다. 이 사례에서 市는 원유수입상에게 1973년 필요한 기름을 고정가격으로 주문하였다. 그런데 중동전쟁의 발발로 수입가가 약 두 배 앙등하였다. 따라서 그 수입상은 市에 가격인상을 요구하였는데 市가 이를 거절하자 기름공급을 중단하였다. 이에 市는 채무불이행에 대한 손해배상을 청구하였다.

이 사례에서 연방통상법원(BGH)은 "그와 같은 목적물(기름)을 취급하는 자는 공급상의 애로사정을 충분히 감안하여야 하는데 이를 하지 못하였으므로 그로부터 발생하는 위험은 매도인이 부담하여야 한다"고 하며 市의 청구를 인용하였다. 특히 당시 전쟁의 발발을 충분히 예상할 수

---

16) Heinrich de Wall, a.a.O., S. 281.
17) Kopp/Raumsauer, Verwaltungsverfahrensgesetz, §60 Rn. 22-23 참조.
18) BGH JR 1979, 60.

있었고 또한 재고물량확보 등 그에 대비한 조치를 충분히 할 수 있었음에도 이를 하지 못하였다면 그로부터 발생되는 위험은 매도인의 부담이라는 것이다. 이 경우 "행위기초의 상실문제는 재고유지에 현저한 비용이 들거나 또는 계약으로부터의 손실이 기대불가능한 정도에 이르러야만 고려될 수 있다"고 판시하였다.[19]

다만 계약금액을 계산하는 기초에 중요한 변경사유의 발생이 기대되기는 하나 이러한 사유가 발생할지 여부와 그 범위를 알 수 없는 경우, 계약금액 조정에 관한 규정을 입찰서에 포함시킬 수 있으며 계약금액의 조정의 구체적 내용이 규정되어야 한다(건축공사발주규칙 A 제15조). 또한 조달주체는 도급이 완성되기 전까지는 언제든지 해약하는 것이 가능하나 계약상대방에게 반드시 계약 시 합의된 내용에 대해 보상을 해주어야 한다(건축공사발주규칙 B 제8조).

2. 프랑스

1) 사법상 계약[20]

프랑스 민법은 전통적으로 사적 자치의 전통이 강하다고 설명되고 있다. 계약의 강제력을 규정한 프랑스 민법 제1134조 제1항은 "적법하게 형성된 약정은 그것을 행한 자에 대하여 법률에 대신한다"라고 하여 의사자치, 계약자유의 원칙을 간결하고도 강력하게 표현하고 있다.[21] 이 조문에 의하여 계약의 강제력은 계약당사자뿐만 아니라 그것을 적용하는 법

---

19) 백태승, 전게논문, 63~64면 참조.
20) 프랑스 사법상 계약과 관련된 논의는 이재목, 계약사정의 변경과 계약내용의 조정, 비교사법 제8권 제1호, 300~302면을 주로 참조하였다.
21) 김상용 교수는 이를 신의를 존중하여 계약은 지켜져야 한다는 법원칙을 고수한 로마법의 영향으로 판단하고 있다(김상용, 비교계약법, 법영사, 2002, 50면 참조).

관이나 관련 법률에 대해서도 효과를 발생한다. 또한 제1134조 제3항은 "계약당사자는 약정한 계약의 내용대로 성실하게 이행하여야 한다"라고 규정함으로써 가령 경제사정의 변동에 의해 이행비용이 현저하게 증가하였다고 하더라도 채무자의 책임이 감면되지 않음이 원칙이다.[22]

이처럼 계약의 강제력이 엄격하게 유지되어 온 프랑스 민법학에서 불가예견사태론(théorie de l'imprévision)이 처음으로 주장된 것은 제1차 세계대전 후의 일이고, 이는 곧 망각되었던 사정변경법리의 부활을 의미하는 것이었다. 그렇지만 민사계약의 영역에서 불가예견사태론은 종전과 마찬가지로 판례 및 학설의 지지를 얻는 데는 실패하였고, 여전히 거래안전의 보호와 법적 안정성의 견지에서 계약준수의 원칙이 관철되고 있다. 물론 불가예견사태론의 적용을 긍정하려는 학설의 논의도 있었지만, 여러 가지 후속적 입법조치들로 인하여 그 설득력을 얻지 못했다.[23]

2) 행정계약

반면에 행정계약의 경우는 불가예견사태론이 꽁세유데따의 판례에 의해 정립되어 있다. 위 이론이 정립되게 된 것은 1914년의 전쟁으로 석탄가격이 급등하게 되어, 가스공급특허업자가 계약대로의 요금으로 경영을 계속하는 경우에는 파산할 수밖에 없는 사건을 계기로 한 것이었다. 이 판례에서 꽁세유데따는 가스공급특허업자에게 계속적인 계약이행의무를 부과하면서도 그에 따른 보상의무를 보르도시에게 부과하였다.[24]

꽁세유데따의 판례가 私法상 계약과는 달리 행정계약의 경우 불예견사태론을 인정하고 있는 이유는 양자의 관련이익이 다르다는 점을 고려한 것으로 볼 수 있다. 즉 행정계약에 있어서는 공익실현작용으로서의 공역무의 수행을 그 목적으로 하므로 이러한 공역무에 대한 국민의 수

---

22) 이재목, 전게논문, 300~301면.
23) 이재목, 전게논문, 301~302면.
24) C.E. 24 mars 1916, Compagnie du gaz de Bordeaux.

요는 어느 경우에나 계속 충족되어야 한다. 이처럼 프랑스 행정계약에 있어서 불가예견사태론의 가장 큰 특징 중의 하나는 '공역무의 계속성의 원칙'(principe de continuité de service public)을 기초로 하고 있다는 점이라고 할 수 있다.25) 따라서 행정계약에 있어서는 공역무의 계속적 수행의 확보를 위하여, 행정주체는 보상의 의무를 지게 되고 사계약자는 계약에 따른 이행을 계속할 의무가 인정된다.26)

그러나 예측하지 못한 모든 결론이 불가예견사태의 개념을 충족하는 것은 아니다. 즉 경제적 상황이 예외적인 것만으로는 불충분하며 판례에 의하면 '모든 계산을 좌절하게 하는' 가격의 인상을 포함하거나, '계약의 체결이 있을 때 당사자에 의해 승인된 상승의 극단적인 한계'를 초과할 것이 요청된다.27)

이처럼 행정계약에 있어서 불가예견사태론은 처음에는 공역무특허(concession)28)에서 출발하였으나, 1916년~1930년 사이에 이 이론은 수많은 경우에 적용이 이루어지게 되어 공역무특허의 경우뿐만 아니라 정부조달계약(marché public)에까지 적용이 이루어지게 되었다. 그러나 일부 계약에는 적용이 이루어지지 않는다. 판례는 공물과 관련된 계약에 있어서 불가예견사태론의 적용을 부인한 바 있다.29)

불가예견사태의 상황에 따른 보상의 범위를 어느 정도로 할 것인가도 문제된다.30) 1974년 12월 20일의 지침에 의하면 원칙적으로 행정주체는 손해의 90%를 부담하도록 하고 있고 나머지는 계약상대방이 부담토록 하고 있다.

---

25) Laurent Richer, Droit des contrats administratifs, 1999, p.241.

26) Richer, op. cit., p.240~241 참조.

27) Richer, op. cit., p.241 참조.

28) 공역무특허(concession de service public)라 함은 행정이 사인에게 공역무 수행 임무를 위탁하는 것으로, 이 경우 계약자로서의 사인은 당해 역무의 이용자로부터 요금을 징수할 수 있다.

29) Richer, Droit des contrats administratifs, p.240 참조.

30) 이는 형평성 또는 배분적 정의의 관점에서 행정주체와 계약자 사이에서 분배의 문제가 된다고 지적되고 있다. Richer, op. cit., p.243 참조.

공공조달법전(Code de Marché Public)에서는 확정금액으로 계약을 체결하는 때와 변경이 가능한 금액으로 계약을 체결하는 때가 나누어진다고 규정하고 있으며 후자의 경우 경제적 상황의 변경에 따라 계약금액의 조정이 가능하다고 보고 있다(§ 17). 또한 동법에서는 계약의 전부 또는 일부가 해지 또는 해제가 이루어지는 경우에 반환범위와 관련하여 조달주체와 계약상대방 간에 합의가 이루어지지 않더라도 계약상대방의 요청이 있는 경우 계약보증금의 80%를 반환할 수 있다고 규정하고 있다(§ 93).

이러한 불가예견사태론에 입각한 계약내용의 조정과 구별되어야 하는 것은 '공익적 사유로 인한 계약의 해지'(résiliation pour motif d'intérêt général)이다. 즉, 공익을 위해 체결된 계약은 만약 공익이 요구할 경우에는 해지가 가능하다고 보는 것이 일반적이다. 판례는 일관되게 모든 행정계약은 행정주체에 의해 공익을 이유로 해지될 수 있다는 점을 인정하고 있다.[31] 공공조달법전에서도 공익을 위해 계약을 더 이상 진행하지 않을 수 있다고 규정하고 있다(제59조). 이러한 공익을 이유로 한 해지권은 권한포기의 대상이 될 수 없으며 법률에 의해서만 이러한 권한이 제거될 수 있다는 지적이 있다.[32]

그러면 어느 경우에 이러한 공익이 인정될 수 있을지가 문제이다. 재정적인 이익을 이유로 한 해지도 인정된다는 것이 판례의 태도이다.[33] 그러나 재정적인 이익이 항상 공익에 해당하는지 여부는 불분명하다. 예를 들어 일단 계약이 체결된 이후에 나중에 재정적으로 보다 좋은 조건을 제시한 후보자와 계약을 체결하기 위해서 계약을 해지하는 것도 공익에 의한 해지로 허용될 것인지에 대해서는 부정적인 견해가 존재한다.[34] 이러한 일방적 해지권한은 그 대가로 발생한 계약상대방의 권리침해에 대해서 총체적인 보상의무가 발생한다고 보고 있다.[35]

---

31) CE 6 mai 1985, Association Eurolat, RFDA 1986, 21.
32) Richer, op. cit., p.212∼213 참조.
33) CE 23 juin 1986, Thomas, RFDA 1987, 195.
34) Richer, op. cit., p.216 참조.

3. 영 국

1) 사법상 계약[36]

목적달성불능의 법리는 19세기에 불능(impossibility)의 항변을 주장하기 위한 커먼로상의 엄격한 요건을 갖추지 못한 사례들을 해결하기 위한 수단으로 영국에서 먼저 발전하였다. 우선 1863년의 Taylor v. Cadwell 사건[37]에서 영국법원은 계약성립 당시에 묵시적으로 조건이 되었던 것이 성취되지 못한 경우에는 그 계약은 더 이상 구속력이 없다고 판시하였다.

이 판결은 목적달성불능의 항변의 기원이 되었고 이 판결은 1902년의 Krell v. Henry 판결[38]에서 그대로 원용되었다. 이 사건에서 법원은 대관식행렬이 진행되는 것이 임대차계약의 묵시적 조건이었기 때문에 이 행사의 취소는 더 이상의 이행을 면하게 한다고 판시하였다. 행렬이 지나갈 길가에 있는 방들을 이틀간 높은 가격에 빌린 이유는 오직 그 행렬을

---

35) Richer, Droit des contrats administratifs, p.217 참조.

36) 영국의 사법상 계약에서 목적도달불능에 대해서는 이호정, 영국계약법, 경문사, 2003, 483~508면 참조.

37) Taylor v. Cadwell, 122 Eng. Rep. 309(Q.B. 1863). 1861년 5월 쌍방당사자가 연주장을 6월에 몇 일간 빌리기로 합의하였는데 계약체결 시와 이행기 사이에 그 연주장이 화재로 전소해 버렸다. 법원은 양당사자 모두에게 이행책임을 면제하였다. 이 판결에서는 불능의 법리를 적용하기는 하였으나 그 계약에는 연주장이 이행기에 존재하고 있어야 한다는 묵시적 조건이 붙어 있었다고 하여 불능의 항변에 중요한 요건을 추가하였다.

38) Krell v. Henry, LR 2 KB 740(Ct. App. 1903). 1902년 Edward 7세의 대관식의 축하행렬 이틀 전에 그 행렬이 있을 길을 따라 위치해있는 아파트나 사무실의 소유자 및 임차인들은 그 축제를 관람하기 위해 전망좋고 안락한 장소를 원하는 사람들에게 일시 임대나 전대를 하기로 합의하였고 관람객들은 그러한 기회에 대한 대가로 많은 금액을 지급하였다. 그런데 왕이 병이 나서 그 명령이 취소되었다. 그러자 관람객들은 계약금의 반환을 요청하였고, 건물소유자는 오히려 잔액의 지급을 청구하였다.

보기 위한 것이었기 때문에 행렬이 없을 경우 그 계약은 목적을 달성할 수 없게 된다는 것이다.

이러한 계약목적달성불능의 원칙에 대해서는 몇 가지의 제한이 인정되고 있다. 우선 계약의 규정에 의한 제한이 인정된다. 계약목적달성불능의 원칙에 대한 영국보통법의 입장은 '전부 아니면 전무'(all or nothing)의 해결, 즉 이 원칙을 적용하거나 또는 적용하지 않거나 식의 해결방법이나, 상거래에서는 중간적 해결을 선호하여 이를 약정하는 경우가 많다.39)

다음으로 '계약목적달성불능을 일으키는 사건'(frustration event)은 예견되지 아니한 또는 예견될 수 없는 사건이어야 한다는 것을 계약목적달성불능의 원칙의 적용의 요건으로 한다면, 계약체결 시에 당사자들이 예견가능성을 가지고 있었던 사건에 대해서는 계약목적달성불능의 원칙은 적용되지 않는다고 하는 결론이 논리적으로 도출된다. 앞서 본 Krell v. Henry 사건에서도 Vaughn 판사는 이 원칙을 적용하려면 먼저 사건이 예기되었는가(anticipated) 여부를 물어야 한다고 설시하고 있다. 즉 이 판결은 병존적 사건의 예견불가능성을 계약목적달성불능의 요건으로 인정하고 있다.40)

계약목적달성불능을 일으키는 사건을 자신의 행위에 의하여 또는 그가 책임을 져야 하는 자의 행위에 의하여 야기한 당사자는 계약목적달성불능을 이유로 계약의 해소를 주장할 수 없다. 즉, 그러한 경우는 '스스로 자초한 계약목적달성불능'(self-induced frustration)에 해당되어 계약목적달성불능을 이유로 계약의 해소를 주장할 수 없다.41)

계약목적달성의 불능의 원칙적 효과는 계약이 법의 작용에 의하여 자

---

39) 예를 들어 국왕의 대관식 퍼레이드를 구경하기 위하여 설치한 좌석 티켓을 예약한 사건들 중의 어떤 것에서는 계약에서 행렬이 연기되면 티켓은 행렬이 지나가는 날에 유효한 것으로 한다고 약정하는 경우가 있다. Victorian Seats Agency v. Paget(1902) 29 TLR 16.

40) Treitel, An Outline of the Law of Contract, 5th ed., 1995, p.841(이호정, 영국계약법, 502면에서 재인용) 참조.

41) Bank Line Ltd v. Arthur Capel & Co Ltd.

동적으로 해소되는 것이다. 즉, 법에 의하여 계약이 자동적으로 종료하며 해제와 같은 행위는 필요 없다. 계약목적달성불능에 의한 계약의 해소는 '계약의 자동적이고 전면적인 해소'(automatic and total discharge of the contract)이다.42)

2) 행정계약

영국은 행정계약 중 특히 정부조달계약에 있어서는 기본적으로 사법상 계약으로 보는 전제에 있기 때문에43) 사법상 발전된 목적달성불능의 법리가 행정계약에도 그대로 적용되는 것으로 볼 수 있다. 이 외에도 행정주체가 일방적으로 계약을 해지할 수 있는 파기조항(break clause)이 광범위하게 인정되고 있다.

영국의 '물품구매에 관한 정부계약일반조건'(Standard Conditions for Stores Purchases 1979) 제28조에서는 파기조항에 관해 규정하고 있다. 이에 의하면 발주청은 언제든지 계약상대방에게 기간을 정해서 통지를 하고 그 기간이 지나면 계약을 언제든지 해지할 수 있는 권한을 갖는다. 발주청은 여기서 정해진 기간 안에 계약상대방이 취해야 할 조치, 예컨대 더이상 물품생산을 중단한다든지, 일정 범위의 계약이행을 완료한다든지 등의 조치에 관해 정할 수 있다. 다만 이 조항에 의한 계약해지에 의해 계약상대방에게 불가피하게 발생한 손해를 전부 보상해야 한다. 물론 위에서 본 바와 같이 통지된 시간 내에 계약상대방이 취해야 할 조치를 이행하지 않음으로 발생한 손해에 대해서는 보상의무가 없다.

이처럼 계약상대방에게 채무불이행 등 귀책사유가 없음에도 불구하

---

42) 이호정 교수는 이러한 점에서 계약을 변화된 사정에 적응시켜 존속시켜 보려고 시도하고, 이것이 불가능한 경우에만 계약의 해소를 인정하는 독일이나 우리나라와 차이가 있다고 지적하고 있다(이호정, 영국계약법, 483~483면 참조).

43) Sue Arrowsmith, Sue, The Law of Public and Utilities Procurement, p.9 참조.

고 계약의 해지가 가능하다고 보는 것은 행정주체의 공익추구성 때문으로 볼 수 있다. 그리고 이러한 파기조항의 공익성으로 인해 개별약정에서 파기조항을 배제하는 것은 허용되지 않는다고 보고 있다.[44] 이러한 파기조항제도는 뒤에서 보게 되는 미국의 '편의적 해약'(termination for convenience)과 매우 유사한 제도로 볼 수 있다.

4. 미 국

1) 사법상 계약

영국법원에서 정립된 목적달성불능법리가 미국에서 최초로 인정된 것은 캘리포니아 주대법원의 1916년 Mineral Park Land Co. v. Howard 사건[45]이다. 이 사건에서 피고는 교량축조에 필요한 자갈의 전부를 원고의 토지로부터 1입방야드 당 0.05달러에 구입하기로 합의하였다. 약 100,000입방야드 정도가 필요한 것으로 예정되었으나 50,000입방야드를 채취한 후 피고는 물(지하수)을 만나게 되었고 그 물을 제거하고 자갈을 건조시키는 비용이 엄청나서 그는 다른 채취지역으로 옮겼다. 토지소유자는 계약위반으로 소송을 제기하였으나 법원은 비용의 엄청난 증가는 계약목적의 달성을 불가능하게 한다고 하면서 피고의 이행책임을 면제시켰다. 후속 캘리포니아주의 판결들은 이 판례를 예정된 이행과정에 근본적 변화가 있는 사실관계에만 적용하도록 그 적용범위를 제한하였다.

캘리포니아주의 판결 이외에 가장 주목할 만한 연방법원의 판결로는 National Industries, Inc. v. United States 사건[46]이다. 한국전쟁 중에 National Presto사는 군용포탄을 제조하기로 미정부와 일정한 가격에 계약을 체결

---

44) Turpin, Colin, Government Procurement and Contracts, Longman, Harlow 1989, p.243 참조.
45) Mineral Park Land Co. v. Howard, 156 p.458(Cal 1916).
46) 338 F. 2d 99(Ct. Cl. 1964), cert. denied, 380 U.S. 962(1965).

하였다. 그 계약에서는 불발탄비율을 감소시키기 위해 개발된 새로운 방법으로 포탄을 제작할 것을 요구하였다. 그런데 새로운 방법의 실시가 기술적으로 곤란하다는 것이 밝혀졌다. 이에 따라 National Presto사는 초과비용에 대한 배상청구소송을 제기하였다. 법원은 쌍방착오와 목적달성불능이론의 요소를 혼합하여 당사자 간에 손해위험을 균등하게 분배하는 방식으로 계약을 변경하는 판결을 하였다.

한편 이와 비슷한 United States v. Wegematic Corp. 사건47)에서 기술상의 문제는 이행의 면제에 충분한 근거로 인정받지 못했다. 피고는 급속히 변화하는 시장에서 당시 기술수준의 컴퓨터설비를 정부에 제공하려고 하였고, 기술상의 문제들은 당사자 모두가 예견할 수 있었다. 문제는 피고가 자신의 이행능력에 대해 수차에 걸쳐 약속과 설명을 하였다는 것이었다. 법원은 그러한 약속과 설명들을 이행을 담보하는 것으로 취급하여, 피고가 기술상의 문제의 위험을 인수한 것으로 결론지었다. 요컨대 일반적으로 목적달성불능에 대한 미국법의 이론은 별로 발전되지 않았는데 이는 부분적으로는 상사계약에 불가항력(force majeure) 기타 면책조항을 삽입하는 관행 때문이기도 하다는 지적이 있다.48)

2) **행정계약**49)

미국의 정부계약의 구속력과 관련하여 검토할 필요가 있는 제도는 '편의적 해약'(Termination for Convenience)50)이다. 이는 미국의 남부전쟁시대부터 발달된 개념인데 미 연방정부가 손해배상책임을 지지 않고 해약을 할 수 있는 것을 포함하여, 계약의무의 기속효과로부터 특별한 탄력

---

47) 360 F. 2d 674(2nd Cir. 1966).
48) 양명조, 전게서, 212면 참조.
49) 이하의 내용에 대해 자세히는 노수철, "정부조달계약제도하의 계약상대자보호문제연구", 제4회 국방조달관계법 세미나(2004.11), 5~36면 참조.
50) 노수철, "정부조달계약제도하의 계약상대자보호문제연구", 제4회 국방조달관계법 세미나(2004.11), 5~36면 참조.

성을 가져야 한다는 것은 미국의 남북전쟁시대부터 발달한 개념이다. 1875년 United States v. Corliss Steam-Engine Co. 사건[51]에서 연방대법원은 기술혁신의 빠른 속도와 가변성으로 인하여 무기조달계약에 있어서 계약을 변경하거나 중단하고 청산할 필요성을 고려하여 정부에게 편의적 계약해지권을 인정해야 한다고 판시하였다.

편의적 해약제도는 1차 세계대전과 2차 세계대전을 겪으면서 점차 변형발전하여 평화시 및 비군수 정부조달계약에 대해서도 적용되기에 이르러, 오늘날 연방조달규칙(Federal Aquisition Rule)[52]은 확정가(fixed price) 정부계약[53]에 있어서 편의적 해약조항을 포함시킬 것을 의무화하고 있다.

계약체결 당시와 해약권 행사 당시 사정변경이 없을 때에도 편의적 해약권행사를 제한없이 행사할 수 있는가에 관해서는 판례의 변천이 있어왔다. 1974년 미연방청구법원(US Court of Claims)은 Colonial Metals Co. 사건[54]에서 정부가 계약자 선정 전에 알고 있었던 사유로 인하여 아무런 사정변경이 없음에도 편의적 해약권을 행사하는 것은 허용된다고 판시한바 있다. 이 판결 이후 정부에게 사실상 무제한으로 편의적 계약해지권이 인정되는 것으로 이해되었다.[55]

그러나 연방청구법원은 1982년의 Torncello 사건[56]에서 정부의 편의적 해약권행사에 중요한 제한을 가한 바 있다. 그 사실관계를 보면 해군이 한 업체에게 용역독점계약을 체결하면서 당시 계약가보다 저가로 다른

---

51) 91 US 321 (1875).

52) FAR 49. 501-503.

53) 정부계약의 유형은 여러 가지가 있으나, 크게 두 가지 범주로 나누어질 수 있다. 확정가계약(fixed price contract)과 비용상환계약(cost reimbursement contract)이 그것이다. 확정가계약이 가장 빈번하게 사용되는 정부계약의 유형이다. Mark A. Pederson, Rethinking the Termination for Convenience Clause in Federal Contracts, 31 Pub. Cont. L. J. 83(2001), p.88 참조.

54) 494 F.2d 1355(Ct. Cl. 1974).

55) Pederson, Rethinking the Termination for Convenience Clause in Federal Contracts, p.90 참조.

56) 681 F.2d 756(Ct. Cl. 1982).

업체로부터 용역을 받을 수 있음을 충분히 알았으면서도 계약을 체결한 후 편의적 해약을 주장하면서 그 동일한 용역을 다른 업체로부터 공급받기에 이른다. 이에 대해 연방청구법원은 계약자 선정 시와 계약해약 시 사이에 사정의 변경(change in circumstances)이 없이는 정부가 계약을 해약할 수 없다고 판시한 바 있다.

그러나 1996년 연방순회법원은 Krygoski Construction v. Unites States 사건57)에서 Torncello의 결정과 정면으로 배치되는 결정을 내린 바 있다. 사실관계를 살펴보면 미 육군 공병단은 Krygoski 건설회사와 폐쇄된 공군기지의 철거 및 그 기지 내에 있을 것으로 예상되는 추정량의 석면의 제거를 내용으로 하는 계약을 체결하였다. 그러나 계약의 체결 후 최초 추정하였던 석면의 양보다 훨씬 많은 양의 석면이 발견됨으로 인하여 석면 제거에 소요되는 비용이 대폭 증가하게 되었다. 정부는 이에 따라 Krygoski 건설회사와의 계약에 대해 편의적 해약권을 행사하고 추가로 석면을 제거하는 내용으로 새로운 입찰절차를 개시하였다. 이에 대해 Krygoski는 사정의 변경이 없었다는 이유로 편의적 해약권의 행사가 불가함을 주장하였고, 연방순회법원은 사정변경이 있는 경우에 한하여 편의적 해약권의 행사가 인정되는 것은 아니라고 하여 정부의 편의적 해약을 인정하였다. 이러한 결정에 따라 정부의 편의적 해약권 행사의 제한은 Torncello 이전으로 다시 복귀한 것으로 받아들여지고 있다.58) 이처럼 편의적 해약이 인정될 경우 계약상대방의 반환청구할 수 있는 범위가 문제인데, 기발생한 비용, 기성 또는 기납부분에 대한 이윤, 계약청산비용에 제한하며 기대이익의 청구는 허용하지 않고 있다.59)

---

57) No. 214-89C (Fed. Cl. Mar. 2, 1993).

58) Pederson, Rethinking the Termination for Convenience Clause in Federal Contracts, p.91 참조.

59) 노수철, "정부조달계약제도하의 계약상대자보호문제연구", 제4회 국방조달 관계법 세미나(2004.11) 19~25면 참조.

5. 외국법제 상호간의 비교

1) 공통점

첫째, 사정변경이론을 토대로 한 사정변경에 관련된 원칙들이 사법상의 계약에 비해 보다 쉽게 인정되는 경향이 있다. 물론 독일의 경우 최근 민법의 개정으로 행위기초상실에 관한 명문의 규정이 들어감으로 인해 이러한 차이가 완화되기는 했지만, 연혁적으로 볼 때 행정계약에서 행위기초의 상실이 보다 먼저 명문으로 인정되었고, 프랑스에서는 여전히 불가예견사태론의 법리의 적용여부에 있어서 사법상 계약과 행정계약이 차이를 나타내고 있다는 점에서 이러한 경향이 나타난다고 할 수 있다.

둘째, 사정변경법리와 구별되는 '공익적 사유로 인한 일방적 계약해지'가 인정되고 있다는 점이다. 미국에서는 편의적 해약을 사정변경에 있는 경우에 제한하려는 판례도 있었으나 지금의 주류적인 판례의 태도는 이러한 제한을 두지 않고 있다. 이는 편의적 해약이 사정변경법리와 단절된다는 점을 명확히 한 것으로 볼 수 있다.

공익적 사유로 인한 일방적 계약해지와 사정변경법리를 구별하는 실익은 보상의 범위가 달라진다는 점에서 찾을 수 있다. 프랑스에서는 불가예견사태론에 있어서는 이로 인한 보상의 범위가 일정범위로 제한되나 공익을 원인으로 한 일방적 계약해지에 있어서는 보상이 총체적으로 이루어져야 한다는 점에서 차이가 있다고 할 수 있다. 다만 미국에서는 편의적 해약의 경우에도 보상의 범위를 정당한 범위로 제한하려는 점에서 독일과 프랑스보다 보상의 범위를 제한하고 있다고 할 수 있다.

2) 차이점

사정변경이론과 관련하여 각국에서 나타나는 차이점을 비교하면 일단 계약내용의 변경을 원칙으로 한다는 점에서는 독일과 프랑스가 공통적이며 이점에서 계약의 해지를 원칙으로 하는 영국과 가장 큰 차이를 나타내고 있다. 다만 독일은 사정변경을 기초로 예외적으로 계약의 해지까지 인정한다는 점에서는 프랑스와 차이점을 나타내고 있다. 이는 프랑스에서의 불가예견사태론은 공역무 계속의 원칙과 결부되어 인정되고 있기 때문이라고 할 수 있다.

II. 우리나라의 법제

1. 사법상 계약

우리나라에서는 주로 독일의 행위기초론의 영향하에 사정변경원칙의 인정여부가 논의되고 있다. 우리 민법상으로는 독일의 舊민법과 마찬가지로 사정변경의 원칙에 대한 일반적인 규정은 두지 않고 있으며, 다만 개별적인 계약유형에 따라 계약체결 후의 사정변경을 이유로 계약의 해제나 조정을 인정하는 조항을 두고 있다.[60] 다만 최근 민법의 개정과정에서 독일의 개정민법과 마찬가지로 사정변경의 원칙의 일반조항을 삽입하려는 움직임이 나타나고 있다.[61]

---

60) 예를 들어 증여계약의 경우 증여계약 후 증여자의 재산상태가 현저히 악화되어 그 이행으로 인하여 생계의 중대한 영향을 미칠 경우에는 증여자는 그 계약을 해제할 수 있다(민법 제567조). 또 임대차계약에 있어서 임대물에 대한 공과부담의 증감 기타 경제사정의 변동으로 인하여 약정한 차임이 상당하지 않게 되면 당사자는 "장래에 대한 차임의 증감"을 청구할 수 있다(민법 제628조).

61) 정종휴, 민법개정안 채권편에 대한 기대와 우려, 민법연구 제22권(2002), 379면 참조.
   민법개정시안 제544조의 4(사정변경과 해제, 해지)의 내용은 다음과 같다.
   "당사자가 계약 당시 예견할 수 없었던 현저한 사정변경으로 인하여 계약

우리나라의 다수설은 민법상 신의칙 규정(민법 제2조)을 근거로 하여 다음과 같은 요건이 충족되면 사정변경을 이유로 계약관계에 이를 맞추어 조정하는 것이 인정되어야 한다고 보고 있다.[62] 첫째, 계약당시 그 기초로 되었던 사정이 현저히 변경되었을 것, 둘째, 그 사정변경을 당사자들이 예견하지 않았고 예견할 수 없었을 것, 셋째, 그 사정변경이 당사자들에게 책임 없는 사유로 발생하였을 것, 넷째, 당초의 계약내용에 당사자들 구속시키는 것이 신의칙상 현저히 부당할 것이 그것이다.

이에 대해 다음과 같은 관점에서 다수설을 비판하는 견해도 존재한다. 당사자가 예견치 못한 현저한 사정의 변경이라는 개념이 지나치게 추상적임에도 불구하고 이러한 요건에 대해 계약해제라는 중대한 효과를 인정하는 것은 법운영을 자의에 빠뜨릴 우려가 있다는 것이다.[63]

판례는 일반적으로는 사정변경을 이유로 계약관계를 이에 맞추어 변경하는 것을 인정하지 않고 있다. 예를 들어 대법원은 화폐가치의 하락으로 인한 등가관계 파괴의 경우에도 이를 이유로 계약관계를 변경하는 것을 부인한 바 있다(대법원 1963.9.12. 선고 63다452 판결).

다만 최근의 판례에서 "이 사건 매매계약이 체결된 후에 9년이 지났고 시가가 올랐다 하더라도 그것만으로는 피고가 이 사건 매매계약을 해제할 만한 사정변경이 있었다고 볼 수 없다고 판단한 것도 기록에 비추어 옳게 수긍이 되고"라고 판시한바 있는데(대법원 1991.2.26. 선고 90다19664 판결), 이 판례는 사정변경의 법리 자체를 부인한 것이 아니라 이를 적용할 만한 기초사실이 없다는 취지로 이해할 여지가 있다.[64] 또한 판례는 계속적 보증계약에 있어서 신의칙에 의한 해지를 인정하고 있는데,[65] 이것도 사정변경원칙의 적용의 예로 보는 것이 일반적이다.

을 유지하는 것이 명백히 부당한 때에 당사자는 변경된 사정에 따른 계약의 수정을 요구할 수 있고 상당한 기간 내에 계약의 수정에 관한 합의가 이루어지지 아니한 때에는 계약을 해제 또는 해지 할 수 있다"

62) 민법주해[Ⅰ], 박영사, 2000, 151면(양창수 집필부분) 참조.
63) 이은영, 채권각론(신정판), 박영사, 1997, 171~172면 이하 참조.
64) 민법주해[Ⅰ], 153면.

2. 행정계약

1) 개 관

행정사건에 있어서 신의칙의 적용을 긍정하고 있는 판례의 태도[66]를 고려하면, 신의칙에 근거한 제도라고 할 수 있는 사정변경의 원칙이 공법상의 계약이나 사법상 계약에도 적용될 법리적인 토대는 충분히 존재한다고 할 수 있다. 행정계약에 관해 행정절차법에서 일반적으로 규율하고 있지 않은 우리나라에서는 개별법령에서 계약의 변경 및 해지에 관해 규율하고 있다.

우선 정부조달계약과 관련해서 보면 국가를 당사자로 한 계약에 관한 법률 제19조에서 "각 중앙관서의 장 또는 계약담당공무원은 공사, 제조, 용역 기타 국고의 부담이 되는 계약을 체결한 다음 물가의 변동, 설계변경 기타 계약내용의 변경으로 인하여 계약금액을 조정할 필요가 있을 때에는 대통령령이 정하는 바에 의하여 그 계약금액을 조정할 수 있다"라고 규정하여 일정한 경우 계약내용을 조정할 수 있는 근거규정을 두고 있다. 그러나 이는 물가의 변동 등 계약내용조정의 사유가 한정되어 있고 계약내용 중에서도 계약금액만을 조정할 수 있다는 점에서 이 조항의 적용범위가 한정적임을 알 수 있다.

다음으로 재정경제부 회계예규인 공사계약일반조건 제45조, 물품구매계약일반조건 제27조, 기술용역계약일반조건 제30조에서 사정변경에 의한 계약의 해제 또는 해지에 관하여 규정하고 있으며 그 내용은 3가지 조건이 거의 동일하다. 즉 발주기관은 계약상대방의 책임에 의한 사유로

---

65) 대법원 1990.2.27. 선고 89다카1381 판결, 대법원 1986.9.9. 선고 86다카792 판결 등.

66) 대법원 2000.11.28. 선고 99두5443 판결, 대법원 1998.9.25. 선고 98두6494 판결 등.

계약이 해제 또는 해지 되는 경우 외에 객관적으로 명백한 발주기관의 불가피한 사정이 발생한 경우에는 계약을 해제 또는 해지할 수 있다고 규정하고 있다. 이는 일종의 약관과 같은 성격을 가지며 정부조달계약을 체결할 때 이러한 조건들이 계약내용에 포함된다.[67]

그런데 "객관적으로 명백한 발주기관의 불가피한 사정이 발생한 경우에는 계약을 해제 또는 해지할 수 있다"는 조항에 대해서는 다음과 같은 의문이 제기될 수 있다. 첫째, 이는 지나치게 행정주체에게 유리한 조항으로서 약관규제법상 무효의 규정으로 보아야 하지 않는가 하는 의문이 그것이다. 약관규제법이 행정계약에 그대로 적용될 수 있는가 하는 질문과 연결된다.

둘째, 위 조항에서 "객관적으로 명백한 발주기관의 불가피한 사정이 발생한 경우"란 어떤 상황을 의미하는가 하는 점이다. 이는 비교법적으로 공통적으로 인정되고 있는 '공익을 원인으로 하는 계약해지'제도와의 관련성의 분석을 통해 답을 얻을 수 있을 것이다.

위 회계예규에서는 이와 같은 해제 또는 해지가 이루어질 경우 조달주체가 반환해야 할 범위도 규정하고 있는데, 공사/기술용역계약에 있어서는 ① 계약이행보증금, ② 검사를 필한 기성부분에 대한 대가, ③ 검사를 필하지 아니한 부분 중 객관적인 자료에 의하여 이미 시공, 수행되었음이 판명된 부분에 대한 대가, ④ 전체 공사/용역의 완성을 위하여 계약의 해제, 해지일 이전에 투입된 계약상대자의 인력, 자재 및 장비의 철수비용을 반환하여야 한다. 그리고 물품공급계약에 있어서는 ① 계약이행보증금, ② 기성 또는 기납 부분에 대한 대가, ③ 전체 물품제조의 완성을 위하여 계약의 해제 또는 해지일 이전에 투입된 계약상대방의 인력, 자재 및 장비의 철수비용을 반환하여야 한다.

다음으로 민간위탁계약과 관련해서 계약의 해지에 관한 규정을 두고

---

67) 이러한 약관의 적용을 받지 않는 계약은 계약해석의 일반론으로 돌아가 사정변경에 의한 계약해지가 가능한지가 문제된다.

있는 예가 있는데, 그 대표적인 예로 행형업무 및 교정업무의 민간위탁 계약에 관해 규정하고 있는 민영교도소 등의 설치·운영에 관한 법률 제7조의 규정을 들 수 있다.

이 규정과 같이 행정계약의 체결 및 그 해지에 관한 근거법령이 존재할 경우에는 그 내용에 따른다고 할 수 있으나, 근거법령이 존재하지 않을 경우에도 사정변경이나 공익을 원인으로 한 계약의 해지나 변경을 인정할 수 있는지가 문제가 된다. 이와 관련하여 독일과 마찬가지로 사정변경원칙이 헌법적인 지위를 갖는 것으로까지 볼 수 있을지가 근본적으로 문제된다.

2) 사정변경원칙

행정계약에 있어서 사정변경의 원칙이 헌법상의 지위를 갖는지 여부에 관해서는 다음과 같은 근거에서 사정변경원칙의 헌법상 지위를 부정하는 견해가 제시될 수 있다. 헌법재판소는 계약의 자유를 헌법상 기본권의 하나로 보호하고 있다. 즉, 계약의 자유를 헌법 제10조에서 규정하고 있는 행복추구권 속에 함축된 일반적 행동자유권으로부터 파생되는 것으로 보고 있다(헌법재판소 1991. 6. 3. 선고 89헌마 204 결정). 이러한 점을 고려할 때 계약충실의 원칙도 헌법상 보호되는 기본권으로 볼 수 있고 이에 관한 제한은 헌법 제37조 제2항에 규정에 따라야 한다는 것이다. 따라서 사정변경의 원칙도 그 자체로 헌법상의 지위를 갖는 것은 아니고 이를 인정하기 위해서는 법령의 근거를 요한다는 것이다.[68]

그러나 이러한 견해가 타당한지는 매우 의문이라고 하겠다. 행정계약의 헌법상 지위에서도 논했지만 행정계약의 자유의 헌법상 지위를 민법상의 계약의 헌법상의 지위와 완전히 동일하게 볼 수 없다는 점,[69] 사정

---

[68] 사정변경과 관련된 당사자의 합의가 있는 때에는 그 합의에 따르면 된다. 여기서 문제되는 것은 이러한 합의가 존재하지 않는 때에도 계약당사자 중 일방이 사정변경을 원인으로 계약의 변경 또는 해지가 가능한가 하는 점이다.

변경의 원칙은 법치국가원리의 파생원리로서 성격을 갖는다는 점 등을 고려할 때 행정계약에서 사정변경의 원칙은 헌법상의 지위를 갖는 것으로 보아야 하고, 이렇게 볼 경우 이의 적용에는 반드시 법률의 근거를 요한다고 볼 것은 아니라고 하겠다.

이처럼 사정변경원칙의 헌법원리적 성격을 인정할 경우에는 반드시 법령이나 계약상의 근거가 없다고 하더라도 사정변경원칙에 따른 계약의 변경이나 해지가 가능하다고 보아야 할 것이다. 이 점에서 공익적 사유로 인한 일방적 계약해지권과 차이가 있다고 보는 것이 타당하다.

다만 사정변경원칙이 계약충실원칙에 대한 중대한 제한이라는 점을 고려할 때 독일과 마찬가지로 계약내용의 변경을 원칙으로 하고, 해지는 예외적으로 인정하는 것이 타당하다고 하겠다. 또한 사정변경으로 인한 계약변경 또는 해지에 있어서 독일과 마찬가지로 보상을 원칙적으로 부정하는 것보다는 프랑스와 마찬가지로 위험분배의 차원에서 접근하는 것이 바람직하다고 하겠다. 즉, 당사자의 예측가능성의 정도를 고려하여 위험의 적절한 분배가 이루어지도록 배려해야 할 것이다.

이러한 사정변경원칙이 다음에 보게 되는 공익적 사유로 인한 계약의 변경이나 해지와 어떤 관계에 놓이는 지도 문제된다. 왜냐하면 공익적 사유로 인한 계약의 변경이나 해지가 폭넓게 인정될 경우에는 사정변경원칙이 유명무실해질 수 있기 때문이다. 경제적 사정의 변경, 예를 들어 물가변동 등으로 인한 계약의 변경이나 해지의 경우 기타의 공익적 사유로 인한 계약의 변경이나 해지에 비해서 제한될 필요가 있다고 할 수 있다. 이러한 점을 고려할 때 경제적 사정의 변경에 있어서는 원칙적으로 사정변경원칙의 적용에 의해서만 계약의 변경이나 해지가 가능하다고 보는 것이 타당하다.

---

69) 사인의 관점에서의 행정계약자유의 헌법적 근거와 행정주체의 관점에서 행정계약자유의 헌법적 근거가 차이가 있음은 이미 제1장 제3절에서 지적한 바 있다.

3) 공익적 사유로 인한 계약의 변경 또는 해지

공익적 사유로 인한 계약의 해지나 변경도 사정변경의 원칙과 마찬가지로 헌법상의 지위를 인정하는 것이 타당한지 의문이 제기된다. 공익을 원인으로 한 행정주체의 일방적인 계약의 해지나 변경을 인정하고 있는 것은 행정주체의 공익대변자로서의 지위를 중시하여 행정의 권한에 이러한 계약의 해지, 변경의 권한이 포함되는 것으로 보기 때문이라고 할 수 있다. 이러한 권한은 그 남용가능성이 매우 크다는 점, 계약체결에 따른 계약상대방의 신뢰를 깨뜨리는 측면이 있다는 점을 고려하면 이를 당연한 헌법상의 행정주체의 권한으로까지 이해하기는 힘들다고 하겠다. 따라서 공익적 사유로 인한 계약의 변경이나 해지는 헌법 제37조 제2항에 따라 법령상의 근거를 반드시 요한다고 보는 것이 타당하다.

이처럼 공익을 원인으로 한 행정주체의 일방적인 계약의 해지나 변경이 당사자의 의사합치에 의해서도 인정될 수 있는가가 문제될 수 있다. 이러한 약정이 무엇보다 약관규제법상 계약당사자에게 부당하게 불리한 내용(약관규제법 제6조 제1항)으로서 무효가 아닌가 하는 의문이 제기될 수 있다. 약관규제법이 상거래관계에서 발생한 계약을 기본적으로 적용대상으로 한다는 점을 고려하면 행정계약에 아무런 전환이 없이 그대로 적용된다고 보기는 힘들다. 상거래와 가장 유사하다고 볼 수 있는 정부조달계약의 경우에도 이러한 계약의 유효성이 비교법적으로 일관되게 인정되고 있다는 점을 고려하면 이러한 계약조항을 당연히 약관규제법 위반으로 무효라고 할 수는 없다고 하겠다.

그렇다면 이러한 공익을 원인으로 한 계약의 변경 또는 해지가 어느 경우에 인정되는지 문제된다. 앞서 보았듯이 경제적 사정의 변경의 경우는 사정변경이 발생한 경우에만 적용된다고 보아야 할 것이고, 공익적 사유로 인한 계약의 변경이나 해지는 경제적 사정 이외의 공익적 사정이 발생한 경우만 인정될 수 있다고 보아야 할 것이다.

제4절 행정계약의 하자

Ⅰ. 외국의 법제

1. 독 일

1) 개 관

연방행정절차법이 제정되기 이전에 독일의 지배적인 의견은 위법성이 있는 행정계약을 무차별적으로 엄격하게 다루어야 한다는 것이었다. 다시 말해 행정계약이 위법할 경우에는 그 위법이 어떠한 종류이든지, 그 정도가 어떠하든지 간에 당해 행정계약은 무효인 것으로 보았다. 다시 말해, 두 가지 종류의 계약이 존재하게 된다. ① 적법하고, 유효한 계약과 ② 위법하고, 무효인 계약이 그것이다. 이들 사이에 중간단계는 존재하지 않았다.[1]

그런데 연방행정절차법은 이러한 엄격한 무효도그마로부터 벗어났다. 즉, 행정절차법 제59조[2]를 통해 위법성과 무효의 고리가 끊기게 되었다.

---

1) Imboden, Der vertragrechtliche Vertrag, S. 97 ; Forsthoff, Lehrbuch des Verwaltungsrecht, S. 283 참조.
2) 동 규정의 내용은 다음과 같다.
  행정절차법 제59조(공법상의 계약의 무효)
  ① 공법상의 계약은 민법전 규정의 준용으로 무효가 되는 경우에는 무효로 한다.
  ② 제54조 후단에서 말하는 계약은 다음 각호의 경우에도 무효로 한다.
   1. 상응되는 내용의 행정행위가 무효로 되는 경우.
   2. 상응되는 내용의 행정행위가 단순히 제46조에서 말하는 절차상 또는 형식상의 흠을 이유로 하여서만 위법으로 된 것이 아니었고 또한 그러한 것이 계약체결자에게 고지되었던 경우.

제59조 제1항에서 의하면, 민법에서 계약이 무효가 되는 사유가 행정계약에서 발생하는 때에는 민법규정의 준용에 의해 행정계약이 무효가 된다. 그리고 제59조 제2항에서는 '종속적 행정계약'이 무효가 되는 사유를 추가로 열거하고 있다. 이 규정들에 의하면 각 개별법령의 위반이 있다고 하여 행정계약이 항상 무효가 되는 것이 아니다. 행정절차법 제59조 제1항 또는 제2항에 의해 무효가 인정되어야만 한다. 이 규정들을 종합적으로 해석하면, 무효사유에는 해당하지 않는 '단순히 위법'한 계약도 계약체결의 시점부터 전적으로 유효하다. 그리고 이러한 '단순히 위법'한 계약은 사후적인 철회나 취소가 원칙적으로 불가능하다.[3]

이러한 행정계약의 하자론은 본질적으로 행정행위의 하자론과 차이가 있다. 위법한 행정행위의 경우 발령이 있은 이후에 바로 유효하게 되는 것은 사실이나(행정절차법 제41조, 제43조 참조), 제소기간 내에 취소가능성이 존재하기 때문에(행정법원법 제42조, 제68조 이하, 제80조) 법적으로 유동적인 상태에 놓이게 된다. 제소기간 이후에도 행정절차법 제48조에 의해 철회 또는 직권취소의 가능성이 여전히 존재한다. 이러한 점을 비교해보면 단순한 위법성만이 존재할 경우에는 행정행위에 비해 행정계약에게 '보다 큰 구속력'(Bindungsmehrwert)이 부여됨을 알 수 있다.[4]

이상의 내용을 종합해보면 행정절차법하에서 행정계약은 크게 세 가지로 나누어짐을 알 수 있다. ① 적법하고, 유효인 계약, ② '단순히 위법한'(schlicht rechtswidrig) 계약,[5] ③ 위법하고, 무효인 계약이 그것이다.[6]

---

3. 화해계약의 체결을 위한 요건이 존재하지 아니하며 또한 상응되는 내용의 행정행위가 제46조에서 말하는 절차상 또는 형식상의 흠을 이유로 하여서만 위법으로 된 것이 아닌 경우.

4. 관청이 제56조에 따라 허용되지 아니하는 반대급부를 약속한 경우.

③ 계약의 일부만이 무효에 관련된 경우에 당해 계약이 무효의 부분이 없이도 체결되었을 것이라고 추정될 수 없는 때에는 이를 전부 무효로 한다.

3) Schlette, Die Verwaltung als Vertragspartner, S. 538-539 참조.

4) Efstratiou, Pavols-Michael, Die Bestandkraft des öffentlichrechtlich Vertrags-eine vergleichende Untersuchung zum grieschen, französischen und insbesondere deutschem Verwaltungsvertragrecht, Berlin 1988, S. 204f. 참조.

이처럼 행정절차법의 제정에 따라 새로이 나타나게 된 중간범주인 ‘단순히 위법한’ 행정계약은 제정 이후부터 많은 논란의 대상이 되고 있다. 이 규정에 대해 비판적인 견해의 핵심은 기본법 제19조 제4항과 제20조 제3항에 위반된다는 점에 있다.[7]

그러나 행정절차법 제59조의 규정은 다음과 같은 이유로 헌법합치적인 것으로 보아야 한다는 견해도 만만치 않다. 우선 행정절차법 59조는 한편으로는 합법성의 원칙과 다른 한편으로는 법치국가의 원리를 기초로 하는 법적 안정성과 사적인 계약당사자의 신뢰보호 사이의 균형을 추구한 것으로 볼 수 있다는 것이다. 그리고 의도적인 탈법적인 행동을 하려고 하는 때에는 행정절차법 제59조 제2항 제2호의 무효사유에 해당하므로 문제가 없다는 것이다. 그리고 이러한 ‘단순한 위법성’의 이론은 단지 행정계약에서만 나타나고 있는 것은 아니고, 행정행위(행정절차법 46조)나 건축상세계획(건설법전 214조) 등에서도 나타나는 것으로서, 이들 모두를 위헌적으로 볼 수는 없다는 것이다.[8]

2) 개별적인 무효사유

행정절차법 제59조 제2항에서는 종속적 행정계약의 경우에 무효사유 4가지를 열거하고 있다. 그리고 행정절차법 제59조 제2항에 열거된 사유에 해당하지 않더라도 동법 제59조 제1항에 의해 민법규정의 준용을 통한 무효가 인정될 수 있다. 제59조 제2항의 무효사유는 행정행위의 하자론과 상당부분 겹치므로 이에 대해서는 여기서는 보다 자세히 다루지는 않겠다. 다만 행정절차법 제59조 제1항과 관련하여 “법률의 금지에 위반하는 법률행위는, 그 법률로부터 달리 해석되지 아니하는 한, 무효이다”

---

5) 위법하지만 유효인 계약을 말한다.

6) Schlette, Die Verwaltung als Vertragspartner, S. 540 참조.

7) Maurer, Allgemeines Verwaltungsrecht, §14 Rn. 48 ; Erichsen in: ders/Ehlers, Allgemeines Verwaltungsrecht, §26 Rn. 28 참조.

8) Schlette, Die Verwaltung als Vertragspartner, S. 541-545 참조.

라고 규정한 민법 제134조9)가 행정계약에 준용될 수 있는지와 관련하여 많은 문제가 제기되고 있다. 이에 관해 보다 자세히 살펴보도록 하겠다.

민법 제134조가 행정계약에도 원칙적으로 준용된다고 보는 것이 다수설10)과 판례11)의 태도이다. 다수설은 '헌법합치적인 해석'의 관점에서 이렇게 해석하는 것이 타당하다고 주장한다. 즉, 민법 제134조의 적용을 배제할 경우 행정절차법 제59조 제1항의 의미가 상당히 퇴색되고 결국 행정절차법 제59조 제2항에 의존하여 무효여부를 판단하게 된다는 것이다. 그런데 행정절차법 제59조 제2항에서 규정하고 있는 무효사유의 범위는 지나치게 협소하기 때문에 이 조항에만 의존하여 행정계약의 효력을 판단하게 될 경우에는 헌법상의 행정의 합법률성의 원칙에 반하는 결과를 가져온다는 것이다.12)

이에 대해서는 연방행정절차법 제59조 제2항 제1호와 제2호가 민법 제134조와 다르게 규정을 하고 있으므로,13) 일반법에 대한 특별법 우선의 원칙에 따라 민법 제134조가 그대로 준용되는 것으로 해석할 수는 없다는 견해가 존재한다.14)

다음으로 다수설과 판례에 따라 민법 제134조가 행정계약에도 준용된다고 볼 경우 민법 134조의 의미에서의 무효가 인정되는 '금지법률'

---

9) 민법 제134조(법률상 금지) 법률의 금지에 위반하는 법률행위는, 그 법률로부터 달리 해석되지 아니하는 한, 무효이다.

10) Schimpf, Der verwaltungsrechtliche Vertrag unter besonderer Berücksichtigung seiner Rechtswidrichkeit, S. 284ff ; Krebs, Verträge und Absprachen zwischen der Verwaltung und Privaten, VVDStRL H. 52, S. 268 등.

11) BVerwGE 89, 7(10) ; BVerwGE 98, 58(63) 등.

12) Schlette, Die Verwaltung als Vertragspartner, S. 550 참조.

13) 예를 들어 행정절차법 제59조 제2항 제1호에 의하면 법령위반이 있다고 하더라도 상응하는 행정행위가 무효가 될 경우에만 이를 대체하는 행정계약이 무효가 이루어지게 되는데, 이는 민법 제134조에서 법령위반을 원칙적으로 무효로 하고 있는 것과 내용이 다르다는 것이다.

14) Bleckmann, Albert, Verfassungsrechtliche Probleme des Verwaltungsvertrages, in: ders, Zur Dogmatik des Allgemeinen Verwaltungsrechts Ⅰ, Baden-Baden 1999, S. 497 참조).

(Verbotsgesetz)이 어느 경우에 인정될 수 있는지가 문제된다. 모든 강제적인 공법상의 규정이 민법 제134조의 의미에서의 금지법률로 볼 수는 없다는 것이 일반적인 견해이다. 왜냐하면 만약 이렇게 본다면 위법성의 범위와 무효의 범위를 일치시키게 되는데, 이는 행정절차법의 입법취지에 반하게 되기 때문이다. 따라서 민법 제134조, 행정절차법 제59조 제1항에 의해 무효가 되기 위해서는 '중대한 법위반'(qualifizierter Rechtsverstoß)이 되어야 한다.15) 그런데 이를 구체적으로 어떻게 판단할 것인지에 대해서는 아직 의견이 일치되어 있지 않다.16)

우선 민법 제134조의 '금지법률'에 해당되는지 여부를 판단하는 일반적인 기준으로 민법학에서 제시되고 있는 것은 다음과 같다. 우선 관련 규정이 모든 참여자에 대해서 당해행위를 금지해야 하는 성격이어야 한다. 그리고 형식적이고 절차적인 규정은 원칙적으로 금지법률로 보기 힘들다는 것이다.17) 그러나 이러한 민법상의 기준을 그대로 행정계약에도 적용하기는 힘들다고 보는 견해가 유력하다. 법령의 취지가 행정작용의 형식적이고 절차적인 척도를 중요하게 여기는 것으로 해석되는 때에는, 형식적이고 절차적인 규정도 민법 제134조의 의미에서의 금지법률이 될 수 있다고 보아야 한다는 것이다.18)

다음으로 살펴볼 것은 '계약' 형식에 의해 행정작용을 하는 것을 법령에서 금지하고 있는 때이다. 행정절차법 제54조 1문에서는 행정계약이 체결이 법규에 반하지 않는 경우에만 인정된다고 규정하고 있다. 이처럼 계약에 의한 행정작용이 금지되어 있음에도 불구하고 계약이 체결된 때에, 당해 계약이 무효라는 점에 대해서는 의견이 일치되고 있다. 이렇게 보는 근거는 부적법한 작용형식의 사용은 항상 중대한 법위반으로 보아

---

15) Wolff/Bachoff/Stober, Verwaltungsrecht, Band 2, §54 Rn. 45; BVerwG 3.3. 1995, E 98, S 58 참조.

16) Schlette, Die Verwaltung als Vertragspartner, S. 551 참조.

17) Karl Larenz/Manfred Wolf, Allgemeinet Teil des Bürgerlichen Rechts, 8.Aufl., München, 1997, § 40 Rn. 15ff. 참조.

18) Schlette, Die Verwaltung als Vertragspartner, S. 552 참조.

야 하는 점에 존재한다.[19)]

법률에서 명시적으로 계약형식에 의한 행정작용을 금지하고 있는 경우에는 의문의 여지가 없다. 문제는 이러한 명문의 규정은 두고 있지 않지만 암묵적으로 계약형식이 금지되고 있는 경우를 어느 범위에서 인정할 수 있는가 하는 점이다.

특정의 법령에서 행정행위의 발령에 관해서만 규정하고 있고, 행정계약의 허용여부에 대해서는 어떠한 규정도 두고 있지 않은 경우에 계약형식을 당연히 배제하는 것으로 해석할 수는 없다는 점에 대해서는 어느 정도 의견이 일치되고 있다고 할 수 있다. 이는 행정절차법 제54조가 '행정행위를 대체하는 행정계약'의 개념을 인정하고 있고, 행정작용형식 상호간의 선택가능성을 인정하고 있는 것과 맥락을 같이 한다고 할 수 있다.[20)]

그러나 '암묵적 계약형식의 금지'(implizites Vertragformverbot)가 어느 경우에 인정된다고 볼 것인지에 관해서는 견해가 나뉜다. 대체로 공통적으로 언급되고 있는 영역으로는 시험결정(Prüfungsentscheidung)의 경우, 계획확정절차(Planfeststellungsverfahren)나 이와 유사한 절차를 대체하는 경우 등을 들 수 있다. 이보다 넓게 보는 견해에서는 조세법, 지방자치단체의 공과금법 등에서도 암묵적 계약형식의 금지가 존재한다고 보고 있다. 조세법과 공과금법에 대해서 암묵적 계약형식의 금지가 존재한다고 보는 이유로는 이 영역에서 계약형식이 조세법적인 원칙, 특히 합법률성의 원칙과 조세부과의 평등성부합에의 원칙에 반한다는 점이 지적되고 있다.[21)]

---

19) 다만 법적인 구성을 어떻게 할 것인가에 관련해서는 형식금지에 반하여 체결된 계약의 무효성이 행정절차법 제54조 제1항 2호에서 직접적으로 도출될 수 있는지, 또는 민법 제134조 또는 민법 제125조에서 나올 수 있는지(행정절차법 제59조 1항을 매개로 하여) 여부는 여기서 매우 다투어지고 있다. 이에 관해 행정절차법 제59조가 하자결과에 대한 배타적인 규율로 이해되고 있고 그에 따라 제54조는 무효결과를 분명하게 규정하고 있지 않다는 점을 고려할 때 제59조 제1항의 방법이 장점이 있는 것으로 보인다는 지적이 이루어지고 있다. Schlette, Die Verwaltung als Vertragspartner, S. 559-560 참조.

20) Schlette, a.a.O., S. 560 참조.

3) 무효의 효과

　행정법상의 계약이 행정절차법 제59조에 규정된 무효사유 중 하나에 해당될 경우에는, '처음부터 무효'(ab initio unwirksam)이다. 다시 말해 채무부담계약은 급부의무를 발생시키지 않으며, 처분계약은 법형성적인 효력을 발생시키지 않는다.[22] 무효여부 판단의 기준시점은 계약의 체결 시이다. 계약체결 시의 법률상태로는 무효사유가 존재하지 않았으나 계약체결 이후에 무효사유가 발생한다고 하더라도 계약은 유효하다.

　무효인 계약은 손해배상청구나 부당이득반환청구와 관련하여 여러 가지 결과를 낳게 된다. 계약의 일방당사자의 책임 있는 사유로 계약의 무효가 발생하고,[23] 그로 인해 상대방 당사자에게 손해가 발생한 때에는 계약의 일방당사자는 손해배상책임을 지게 된다. 손해배상책임은 소극적인 이익, 다시 말해 신뢰이익에 대한 배상에 제한된다.[24] 무효인 채무부담계약을 근거로 급부가 이루어지는 경우에는 부당이득반환청구가 인정된다. 다만 민법상의 법리가 그대로 적용되는 것은 아니며 행정계약에 있어서는 행정의 합법률성의 원칙과 국민의 신뢰보호에 초점을 맞추어 수정이 이루어지게 된다.[25]

　첫째, 국민의 행정청에 대한 부당이득반환청구를 살펴보면 합법률성의 원리로부터 다음과 같은 결론이 나온다. 즉, 행정주체가 법적인 근거가 없이 위법하게 얻은 급부는 전적으로 그리고 예외없이 반환이 되어야 한다. 행정청은 따라서 더 이상 선의취득자의 현존이익 부존재의 항변을 할 수 없다.[26] 국민이 법적인 근거의 흠결을 인식하였다고 해서 행

---

21) Wolff/Bachoff/Stober, Verwaltungsrecht, Band 2, §54 Rn. 7; Henneke, in: Knack, Verwaltungsverfahrensgesetz, §54 Rn. 29 참조.

22) Schlette, Die Verwaltung als Vertragspartner, S. 566 참조.

23) 당해 당사자가 무효사유의 존재를 알았거나 알 수 있었던 때를 들 수 있다.

24) Schlette, a.a.O., S. 567 참조.

25) Schlette, a.a.O., S. 568 참조.

정청을 상대로 부당이득청구를 못하게 되는 것은 아니다.[27)28)]

둘째, 행정청의 국민에 대한 부당이득반환청구와 관련해서는 법률적 합성의 원리와 사인의 신뢰보호 간의 형량에 의해 다음과 같은 결론에 이르게 된다. 즉, 국민이 계약의 유효성을 신뢰하는 한, 그리고 그 신뢰가 보호가치가 있는 한, 국민은 현존이익의 부존재를 항변할 수 있다(민법 제818조 제3항). 신뢰보호는 국민이 계약의 무효를 알았거나 중대한 과실로 이를 알지 못한 경우에는 인정되지 않는다.[29)]

4) 특별한 문제들

(1) 무효인 행정계약의 전환

무효인 행정계약이 다른 적법한 행위로 전환이 가능하다는 점에 대해서는 학설과 판례가 일치하고 있다. 이러한 무효인 행정계약의 전환

---

26) 민법 818조 3항에는 수익자에게 현존이익이 부존재하는 때에는 부당이득반환의 의무가 없다고 규정하고 있다.

민법 제818조(부당이득반환청구권의 범위)

① 반환의무는 수취한 수익 및 수령자가 취득한 권리에 기하여 얻은 것 또는 취득한 목적물의 멸실, 훼손 도는 침탈에 대한 배상으로 얻은 것에도 미친다.

② 취득한 것의 성질로 인하여 반환이 가능하지 아니하거나 수령자가 기타의 이유로 반환을 할 수 없는 때에는, 수령자는 그 가액을 상환해야 한다.

③ 반환 또는 가액상환의 의무는 수령자가 더 이상 이득하지 아니하는 한도에서 배제된다.

④ 소송계속 시부터 수령자는 일반규정에 따라 책임을 진다.

27) 민법 제814조에서는 급부자가 급부할 의무가 없음을 알고 있었을 때에는 부당이득반환청구를 할 수 없다고 규정하고 있다.

민법 제814조(비채의 인식)

채무이행의 목적으로 급부된 것은, 급부자가 급부할 의무가 없음을 알고 있었던 때 도는 급부가 도의적 의무 또는 예의상의 고려에 좇아 행하여진 것인 때에는, 그 반환을 청구할 수 없다.

28) Schlette, Vewaltung als Vertragspartner, S. 569 참조.

29) Erichsen in: ders/Ehlers, Allgemeines Verwaltungsrecht, §29 Rn. 26 참조.

(Umdeutung)의 법적인 근거는 행정절차법 제47조[30]가 아니라 민법 제
140조,[31] 행정절차법 제62조 2문이다. 민법 제140조의 적용을 위해서는
전환이후의 행위가 전환되기 전의 행위에 포함되어 있어 그 효력도 전
환되기 전의 행위를 벗어나지 않는다는 것을 전제로 한다.[32]

실무상 이러한 전환은 매우 드물게 나타나고 있다. 사법상의 계약으
로 전환하는 것은 다음과 같은 관점에서 인정되기가 힘들다. 즉 행정에
게는 원칙적으로 공적인 임무를 수행하기 위해 사적인 작용형식을 사용
하는 것이 금지된다는 관점에서 인정되기 힘들다. 행정법상의 계약이 실
체법상의 이유로 무효인 한, 원칙적으로 *私法*상의 계약, 행정행위, 확약
등도 무효가 된다.[33]

서면형식의 흠결을 이유로 무효인 행정법상의 계약은 형식과 무관하
게 유효한 '협력을 필요로 하는 수익적 행정행위'로 전환하거나, 형식흠
결이 오직 국민 측에게만 존재할 경우에는 확언 또는 확약으로 유지를
하는 것 정도를 생각해 볼 수 있다고 지적되고 있다.[34]

(2) 계약과 행정행위의 결합

앞서 보았듯이 계약의 하자론과 행정행위의 하자론은 차이가 있다. 그
런데 행정계약과 행정행위가 결합하여 사용되는 경우에 경합하고 충돌

---

30) 행정절차법 제47조(흠있는 행정행위의 변경)

　① 흠있는 행정행위가 발동관청에 의하여 당해 절차상의 방법과 형식으로
　　적법하게 발동될 수 있었던 것과 동일한 목표를 대상으로 하는 경우와
　　행정행위의 발동을 위한 요건이 충족되는 경우에는 흠있는 행정행위를
　　다른 행정행위로 변경할 수 있다.

31) 제140조(무효행위의 전환)

　무효인 법률행위가 다른 법률행위의 요건을 충족하는 경우에, 당사자가
　무효를 알았다면 다른 법률행위의 효력발생을 원하였으리라고 인정되는
　때에는, 그 행위의 효력이 발생한다.

32) Schlette, a.a.O., S. 574 참조.

33) Schlette, Vewaltung als Vertragspartnera, S. 574-575 참조.

34) Schlette, a.a.O., S. 575 참조.

되는 양 하자론의 관계를 어떻게 설정할 것인가가 문제된다. 채무부담계약(Verpflichtungsvertrag)과 '계약내용을 이행하는 행정행위'(vertragserfüllender Verwaltungsakt)가 결합된 때를 예로 들어 설명해보면 다음과 같다. 즉, 일정한 행정행위를 할 것을 행정청이 약속하는 내용으로 계약이 체결되었고, 행정청은 이 계약에 기해 일정한 행정행위를 했다. 그런데 만약 위 계약이 행정절차법 제59조에 의해 무효인 계약이었다면 이 행정계약의 내용에 따라 이루어진 행정행위의 효력이 어떻게 되는가 하는 점이다.

통설은 이러한 상황에서 행정행위가 무효는 아니며, 단순위법함에 불과하다고 보고 있다. 그러나 행정청이 이처럼 단순위법한 행정행위를 직권으로 취소할 의무를 부담하는지에 대해서는 견해가 대립되고 있다.[35]

2. 프랑스

1) 개 관

프랑스에서의 행정계약의 하자론을 분석하기 위해서는 우선 민법상의 계약의 하자론부터 검토할 필요가 있다. 민법의 학설은 전통적으로 계약의 하자를 크게 두 가지로 나누어 보았다. 절대적 무효(nullité absolue)와 상대적 무효(nullité relative)가 그것이다. 일부학설은 부존재(inexistence)를 더해서 계약의 하자를 크게 셋으로 나누기도 하였으나, 현재 부존재의 하자는 민법의 학설과 실무에서 거의 포기된 것으로 평가되고 있다.[36]

절대적 무효와 상대적 무효의 구분은 다음과 같다. 민법의 전통적인 학

---

35) Tiedemann, in: Obermayer, Verwaltungsverfahrensgesetz, § 59 Rn. 117-121, Spannowsky, Grenzen des Verwaltungshandelns durch Verträge und Absprachen, S. 241 등이 행정청의 직권취소의무를 긍정하는 견해다. 상대방의 신뢰보호에 따라 행정청의 직권취소여부가 달라질 수 있다고 보는 견해로는 Maurer, Allgemeines Verwaltungsrecht, §14 Rn. 46 참조.

36) Dominique Pouyaud, La nullité des contrats administratifs, p.397 참조.

설은 계약을 생명체에 비유하였다. 만약 그것이 단지 '병들었을'(malade) 경우에는, 다시 말해 계약의 효력요건들 중의 하나가 흠결된 때에는 당해 계약은 상대적인 무효이다. 상대적 무효가 인정되기 위해서는 법원에 소송을 제기하는 것이 필요하다. 이러한 소송의 시효는 10년이다. 상대적 무효는 추인(confirmation)37)에 의해 유효하게 될 수 있다.38)

반면에 절대적인 무효는 계약이 '死産한'(mort-né) 때에 인정된다. 다시 말해 계약의 '존재' 요건들 중의 하나가 흠이 있는 때, 예를 들어 계약체결의 요건 중 가장 중요한 것이 흠이 있는 때에 절대적 무효가 인정된다. 절대적 무효는 법원에 소송을 제기할 필요가 없이 인정된다. 그리고 이는 추인에 의해 유효하게 될 수 없으며 소송의 시효도 존재하지 않는다.39)

이러한 전통적인 학설에서 절대적 무효와 상대적 무효의 구별기준은 다음과 같다고 할 수 있다. 즉 계약체결의 요건의 경중에 따라서 계약의 존재여부와 관련된 중요한 요건의 흠결은 절대적 무효로 보고, 계약의 유효여부와 관련된 상대적으로 덜 중요한 요건의 흠결은 상대적 무효로 보는 것이다.

그러나 이처럼 계약체결의 요건 간에 위계질서를 인정하는 것은 잘못되었다는 인식이 확산되면서 새로운 구별의 기준이 통설의 지위를 차지하게 되었다. '무효법제에 의해 보호되는 이익의 성질'에 따라 구별하는 견해가 그것이다. 즉 무효에 의해 보호되는 것이 사익인 때에는 상대적인 무효로 보고, 반대로 무효에 의해 보호되는 것이 공익인 때에는 절대적인 무효로 보는 것이다.40)

이러한 새로운 기준하에서는 절대적 무효이든지 상대적 무효이든지 법원에의 소송은 필요하게 되었다. 그리고 절대적인 무효와 관련해서는

---

37) 무효주장을 포기하겠다고 하는 당사자의 의사표시를 말한다.

38) Pouyaud, op. cit., p.397 참조.

39) Pouyaud, op. cit., p.397 참조.

40) Pouyaud, La nullité des contrats administratifs, p 397 참조.

이해관계 있는 모든 사람이 소송을 제기할 수 있고, 상대적인 무효와 관련해서는 그것이 보호하고자 하는 당사자만이 소송을 제기할 수 있다. 소송의 시효는 절대적 무효는 30년이며, 상대적 무효는 5년이다. 추인이 인정되는지 여부는 절대적 무효인지 상대적 무효인지 여부에 따라서 달라지는 것은 아닌 것으로 보인다.[41]

행정법학자들은 행정계약의 하자를 분석하면서 기본적으로 민법의 분류를 받아들였다. 다만 민법의 학설에서 부존재는 거의 그 존재의의를 상실한 반면에, 행정법에서는 여전히 그 존재의의가 살아있다는 점이 그 특징이라고 할 수 있다. 이하에서 이에 관해 보다 자세히 살펴보도록 하겠다.[42]

2) 부존재

민법학에서 계약의 부존재의 이론이 포기된 반면에 행정법학에서는 이 이론이 여전히 살아있다고 볼 수 있는데, 이는 일방적 행정작용의 하자론의 영향이 크다고 할 수 있다. 즉, 일방적 행정작용의 경우는 부존재의 법리가 확고하게 자리를 잡고 있는데, 이의 영향으로 행정계약에 있어서도 동일하게 계약이 부존재할 수 있다는 주장이 꾸준히 이루어지고 있다. 다만 판례의 태도는 그렇게 명확하지 않다는 평가가 있다.[43]

프랑스에서 행정계약의 부존재를 논의함에 있어서 크게 두 가지로 나누어 보는 것이 일반적이다. 실제적인 부존재(inexistence matérielle)와 법적인 부존재(inexistence juridique)가 그것이다.

우선 실제적인 부존재로 주장되고 있는 대표적인 경우는 계약체결에 있어서 권한있는 행정청의 개입이 흠결된 경우이다. 계약이 장관 또는 시장에 의해 서명이 되지 않은 때, 지방의회의 의결을 받지 않은 때, 승

---

41) Pouyaud, op. cit., p.398 참조.
42) Pouyaud, op. cit., p.398 참조.
43) Pouyaud, op. cit., p.399~400 참조.

인이 되지 않은 때 등이 대표적인 예이다.[44)]

그러나 이들이 계약체결의 요건이 흠결된 절대적, 상대적 무효와 과연 구별이 될 수 있는지에 대해 다음과 같은 비판이 이루어지고 있다. 즉 권한 있는 행정청이 개입이 흠결된 것은 계약체결의 요건 중의 하나가 흠결된 경우와 다르게 볼 이유가 없다는 것이다.[45)]

그 외에도 계약서면이 존재하지 않는 경우에 계약이 실제적으로 부존재한다고 볼 여지가 있으나, 앞서 보았듯이 서면형식을 요구하고 있지 않는 프랑스에서는 구두계약이 얼마든지 가능하므로 계약서면이 존재하지 않는다는 이유만으로 계약이 실제적으로 부존재한다고 보기는 힘들다고 보아야 한다는 지적이 있다.[46)]

다음으로 법적인 부존재가 문제되고 있다. 일방적 행정작용에서 주로 문제가 되는 것이 이러한 법적인 부존재이다. 왜냐하면 일방적 행정작용에서 실제적으로 부존재하는 것은 드물기 때문이다.[47)]

이러한 법적인 부존재의 대표적인 예로 언급되고 있는 경우는 행정청의 '권한의 찬탈'(usurpation de pouvoir)이 있는 경우이다.[48)] 권한을 갖지 않은 행정청이 계약을 체결하는 경우가 대표적인데, 꽁세유데따도 이러한 경우 계약의 부존재를 인정한바 있다.[49)]

그러나 이처럼 행정청의 권한의 찬탈에 의한 계약의 부존재이론은 '사실상의 공무원 이론'(théorie des fonctionnaires de fait)에 의해 그 법리의 적용이 상당히 제한될 수 있다. 즉, 권한을 갖지 않은 행정청이 계약을 체결하더라도 외관상 정당한 권한을 가진 것처럼 나타날 경우에는 사실상의 공무원 이론에 의해 계약의 존재가 인정될 가능성이 충분히 존재한다.[50)]

---

44) Pouyaud, La nullité des contrats administratifs, p.400 참조.
45) Pouyaud, op. cit., p.400 참조.
46) Pouyaud, op. cit., p.401 참조.
47) Pouyaud, op. cit., p.402 참조.
48) Pouyaud, op. cit., p.404 참조.
49) CE 14 février 1947 Rec. 1948-Ⅲ-41.

법적인 부존재와 관련되어 논의되는 또 다른 예로는 사회상규(bon moers)를 위반한 경우를 들 수 있다.51) 꽁세유데따는 Vitalis 판결52)에서 사회상규에 위반되는 계약의 법적 부존재를 인정한 바가 있다. 그러나 민법학자들이 사회상규에 위반되는 계약을 결코 부존재로 생각하지 않는다는 점, 꽁세유데따가 사회상규위반이 문제된 다른 사건53)에서 무효를 인정한 예가 있다는 점을 고려할 때 꽁세유데따 판결의 비중을 그렇게 높이 평가할 수 없다는 지적이 있다.54)

민법에 비해서는 훨씬 계약의 부존재의 인정가능성이 높은 것으로 학설상 논의되고 있는 것이 사실이나 일방적 행정작용에 비해서 부존재의 법리는 아직 확고하게 독립적으로 자리잡지 못하고 있는 것으로 평가된다.55)

3) 상대적 무효와 절대적 무효

부존재의 법리는 일방적 행정작용의 하자론의 영향을 받은 것으로 볼 수 있으나, 상대적 무효와 절대적 무효의 법리는 순수하게 민법이론의 영향이라고 볼 수 있다. 일방적 행정작용의 하자론에서는 상대적 무효와 절대적 무효의 구별이 존재하지 않기 때문이다.56)

앞서 본 바와 같이 민법학에서 계약의 상대적 무효와 절대적 무효의 구별기준은 전통적으로 하자의 정도였으나, 현재는 보호되는 이익의 성질이다. 이러한 구별기준이 행정계약의 하자론에도 그대로 들어왔다고

---

50) Pouyaud, op. cit., p.404 참조.

51) 민법 1133조

　　원인은 그것이 법률에 의하여 금지되거나 선량한 풍속 또는 공공질서에 반하는 경우에 불법적인 것으로 한다.

52) CE 11 mars 1921, Vitali, 301.

53) CE 9 juillet 1937, Commune d'Arzon, 680.

54) Pouyaud, La nullité des contrats administratifs, p.404 참조.

55) Pouyaud, op. cit., p.405 참조.

56) Pouyaud, La nullité des contrats administratifs, p.407~408 참조.

할 수 있다. 그러나 이러한 구별기준의 변화가 갖는 의미는 민법학과 행정법학에 있어서 상당히 다르다고 할 수 있다.[57]

즉, 행정법에서는 공익의 지배적인 지위로 인해 절대적인 무효가 우선적인 지위를 누리고 있으며, 상대적 무효의 범위는 제한적으로 나타나고 있다. 그러나 민법에서는 사익의 지배적인 지위로 인해 상대적인 무효의 범위확대로 나타나고 있다.[58]

승인이 필요한 계약에 있어서 승인이 흠결된 때, 계약체결의 방식에 하자가 있는 때, 양도가 금지되어 있는 공물의 양도계약이 체결된 때 등에 있어서 전통적으로 상대적 무효로 보는 시각이 있었으나 오늘날 모두 절대적 무효로 보아야 한다는 견해가 지배적이다.[59]

예를 들어 양도가 금지된 공물의 양도의 예를 보면 이러한 양도계약을 상대적 무효로 보는 것이 판례의 태도이다.[60] 이러한 판결에 대해서는 많은 비판이 이루어지고 있다. 즉 이러한 판례에 의하면 공물의 불가양도성이 행정주체의 개별이익만을 위해 정립되었다는 것을 인정하는 셈이 된다. 그러나 이는 공물의 재산적 성격을 지나치게 강조하는 셈이 된다는 것이다. 오히려 공물의 불가양도성은 공익을 위해 존재하는 것으로 보아야 하므로 이의 위반은 절대적 무효로 보아야 한다는 것이다.[61]

또한 공공질서의 위반과 관련해서도 민법에서는 '일반적인' 공공질서의 위반과 '경제적인' 공공질서의 위반을 나누어서 전자의 경우에는 절대적인 무효를, 후자의 경우에는 상대적 무효를 인정하고 있으나, 행정법에서는 이러한 구별은 인정되고 있지 않다. 즉 행정법에서 공공질서는 공익의 반영으로 보아 이의 위반은 절대적 무효로 보는 것이 일반적이

---

57) Pouyaud, op. cit., p.408 참조.
58) Pouyaud, La nullité des contrats administratifs, p.409 참조.
59) Pouyaud, op. cit., p.414~415 참조.
60) Cass. civ. 2 août 1859, DP 1859-Ⅰ-139; Cass. req. 6 mars 1878, S. 1879-Ⅰ-13.
61) Pouyaud, op. cit., p.414~415 참조.

다.[62] 이러한 이유로 현재 행정계약의 상대적 무효의 범위는 매우 축소되어 있는 상태이며,[63] 그 구체적인 법리도 민법과는 약간 차이를 나타내고 있다. 행정계약에서의 무효의 법리를 정리해보면 다음과 같다.

첫째, 절대적 무효이든지, 상대적 무효이든지 법원의 판결은 필요하다. 이 점에 있어서는 민법학의 최근의 이론과 동일하다고 할 수 있다. 그리고 양자 모두에 있어서 판결은 확인적 성격을 갖는다. 왜냐하면 계약체결의 시점부터 계약이 무효라는 점이 확정되기 때문이다.[64]

둘째, 무효를 주장할 수 있는 권리의 주체와 관련해서는 민법과 차이가 존재한다. 민법에서는 무효를 주장할 수 있는 권리가 절대적 무효에 있어서는 모든 이해관계인에게 인정되고, 상대적 무효의 경우에는 위반된 규율이 보호하고자 하는 당사자에게만 인정된다. 이에 비해 행정법에서는 이해관계 있는 '제3자'가 계약의 무효를 소송을 통해 주장할 수 있다는 점을 인정한 예가 없다. 오직 당사자만이 법원에 소송을 제기할 수 있다. 따라서 절대적인 무효는 모든 이해관계인이 주장할 수는 없으며 오직 양 당사자만이 주장할 수 있다. 상대적 무효는 당사자들 중에서 위반된 규율이 보호하고자 하는 당사자만이 주장할 수 있다.[65]

셋째, 무효소송의 시효와 관련해서는 민법학의 최근의 이론과 동일하다고 할 수 있다. 꽁세유데따는 절대적 무효와 관련해서는 민법 제2262조[66]를 근거로 30년의 시효를 인정하고 있다.[67] 상대적 무효와 관련해서는 민법 제1304조 제1항[68]을 근거로 5년의 시효가 인정된다.[69]

---

62) Pouyaud, op. cit., p.417 참조.

63) Pouyaud, op. cit., p.420 참조.

64) Pouyaud, op. cit., p.420 참조.

65) Pouyaud, La nullité des contrats administratifs, p.421~422 참조.

66) 민법 제2262조

　　인적 소권이든 물적 소권이든 간에 모든 소권은 30년의 기간으로 시효가 완성하며, 시효를 원용하는 자는 그 권원을 제출할 의무를 부담하지 않으며 누구도 그에게 악의가 있다는 항변을 가지고 대항하지 못한다.

67) CE 9 juillet 1937, Cne d'Arzon, Rec. 680.

68) 민법 제1304조 제1항

넷째, 민법학에서와 마찬가지로 추인의 가능여부와 무효의 성질 간의 관계가 논리필연적인 관계에 있는 것은 아니다. 즉, 상대적 무효는 추인이 가능하고, 절대적 무효는 추인이 불가능하다고 단정적으로 볼 수는 없다. 추인은 사인이 무효를 주장할 권리를 포기하는 행위로서 일방적 행위이다. 이는 명시적으로 표시될 수도 있고 묵시적으로 표시될 수도 있다. 추인은 소급효를 가지며 이에 의해 계약은 처음부터 유효하게 된다.[70]

이러한 추인이 인정되기 위해서는 세 가지의 요건이 필요하다. 첫째, 추인을 하는 사람은 추인의 대상이 되는 행위의 위법성을 인식해야 한다. 둘째, 추인을 하는 사람은 추인의 대상이 되는 행위의 하자를 치유하고자 하는 의도를 갖고 있어야 한다. 셋째, 추인행위 자체에 하자가 있어서는 안 된다.[71]

3. 영 국

1) 개 관

영국에서는 행정주체의 권한을 넘은 계약이 체결되거나 공법상의 규정에 위반된 계약을 체결하는 경우에는 원칙적으로 무효로 보고 있다. 계약의 유효성을 신뢰한 상대방의 보호를 고려하여 경우에 따라 무효를 인정해서는 안 된다는 주장은 대법원의 판례에서 받아들여지고 있지 않다.[72] 이러한 엄격한 판례의 태도는 관련 법률의 취지, 즉 행정주체의 재정적인 이익을 보호하고자 하는 취지가 담겨있는 것으로 볼 수 있다.

합의의 무효 또는 손해무효의 소권은, 다른 특별법에 의하여 보다 단기로 정해져 있지 않은 한, 5년간 존속한다.

69) Pouyaud, op. cit. p.424 참조.

70) Pouyaud, op. cit. p.427 참조.

71) Pouyaud, op. cit. p.427 참조.

72) Credit Suisse v. Allerdale B.C. judgement of May 6, 1994.

이러한 엄격한 판례의 입장에 대해서는 계약상대방의 입장이 지나치게 무시되었다는 점에서 비판이 이루어지고 있다. 즉 계약상대방이 계약이 무효인 여부를 모른 경우까지 무조건 무효로 보는 것은 부당하다는 것이다. 이러한 관점에서 Hazell v. Hammersmith 사건[73]에서 대법원이 '계약의 무효'를 선언하지 않고 '위법'임을 선언한 데 그친 것은 긍정적으로 평가할 수 있다는 견해가 있다.[74]

2) 무효의 효과

위법하여 무효인 계약에 있어서 이미 이러한 계약에 기해 이행이 일부 이루어진 때, 예를 들어 건물공사가 진행 중이거나, 물품의 일부가 이미 공급된 때, 또는 서비스와 관련한 비용이 발생한 때 등에 있어서 이로 인해 계약상대방에게 발생한 손해에 대해 보상이 이루어져야 하는가가 문제된다.

사법상의 계약에서는 위와 같은 상황에서 부당이득법리(principle of unjust enrichment)에 의해 당연히 계약상대방에게 보상(restitution)이 이루어지게 된다. 즉, 계약당사자가 무효로 인정된 계약에 기해서 이행을 했을 경우에 상대방이 이로 인한 이득을 보유하는 것은 정당한 이득으로 볼 수 없기 때문에 당연히 부당이득으로 상환되어야 한다는 것이다.

그러나 공법상 계약과 관련하여 대법원은 이러한 *私法*상의 이론을 받아들이지 않았다. 즉 Young v. Royal Leamington 사건[75]에서 대법원은 계약에 단체승인장(corporate seal)[76]을 붙이도록 한 법률의 규정을 위반하여 무효인 계약에 따라 이루어진 수로시설(water works) 일부의 건설에 대한 보상금의 청구를 받아들이지 않았다. 법률상의 단체승인장을 붙이도록

---

73) [1991] 2 W.L.R. 372

74) Arrowsmith, The Law of Public and Utilities Procurement, p.18 참조.

75) (1883) 8 App. Cas. 517.

76) 어느 단체가 행위를 하거나 법적인 수단을 집행함에 있어서 이를 승인하는 의미로 붙이는 봉인을 말한다(Black's Law Dictionary, 5th ed., p.1210 참조).

한 취지는 계약체결의 결정을 함에 있어서 적정한 고려가 이루어지도록 보장하는데 취지가 있는데, 이러한 승인장에 의해 인정된 적정한 고려가 없음에도 불구하고 이에 따른 계약과 관련하여 행정주체가 대금을 지불하도록 하는 경우에는 입법자의 의도에 반하는 결과를 가져온다는 것이다. 행정청이 계약을 체결할 아무런 권한이 없거나 문제되는 목적의 계약을 추구할 아무런 권한이 없는 경우에도 위와 같은 논리가 타당하다는 지적이 있다.[77] 물품공급계약의 경우 행정주체에게 공급된 물품이 아직 소비되지 않은 상태라면 그 물품은 반환대상이 된다. 그러나 이미 불법적인 목적으로 사용된 경우에는 위의 Young v. Royal Leamington 사건의 논리에 따르면 보상청구는 불가능하다.[78]

4. 미 국

1) 개 관

미국에서는 '명백한 위법성'(palpable illegality)이 존재하는 계약과 '부적절한 계약'(improper action)을 구별하고 있다. 양자의 차이를 설명함에 있어서 명백한 불법성이 존재하는 계약의 경우에는 계약이 존재하지 않는 것이 되며, 계약체결(award)이 취소되어야 한다고 보고 있으며, 부적절한 계약의 경우에는 일단 계약은 존재하는 것으로 보아야 하고 이 경우 '편의적 해약'(termination for convenience)이 문제시된다고 보고 있다.[79]

부적절한 계약의 경우에 이루어지는 편의적 해약은 앞서 보았듯이 다른 나라에서도 존재하는 제도이고 이는 오히려 계약의 구속력 파트에서 다루어지는 것이 일반적이라는 점을 고려할 때, 이 절에서는 소위 '명백한 위법성'에 초점을 맞추는 것이 타당하리라고 생각된다.

---

77) Arrowsmith, The Law of Public and Utilities Procurement, p.17 참조.
78) Arrowsmith, The Law of Public and Utilities Procurement, p.17 참조.
79) Keyes, Government Contracts, p.29 참조.

미국에서 '명백한 위법성'이라는 표현을 사용하고 있으나 이것과 '단순한 불법성'이라는 것을 구별하고 있는 것으로 보이지는 않는다. 즉 '명백한 불법성'은 '부적절한 계약'에 대한 대조표현으로 사용되고 있는 것이지, '단순한 불법성'에 대한 대조로 사용되고 있는 것은 아니다.

그리고 미국의 경우 명백한 불법성이 존재하는 경우 계약이 부존재한다고 하면서도 계약체결이 취소되어야 한다고 보고 있고, 또 불법적인 계약은 무효라는 표현이 사용되고 있음을 알 수 있다. 이를 토대로 볼 때 미국의 경우 '부존재'와 '무효'라는 표현이 엄밀하게 구분되어 사용되고 있지 않음을 알 수 있다. 그리고 취소라는 표현도 이러한 무효나 부존재를 확인한다는 의미가 강함을 알 수 있다. 그렇다면 어느 경우에 이러한 명백한 불법성이 인정되고 있는지를 구체적으로 살펴보도록 하겠다.

2) 구체적 사례

불법적인 계약의 대표적인 예는 연방조달규칙이 금지하고 있는 '비용비례 인센티브계약'(Cost Plus Percentage of Cost : CPPC)을 들 수 있다. 이는 계약자가 얻는 이익이 그가 계약이행과정에서 발생시킨 비용을 토대로 계산되는 계약을 의미한다. 대법원은 이러한 유형의 계약을 금지한 의회의 의도를 다음과 같이 분석하고 있다.

> 의회의 의도는 비용비례 인센티브 계약하에서 매우 쉽게 이루어질 수 있는 일종의 착취로부터 정부를 보호하고자 하는 것이다. 즉 이 계약하에서 정부는 계약체결 시에는 결정되지 않고, 장래에 발생할 비용을 지급해야 하고, 그에 더해서 이러한 장래비용의 비율에 기초한 커미션을 더해서 지급해야 한다. … 의회의 금지에 의해 보호하려고 한 위험은, 정부와 이미 결정되지 않은 장래의 비용에 대한 대가로 반환가능한 물건으로 자유롭게 지급하기로 하는 구속력있는 계약을 이미 체결한 정부계약자에 대한 인센티브이다. 왜냐하면 더 높은 비용은 그에게 더 높은 보수가 주어진다는 것을 의미하고, 그의 이익은 비용의 비율에 의해 결정되기 때문이다.[80]

5. 외국법제 상호간의 비교

1) 공통점

민법상 계약의 하자론에 비해 행정계약의 하자론의 적용범위가 보다 넓은 경향을 들 수 있다. 즉 독일의 경우 민법상 계약이 무효가 되는 금지법률보다 행정계약이 무효가 되는 금지법률의 범위가 더 넓은 것으로 보아야 한다는 견해가 유력하다는 점, 프랑스에서 민법에서 포기된 부존재의 이론이 어느 정도 명맥을 유지하고 있다는 점, 미국이나 영국의 경우 금반언의 원칙을 정부에게 불리하게 적용하는 것을 피하고 있다는 점이 그러한 예라고 볼 수 있다. 이는 민법상 계약의 경우에 비해 행정계약의 경우 법률우위의 원칙이 보다 중시되기 때문으로 볼 수 있다.

독일과 프랑스의 또 다른 공통점으로 들 수 있는 점은 무효인 행정계약을 유효하게 할 수 있는 가능성이 존재한다는 점이다. 독일의 경우 이는 무효행위의 전환으로 나타나고, 프랑스에서는 무효인 행위의 추인으로 나타난다. 다만 독일에서는 유효한 다른 행위로 전환이 일어나는 반면에 프랑스의 경우는 원래 계약의 유효로 나타난다는 점이 특징이다. 이점은 언뜻 볼 때 앞서 행정계약의 하자론의 적용범위가 민법상 계약의 그것에 비해 넓다는 점과 모순되는 것처럼 보이나 행정의 효율성이라는 행정법의 또 다른 측면의 반영으로 이해할 수 있다고 하겠다.

2) 차이점

무효 외에도 부존재를 독립된 하자유형으로 인정할지의 여부, 단순위법한 계약의 인정여부, 무효의 인정방식(소송의 필요성여부), 절대적 무

---

80) Keyes, Government Contracts, p.25 참조. 이러한 계약의 해약은 계약자의 이익이 그가 이행과정에서 사용한 비용의 비율에 따라 증가한다는 점을 들 수 있다.

효와 상대적 무효의 구별여부 등이 차이점으로 지적될 수 있다. 이를 차
례로 살펴보도록 하겠다.

우선 프랑스에 부존재의 유형이 독립적으로 존재하고 있는 것은 앞에
서 본 바와 같이 일방적 행정작용에 관한 행정법의 이론에 영향을 받은
것으로 볼 수 있다. 즉, 프랑스의 일방적 행정작용의 하자론의 특수성[81]
이 행정계약의 이론에도 영향을 미친 것으로 볼 수 있다.

다음으로 독일에서는 '단순위법한 계약'의 개념이 인정되고 있는 반
면, 프랑스·영국·미국의 경우 이러한 개념은 인정되고 있지 않으며,
원칙적으로 위법한 계약은 효력이 부인된다. 이러한 점만 보면 일단 외
관상 프랑스·영국·미국에서 독일에 비해 법률우위의 원칙이 보다 확
실하게 관철되고 있는 것으로 보인다. 다만 프랑스의 경우 추인의 제도
가 존재한다는 점을 고려하면 이렇게 단정하기가 힘든 면이 존재한다.

독일·영국·미국에서 행정계약의 무효가 인정되기 위해서 반드시
법원의 판결을 요하지 않는 반면에 프랑스민법에서는 법원에 의해 무효
판결이 내려져야만 비로소 행정계약의 무효가 인정되고 있는 점도 차이
점으로 볼 수 있다. 이러한 차이가 발생하고 있는 것은 민법이론의 영향
으로 볼 수 있다. 보다 자세히 설명하면 다음과 같다.

프랑스민법 제1134조는 "적법하게 형성된 합의는 그것을 행한 자들에
게 대하여는 법률을 대신한다"고 규정하고 있는바 이처럼 개인 사이의
의사의 합치인 계약을 법과 동등한 위치에 놓고 있는 것은 개인주의와
자유주의사상의 가장 극적인 표현으로 평가되고 있다.[82] 이처럼 계약의
구속력이 강력하게 인정되기 때문에 이로부터 벗어나기 위해서는 법원
의 개입을 요하는 것으로 보는 것이다. 그리고 이러한 차이는 그대로 행
정계약의 무효론에도 반영되어 있다.

---

81) 이에 관해 자세히는 박정훈, "인류의 보편적 지혜로서의 행정소송", 서울대
학교 법학 제42권 제4호, 2001, 81~82면 참조.
82) 남효순, 나뽈레옹법전(프랑스 민법전)의 제정에 관한 연구, 서울대학교 법학
제43권 제3호, 2002, 296면 이하 참조.

프랑스에서 독일이나 미국과는 달리 상대적 무효와 절대적 무효를 구별하고 있는 것도 민법체계의 차이에서 설명이 가능하다. 즉 독일민법의 경우 하자의 종류에 따라 취소와 무효를 구별하고 있으나 프랑스민법의 경우는 취소와 무효의 구별은 인정하지 않고 있다. 따라서 같은 무효이면서도 하자의 종류에 따라 종류를 나눌 필요성이 존재하였음을 알 수 있다. 그리고 이러한 필요성이 그대로 행정계약의 무효론에도 반영된 것으로 볼 수 있다.

II. 우리나라의 법제

1. 개 관

독일과 같이 행정절차법에서 행정계약에 관해 일반적으로 규율을 하고 있지 않은 우리나라에서는 행정계약의 하자론은 전적으로 개별법과 학설에 맡겨져 있다고 할 수 있다. 이와 관련하여 개별법에서 일부 관련 규정이 존재하고 있으나 이의 해석과 관련해서는 논란이 있다.

우리나라의 경우 행정행위와 관련해서는 행정소송법의 규정과 관련하여 '부존재'의 개념에 관한 논의가 존재하나 행정계약과 관련해서는 부존재의 개념은 학설상 논의가 이루어지지 않고 있으며 판례상으로 이를 발견할 수 없다. 민법상으로도 계약의 부존재라는 개념은 거의 논의가 되지 않고 있다. 프랑스에서도 부존재의 개념의 실익이 계속 논란이 되고 있다는 점을 고려할 때 우리나라에서도 부존재의 개념을 특별히 인정할 이유는 없는 것으로 보아야 할 것이다.

또한 프랑스에서 인정하고 있는 상대적 무효와 절대적 무효의 개념도 프랑스 특유의 개념으로 우리나라에 이를 받아들일 특별한 이유는 없다고 할 수 있다. 특히 독일민법의 영향으로 우리나라 민법학에서도 취소와 무효의 개념을 구분하고, 법원에의 소송이 없이도 무효를 인정하고 있는 점을 고려할 때, 행정계약과 관련해서만 특별히 상대적 무효와 절대적 무효의 구별을 인정할 필요는 없다고 할 것이다.

따라서 문제는 계약의 위법성과 무효의 관계를 어떻게 볼 것인지, 사법상의 계약의 하자론과 비교한 특수성을 어떻게 인정할 것인지로 요약된다고 할 수 있다. 이에 관해 보다 구체적으로 살펴보도록 하겠다.

2. 계약의 위법성과 무효의 관계

1) 취소의 가능성

현재 행정계약의 하자론에 관해서는 학설상 다음과 같은 대립이 있다. 즉, 행정계약에도 '취소'의 개념을 인정할 수 있는가 하는 점이다. 이를 긍정하는 견해를 살펴보면 다음과 같다.

> 공법상 계약에 존재할 수 있는 하자에 대해서는 의사표시상의 하자와 내용상의 하자로 나누어서 고찰되어야 한다. 의사표시상의 하자에 대해서는 민법상의 계약의 경우와 마찬가지로 무효 또는 취소의 하자가 모두 인정된다고 본다. 이 때에는 별도의 특별한 규정이 없는 한 민법상의 계약에 관한 규정이 적용된다고 본다. 그러나 공법상 계약이 갖는 내용상의 하자에 대해서는, 행정행위와 달리 공정력이 인정되지 않으므로 무효의 하자 유형만 인정된다고 본다.[83]

이러한 견해에 대해서는 독일 행정절차법과 같은 명문의 규정이 없는 우리나라에서는 행정행위와는 달리 하자가 있는 행정계약은 무효로 보아야 한다는 반론이 제기되고 있다.[84] 이 견해에 의하면 행정계약의 '취소'의 관념은 생각할 수 없다는 것이다.

---

83) 류지태, 행정법신론(제8판), 신영사, 2004, 241~242면.
84) 김남진/김연태, 행정법I(제9판), 법문사, 2005, 338면, 홍정선, 행정법원론(상)(제13판), 박영사, 2005, 416면 참조.

그러나 후자의 견해가 법원의 취소에 의해 행정계약의 효력이 소멸하는 '쟁송취소'를 부인한 것에 불과하다는 견해로 볼 것 같으면, 전자의 견해와 근본적으로 차이가 있다고 보기는 힘들다. 왜냐하면 전자의 견해도 어디까지나 당사자의 의사표시하자가 있을 경우에 민법상의 규정의 유추적용을 통해 '계약당사자'의 의사표시의 취소가 가능하다는 의미이지, 행정행위와 같이 '쟁송' 취소가 가능하다는 의미는 아니기 때문이다.

이와 관련하여 판례를 찾아보면 행정행위와 같이 행정계약에 관해서 쟁송취소의 개념을 인정하고 있는 예는 찾아볼 수 없다. 다만 광의의 행정계약이 문제된 사례에서 착오를 원인으로 한 '계약당사자'의 의사표시취소를 인정한 사례[85]가 발견된다.

행정계약에 있어서는 행정행위처럼 쟁송취소가 가능하다고 볼만한 법령상의 근거가 없는 이상 행정계약의 '쟁송' 취소는 부정적으로 보아야 할 것이다. 즉, 행정계약의 위법성이 인정될 때에는 원칙적으로 계약의 '무효'를 인정해야 한다. 물론 이렇게 볼 경우에도 민법상의 의사표시하자에 관한 규정을 유추적용하여 계약당사자에 의한 취소가 인정될 여지는 존재한다고 볼 수 있으나, 이러한 취소는 행정계약의 법적 안정성의 요청을 고려할 때 엄격하게 인정되어야 한다.

2) 관련법령을 위반한 계약의 효력

관련 법령을 위반한 계약의 효력과 관련해서는 현재 우리나라에서는 주로 정부조달계약과 관련하여 자세한 법령이 마련되어 있는 관계로 관련법령을 위반한 계약의 효력도 주로 정부조달계약을 중심으로 논의되고 있다. 이하에서도 정부조달계약을 중심으로 살펴보도록 하겠다.

국가계약법시행령 제39조 제3항에서는 "제12조 및 제21조의 규정에

---

85) 대법원 1997.8.22. 선고 97다13023 판결.

의한 경쟁참가의 자격이 없는 자가 행한 입찰 기타 재정경제부령이 정하는 사유에 해당하는 입찰은 무효로 한다"라고 규정하고 있다. 그리고 동법시행규칙 44조에서는 입찰무효사유로 입찰참가자격이 없는 자가 한 입찰, 입찰보증금의 납부일시까지 소정의 입찰보증금을 납부하지 아니하고 한 입찰, 입찰서가 그 도착일시까지 소정의 입찰장소에 도착하지 아니한 입찰, 동일사항에 동일인이 2통 이상의 입찰서를 제출한 입찰, 재정경제부장관이 정하는 입찰유의서에 위반된 입찰 등을 열거하고 있다.

이러한 국가계약법시행규칙 제44조의 입찰무효사유는 입찰절차 전체를 무효로 하는 사유가 아니라 당해 사유가 있는 개별적인 입찰행위를 무효로 하고 입찰절차에서 배제한다는 것에 불과하다는 견해가 제시되고 있다. 동 시행규칙 제45조에서 입찰을 무효로 하는 경우 무효여부를 확인하는데 장시간이 소요되는 등 부득이한 사유가 없는 한 개찰장소에서 개찰에 참가한 입찰자에게 이유를 명시하고 그 뜻을 알림으로써 이를 배제하여야 한다고 규정하고 있는 것도 이러한 취지로 보아야 한다는 것이다.[86]

대법원은 건설회사 임직원과 관계 공무원 간의 공모로 최종 낙찰 예정가를 사전에 알아내어 그에 근접한 금액으로 낙찰을 받은 사례에서 "원고의 입찰은 위의 법령에 의하여 적용되는 입찰유의서(회계예규) 제10조 제8호 소정의 '담합하거나 타인의 경쟁참가를 방해 또는 관계 공무원의 공무집행을 방해한 자의 입찰'에 해당하여 무효이고, 이에 터잡아 이루어진 공사도급계약 역시 무효"(대법원 1997.7.25. 선고 97다15852 판결)라고 판시한바 있다.

그런데 이후 대법원은 시행령에 규정된 세부심사기준에 어긋난 적격심사가 이루어진 사안에서 "계약담당공무원이 입찰절차에서 국가를당사자로하는계약에관한법률 및 그 시행령이나 그 세부심사기준에 어긋나

---

86) 선재성, "공공계약에서 낙찰자결정과 계약이 무효가 되는 사유", 대법원판례해설 제38호(2001년 하반기), 58면.

게 적격심사를 하였다 하더라도 그 사유만으로 당연히 낙찰자 결정이나 그에 기한 계약이 무효가 되는 것은 아니고, 이를 위배한 하자가 입찰절차의 공공성과 공정성이 현저히 침해될 정도로 중대할 뿐 아니라 상대방도 이러한 사정을 알았거나 알 수 있었을 경우 또는 누가 보더라도 낙찰자의 결정 및 계약체결이 선량한 풍속 기타 사회질서에 반하는 행위에 의하여 이루어진 것임이 분명한 경우 등 이를 무효로 하지 않으면 그 절차에 관하여 규정한 국가를당사자로하는계약에관한법률의 취지를 몰각하는 결과가 되는 특별한 사정이 있는 경우에 한하여 무효가 된다고 해석함이 타당하다"(대법원 2001.12.11. 선고 2001다33604 판결)라고 판시한 바 있다.

이러한 대법원의 판단은 정부조달계약을 사법상 계약으로 파악하는 전제에 섰기 때문이라고 할 수 있다. 이처럼 사법상 계약으로 파악하는 전제에 서기 때문에 계약자유의 원칙이 적용된다고 보고 국계법이나 동법시행령의 관련규정은 단지 국가의 계약처리의 지침을 정해놓은 내부규정에 불과하게 된다.

이렇게 볼 경우 위 두 판례 간의 관계를 어떻게 볼 것인가 하는 문제가 제기된다. 왜냐하면 대법원 2001.12.11. 선고 2001다33604 판결의 취지가 국계법이나 동법시행령의 모든 규정을 단지 국가의 계약처리의 지침을 정해놓은 내부규정에 불과한 것으로 본 것으로 해석할 경우에는, 국계법이나 동법시행령에서 아무리 입찰무효사유를 정해놓았다고 하더라도 동 규정은 내부규정에 불과하므로 여기서 규정된 입찰무효사유에 해당한다고 하여 바로 입찰 또는 계약이 무효가 되는 것은 아니라고 하는 논리가 가능해지기 때문이다. 이러한 결론은 대법원 1997.7.25. 선고 97다15852 판결과 일견 모순되는 것으로 보이는 것이 사실이다.

위 두 판례는 다음과 같은 관점에서 조화롭게 해석될 수 있다는 견해가 제시되고 있다. 즉, 계약의 무효를 인정한 대법원 1997.7.25. 선고 97다15852 판결 사례는 대법원 2001.12.11. 선고 2001다33604 판결에서 제시한 계약의 무효기준인 "이를 위배한 하자가 입찰절차의 공공성과 공정성이 현저히 침해될 정도로 중대할 뿐 아니라 상대방도 이러한 사정을 알았거나 알 수 있었을 경우 또는 누가 보더라도 낙찰자의 결정 및 계약체결이 선량한 풍속 기타 사회질서에 반하는 행위에 의하여 이루어진 것임이 분명한 경우"에 해당한다는 것이다.[87]

대법원 2001.12.11. 선고 2001다33604 판결에 대해서는 다음과 같이 비판적인 견해가 제시되고 있다. 우선 정부조달계약은 다음의 점들을 고려할 때 공법적 특수성이 존재하는 것으로 보아야 한다는 것이다. 즉, 우리나라에서는 정부조달계약에 관해 독립적인 법률을 갖추고 있다는 점, 정부조달계약의 재원은 대부분 세금으로 충당된다는 점, 그럼에도 정부조달계약의 담당공무원은 반드시 최선의 계약체결이라는 동기를 갖지 못하기 때문에 엄격한 법적 규율이 필요하다는 점, 부패와 비리의 위험성이 크다는 점, 계약상대방은 사인 간의 계약의 경우와는 달리 대금의 수령에 관한 리스크를 부담하지 않는다는 점, 정부조달계약의 상대방 선정은 국가 전체의 경제와 사회에 결정적인 영향을 미치기 때문에 국가의 중요한 정책수단이 된다는 점 등이 그것이다.[88]

이 견해는 이처럼 정부조달계약의 공법적 특수성을 고려할 때 국가계약법 및 동법시행령의 적격심사기준에 관한 규정을 일률적으로 행정규칙으로서 대내적 효력만을 인정하고 법규적 효력을 부정하는 대상판결의 태도는 극히 의문이라고 지적하고 있다. "심사기준은 바로 행정조달계약의 특수성을 감안하여 계약체결에 관한 행정권을 제한·통제하는 것이고, 따라서 그에 대한 위반은 바로 행정작용의 위법성을 초래하는 것으로 보아야 하기 때문"[89]이다.

---

87) 선재성, "공공계약에서 낙찰자결정과 계약이 무효가 되는 사유", 대법원판례해설 제38호(2001년 하반기), 61~62면.
88) 박정훈, "행정조달계약의 법적 성격", 행정법의 체계와 방법론, 박영사, 2005, 224~226면 참조.
89) 박정훈, "행정조달계약의 법적 성격", 행정법의 체계와 방법론, 박영사, 2005,

　정부조달계약과 관련된 법령을 위반한 계약의 효력에 초점을 맞출 때 우선 판례의 태도를 명확히 할 필요가 있다. 앞서 살펴본 바와 같이 대법원 1997.7.25. 선고 97다15852 판결에서는 관련규정의 위반을 이유로 입찰무효 및 계약무효를 인정한 바 있고, 대법원 2001.12.11. 선고 2001다33604 판결에서는 관련규정의 위반에도 불구하고 계약이 유효하다고 인정한 바 있다. 이후 대법원은 "지방자치단체가 사경제의 주체로서 사인과 사법상의 계약을 체결함에 있어서는 위 법령에 따른 계약서를 따로 작성하는 등 그 요건과 절차를 이행하여야 할 것이고, 설사 지방자치단체와 사인 간에 사법상의 계약 또는 예약이 체결되었다 하더라도 위 법령상의 요건과 절차를 거치지 아니한 계약 또는 예약은 그 효력이 없다"(대법원 2004.1.27. 선고 2003다14812 판결)라고 판시한바 있다.

　1997년도의 위 판결에서 입찰무효 및 계약무효를 인정한 것은 어디까지 관련법규정에서 담합에 의한 입찰참가를 무효사유로 규정하고 있었기 때문이지, 이것이 중대한 법위반에 해당된다고 보았기 때문은 아니다. 이러한 점에서 1997년의 위 판결은 관련법규정을 국가의 내부규정으로 보는 2001년의 위 판결과는 충돌되는 측면이 존재한다. 그리고 위 2001년의 대법원판결 이후에도 동일한 취지의 판결이 반복되고 있다는 점[90]을 고려할 때 위 2001년의 대법원판결이 현재 주류적인 판례로 자리잡고 있다고 판단된다.

　다음으로 위의 2004년도의 판례는 계약서의 작성과 관련된 것으로 계약서작성이 안된 경우에는 계약자체가 성립되었다고 볼 수 없다는 내용에 불과하다. 따라서 국가계약관련법령 전체를 원칙적으로 강행규정으로 본 판례로 위 2004년도 판결을 해석하는 것은 무리라고 할 수 있다. 이상의 내용을 종합하면 정부조달계약과 관련된 주류적인 판례의 태도는 원칙적으로 국가계약관련법령의 위반이 있다고 하더라도 계약의 위

228~229면 참조.
90) 대법원 2004.12.10. 선고 2002다73852 판결 등.

법성이나 무효를 인정하지는 않는 것으로 볼 수 있다. 다만 구체적인 사안에 따라 반사회질서에 해당한다고 볼만한 중대한 법위반이 있는 경우에만 예외적으로 무효를 인정하는 것으로 볼 수 있다.

이러한 판례의 태도에 대해서는 다음과 같은 관점에서 비판이 가능하다. 즉, 현재의 국가계약법의 규율체계를 예산법적인 관점에서 내부규율로 보는 대법원의 태도는 국가계약법의 제정연혁을 고려하지 않은 견해로 부당하다고 하겠다. 즉, 원래 국가가 체결하는 정부조달계약은 예산회계법(1995.1.5. 법률 제4868호로 개정되기 전의 것) '제6장 계약'편에서 규율하고 있었으나, 우리나라가 1994년 WTO 정부조달협정에 가입함에 따라 예산회계법으로부터 독립하여 1995.1.5. '국가를 당사자로 하는 계약에 관한 법률'이 제정되기에 이르렀다. 이처럼 예산회계법으로부터 독립된 법률체계를 갖추고 전체 34조[91]에 걸쳐 보다 자세한 규율을 하는 한편, 계약분쟁조정위원회를 설치하는 등 분쟁해결시스템도 새롭게 재정비를 한 점 등을 고려하면 이를 단순히 '예산법적 규율'로 보는 것은 부당함이 명백하다.[92]

무엇보다 비교법적으로 보더라도 정부조달계약도 행정계약의 일종으로 그 위법함이 인정될 때에는 계약을 무효로 보는 것이 프랑스·미국·영국의 일관된 태도이고, 이러한 태도가 정부조달계약의 공법적 특수성을 제대로 반영한다는 관점에서 타당하다고 하겠다. 최근의 정부조달계약법제에서 '투명성'이 강조되고 있고 이러한 투명성의 관철을 위

---

91) 예산회계법에서는 동법 제75조~제95조까지 21개 조항에 걸쳐서 규율하고 있었다.

92) 박정훈 교수는 이러한 우리나라의 국가계약법 입법체계에 대해 다음과 같이 지적하고 있다. "우리나라의 국가계약법은 예산회계법과 독점금지 및 공정거래에 관한 법률과는 별도로 제정된 독립된 법률로서, 독일의 전통적인 '내부법적 해결'과 과도기적인 '예산법적 해결'이 아님은 물론이고 현재의 '경쟁법적 해결'도 아니라, 말하자면 '행정작용법적 해결'이라고 할 것이다"(박정훈, "행정조달계약의 법적 성격", 행정법의 체계와 방법론, 박영사, 2005, 229면).

해서는 관련법령의 실효성이 인정될 것이 요청되고 있다는 점에서도 이러한 태도가 지지되어야 한다.

이상을 고려할 때 국가계약법령의 규정들은 원칙적으로 강행규정으로 보고 이에 위반할 경우에는 계약의 무효를 인정해야 할 것이다. 다만 계약전체를 무효로 할 것인지, 아니면 부분적으로 무효를 할 것인지에 관해서는 계약의 합법률성과 법적 안정성을 종합적으로 고려하여 판단해야 할 것이다.

제5절 행정계약 관련분쟁의 쟁송수단

Ⅰ. 외국의 법제

1. 독 일

1) 개 관

독일의 행정계약관련분쟁의 쟁송수단은 크게 둘로 나누어보아야 한다. 행정절차법의 적용을 받는 협의의 행정계약과 이의 적용을 받지 않는 광의의 행정계약을 나누어보아야 하는데 후자의 대표적인 예로 정부조달계약을 들 수 있다. 앞서 본 바와 마찬가지로 독일에서 정부조달계약은 기본적으로 私法상 계약으로 다루어지는 관계로 이에 관련한 분쟁은 기본적으로 민사소송절차에 의하게 된다. 반면에 행정절차법의 적용을 받는 협의의 행정계약과 관련하여 분쟁이 발생할 때에는 행정법원법 제40조 제1항 1문1)에 의해 원칙적으로 행정소송에 의한다.

2) 협의의 행정계약과 관련된 분쟁해결수단

(1) 계약상 의무의 이행을 구하는 소송

협의의 행정계약에 기한 1차적 청구(Primäranspruch)인 계약이행청구, 또

---

1) 행정법원법 제40조(행정소송의 허용성)

　① 연방법률이 명시적으로 그 분쟁을 다른 법원의 관할로 한 경우를 제외하고는, 헌법쟁송을 제외한 모든 공법상의 분쟁에 대하여는 행정소송을 제기할 수 있다. 주법의 영역에 있어서의 공법상의 분쟁에 대하여는 주법률로 다른 법원의 관할로 정할 수 있다.

는 채무불이행으로부터 발생한 2차적 청구(Sekundäranspruch)인 손해배상청
구가 충족되지 않은 때에 행정소송 중 어느 소송유형에 의하는지 문제가
된다. 이러한 청구는 관련된 계약당사자에 의해서 일반이행소송(allgemeine
Leistungsklage)의 방식으로 이루어질 수 있다. 그리고 이러한 일반이행소송
은 행정계약이 단순한 위법성만이 있는 경우에도 가능하다고 보고 있
다.[2] 일반이행소송에서 요청되는 원고적격[3]은 주장된 계약상 청구로부
터 직접적으로 도출된다. 사전적으로 이의신청절차(Widerspruchsverfahren)를
거칠 필요는 없다.[4]

행정절차법 제60조에 의한 계약금액의 변경청구(Anpassungsanspruch)가 분
쟁의 대상인 때에 어떤 소송유형에 의하는지 문제가 된다. 민법[5]에서와
는 달리 바로 변경된 계약금액을 청구할 수 있는 것이 아니다. 행정계약
에 있어서는 두 단계의 소송을 거쳐야 한다. 첫 번째 단계로는 문제된
계약금액의 변경에 대한 합의를 구하는 소송을 제기한다. 두 번째 단계
로 변경된 계약금에 따른 이행을 소송으로 구하게 된다. 두 단계의 소송
모두 일반이행소송에 의한다.[6]

계약상 의무의 이행을 구하는 소송에 있어서 가구제(einstweiliger Rechtsschutz)
의 허용여부가 문제된다. 이 때 가구제는 본안에서의 일반이행소송의 소
송요건이 충족될 때에만 행정법원법 제123조[7]에 의해 인정된다. 그러나

---

2) Hufen, Verwaltungsprozeßrecht, 3. Aufl., § 28 Rn. 17 참조.

3) 취소소송과 의무이행소송의 원고적격에 관한 행정법원법 제42조 제2항을
유추하여 일반적 이행소송의 경우에도 같은 원고적격을 요한다고 보는 것
이 판례(BVerwGE 36, 192, 199 ; 44, 1, 3; 60, 144, 150 ; 96, 64) 및 통설의
태도이다. Hufen, Verwaltungsprozeßrecht, § 17 Rn.13 참조.

4) Hufen, Verwaltungsprozeßrecht, § 17 Rn. 17 참조.

5) BGH 30.3.1984, Z 91, S. 32.

6) BVerwG 26.1.1995, E 97, S. 331. Schlette, a.a.O., S. 647 참조.

7) 행정법원법 제123조(가명령)

① 현상의 변경으로 인하여 신청인이 권리를 실현하지 못하거나 이를 실현
함이 현저히 곤란할 염려가 있는 때에, 법원은 신청에 의하여 소송이 제
기되기 전이라도 계쟁물에 대한 가명령을 발할 수 있다. 가명령은 그에

행정법원법 제123조의 요건은 계약상 채무불이행책임을 묻는 때에는 충족되기가 쉽지 않다.[8]

일반이행소송은 국민이 계약으로 합의된 행정행위의 발령을 구하는 때에는 적정한 소송유형이 아니다. 이러한 행정행위의 발령은 일반적인 행정행위발령의 경우와 마찬가지로 의무이행소송(Verpflichtungsklage)[9]에 의해 다투어야 한다.

(2) 계약의 부존재 또는 무효의 확인을 구하는 소송

각 계약당사자는 확인소송(Feststellungsklage)[10]의 방식으로 그에 의해서 체결된 계약이 더 이상 유효하게 존재하지 않는다는 점에 대해서 법원의 확인을 구할 수 있다. 계약의 부존재확인청구는 계약 전체에 대해서 이루어지는 것이 원칙이나, 계약 중 분리가능한 요소에 대해서만 확인청구가 이루어질 수도 있다.[11]

문제의 계약이 원고에게 '경미하지 않은 침해'(nicht unerhebliche Belastung)를 가져오는 경우에는 '확인의 이익'(Feststellungsinteresse)이 인정되며 확인의 소를 제기할 수 있다. 문제의 계약이 원고에게 이행의무(Leistungspflicht)

대한 규율이 특히 계속적 법률관계에 있어서 중대한 불이익을 피하거나 급박한 폭력을 방지하기 위하여 또는 기타의 이유로 필요하다고 인정한 때에는 다툼이 있는 법률관계에 관한 임시의 지위를 정하기 위하여도 허용된다.

8) Schlette, a.a.O., S. 647 참조.

9) 행정법원법 제42조(취소소송 및 의무이행소송)

　① 행정행위의 취소(취소소송) 및 거부되거나 방치된 행정행위의 발령(의무이행소송)을 구하는 소송을 제기할 수 있다.

10) 행정법원법 제43조(확인소송)

　① 원고가 즉시확정에 관한 정당한 이익을 가지는 경우에 법률관계의 존재, 부존재 또는 행정행위의 무효의 확인을 구하는 소송을 제기할 수 있다.

11) Schimpf, Der verwaltungsrechtliche Vertrag unter besonderer Berücksichtigung seiner Rechtswidrigkeit, S. 383f., Schlette, Die Verwaltung als Vertragspartner, S. 648-649 참조.

를 부과하는 것이든지, '법형성적 계약'(rechtsgestaltender Vertrag)으로서 원고에게 불리하게 법적 지위를 변경하는 것이든지 무관하다.12)

계약체결을 통해 그의 권리를 침해받은 제3자는 행정절차법 제58조 제1항에 따라서 포괄적으로 보호를 받을 수 있다. 즉, 행정절차법 제58조 제1항에서는 "제3자의 권리에 영향을 미치는 계약은 제3자가 서면으로 동의하는 경우에만 유효하다"고 규정하고 있는데, 만약 제3자의 권리에 영향을 미치는 계약임에도 불구하고 제3자의 동의를 받지 않은 때에는 동 계약은 무효이다. 권리를 침해받은 제3자는 계약의 무효확인을 구하는 소송(행정법원법 제43조 제1항의 확인소송)을 제기할 수 있다.13)

제3자에 의한 소송이 실무상 문제되는 대표적인 예는 보조금계약(Subventionsvertrag)의 경우이다. 보조금계약에서 탈락한 제3자가 제기하는 확인소송은 경쟁자소송(Konkurrentenklage)의 특별형식을 띠게 된다.14) 제3자의 취소소송에 있어서의 개념을 유추하여 제3자의 확인소송의 이유심사는 이해관계 있는 제3자의 권리침해와 관련된 무효사유에 대한 심사에 제한된다.15)

(3) 계약의 존재의 확인을 구하는 소송

반대로 계약의 '유효성'의 확인 또는 특정한 개별적인 계약의무의 존재의 확인을 구하는 소송이 이루어질 수 있다. 여기서 일반이행소송을 거치지 않고 바로 계약의 유효성의 확인을 구하는 소송을 제기할 때, 이것이 행정법원법 제43조 제2항에서 규정하고 있는 '확인소송의 보충성'16)에 위반되는 것은 아닌가가 문제된다.

---

12) Schlette, a.a.O., S. 649 참조.

13) BVerwG, 27. 6. 1997, UPR 1998, S. 28.

14) Friehe, Heinz-Josef, Die konkurrentenklage gegen einen öffentlich-rechtlichen Subventionsvertrag, DÖV 1980, S. 673 참조.

15) Schlette, a.a.O., S. 656 참조.

16) 행정법원법 제43조(확인소송)

행정법원법 제43조 제2항의 보충성조항은 취소소송(Anfechtungsklage) 또는 의무이행소송(Verpflichtungsklage)과의 관계에서 적용되고, 일반이행 소송과 관련하여 원칙적으로 적용될 수 없다고 하는 것이 판례의 태도 이다.[17] 이러한 판례의 태도에 의하면 일반이행소송을 거치지 않고 바로 계약유효의 확인을 구하는 소송이 가능하다고 할 수 있다.

원칙적으로 계약의 '단순위법'(bloße Rechtswidrigkeit)을 확인하기 위한 목적으로 이루어진 확인소송은 부적법하다. 단순위법한 계약은 적법한 계약과 비교할 때 유효성(Wirksamkeit)과 집행가능성(Durchsetzbarkeit)의 측면에서 어떠한 점에서도 뒤떨어지지 않기 때문에, 계약에 단순한 위법 성이 존재하는지 여부에 대해서 밝히는 것은 행정법원법 제43조 제1항 의 의미에서의 '정당한 이익'이 존재하지 않는다고 본다.[18]

(4) 계약의 체결을 구하는 소송

국민이 행정주체에게 특정한 내용의 계약의 체결을 구하거나 반대로 행정주체가 국민에 대해 특정한 내용의 계약체결을 구할 때 정당한 소 송유형은 일반이행소송이다.[19] 원고적격은 행정법원법 제42조 제2항[20] 의 유추에 의해 계약의 체결을 유효하게 주장하는 때에 인정된다.[21] 만 약 원고승소판결이 확정된 때에는 행정법원법 제167조 제1항 1문[22]과

---

② 확인소송은, 형성소송이나 이행소송에 의해서 원고가 자신의 권리를 추 구하거나 추구할 수 있었을 경우에는 소송을 제기할 수 없다. 이는 행정 행위의 무효확인을 구하는 경우에는 적용되지 않는다.

17) BVerwG, 2. 7. 1976, E. 51, S. 69, 75.

18) Schlette, a.a.O., S. 650 참조.

19) Tiedemann, in: Obermayer, Klaus(Hrsg.), Verwaltungsverfahrensgesetz-Kommentar, 3. Aufl., Neuwied/Kriftel 1999, § 54 Rn. 89 참조.

20) 행정법원법 제42조(취소소송과 의무이행소송)

② 법률상 별도의 규정이 없는 한, 원고가 행정해위 또는 행정행위의 거부 나 부작위로 인하여 자기의 권리가 침해되었음을 주장하는 경우에 한하 여 소를 제기할 수 있다.

21) Schlette, a.a.O., S. 650-651 참조.

민사소송법 제894조 제1항23)에 의해서 계약체결의 의사표시가 있는 것으로 간주된다.24)

행정청이 계약체결을 사전적으로 행정행위에 의해 명확하게 거부한 경우에는, 국민의 입장에서는 취소소송과 일반이행소송을 병합하여 제기해야 한다. 즉, 계약체결거부행위에 대해서 취소소송을 제기해야 하고, 일정한 내용의 계약체결을 구하는 일반이행소송을 제기해야 한다.25) 원고가 확정된 내용의 계약체결을 청구할 수 있는 권리는 가지지 않는다고 하더라도, 계약체결 여부에 대해서 재량의 하자 없는 결정을 청구하는 권리는 가질 수 있다. 이러한 때에 법원은 재결정명령판결(Bescheidungsurteil)을 내리게 된다.26)

(5) 행정절차법 제58조에 따른 동의를 구하는 소송

행정절차법 제58조에 의하면 국민과 행정주체 상호간에 체결된 합의가 유효하기 위해서는 다른 국민의 동의 또는 행정청의 동의를 전제로 하는 때가 있다. 이러한 때에 동의가 거부되면, 계약당사자는 원칙적으로 일반이행소송을 통해 동의를 구할 수 있다.27) 이러한 소송에서 원고가 승소하기 위해서는 원고에게 사실상 '동의에 대한 청구권'(Anspruch auf Zustimmung)이 인정되어야 한다. 그런데 이러한 청구권은 예외적인 경우에만 인정된다.28)

---

22) 행정법원법 제167조(민사소송법의 적용, 가집행)

　① 이 법에서 달리 규정하고 있지 않은 한 집행에 관해서는 민사소송법 제8편의 규정이 준용된다. 집행법언은 제1심 법원이다.

23) 민사소송법 제894조(의사진술의 간주)

　① 채무자에게 의사의 진술을 명하는 판결이 확정된 때에는 그 판결로 의사를 진술한 것으로 본다.

24) Tiedemann, in: Obermayer, Verwaltungsverfahrensgesetz, § 62 Rn. 28-32.

25) BSG 29. 5. 1996, E 78, S. 233, 235.

26) Hufen, Verwaltungsprozeßrecht, § 28 Rn. 22 참조.

27) Tiedemann, in: Obermayer, Verwaltungsverfahrensgesetz, § 58 Rn. 20.

28) 예를 들어 계약적인 의무부과(vertragliche Verpflichtung)가 이루어진 경우, 특

3) 정부조달계약과 관련된 분쟁해결수단[29]

정부조달계약과 관련된 분쟁은 여러 가지 유형이 있을 수 있으나 주로 많이 문제가 되는 분쟁유형은 크게 두 가지라고 할 수 있다. 경쟁입찰에서 낙찰을 받지 못한 자의 권리구제와 부정당업자제재와 관련한 분쟁에서의 권리구제가 그것이다. 이를 나누어 살펴보도록 하겠다.

(1) 계약체결과정에서 발생한 분쟁해결

전통적으로 입찰과 낙찰의 관계는 철저히 계약법적 구조를 갖는 것으로 파악되어 왔다. 입찰절차는 단지 입찰자 상호간의 경쟁을 통하여 행정이 시장가격을 가장 정확하게 조사할 수 있도록 하기 위한 것이고, 낙찰기준은 단지 행정이 가장 저렴하고 품질 좋은 물품·용역을 취득하기 위한 것에 불과하다. 다시 말해, 입찰절차와 낙찰기준은 행정의 예산절감이라는 '예산법'적인 의미밖에 없고, 더욱이 그에 관한 규율들이 모두 내부적인 행정규칙으로 이루어져 있기 때문에, 행정이 입찰절차와 낙찰기준을 준수하도록 청구할 수 있는 입찰자의 권리가 인정되지 않는다는 것이 전통적인 견해이다. 따라서 낙찰받지 못한 입찰자는 타인에 대한 낙찰을 무효화시키거나 가처분으로써 입찰절차를 정지시킬 수 없는 것으로 이해되어 왔다.[30]

그런데 위와 같은 전통적인 상황은 1990년대 들어와 유럽공동체법의 발전으로 인해 근본적인 변화를 요구받게 된다. 그리하여 1993년 예산원

별법적인 규율(spezialgesetzliche Regelung)이 존재하는 경우, 동의의 권리남용적인 거부(rechtsmißbräuchliche Verweigerung der Zustimmung)가 존재하는 경우 등이 그것이다. Schlette, Die Verwaltung als Vertragspartner, S. 652 참조.

29) 이에 관해 자세히는 박정훈, "행정조달계약의 법적 성질", 행정법의 체계와 방법론, 박영사, 2005, 173~200면 참조.

30) 박정훈, "행정조달계약의 법적 성질", 행정법의 체계와 방법론, 박영사, 2005, 183면 참조.

칙법(Haushaltsgrundsätzegesetz)을 개정하여 발주심사청(Vergabeprüfstelle)과 발주감독위원회(Vergabeüberwachungs ausschuß)를 설치하여 2단계의 불복절차를 마련하였다.[31]

그러나 이러한 예산법적 해결은 낙찰받지 못한 입찰자의 권리구제의 불충분성이 문제되었고,[32] 이에 따라 독일은 다시 1998.5.29. '공공조달계약의 법적 근거를 변경하기 위한 법률'(Gesetz zur Änderung der Rechtsgrundlagen für die Vergabe öffentlicher Aufträge)을 제정하였다. 그 핵심은 경쟁제한방지법(Gesetz gegen Wettbewerbsbeschränkunguen)을 개정하여 공공조달계약에 관한 제4부(제97조∼제129조)를 새로이 추가한 것이다.[33]

가장 중요한 변화는 그동안 논란의 핵심이었던 입찰자의 권리를 법률에 명시한 것인데, 위 경쟁제한방지법 제97조 제7항은 "입찰기업은 발주자가 발주절차에 관한 규정을 준수할 것을 요구할 수 있는 청구권을 갖는다"고 규정하였다. 또한 종전의 2단계(발주심사청과 발주감독위원회)의 불복절차를 1단계로 축소하여 발주심판소(Vergabekammer)를 설치함과 더불어, 그 결정에 불복이 있으면 통상법원인 고등법원(Oberlandesgericht)의 발주재판부(Vergabesenat)에 즉시항고(sofortige Beschwerde)를 할 수 있도록 함으로써, 재판상 권리구제의 가능성과 그 방법을 명시하였다.[34] 이 절차를 간략하게 설명하면 다음과 같다.

발주심판소에 심판을 신청하여 그 신청서가 조달주체에 송달되면 입찰절차가 자동정지되어 낙찰이 봉쇄된다(제한경쟁방지법 제115조). 신청

---

31) 이를 '예산법적 해결'(haushaltrechtliche Lösung)이라고 부르고 있다. Ulrich Grau, Historische Entwicklung und Perspektiven des Rechts der öffentliche Aufträge, Peter Lang, Frankfurt am Main 2004, S. 234-243 참조.

32) Kommission v. Deutschland, Euch, Slg. I 1995, 2203(=Euzw 1995, 635).

33) 이를 "경쟁법적 해결"(wettbewerbsrechtliche Lösung)이라고 부르고 있다. 이에 관해 자세히는 Lutz Horn, Das Vergaberechtsänderungsgesetz, NVwZ 1998, S. 1242-1245 참조.

34) 박정훈, "행정조달계약의 법적 성질", 192면, Lutz Horn, Das Vergaberechts -änderungsgesetz, S. 1243-1244 참조.

인적격은 당해 공공조달에 이해관계를 갖고 발주에 관한 규정의 위반으로 자신의 권리가 침해되었음을 주장하는 모든 기업에게 인정된다(동법 제107조). 발주심판소의 결정에 불복이 있으면 2주 이내에 고등법원의 발주재판부에 즉시항고를 할 수 있는데, 이 경우는 발주심판소의 심판절차에 관여했던 신청인, 발주주체, 참여인만이 항고인적격이 있다(제116조 제1항 및 제3항). 이미 이루어진 낙찰은 취소될 수 없으며 단지 당사자의 신청에 따라 권리침해 여부를 확인하는 데 그친다(제114조 제2항).[35]

그런데 위와 같은 법개정이 전면적으로 이루어진 것이 아니라, 유럽공동체지침이 적용되는 규모 이상의 공공발주의 경우에만 한정된 것이다. 그 이하의 조달계약에 대해서는 1993년 이전 상태에 의하게 된다.[36]

(2) 부정당업자제재와 관련된 분쟁해결[37]

독일의 통설[38]과 판례[39]는 유럽공동체지침과 발주규칙상의 '경쟁입찰참가배제'에 의거하여 그 배제의 범위를 시공간적으로 확대하여 '발주차단'(Auftragssperre)뿐만 아니라 '통합적 발주차단'(koordinierte Auftragssperre)도 가능하다는 입장이다. 이러한 통설과 판례는 독일에서 전통적으로 공사법구별에 관한 권력설과 국고이론에 의거하여 행정조달계약을 사법상

---

35) 박정훈, "행정조달계약의 법적 성질", 193면, Lutz Horn, Das Vergaberechts-änderungsgesetz, S. 1243-1244 참조.

36) 박정훈, "행정조달계약의 법적 성질", 195면 참조. 대표적으로 Th. Puhl, Der Staat als Wirtschaftssubjekt und Auftraggeber, VVDStRL H. 60(2001), S. 456-512 참조. 이러한 통설과는 달리 2단계 이론에 입각하여 계약체결과 낙찰자 선정결정을 분리하여 후자에 대해 행정소송의 가능성을 주장하는 견해도 존재한다. Huber, Peter M., Der Schutz des Bieters im öffentlichen Auftragwesen unterhalb der sog. Schwellenwerte, JZ 2000, S. 877-882 참조.

37) 이에 관해 자세히는 박정훈, "부정당업자 입찰참가자격제한의 법적 제문제", 서울대학교 법학 제46권 제1호, 2005, 282~311면 참조.

38) Harold Bartle, Handbuch Öffentliche Aufträge, 2. Aufl., Baden-Baden 2000, S. 22-24 등.

39) OLG Frankfurt a.M., -U.v.3.12.1996-WRP 1997, S. 203 ff.

계약으로 파악한 것과 일맥상통하는 것으로서, '발주차단'을 국가가 향유하는 계약체결의 자유의 일환으로 파악하는 것이라는 지적이 있다.[40)]

이러한 통설과 판례에 의하면 발주차단은 당해 기업과 일정 기간 조달계약을 체결하지 않는다는 의사를 표명하는 사법상 통지행위(privatrechtliche Erklärung)로 파악된다.[41)] 이러한 이유로 연방행정법원은 일찍이 발주차단에 대한 행정소송의 관할을 부정하였고,[42)] 다만 발주차단과 함께 고용에 있어 장애인의 우대 의무를 부과하는 경우에는 행정소송의 대상으로 인정하였다.[43)]

따라서 발주차단에 대해서는 민사소송으로 다투어야 하는데, 이 경우 앞서 본바와 같이 발주심판소와 일반고등법원을 통한 권리구제절차가 이 경우에 적용되는가가 문제된다. 이에 관해 발주차단은 각각의 개별 발주절차에 한정된 것이 아니라 일정 기간 모든 장래의 발주절차에 대한 것이므로 위와 같은 절차에 해당하지 않는다는 견해가 유력하다. 이에 따르면, 발주차단을 다투는 민사소송은 피고 행정주체가 발주절차에서 원고 기업을 고려대상에서 배제할 권리가 없다는 것의 확인을 구하는 확인소송이 된다.[44)]

2. 프랑스

1) 개 관

행정계약과 관련된 분쟁을 다투는 방식으로는 행정법원에의 소송이 가장 대표적이며, 행정소송의 유형 중 크게 완전심판소송과 월권소송이

---

40) 박정훈, "부정당업자 입찰참가자격제한의 법적 제문제", 287~288면 참조.
41) 박정훈, "부정당업자 입찰참가자격제한의 법적 제문제", 288면 참조.
42) BVerwGE 5, 325.
43) BVerwGE 34, 213.
44) Motzke/Pietzcker/Prieß, VOB Teil A. Allgemeine Bestimmungen für die Vergabe von Bauleistungen, München 2001, Rn. 69-71 참조.

행정계약과 관련한 분쟁에서 자주 활용되고 있다. 완전심판소송의 방식을 통해 계약체결전의 긴급심리(référé précontractuel), 계약법원(juge du contrat)에서의 소송이 다루어지며, 월권소송의 방식을 통해 분리가능한 행위(acte détachable)에 대한 소송, 도지사의 이송(déféré préfectoral)에 의한 소송 등이 다루어진다. 차례로 살펴보도록 하겠다.

2) 완전심판소송

(1) 계약체결 전의 긴급심리

계약이 이행되고 난 후 1년 또는 2년이 지나서야 행정계약을 행정법원이 무효로 하는 것은 거의 유용성이 없다고 할 수 있다. 따라서 소송이 진정으로 효율적이기 위해서는 계약체결 전에 예방적인 소송이 가능해야 한다. 이러한 소송유형이 프랑스에서 도입되기에 이르렀는데 이를 '계약체결 전의 긴급심리절차'(référé précontractuel)라고 한다.

이 제도의 법적인 근거는 행정소송법 제22조와 제23조이다. 이 규정의 기원은 유럽공동체법에 있다. 공공조달계약의 체결과 관련한 분쟁절차의 효율성 제고를 위해서 두 가지의 유럽공동체지침이 제정되었다. 하나는 전통적인 영역에서 체결되는 계약과 관련된 것이고, 다른 것은 에너지, 물, 교통, 통신과 같은 특별한 영역에서의 계약과 관련된 것인데, 첫 번째 지침이 행정소송법 제22조로 전환되었고, 두 번째 지침은 행정소송법 제23조로 전환되었다.[45]

행정소송법 제22조의 문언의 실제적인 내용에 따르면, 이 조항이 예정하고 있는 소송은 모든 공공조달계약과 공역무 위탁계약에 적용된다. 제22조와 제23조의 새로운 절차의 가장 큰 새로운 점은 판사의 권한과 관련이 있다. 여기서의 판사는 행정법원의 長이거나 그로부터 위임받은 자이다.

---

45) Richer, Droit des contrats administratifs, p.154 참조.

제22조에 의하면 행정법원의 長은 그의 의무를 지키지 못한 자에게 의무를 이행할 것을 명할 수 있으며, 계약의 체결을 정지시킬 수도 있고, 또는 그와 관련된 모든 결정의 이행을 정지시킬 수 있다. 또는 동일하게 결정을 무효화시킬 수도 있고, 조항이나 규정들을 제거할 수도 있다. 이는 때로는 잠정적인 조치로 나타날 수도 있고, 때로는 위법성을 예방하고 사후적으로 배상을 하지 않는 것을 목적으로 하는 종국적인 조치로 나타날 수도 있다. 이러한 판사의 권한들 중 가장 중요한 개혁은 판사에게 명령권(pouvoir d'injonction)을 인정한 것이다.[46]

이에 비해 제23조에 의한 판사의 권한은 제22조에 의한 판사의 권한에 비해서는 제한적이다. 제23조에 의하면 행정재판소의 장은 그의 의무를 다하지 못한 주체에게 의무이행을 명할 수 있는 권한만을 가지며, 계약체결을 정지하거나 계약체결과 관련된 결정의 이행을 정지시킬 수 있는 권한을 갖지는 못한다. 다만 기간을 정해 의무이행을 명하고 이를 위반할 경우에는 이행강제금(astreinte)을 부과할 수는 있다.[47]

행정법원의 장에게 긴급심리의 신청을 할 수 있는 원고적격이 있는 자는 다음과 같다. 즉, 계약을 체결하는데 이해관계가 있고 잘못된 계약체결에 의해 손해를 입을 가능성이 있는 사람에게 원고적격이 인정된다. 특히 입찰관련 정보공개의 흠결로 인해 입찰자가 되지 못한 기업에게도 원고적격이 인정된다. 국가의 대표자도 원고적격이 인정된다.[48]

제22조에 의한 소송을 제기하기 이전에, 이해관계인은 전치절차를 거쳐야 한다. 즉, 우선적으로 공개의 의무 및 경쟁의 의무를 진 행정청이 그 의무를 이행하도록 국민이 행정청에게 요청해야 한다. 행정법원의 장으로의 소송의 제기는 이러한 요청에 대해 행정청의 명시적인 거부가 있거나, 10일의 기한 내에 답변이 없는 경우에 이루어지게 된다(행정소

---

46) Richer, Droit des contrats administratifs, p.155∼156 참조.
47) Richer, Droit des contrats administratifs, p.156 참조.
48) 국가의 대표자는 계약체결전의 긴급심리와 도지사의 이송 간에 선택을 하는 것이 가능하다.

송법 시행령 제241-12조).[49]

현재 제22조의 소송제기는 계약의 체결 전에 이루어져야 한다고 해석되고 있다. 만약 소송제기가 계약에의 서명 후에 이루어진 경우에는 따라서 소송이 허용될 수 없다고 선언된다. 만약 절차 중에 서명이 이루어지게 되면, 판사는 더 이상 그의 권한을 행사할 수 없다.[50]

제22조와 제23조은 공개의 의무와 경쟁의 의무에 흠이 있을 때에 긴급심리가 가능하다고 규정하고 있다. 이에 관해서 두 가지의 해석이 가능하다. 제한적인 해석에 의하면 특정형식에 관한 명시적인 규정을 위반하는 때에만 긴급심리가 가능한 것으로 보게 된다.[51] 이에 비해 넓은 해석에 의하면 후보자들을 중립적이고 평등하게 대우할 의무에 반하는 모든 결정들에 대해서 긴급심리가 가능한 것으로 보게 된다.[52] 이에 관해 꽁세유데따는 적격심사의 기준으로 지나치게 제한적인 기술사양이 제시된 경우에도 긴급심리가 인정된다고 판시하여 넓은 해석을 취했다.[53]

(2) 계약무효확인소송

법적인 행위에 위법성이 있을 때 당해행위는 무효이다. 위법한 일방적 행정작용은 월권소송에 의해 무효가 될 수 있다. 반면에 위법한 계약은 완전심판소송에 의해 무효가 될 수 있다.[54] 일방적 행정작용의 주체는 그 행위의 철회를 선언할 권한을 갖는다. 이러한 방법으로 그 행위의 무효를 미리 선언할 수 있다. 계약에 있어서는 그러하지 않다. 행정주체는 스스로 계약이 무효라고 선언할 수 없으며 반드시 법원의 판결을 받

---

49) Richer, Droit des contrats administratifs, p.157 참조.

50) Richer, op. cit., p.157~158 참조.

51) 수의계약에 의하도록 명시적으로 열거된 사유에 해당되지 않음에도 불구하고 수의계약을 체결한 때를 들 수 있다.

52) Richer, Droit des contrats administratifs, p.159 참조.

53) CE 29 juillet 1998, Synd. Mixte des transports en commune de l'agglomération clermontoise, Dr. adm, 302.

54) Richer, op. cit., p.178 참조.

아야 한다.55)

계약의 법적 안정성을 보존하기 위해서 무효확인소송은 오직 계약의 당사자에 의해서만 제기될 수 있다. 계약의 당사자가 아닌 제3자는 법원에 계약의 무효를 선언해달라고 소송을 제기할 권한을 가지지 못한다. 다시 말해, 계약에 서명한 계약당사자만이 계약무효소송을 제기할 수 있다.56)

무효는 전체적일 수도 있고, 부분적일 수도 있다. 사실상 합법성에 부합하도록 만들기 위해 계약을 판사가 다시 체결할 수는 없는 것이지만, 법원이 본질적인 부분에 있어서 계약적인 구속력을 보존하면서 무효의 범위를 제한할 수 있는 가능성은 존재한다.57)

3) 월권소송

(1) 분리가능한 행위에 대한 소송

㉮ '분리가능한 행위' 이론의 등장배경

월권소송은 합법성 원칙의 소송법적 관철수단으로서 의미를 갖는다. 즉, 위법한 일방적인 행정작용에 의해 권리를 침해받은 국민은 월권소송을 통해 당해행위의 무효를 인정받을 수 있다. 그러나 이는 계약을 대상으로 하는 경우에는 다르다. 왜냐하면 월권소송은 계약에 대해서는 원칙적으로 허용될 수 없기 때문이다.58) 이러한 월권소송의 불허용성은 오랫동안 일정한 계약의 법규명령적 조항(clause réglementaire)에까지 확대되었다.59)60)

---

55) Richer, op. cit., p.178 참조.

56) Pouyaud, La nullité des contrats administratifs, LGDJ, Paris 1991, p.439 및 Richer, op. cit., p.179 참조. 판례의 태도도 마찬가지이다. CE 22 avril 1998, Labit, RDP 1998, 1457 참조.

57) Richer, op. cit., p.180 참조.

58) CE 22 avril 1988, Labit, RDP 1988, 1457 ; CE 14 mars 1997, Cie d'aménagement des coteaux de Gascogne, RFDA 1997, 349.

그런데 이러한 논리에 따르면 행정계약에 의해 권리를 침해받은 제3
자는 이를 다툴 수 있는 방법이 없게 되는 문제점이 있다. 예를 들어 행
정주체와 특허를 받는 기업 간에 체결되는 공역무특허계약이 제3자인
공역무사용자의 권리를 침해할 수 있다.61) 이 때 당해 행정계약이 위법
하여 무효라고 하더라도 제3자는 이를 다툴 수 없다. 왜냐하면 우선 완
전심판소송으로 이루어지는 계약무효확인소송은 계약당사자만 제기할
수 있으므로 제3자는 이 소송을 활용할 수 없고, 다음으로 월권소송은
계약에 대해서는 불가능하다고 보므로 제3자는 이 소송을 활용할 수도
없기 때문이다.

이러한 문제점을 해결하기 위해 나온 이론이 바로 '분리가능한 행
위'(acte détachable)의 이론이다. 즉, 판례는 계약체결 이전에 침익적인 것
으로 여겨지는 일방적인 행위를 분리할 수 있는 성격으로 인정하게 되
었다. 이러한 일방적인 행위가 계약체결을 객관적으로 준비하는 행위의
성격을 가지는데 불과하더라도 마찬가지이다. Richer는 이러한 '분리가능
한 행위'의 이론은 계약의 중심에서 합법성의 원리를 지키는 전초기지
의 역할을 한다고 평가하고 있다.62)

분리가능한 행위이론의 단초는 이미 1903년의 Commune de Gorre 사건
에서 발견된다.63) 이 사건은 私法상의 계약에 관한 것이었는데, 꽁세유
데따는 계약체결의 준비행위를 계약자체와 분리하여 월권소송을 제기하
는 것을 허용했다. 私法상 계약에서 인정된 이와 같은 법리가 행정계약
에도 도입되었는데, 이것이 1905년 10월 4일의 Martin 사건이다. 이 사건

---

59) CE Ass. 16 avril 1986, C.L.T., RDP 1986, 856.
60) 다만 1996년에 이르러서야 비로소 이러한 법규명령적 조항의 내용에 대해
    제3자의 월권소송을 받아들이게 되었다. CE juillet 1996, Cayzeele, Rec. 274,
    AJDA 807.
61) 공역무의 사용자에게 과도한 사용료지급의무를 부과하는 내용의 공역무특
    허계약이 체결되는 것이 그 예이다.
62) Richer, Droit des contrats administratifs, p.160 참조.
63) CE 11 décembre 1903, Commune de Gorre, S. 1906.3, 49.

에서 꽁세유데따는 도시철도의 특허계약과 관련한 지방의회의 의결에 대해 월권소송을 제기하는 것을 허용한바 있다.64)

㈐ 원고적격

분리가능한 행위에 의해 월권소송을 제기할 수 있는 원고적격이 누구에게 인정되는지가 문제된다. 1905년 10월 4일의 Martin 사건에서 결론을 쓴 Romieu는 분리가능한 행위에 대한 월권소송은 계약당사자가 아닌 제3자에게만 인정된다고 보았다. 왜냐하면 계약당사자는 계약무효소송을 통해 계약의 위법성을 다툴 수 있기 때문이다. 그러나 이러한 Romieu의 견해는 이후의 꽁세유데따의 주류적인 판례에서는 받아들여지지 않았다.65) 왜냐하면 제3자에게만 월권소송을 허용하는 것은 계약무효소송과 비교하여 월권소송의 보충성을 인정한 결론이 되는데, 이러한 결론은 부당하다고 평가되었기 때문이다.66)

즉, 계약당사자 및 제3자는 분리가능한 행위에 대해서 소송을 제기할 수 있는데 이 때 제3자의 범위가 어떻게 설정되는지가 문제된다. 원칙적으로 계약에 의해 이익을 침해받은 주체는 분리가능한 행위에 대해 월권소송을 제기할 원고적격을 갖는다. 이를 구체적으로 보면 다음과 같다. 입찰자가 아닌 제3자, 환경보호단체도 당해 공공건설공사의 환경침해적 성격에 관해 이익을 가지는 한 원고적격이 인정되고, 지방의회가 공공조달계약체결을 의결한 경우 그 반대투표를 한 지방위원도 원고적격이 인정된다. 다만 당해 공공조달에 이해관계를 가진 기업들에 대해서

---

64) CE 4 août 1905, Martin, G.A.J.A. p.83.

65) Romieu의 이러한 견해는 CE 28 novembre 1954, Syndicat de la raffinerie de soufrage française, Rec. 620에서 받아들여진바 있으나, 바로 직후의 CE 4 février 1955, Ville de Saverne, Rec. 73에서는 받아들여지지 않았다. 계약당사자도 월권소송의 제기가 가능하다고 보는 것이 이후의 주류적인 판례의 태도이다. Richer, Droit des contrats administratifs, p.161 참조.

66) CE 5 décembre 1958, S.E. à l,Agic. c/Union des pêcheurs à la ligne, AJDA 1959, Ⅱ, 57 등.

는 원칙적으로 입찰에 참여한 때에만 원고적격을 인정하는 것이 판례[67]의 태도인데, 입찰에 참여하지 않았더라도 그것이 발주청이 명시적 또는 묵시적으로 일정한 범주의 기업을 제외하거나 사전자격심사에서 배제한 데에서 기인한 때에는 원고적격이 인정된다.[68]

㉰ 대상적격

모든 월권소송과 마찬가지로, 분리가능한 행위에 대한 소송은 침익적인 결정(decision faisant grief)에 대해서 이루어져야 한다. 예를 들어 '경쟁입찰공고'(avis d'appel d'offres)에 대한 소송은 허용되지 않는다.[69] 전형적인 소송대상은 계약을 체결하기로 하는 결정인데 이는 지방의회의 의결을 통해 이루어지기도 하고 입찰심사위원회의 결정을 통해 이루어지기도 한다.[70] 사전승인(autorisation préalable)이나 '감독청의 승인'(approbation de tutelle)도 소송의 대상이 될 수 있다.[71] 다만 분리가능한 행위 자체가 私法상의 성격인 때에는 월권소송은 불가능하다.[72]

㉱ 무효사유

분리가능한 행위가 무효가 되는 때는 크게 둘로 나누어 볼 수 있다. ① 분리가능한 행위 자체에 무효사유가 있는 때와 ② 본체인 계약에 무효사유가 있는 때가 그것이다.

① 분리가능한 행위 자체에 무효사유가 있는 예로는 계약체결이 권한

---

67) CE 6 décembre 1995 Dép. de l'Aveyron, Rec. 428.

68) 박정훈, "행정조달계약의 법적 성격", 행정법의 체계와 방법론, 박영사, 2005, 209면, Richer, Droit des contrats administratifs, p.161 참조.

69) CE 10 mai 1996 Conseil régional de l'ordre des architectes PACA, Rec. tab., 665.

70) Richer, Droit des contrats administratifs, p.162 참조.

71) CE 6 décembre 1872, Galland, Rec. 680.

72) CE 29 avril 2994 GIE Groupetubois, Rec. tab. 786. 私法상 계약의 일부에 대해서도 월권소송이 가능하다는 것과 구별되어야 한다. 다시 말해, 私法상 계약의 일부를 분리해냈을 때 이것이 공법상의 성격이면 월권소송이 가능하나, 이것이 私法상의 성격이면 월권소송이 불가능하다.

없는 행정청에 의해 이루어진 때,73) 의무적인 협상절차를 거치지 않고 계약을 체결한 때, 계약체결여부를 결정하는 지방의회에 필요한 문서를 제공하지 않은 때74) 등을 들 수 있다.

② 무효사유가 있는 계약을 대상으로 하는 분리가능한 행위도 그 자체가 위법하여 무효이다. 계약체결의 의사표시상에 착오나 기망과 같은 하자가 있는 때,75) 계약내용이 법령의 내용에 위반된 때에 계약이 무효가 된다. 후자의 예로는 법규명령에 의해 규율되도록 법령에 규정된 내용에 대해 행정주체가 계약을 체결한 때를 들 수 있다.76) 특히 공개와 경쟁과 같은 절차의 규율을 위반한 계약이 대표적인 예이다.77)

이처럼 계약자체에 무효사유가 있는 때에 분리가능한 행위 전체가 무효가 되는지, 아니면 일부만 무효가 될 수 있는지 문제된다. 다시 말해 계약의 일부조항에만 무효인 때에 계약체결행위 전체가 무효가 되는지, 아니면 계약체결행위 중 문제된 조항에 관한 계약체결행위만이 무효가 되는지 문제된다. 판례는 위법한 조항이 다른 조항들과의 관계에 있어서 분리가 가능한 때에는 분리가능한 행위의 일부만 무효를 인정하는 것이 가능하다는 입장이다.78) 물론 반면에 조항 전체가 분리할 수 없게 구성되어 있는 경우는, 분리가능한 행위는 전체적으로 무효화된다.79)

㉲ 분리가능한 행위의 무효가 행정계약에 미치는 영향

낙찰 또는 계약체결행위가 무효가 월권소송을 통해 무효화된 경우에 이미 체결된 계약의 효력이 어떻게 되는지 문제된다. 1989년 꽁세유데따

---

73) CE 18 novembre 1991, Le Chanton, Rec. t. 1040.

74) TA Marseille 12 avril 1994, Poreil, req. 924729.

75) CE 23 mars 1992, Martin, A.J.D.A. 1992, 376.

76) CE 8 mars 1985, Association Les Amis de la Terre, R.F.D.A. 1985, 363.

77) Richer, op. cit., p.164 참조.

78) CE Ass. 17 décembre 1993, Groupment national des établissement de gérontologie, AJDA 1994, 61.

79) CE Sect. 20 janvier 1978, S.N.E.T.A.P., Rec. 22.

'보고 및 연구부'의 견해에 의하면 분리가능한 행위의 취소만으로는 계약의 효력에 영향이 없다고 한다. 다만 행정주체는 계약의 집행을 중지하고 계약무효의 확인소송을 제기하거나 계약을 해지할 의무를 부담하지만, 예외적으로 긴급성 또는 재정적 이유 등으로 계약의 집행이 요구되거나 분리가능한 행위의 위법성이 계약상대방 선정에 영향을 미치지 않는 때에는 이러한 의무도 부담하지 않는다고 한다.[80]

분리가능한 행위의 무효가 행정계약에 미치는 영향을 고찰하기 위해서는 분리가능한 행위 자체에 무효사유가 존재하는 때와 본체인 계약에 무효사유가 존재하는 때를 구분하여 살펴보아야 한다는 견해가 제시되고 있다.[81] 우선 본체인 계약에 무효사유가 존재할 때에 분리가능한 행위가 무효가 되면 계약도 무효가 되는 것이 원칙이다. 예를 들어 공역무 특허의 사용료와 관련된 계약조항이 위법한 때에 이러한 계약체결을 승인하는 지방의회의 의결이 월권소송에 의해 효력을 상실하게 되면 사용료와 관련된 계약조항은 당연히 무효가 된다.[82]

다음으로 분리가능한 행위 자체에 무효사유가 존재하는 때를 살펴보도록 하겠다. 이러한 예로는 계약체결의 승인결정을 한 지방의회가 정보가 부족한 상태에서 이러한 승인결정을 내린 경우를 들 수 있다. 이러한 경우에 '분리가능한 행위와 문제된 계약 간에 존재하는 관계의 정도'에 따라 결론이 달라진다. 만약 분리가능한 행위가 낙찰이라면, 이것이 무효가 되면 계약도 당연히 무효가 된다. 왜냐하면 계약의 본질적인 요소가 사라졌기 때문이다. 반대로 만약 무효가 된 행위가 계약과 간접적인 관계만을 맺고 있는 때, 예를 들어 계약체결과 관련된 감독관청의 승인이 무효가 된다고 하더라도 계약 자체가 무효가 되는 것은 아니다.[83]

---

80) CE Avis, 25 janvier 1989, E.D.C.E. 1989, p.127. 박정훈, "행정조달계약의 법적 성격", 행정법의 체계와 방법론, 박영사, 2005, 205면 참조.

81) CE 1 Octobre 1993, Sté Le Yachtclub international de Bormes-les-Mimosas, A.J.D.A. 1993, 810 판결에서의 Pochard의 방론 참조.

82) Richer, Droit des contrats administratifs, p.166 참조.

㉃ 계약무효를 인정하는 절차

만약 분리가능한 행위가 무효가 인정되고 이의 영향으로 계약도 무효가 된다고 할 때 계약의 무효가 어떤 절차에 의해 인정되는지가 문제된다. 앞서 보았듯이 프랑스에서는 계약의 무효는 원칙적으로 법원의 소송을 거쳐야만 인정된다. 그런데 분리가능한 행위가 월권소송에 의해 무효가 되면 계약에 대해서 별도의 무효확인소송을 거치지 않고도 계약이 무효인 것으로 인정될 수 있는지가 문제되는 것이다. 이와 관련해서는 크게 네 가지 절차가 제시되고 있다.

첫째, 무효확인소송을 제기하는 것이다. 다시 말해 분리가능한 행위에 대한 월권소송 외에도 별도로 계약에 대한 무효확인소송을 거치도록 하는 것이다. 그런데 통상적으로 분리가능한 행위에 대한 월권소송은 제3자에 의해 제기되는데, 이러한 제3자는 계약무효확인소송을 제기할 수는 없다. 결국 제3자로서는 행정주체에게 무효확인소송을 제기해줄 것을 청구해볼 수밖에 없다.[84]

둘째, 행정주체 스스로가 계약이 무효임을 선언하는 것이다. 일부 판례[85]에서 이러한 방식이 인정된바 있으나, 이러한 방식이 일반적으로 인정되기는 힘들다고 평가되고 있다. 이러한 방식은 일방적 행정작용의 직권취소와 비슷한 방식이라고 할 수 있는데, 계약이 일방적 행정작용과 유사한 경우에나 예외적으로 이러한 방식이 사용될 수 있다는 것이다.[86]

셋째, 계약당사자들이 계약이 무효임을 협정에 의해 확인하는 것이다. 이는 꽁세유따는 이러한 협정이 유효함을 인정한바 있다. 이러한 협정은 계약의 약정해제와 유사한 성격을 갖는 것으로 보았기 때문이다.[87]

---

83) CE 1 octobre 1993, Sté Le Yachtclub international de Bormes-les-Mimosas, AJDA 1993, 810에서의 Pochard의 논고.

84) Richer, op. cit., p.167 참조.

85) CE 23 février 1966 Brillé, Rec. 142.

86) TA Paris 21 avril 1971, Ville de Paris, A.J.D.A. 1972, 164.

87) CE 16 avril 1986 Roujansky, R.D.P. 1986, 893.

넷째, 행정주체가 '공익적 사유로 인한 계약해지'를 하는 것이다. 다시
말해 계약에 위법성이 존재한다는 것 자체가 계약을 해지할만한 공익적
인 사유가 있는 것으로 보는 것이다. 이러한 방식에 대해서는 계약해지
는 장래를 향하여 효력이 발생하고, 위법성을 이유로 한 계약의 무효는
소급효가 발생한다는 점에서 양자가 모순된다는 견해가 있으나[88] 꽁세
유데따는 이를 인정한바 있다.[89] 공익적 사유로 인한 계약해지가 이루어
질 때에는 손해배상을 하는 것이 원칙적이나, 위법성을 이유로 한 계약
해지에 있어서는 손해배상을 할 필요가 없다는 것이 판례의 태도이다.[90]

(2) 도지사에 의한 월권소송의 제기

1982년 3월 2일의 법률에 의해 지방자치단체의 일부 행정계약의 합법
성통제와 관련하여 중요한 개혁이 이루어졌다.[91] 1982년 이전에는 市와
道의 특정의 행정계약의 체결을 위해서는 사전적인 승인이 필요한 후견
적 감독(tutelle)시스템이 작동하고 있었다.[92] 그런데 1982년에 이르러 위
와 같은 감독시스템은 발주청이 문제되는 계약 또는 분리가능한 행위를
도지사(préfet)[93]에게 송부하고, 도지사는 계약 또는 분리가능한 행위에
대해 행정법원에 소송을 제기하는 시스템으로 변경되었다.[94]

지방자치법 제2131-2조, 제3131-2조 그리고 제4141-2조에 의해서 도지
사에게 송부할 의무가 발주청에게 부과된 경우는 다음과 같다. 정부조달
및 차용(emprunt)에 관한 협정, 상공업적 성격을 갖는 지방공역무의 특허

---

88) Richer, op. cit., p.169 참조.
89) CE 10 juillet 1996 Coisne, R.F.D.A. 1997, 504.
90) CAA Bordeaux 28 avril 1997, Commune d'Alès, Rec. tab 934.
91) Richer, op. cit., p.181 참조.
92) Richer, Droit des contrats administratifs, p.181~182 참조.
93) '국가의 대표자'(représantan de l'État)라고 부르는 경우가 많다. 도지사는 헌
   법 제72조에 의해 국가이익, 행정통제 및 법률의 준수를 담당하는 정부의
   대표자로서의 지위를 갖는다.
94) Richer, op. cit., p.182 참조.

나 임대차(affermage)협정, 분권화된 협력의 협정(convention de coopération décentralisé)이 그것이다. 지방자치단체의 위임에 의해 서명이 된 계약도 지방자치단체 스스로에 의해 체결된 계약과 마찬가지로 송부의무를 진다.[95]

1982년의 법률이 공포된 시점에 학자들의 다수는 새로운 규정의 적용범위를 좁히고자 했다. 이는 도지사에 의한 소송제기는 특별소송(recour sui generi)이고 행정법원이 계약의 무효를 선언할 가능성을 의심스럽게 만든다고 보았기 때문이다.[96] 그러나 이후 꽁세유데따의 판례에 의해 도지사에 의한 소송이 월권소송에 속하게 되었고,[97] 이 때 법원은 계약의 무효를 선언할 수 있다고 보게 되면서[98] 이러한 우려를 씻어내게 되었다.

도지사는 계약에 대해서 뿐만 아니라 분리가능한 행위에 대해서도 소송을 제기할 수 있다. 도지사는 계약이나 분리가능한 행위를 송부받은 시점으로부터 2월의 기간 내에만 행정법원에 소송을 제기될 수 있다. 송부는 공역무의 위탁계약이나 정부조달계약의 서명이 이루어진 시점으로부터 15일 이내에 이루어져야 한다. 제소기간은 만약 송부 시에 필요한 문서가 첨부되지 않거나, 도지사가 기간의 연장을 신청했을 경우에는 연장된다.[99] 중대한 위법성이 존재하여 '부존재'로 평가되는 계약에 대해서는 제소기간의 제한이 없이 소송의 제기가 가능하다.[100]

이처럼 발주청이 송부의무를 지지 않는 행정계약이라고 하여 합법성의 통제로부터 면제를 받는 것은 아니다.[101] 첫째, 일부계약은 그 자체가 합법성의 통제를 가져오는 일방적인 결정으로 여겨진다.[102] 둘째, 분리

---

95) Richer, op. cit., p.182 참조.

96) Richer, op. cit., p.182~183 참조.

97) CE Sect. 28 juillet 1991, Commune de Sainte-Marie, RFDA 1991, 966.

98) CE Sect. 28 juillet 1991, Commune de Sainte-Marie, RFDA 1991, 966.

99) Richer, op. cit., p.183 참조.

100) TA Versailles 12 décembre 1991, Préfet du Val-d'Oise, CJEG 1992, 126.

101) Richer, Droit des contrats administratifs, p.184 참조.

102) CE 24 avril 1985, Départment de l'Eure, Rec. 117.

가능한 행위가 지방의회의 계약체결에 대한 의결일 때 이러한 의결행위는 송부의 대상이 된다. 다시 말해, 계약자체는 송부의무의 대상이 아니라고 하더라도 계약체결에 대해 지방의회가 의결을 했을 때 당해 의결행위는 분리가능한 행위로서 송부대상이 된다. 지방의회의 의결자체가 지방자치법에 따른 송부대상이기 때문이다.[103]

3. 영 국

1) 개 관

공법위반이나 사법상의 의무위반에 대해서 공통적으로 영국법에서 인정되는 구제수단(remedy)은 두 가지이다. 명령판결(injunction)과 선언판결(declaration)이 그것이다. 명령판결은 통상적으로 법위반을 제어하기 위해서 이루어진다. 그러나 법준수를 명령하는 이행명령판결(mandatory injunction)이 내려질 수도 있다. 선언판결은 단순히 법위반이 발생했다는 점을 법원이 선언하는 것이다. 명령판결은 왕(Crown) 그 자체를 상대로 내려질 수는 없다. 그러나 장관 자신에게 부여된 법률상의 권한(legislative powers)하에서 행하는 장관을 상대로 내려질 수는 있다.[104]

이에 더해서 오직 공법의 영역에만 적용되는 구제수단이 세 가지가 있다. ① 당해 결정을 폐지(quash)하는 취소판결(certiorari), ② 행정주체로 하여금 적법한 결정을 내리도록 강제하는 직무집행판결(mandamus), ③ 위법한 행위를 방지하는 금지판결(prohibition)이 그것이다. 이들을 총칭하여 대권적 판결(prerogative order)라고 부른다. 이들 소송은 왕을 상대로는 불가능하다. 그러나 명령판결(injunction)과 마찬가지로 취소판결(certiorari)과 금지판결(prohibition)은 법률에 의해서 그에게 부여된 기능을 행하기 위

---

103) Richer, op. cit., p.184 참조.
104) Arrowsmith, The Law of Public and Utilities Procurement, p.882 참조.

해서 장관을 상대로 내려질 수 있다.105) 이러한 대권적 판결은 오직 공법사건에만 인정되기 때문에 행정계약들이 과연 이러한 '공법적인 요소'(matter of public law)를 포함하고 있는가가 문제이다.

그런데 이러한 사법심사(judicial review)에 의해서는 행정주체의 권한유월이 있었는지 여부를 주로 다루고, 이 소송에 의해 계약상의 의무의 이행을 구할 수는 없다고 인정되고 있다. 그런데 이러한 태도는 행정주체로 하여금 사법심사를 회피할 수 있는 논리를 제공해준다는 점에서 헌법상의 원리에도 반한다는 지적이 있다.106)

이 외에도 행정계약의 신속한 권리구제의 필요성으로 인해 가구제(interim relief)도 인정되고 있으며, 행정부 내에서의 행정계약관련분쟁의 해결을 위하여 정부계약심의위원회(Review Board for Government Contracts)도 설치되어 있다.107)

2) 사법심사청구

잉글랜드와 웨일즈의 법원에서는 행정주체의 권한행사를 통제할 수 있는 일련의 원리들을 발전시켰는데 이는 '사법심사의 원리'(principle of judicial review)라고 불린다. 이러한 원리의 예를 들면 행정결정에 의해 영향을 받을 사인은 결정이 내려지기 전에 청문절차(hearing)를 거쳐야 한다는 원리, 행정주체는 권한의 행사에 있어서 자의적이거나(arbitrarily) 비

---

105) Arrowsmith, The Law of Public and Utilities Procurement, p.882 참조.

106) Mark R. Freedland, Government by Contract and Public Law, Public Law 86-104 (1994) 및 Murray Hunt, Constitutionalism and the Contractualisation of Government ; in Michael Taggart ed., The Province of Administrative Law, Hart Publishing, Oxford 1997, pp.21~39 참조.

107) 이 위원회는 재무부(Treasury)와 영국산업협회(Confederation of British Industries) 간의 협약에 의해 1969년에 설립되었다. 국방과 의료서비스관련계약에서 회사들이 폭리를 취한 사실이 드러난 것이 이 위원회설립의 원인이 되었다. Wade/Forsyth, Administrative Law(8th ed.), p.776 참조.

합리적이어서는(unreasonable) 안 되며 오직 관련된 요소만을 고려해야 한다는 원리 등을 들 수 있다.108)

그런데 이러한 원리들이 행정주체의 계약권한의 행사에 일반적으로 적용되는지 여부에 대해서는 의문이 제기되고 있다. 과거에는 계약에 이러한 원리들을 적용하는데 있어서 주저해왔다고 할 수 있다. 계약의 낙찰이나 계약상의 권리의 행사에 있어서 법원은 자주 이들은 사법심사청구의 대상이 될 수 없다고 판단해왔다. 이들 결정에 특별한 '공법적 요소'가 존재한다고 볼 수 없다는 것이 그 근거이다.109)

그러나 몇몇 사건에서 정부조달계약과 관련된 결정들이 사법심사청구의 대상이 되는 것으로 판단되었는데 이 사건들에서 법원은 특별히 공법적 요소의 필요에 대해 언급하지 않았다. R. v. Lewisham London Borough Council, ex. p. Shell U.K. 사건110)에서는 남아프리카 공화국과 연계성이 있는 기업과 계약을 체결하지 않기로 한 결정111)에 대해서 사법심사청구의 대상이 된다고 판시한 바 있다. 더 나아가 R. v. Enfield London Borough Council, ex. p. Unwin 사건112)에서 승인된 리스트에서 계약상대방을 보류하는 결정에 대해서 자연적 정의를 침해하였다고 하여 사법심사청구의 대상이 된다고 판시한바 있다. 이러한 판례들은 조달권한(procurement power)이 다른 행정주체의 기능과 마찬가지로 원칙적으로 사법심사의 대상이 될 수 있다는 점을 지지하는 판례들이라고 할 수 있다.113)

반면에 최근 사건들에서 사법심사청구가 문제된 사례에서 특별한 공법상 요소의 존재하지 않는다고 하여 사법심사청구를 인정하지 않은 사

---

108) Arrowsmith, The Law of Public and Utilities Procurement, p.34 참조.

109) Arrowsmith, The Law of Public and Utilities Procurement, p.34 참조.

110) [1988] 1 All E.R. 938. 이 사건에서 Neil L.J.는 일반적으로 행정주체는 절차적인 부적정성(impropriety)과 불공정성(unfairness)을 포함하는 방식으로 조달권한을 행사해서는 안 된다고 지적했다.

111) 남아공의 인종차별정책에 영향력을 행사하기 위한 것이었다.

112) [1989] C.O.D. 466.

113) Arrowsmith, The Law of Public and Utilities Procurement, p.34 참조.

레도 나타나고 있다. 이러한 예로 R. v. Hibbit and Sanders, ex p. the Lord Chancellor's Department 사건114)을 들 수 있다. 이 사건에서 법원은 이 경우 입찰자의 정당한 기대가 침해된 것은 인정되나, 낙찰결정에 대해서 사법심사청구를 인정할 만한 충분한 공법적 요소가 발견되지 않기 때문에 사법심사청구가 불가능하다고 판시했다.

그러나 후자의 판례에 대해서는 많은 비판이 이루어지고 있다. 공법상의 원리들은 행정주체가 계약을 체결하는 경우에도 똑같이 적용되어야 한다는 것이다. 이는 행정계약이 공익과의 관련성이 크고, 계약작용도 행정작용의 일종인 이상 공법상의 높은 기준이 이 경우에도 적용되어야 한다는 것이다. 계약당사자들이 어느 정도 사법의 영향을 받는다고 해서 공법이 적용되지 않는다고 보는 것은 적정하지 않다는 것이다.115)

그렇다면 행정계약과 관련하여 이러한 사법심사청구는 어느 범위에서 인정될 수 있는가. 위법한 행위에 관심이 있는 누구나 소송을 할 수 있는 것은 아니며 원고적격이 있는 경우에만 할 수 있음은 물론이다.116)

1980년 최고법원법의 31(3)조에 의하면 '신청과 관련된 사안에 대하여 충분한 이익'(sufficient interest in the matter to which the application relates)을 가진 자가 사법심사청구의 원고적격을 갖는다고 규정하고 있다. 행정계

---

114) [1993] C.O.D. 326. 이 사건은 Lord Chancellor's Department가 실시한 법원 리포팅 서비스와 관련된 계약에 관한 입찰에서 탈락한 기업이 제기한 사건이었다. 원고는 이 사건 계약의 낙찰이 원고가 정당하게 기대한 절차를 행정주체가 위반하였다는 점을 근거로 들었다. 즉 입찰공고에는 입찰서류를 받기 전에 입찰자들과 협상을 하는 것으로 되어 있었으나, 이를 위반하여 입찰서류를 받은 후에 입찰자들과 협상을 했다는 것이다. 또한 몇몇의 입찰자들(원고는 제외)에게만 변경된 적격심사기준에 따라 입찰에 응할 수 있는 기회를 주었다는 것이다. 결국 "정당한 기대"의 보호라는 공법상 원리를 위반하였다는 것이 주된 근거였다.

115) Arrowsmith, Sue, Judicial Review and Contractual Powers of Public Authorities, Law Quarterly Review 106(Apr), 277-292(1990), pp.290~292 및 Arrowsmith, The Law of Public and Utilities Procurement, p.35~36 참조.

116) Arrowsmith, The Law of Public and Utilities Procurement, p.885 참조.

약에 있어서 언제 이러한 원고적격이 인정될 수 있는가가 문제이다.

일반적으로 법원은 오늘날 결정과 직접적인 개인적인 이해관계를 갖고 있는 자에게 원고적격을 인정하는 태도를 취하고 있다. 따라서 계약을 체결할 가능성이 있는 모든 경쟁자들은 모두 원고적격이 인정될 수 있다.[117] 또한 법원은 문제된 사건과 관련하여 전문적이고(expertise), 진정한(genuin) 관심을 갖고 있는 그룹에게도 원고적격을 인정하고 있다.[118] 또한 그 회원회사가 행정주체의 특정의 조치로 인해 직접적으로 영향을 받는 경우 그 회원회사들의 협회도 원고적격이 인정된다는 지적이 이루어지고 있다.[119]

지방자치단체 공역무의 사용료를 지급하는 사람(ratepayer)의 경우에도 공공지출에 영향을 미치는 지방자치단체의 결정에 대해서는 사법심사청구를 할 수 있다. 따라서 지방자치단체의 위법한 정부조달계약과 관련된 결정에 대해서 사법심사청구가 가능하다. 반면에 세금납부자(taxpayer)가 자동적으로 국가의 재정지출에 영향을 미치는 결정에 대해서 사법심사청구를 할 수 있는 것은 아니다. 물론 국가의 재정지출로 인해 심각한 이익의 침해를 받는 때에는 사법심사청구가 가능할 수도 있지만 정부조달계약과 관련해서는 이러한 청구가 거의 인정되기 힘들 것으로 보고 있다.[120]

3) 가구제

사법심사청구가 심리에 들어가기 위해서는 6~7개월이 걸릴 수 있기 때문에 소송제기자는 자주 판단의 대상인 낙찰절차를 중지시키기 위해서

---

117) R. v. Avon County Council, ex. p. Terry Adams, The Times, January 20, 1994.

118) R. v. Inspectorate of Pollution, ex. p. Greenpeace(No. 2) [1994] 4 All E.R. 329.

119) Arrowsmith, The Law of Public and Utilities Procurement, p.886 참조.

120) 실무상으로는 정부조달계약과 관련된 대부분의 법률에서는 원고적격에 관한 규정을 둠으로서 입법적으로 문제를 해결하고 있다고 한다. Arrowsmith, The Law of Public and Utilities Procurement, p.886~887 참조.

가구제(interim relief)를 거치게 된다. 이는 특히 다음과 같은 관점에서 중요하다. 즉 계약이 일단 한번 체결되고 나면 법원은 그의 재량에 의해 구제수단을 취하는 것을 거부할 수 있고, 일정한 경우에는 체결된 계약을 무효화시키는 것(setting aside)이 전적으로 금지될 수도 있기 때문이다.121)

가구제는 일반적으로 가명령(interim injunction)의 신청을 통해 획득될 수 있다. 신청인이 사법심사절차에서 대권적 판결(prerogative order)을 구하는 경우라면 절차의 정지(stay)의 형식으로 가구제를 획득할 수도 있으나 행정주체가 정부조달계약과 관련된 결정을 하는 경우에는 절차의 정지(stay)는 적용이 되지 않는다는 것이 판례의 태도122)이다.

가명령을 내릴지 여부에 대해서 법원은 재량권을 갖는다고 본다.123) 가명령을 내릴지 여부에 대해서 법원이 결정함에 있어서는 우선 가명령을 내릴 만큼 중대한 사건(serious case)인지 여부를 고려해야 한다. 만약 중대한 사건이라는 점이 인정되면 법원은 다음으로 손해배상(damage)이 적정한 구제수단인지 여부에 대해서 고려한다. 만약 손해배상이 적정한 구제수단이라면 가구제를 인정할 필요가 없다. 손해배상은 일반적으로는 정부조달계약법의 위반에 대해서는 허용되지 않는다. 그러나 법률상의 의무나 묵시적인 계약을 위반한 경우에 그러한 위반이 없었을 경우의 원고의 지위를 회복시키는데 필요한 손해배상이 이루어지는 경우라면 손해배상은 적정한 구제수단이 될 수 있다.124)

손해배상이 원고의 손해를 적정하게 전보할 수 없는 경우에는, 법원은 신청인에게 담보(undertaking)제공125)을 조건으로 가구제를 인정함으

---

121) Arrowsmith, The Law of Public and Utilities Procurement, p.888 참조.
122) Minister of Foreign Affairs, Trade and Industry v. Vehicles and Supplies Ltd [1991] 1 W.L.R. 550.
123) American Cyanamid Co. v. Ethicon [1975] A.C. 396; Factortame Ltd v. Secretary of State for Transport(No. 2) [1990] 3 W.L.R. 818.
124) Arrowsmith, The Law of Public and Utilities Procurement, p.889 참조.
125) 원고가 본안소송에서 패소할 경우 피고가 가구제로 인해 입게 되는 손해를 담보하기 위한 것이다.

로서 피신청인이 자신을 잘 보호할 수 있을지 여부를 고려할 것이다. 만약 가구제를 인용함으로서 발생하는 결과가 추가적인 비용의 발생에 불과하다면 이처럼 담보제공부 가구제를 허용할 수 있을 것이다. 그러나만약 도로건설의 지연과 같이 프로젝트 자체의 지연을 가져온다면 담보제공부 가구제의 허용은 어렵다고 본다.[126]

만약 담보제공이 적정한 보상이 될 수 없다면 법원으로서는 '편의성의 형량'(balance of convenience)을 해야 한다. 즉, 한편으로는 계약을 정지함으로서 발생하는 손해, 다른 한편으로는 가구제가 주어지지 않고 본안소송에서 원고가 승소할 경우에 원고에게 발생하는 손해를 형량해야 한다. 이러한 형량에 있어서는 관련된 프로젝트의 성질이 중요한 판단기준이 된다.[127]

4. 미 국

1) 개 관

정부조달계약을 중심으로 하는 미국정부계약의 경우에는 권리구제수단도 주로 정부조달계약과 관련한 분쟁을 중심으로 한다. 그리고 분쟁해결을 담당하는 기관을 기준으로 조달행정청에 대한 이의신청, 감사원에대한 이의신청, 연방지방법원에서의 소송, 연방청구법원에서의 소송, 계약분쟁조정위원회에서의 이의신청 등으로 나누어진다. 차례로 살펴보도록 하겠다.[128]

---

126) Arrowsmith, The Law of Public and Utilities Procurement, p.890 참조.
127) 예를 들어 붕괴위험이 있는 병원을 리모델링하는 계약이 공원에 장식용 아치를 만드는 계약에 비해서 긴급성이 더 요청된다고 할 수 있다. 따라서 법원은 전자의 경우 후자에 비해서 가구제를 인정하지 않을 가능성이 보다 높다고 할 수 있다. Arrowsmith, The Law of Public and Utilities Procurement, p.890 참조.
128) Arrowsmith, The Law of Public and Utilities Procurement, p.890 참조.

2) 행정청에 대한 이의신청

현재의 입찰자, 또는 장래의 입찰예정자로서 낙찰의 성공 또는 실패에 의해 경제적 이익에 직접적으로 영향을 받는 이해관계인[129]은 발주청(procuring agency)에 계약체결 전후에 이의신청(protest)을 할 수 있다.[130] '계약체결 이전'에 이의신청이 이루어질 때에는 몇몇의 예외를 제외하고는 당해 발주청은 낙찰을 해서는 안 된다. 이러한 예외에 해당되는 사례는 다음과 같다. 즉, 물품 또는 서비스가 긴급하게 요청되는지 여부, 빨리 계약을 체결하지 않을 경우에는 계약의 이행이 부당하게 연기되는지 여부 등에 대한 결정이 긴급하게 요청되는 때가 그것이다.[131]

'계약체결 이후'에 이의신청이 이루어질 때에는 발주청은 계약의 이행을 정지하거나 이미 낙찰된 계약을 해지할 필요는 없다. 단, 만약 낙찰이 무효화될 것처럼 보이거나 물품이나 서비스를 공급받는 것이 지연되는 것이 정부의 이익을 침해하는 것으로 보이지 않을 때에만 그러하다. 이 경우에 발주청이 낙찰을 받은 계약자와 비용이 발생하지 않는 조건 하에 계약이행정지의 상호합의를 추구하는 것을 고려해볼 수 있다.[132]

1995년에 대통령은 집행명령(Executive Order) 12979를 발령하였는데, 이 명령은 발주청에 대한 이의신청절차 외에 행정청 자체 내에 조달계약의 낙찰과 관련된 이의신청을 다룰 수 있는 행정절차를 마련토록 규정하고 있다. 이러한 절차는 ADR의 기법의 사용, 중립적인 제3자의 활용, 다른 행정청의 공무원의 활용 등을 포함한다. 이러한 절차에서는 법률 또는 규칙을 위반하고 그렇게 해서 이의신청인에게 불이익을 가한 것으로 주장되는 계약공무원의 결정을 심사한다.[133]

---

129) FAR 33.101.

130) Keyes, Government Contracts, p.329 참조.

131) FAR 33.103 (f).

132) Keyes, Government Contracts, p.330 참조.

133) Tiefer Charles/Shook, William A., Government Contract Law, Carolina Academic

3) 감사원에 대한 이의신청

1921년 이래로 감사원장(Comptroller General)은 1921년의 예산회계법 (Budget and Accounting Act)하에서 정부계약사건들을 처리해왔다. 이 법은 그에게 미국정부에 의한, 또는 미국정부에 대한 모든 이의신청과 요구, 그리고 미국정부가 채무자 또는 채권자로서 관계하고 있는 모든 회계를 해결하고 조정하는 권한을 부여하였다. 여기서 입찰이의신청(bid protest)을 결정할 수 있는 명시적인 권한을 감사원에 부여한 것은 아니다. 그럼에도 불구하고 1921년 이래로 감사원은 계약체결 이전의 이의신청에 대해 결정해왔고,[134] 이러한 관행은 1984년의 '계약에 있어서의 경쟁법'(Competition in Contracting Act)에 의해 명시적으로 인정되었다.[135]

계약자 선정에 대한 심사청구를 할 수 있는 자는 '이해관계인'이다. 이해관계인은 '입찰자와 장래의 입찰자 또는 청약자로서 계약대상자의 결정 또는 계약대상자 결정의 잘못으로 인하여 직접적인 경제적 이익을 침해당한 자를 의미하는데, 앞서 본 발주청에 대한 이의신청을 할 수 있는 '이해관계인'과 동일한 개념이다.[136]

Press, Durham 1999, p.498 참조.

134) Keyes, op. cit., p.331 참조. 미국의 경우 원칙적으로 계약체결과 관련된 분쟁 (contract formation disputes)은 감사원(General Accounting Office : GAO)에서 다루며, 계약이행과 관련된 분쟁(contract performance disputes)은 계약분쟁심의위원회(Board of Contract Appeals : BCAs)에서 다루고 있다. 그러나 최근에는 양 분쟁해결기관에서 서로의 영역을 침범하여 관할권의 대상이 근접해가는 현상을 보이고 있다고 한다. Joshua I. Schwartz, Public Contracts Specialization as a Rational for the Court of Federal Claims, 71 Geo. Wash. L. Rev(2003), p.874 참조.

135) Keyes, op. cit., p.332 참조.

136) 여기서 '잠재적 입찰자 또는 청약자'의 예로는 비록 입찰에 참가하지는 않았지만 입찰공고에 문제가 없었다면 입찰에 응하였을 것으로 판단되는 자를 들 수 있다. '직접적 경제적 이익을 가진 자'라 함은 만일 그 이의신청이 받아들여지면 계약의 상대방으로 선정될 수 있었거나, 계약의 상대방으로 선정되기 위하여 경쟁에 참여할 수 있었던 자를 의미한다. 노수철,

　　감사원은 다음의 경우에는 관할권의 한계를 갖는다. 우선 감사원은 낙찰을 받지 못한 입찰자가 낙찰 받은 자의 독점금지법 위반을 주장하는데 대해서 판단하지 않는다. 왜냐하면 정부의 계약공무원에게 그런 요건을 요구하는 것은 지나친 부담을 부과하게 될 것이고, 조달절차를 부당하게 지연시킬 것이기 때문이다.[137]

　　감사원은 법원에 계류 중이거나 법원에 계류된 적이 있는 쟁점들을 결정하는 것을 거부한다. 마찬가지로, 감사원은 특허침해 쟁점을 다루는 것을 거부하였다. 왜냐하면 정부 또는 정부의 계약자에 의한 특허침해를 주장하는 사람에 대한 배타적인 구제수단은 미국의 연방청구법원에서 정부를 상대로 소송하는 것이기 때문이다.[138]

　　1985년 1월 15일에 새로운 이의신청시스템이 시작되었다. 이에 따르면 감사원장은 구제수단을 권고하기만 한다.[139] 그러나 행정청들은 행정청이 그러한 권고를 완전히 따르지 않는 때에 60일 이내에 감사원에 보고해야 한다. 현재의 감사원 이의신청시스템은 1991년 4월 1일에 발표된 규칙에 따르는 것이다. 이에 따르면 이의신청인이 요청할 경우에는 '대심형식의 적법절차'(form of adversarial due process)를 거칠 수 있다.[140]

　　감사원은 이의신청을 받은 지 하루 내에 계약행정청에게 통지를 해야 한다. 그리고 계약체결이 이루어진 경우에 행정청은 계약자에게 '즉각적으로' 통지를 해야 한다. 계약체결이 이루어지지 않은 경우에는 모든 입찰자들 또는 청약자들은 '이의신청이 기각될 경우 누가 계약을 할 실체적이고도 합리적인 기대를 갖고 있는 것으로 보이는가'를 통지받아야 한다.[141]

　　"정부조달계약의 분쟁절차의 비교법적 연구", 군수조달관계법세미나 논문집(제2집), 2002, 44면 참조.

137) Keyes, Government Contracts, p.333~334 참조.

138) Keyes, Government Contracts, p.334 참조.

139) 법무부에서 감사원이 자문적인 기능을 넘는 권한을 행사하는 것은 권력의 분립을 위반하는 셈이라고 지적한 것이 그 배경이다.

140) Keyes, Government Contracts, p.335 참조.

4) 연방지방법원에서의 소송

전통적으로 연방법하에서, 낙찰을 받지 못한 입찰자는 형평법상 그에게 계약을 체결하도록 연방조달행정청을 의무지우는 내용의 소송을 제기할 수는 없었다. 1970년 전까지는 감사원이 가장 신속하면서도 경제적으로 입찰 이전의 분쟁을 다룰 수 있는 유일한 곳이었다.[142] 그런데 1970년에 들어와서 이러한 상황에 변화가 시작되었는데 이러한 변화는 Scanwell Laboratories, Inc. v. Schaffer 사건[143]에서 시작되었다.

이 사건에서 연방항소법원(US Court of Appeals)은 자의적으로 낙찰을 하였다고 주장하는 자에게는 연방행정절차법[144]하에 연방지방법원(US District Court)에 소송을 제기할 수 있는 원고적격이 인정된다고 판시했다. 또한 낙찰이 '전단적이고 자의적인 재량권의 남용 또는 기타 법의 위반'에 기해 이루어진 때에는 연방지방법원은 낙찰에 따른 계약진행을 잠정적 또는 종국적으로 정지시킬 수 있다고 판단했다. 정식의 연방행정절차법상의 소송에서는 법원이 전면적으로(de novo) 심사하지 않고 행정기관의 기록에만 의존하여 제한적으로 심사하는 것이 원칙이다. 그런데 낙찰과 관련된 심사에 있어서는 발주청이 제출한 서류만으로는 낙찰의 위법성을 제대로 심사하기 힘든 상황이 발생할 수 있다. 이러한 예외적

---

141) Keyes, Government Contracts, p.336 참조.

142) Keyes, Government Contracts, p.338~339 참조.

143) 424 F.2d 859 (DC Cir. 1970). 이 사건에서 Cutler Hammer社는 최저가로 입찰에 참가했고, 이 회사가 계약을 체결했다. Scanwell Laboratories社는 두 번째 저가입찰자였는데, 최저가입찰이라는 이유만으로 발주청이 Cutler Hammer社에게 낙찰을 한 것은 조달규칙 및 1946년의 행정절차법(APA) 위반이라고 주장하면서 계약의 무효확인을 청구했다.

144) 연방행정절차법 제702조
행정청의 행위에 의하여 위법한 침해를 당하거나 관계 법률의 의미 내에 속하는 행정청의 행위에 의하여 불이익을 당한 자는 그 행위에 대해 사법심사를 받을 수 있다.

인 상황에 있어서는 원고가 발주청을 상대로 제한적이나마 문서제출명
령신청을 할 수 있도록 허용될 수 있다.[145]

　연방지방법원에서 낙찰을 다투기 위해서 원고는 다음의 둘 중의 하나
를 입증해야 한다. 즉, ① 계약공무원의 결정이 합리적인 근거를 결여한
상태에서 자의적으로 이루어졌다는 점, ② 낙찰이 법령을 분명하게 위반
하고 이러한 법령위반이 원고의 권리를 침해한다는 점 중의 하나를 입
증해야 한다.[146]

5) 연방청구법원에서의 소송

　종래의 연방청구법원(US Court of Claim)은 1887년에 제정된 Tucker Act
에 의해서 연방정부와의 명시적 또는 묵시적 계약에 기초하여 발생한
분쟁에 대해서 관할권이 인정되었다. 다만 이 당시의 Tucker Act는 원고
에게 소요된 비용에 대한 배상청구만을 인정하였고, 이미 이루어진 낙찰
에 대한 취소를 구하는 소송은 인정하지 않았다.[147] 또한 Tucker Act에
기한 배상청구를 할 수 있는 원고적격은 사실상 계약을 체결한 것으로
간주될 수 있는 자, 즉 실제입찰자에 제한되었다.[148]

　연방청구법원(US Court of Claim)은 1992년의 연방법원개선법(Federal
Court Improvement Act)에 의해 'US Claims Court'로 이름이 바뀌면서 정부
조달계약으로 인한 손해배상의 제1심 전문법원으로 지정되었는데, 처음
에는 계약체결 이전 단계에서 제기된 소송만을 담당하였다. 그 후 1992

---

145) Tiefer Charles/Shook, William A., Government Contract Law, Carolina Academic
　　Press, Durham 1999, p.523, 박정훈, "행정조달계약의 법적 성격", 행정법의
　　체계와 방법론, 박영사, 2005, 219면 참조.

146) Tiefer Charles/Shook, William A., Government Contract Law, Carolina Academic
　　Press, Durham 1999, p.523, 박정훈, "행정조달계약의 법적 성격", 행정법의
　　체계와 방법론, 박영사, 2005, 219면 참조.

147) Keyes, Government Contracts, p.372, 노수철, "정부조달계약의 분쟁절차의 비
　　교법적 연구", 군수조달관계법세미나 논문집(제2집), 2002, 51면 참조.

148) Unites States v. John C. Grimberg Co., 702F.2d 1362(Fed. Cir. 1983).

년의 연방법원관리법(Federal Courts Administration Act)에 의해 다시 'US Court of Federal Claims'로 이름이 바뀌면서 손해배상뿐만 아니라 낙찰에 대한 사법심사권한도 인정받았다.[149]

연방청구법원(US Court of Federal Claims)의 관할은 1996년에 제정된 행정분쟁해결법(Administrative Dispute Resolution Act)에 의해 보다 명확하게 되었다. 동 법률 제12조에서는 연방청구법원이 연방지방법원과 함께 계약체결이전과 이후의 분쟁에 대해서 관할권을 가짐을 명확하게 했다. 또한 동 소송을 제기할 수 있는 '이해관계인'까지 원고적격을 확대하였다.[150] 이처럼 연방배상청구법원은 정부계약에 관한 두 가지 분쟁을 모두 다룬다는 점에서 상당한 장점이 있고, 이 분야에 대한 전문법원으로서 성장할 가능성이 높다는 지적이 있다.[151]

6) 계약분쟁조정위원회에의 이의신청

1978년의 계약분쟁법(Contract Disputes Act)은 행정청 내에 계약분쟁조정위원회(Board of Contract Appeal)를 위한 법률상 근거를 정립하였다. 그런데 계약분쟁법에 의해 다루어지기 위해서는 계약이 존재해야만 한다. 따라서 원칙적으로 계약분쟁조정위원회에 이의신청을 하기 위해서는 계약체결이 이루어진 이후에 가능하다.[152] 계약분쟁조정위원회로의 이의

---

149) Tiefer Charles/Shook, William A., Government Contract Law, Carolina Academic Press, Durham 1999, p.523, 박정훈, "행정조달계약의 법적 성격", 행정법의 체계와 방법론, 박영사, 2005, 219~220면 참조.

150) 여기서의 이해관계인은 '입찰자와 장래의 입찰자 또는 청약자로서 계약대상자의 결정 또는 계약대상자 결정의 잘못으로 인하여 직접적인 경제적인 이익을 침해당한 자'로서 감사원에 대한 이의신청인의 신청인적격과 거의 내용이 동일하다. 노수철, "정부조달계약의 분쟁절차의 비교법적 연구", 군수조달관계법세미나 논문집(제2집), 2002, 54면 참조.

151) Joshua I. Schwartz, Public Contracts Specialization as a Rational for the Court of Federal Claims, p.867 참조.

152) Keyes, Government Contracts, p.362~363 참조.

신청은 행정청의 결정을 수령한 날로부터 90일 이내에 이루어져야 한다. 위원회는 전면적으로(de novo) 사건을 심리하며, 계약공무원에 의해 이루어진 사실확정 및 법적 판단에 구속받지 않는다.[153)]

5. WTO

　정부조달계약과 관련해서는 WTO 정부조달협정이 체결되어 있다. 이 협정의 주된 내용 중의 하나는 정부조달계약과 관련한 분쟁이 발생했을 경우에 권리구제수단을 어떻게 정립할 것인가 하는 점이다. 이에 관해 WTO 정부조달협정은 다음과 같이 규정하고 있다.

　즉, 특정조달에 이해관계를 가졌거나 가지고 있는 공급자와 서비스제공자들이 조달과정에서 발생할 수 있는 본 협정의 위반여부에 대해 이의를 제기할 수 있도록 하는 비차별적이고 투명하며 신속하고 효과적인 절차를 마련하여야 한다(제20조 제2항). 이 경우 이의신청은 법원이나 해당 조달의 결과에 대해 아무런 이해관계가 없는 공정하고 독립적인 심사기구에 제기하여야 하며, 이러한 기구의 구성원은 재임기간동안 외부의 영향을 받지 않아야 한다(제20조 제5항). 이러한 이의신청절차에는 ① WTO 협정의 위반사항을 교정하고, 사업기회를 보호하기 위한 신속한 잠정조치, ② 이의제기의 정당성에 대한 평가와 그에 대한 판정의 가능성, ③ 본 협정의 위반사항 교정 및 그에 따른 손해 또는 피해의 배상에 관한 규정이 들어가야 한다(제20조 제7항).

---

153) Keyes, Government Contracts, p.365 참조.

6. 외국법제 상호간의 비교

1) 공통점

첫째, 행정계약과 관련된 분쟁을 다루는 전문법원이 존재한다는 점이 공통점이다. 공사법의 구별이 엄격한 독일이나 프랑스에서 이를 공법상의 분쟁으로 보아 민사법원과 구별된 행정법원에서 다루고 있고, 공사법의 구별이 엄격하지 않은 미국에서도 연방청구법원 등에서 이 사건을 주로 다루고 있는 점에서 이를 알 수 있다. 이는 행정계약에 관한 분쟁이 상당한 전문성을 요하는 분야라는 점, 공익관련성이 매우 큼을 여실히 보여준다고 할 수 있다.

둘째, 행정계약분쟁의 해결에 있어서 대체적 분쟁해결수단(ADR)이 활발하게 사용되고 있다는 점을 들 수 있다. 이는 행정계약이 기본적으로 당사자의 합의를 기초로 한 행정작용이라는 특수성에서 그 원인을 찾을 수 있다. 즉, 일방적 행정작용과는 달리 행정계약은 당사자 쌍방의 합의를 기초로 하기 때문에 그 분쟁의 해결에 있어서도 정식의 소송에 의한 일도양단식의 해결책보다는 당사자의 양보와 타협을 토대로 하는 대체적 분쟁해결수단의 활용가치가 높기 때문으로 볼 수 있다.

셋째, 행정계약분쟁의 해결에 있어서 민사상 계약에 비해 가구제가 보다 활발하게 인정되고 있다는 점을 들 수 있다. 이는 행정계약의 경우 민사상 계약에 비해 이해관계인에게 보다 큰 경제적 영향을 미치기 때문으로 볼 수 있다. 특히 정부조달계약의 경우 독점적인 시장구조로 인해 이러한 경제적 영향이 매우 크며, 따라서 불공정한 계약체결로부터 이해관계인을 보호할 법적인 필요성은 보다 크다고 하지 않을 수 없다.

넷째, 계약체결의 당사자가 아닌 제3자의 권리구제가 폭넓게 인정되는 경향이 있다는 점을 들 수 있다. 프랑스에서 분리가능한 행위에 대한 월권소송을 제기할 수 있는 원고적격이 입찰자가 아닌 제3자, 계약으로

인해 환경적 이익의 침해를 받은 환경단체, 계약체결에 대해 반대투표를
한 지방위회의원에게도 폭넓게 인정하고 있고, 영국에서는 사법심사청
구의 원고적격이 계약과 관련하여 이익을 갖고 있는 회사가 소속된 협
회에게도 인정된다는 점, 미국에서도 연방청구법원에 대한 소송의 제기
는 현재의 입찰자뿐만 아니라 장래의 입찰예정자에게도 인정되고 있다
는 점 등에서 이러한 특징이 나타난다.

2) 차이점

첫째, 프랑스, 미국, 영국에서는 정부조달계약과 기타의 행정계약 간에
권리구제수단에 기본적으로 차이가 없으나, 독일에서는 이들 간에 차이
가 있다는 점을 들 수 있다. 즉, 정부조달계약은 민사소송에 의하고, 협의
의 행정계약의 경우 행정소송에 의한다. 이러한 차이가 발생하고 있는 것
은 공사법의 구별여부와 그 기준의 차이에서 비롯한다고 할 수 있다.

둘째, 프랑스나 영국에서는 분리가능한 행위이론에 의해 계약체결과
정에서 일부의 행위를 분리하여 행정소송의 대상으로 하고 있는 점이
독일에 비교하여 특수성을 보여준다고 할 수 있다. 분리가능한 행위이론
이 행정의 합법률성의 원칙의 관철을 위한 것이라는 점을 고려할 때 프
랑스나 영국이 독일에 비해 법률우위의 원칙을 보다 중시하고 있음을
보여준다고 할 수 있다.

셋째, 제3자의 권리보호 방식에 차이가 있다는 점을 들 수 있다. 즉 프
랑스에서는 계약당사자 이외의 제3자가 원칙적으로 계약의 무효를 주장
할 수 없고 다만 '분리가능한 행위'이론을 통해 제3자가 월권소송을 제
기하는 것이 가능하다. 영국도 계약체결행위를 분리하여 제3자가 사법
심사청구를 할 수 있다고 보는 점에서 프랑스와 유사하다. 이에 비해 독
일에서는 제3자가 계약무효확인소송을 제기할 수 있다. 독일에서 통설
이 계약체결행위가 별도로 취소소송의 대상이 된다고 보지 않고 있는
것도 이러한 관점에서 이해할 수 있다.

II. 우리나라의 법제

1. 개 관

법원에서의 소송과 관련해서는 독일법제의 강력한 영향하에 정부조달계약과 관련된 분쟁과 협의의 행정계약에 관련된 분쟁의 쟁송수단을 기본적으로 다르게 파악하고 있다. 즉 정부조달계약과 관련된 분쟁은 기본적으로 민사소송에 의하고, 협의의 행정계약에 관련된 분쟁은 기본적으로 행정소송에 의하고 있다. 이러한 법원에서의 소송 외에도 행정부 내의 각종 위원회 및 감사원에서의 권리구제수단이 마련되어 있다. 정부조달계약과 협의의 행정계약을 나누어서 보도록 하겠다.

2. 협의의 행정계약에 관한 분쟁해결수단

1) 공법상 당사자소송

협의의 행정계약과 관련하여 발생하는 분쟁에 대해서는 행정소송법상의 공법상 당사자소송이 활용될 수 있다. 현재 행정계약과 관련하여 공법상 당사자소송의 대상으로 판례상 인정되고 있는 대표적인 예는 공무원고용계약이다. 특히 공무원고용계약의 해지가 무효임의 확인을 구하는 소송이 공법상 당사자소송의 형식으로 이루어지고 있다.[154] 그 외에도 '사회기반시설에 대한 민간투자법'상의 실시협약에 대해서도 유사한 취지의 하급심 판결[155]이 있다.

---

154) 대법원 1993.9.14. 선고 92누4611 판결, 대법원 1995.12.22. 선고 95누4636 판결, 대법원 1996.5.31. 선고 95누10617 판결 등.
155) "사업시행자는 민간투자사업의 시행을 위하여 타인의 토지에 출입 등을 할 수 있고, 국·공유재산을 무상으로 사용할 수 있으며, 토지 등을 수용

　　그러나 아직 공법상 당사자소송은 그 활용이 그렇게 활성화되지 못했다고 평가되고 있고[156] 그 주요한 원인 중의 하나로 공법상 당사자소송이 민사소송과 큰 차이가 없다는 점을 지적하는 견해가 있다.[157] 그러나 이에 대해서는 공법상소송은 민사소송과 비교할 때 구별실익이 분명히 존재한다는 관점에서 비판이 있다.[158] 현재 진행 중인 행정소송법 개정과정에서 공법상 당사자소송의 활성화를 위한 개정작업도 진행 중인 것도 공법상 당사자소송과 민사소송의 구별실익을 인정하는 전제하에 이의 활성화를 위해 동 소송의 대상을 보다 명확히 하고자 한 취지로 볼 수 있다.[159]

　　또는 사용할 수 있으므로 사업시행자 지정의 효력을 가진 실시협약의 체결을 단순한 사법적, 일반적 계약관계라고 할 수 없다"고 판시한바 있다 (서울고등법원 2004.6.24. 선고 2003누6483 판결). 이 판결에서 실시협약이 공법상 당사자소송의 대상이 됨을 명시적으로 판단한 것은 아니나, 실시협약을 협의의 행정계약으로 본 것은 이와 관련하여 발생하는 분쟁이 공법상 당사자소송의 대상이 될 수 있음을 인정한 취지로 볼 수 있다.

156) 행정계약 외에 공법상 당사자소송이 인정된 예로는 광주민주화운동관련자보상등에 관한 법률에 기한 보상금청구(대법원 1994.12.24. 선고 92누3335 판결), 석탄산업법에 의한 석탄가격안정지원금청구(대법원 1987.5.30. 선고 95다28960 판결), 도시재개발법에 의한 도시재개발조합을 상대로 한 조합원자격 유무에 관한 확인(대법원 1996.2.15. 선고 94다31235 판결) 등을 들 수 있다.

157) 김학세, 행정소송의 체계(증보개정판), 일조각, 1998, 263~264면 참조.

158) "① 당사자소송과 항고소송 간에는 소변경을 할 수 있지만 민사소송과 항고소송 간에는 소변경을 할 수 없고, ② 당사자소송에는 관련 민사소송청구를 병합할 수 있지만 민사소송에는 관련 당사자소송청구를 병합할 수 없고, ③ 당사자소송에는 행정청이 참가를 할 수 있지만 민사소송에서는 불가능하며, ④ 당사자소송에서는 직권탐지주의가 적용되는 반면 민사소송에서는 변론주의가 적용되며, ⑤ 당사자소송의 판결의 기속력은 당해 행정주체 산하의 행정청에도 미치지만 민사소송에서는 소송당사자에게만 판결의 효력이 미치는 등 당사자소송은 민사소송과 적지 않은 차이를 보이고 있기 때문에 이를 민사소송과 별도로 인정할 실익이 없다고 할 수 없을 것이다" 백윤기, "당사자소송의 대상", 행정판례연구 Ⅳ, 1999, 359면.

159) 현재 개정안은 다음과 같다.

2) 취소소송

독일의 '2단계론'이나 프랑스의 '분리가능한 행위이론'과 같이 행정계약 중 일부를 분리하여 처분성을 인정하여 취소소송의 대상이 됨을 우리나라에서도 인정할 수 있는지 문제가 된다. 이와 관련하여 하급심 판례 중에는 민간투자법상의 실시협약의 체결과정에서 이루어지는 우선협상대상자 지정행위를 처분으로 보아 취소소송이 가능하다고 본 사례가 있다.[160]

실시협약의 법적 성질을 사법상 계약으로 볼 경우 우선협상대상자 지정행위는 계약체결 이전의 준비과정의 일부에 불과한 것으로 보게 되므로 처분성을 인정하기 힘들어질 가능성이 높다. 그러나 판례는 실시협약의 법적 성질을 공법상 계약으로 보고 실시협약이 정식으로 체결되기 전이라고 하더라도 우선협상자로 지정받는지 여부는 관련법제에 의해 사업계획을 제출하는 사업자의 권리관계에 영향을 미치는 것으로서 처분성을 인정하는 것이 타당하다고 본 것인데 이는 재량통제의 합리화 차원에서 긍정할 수 있다.

3. 정부조달계약과 관련된 분쟁해결수단

1) 계약체결과정에서 발생한 분쟁해결

(1) 행정부 내부의 분쟁해결

국제입찰에 의한 정부조달계약과 관련해서는 국제계약분쟁조정위원

제3조(행정소송의 종류)

  2. 당사자소송 : 행정상 손실보상, 처분 등의 위법으로 인한 손해배상·부당이득반환, 그 밖의 공법상 법률관계에 관환 소송으로서 그 법률관계의 한쪽 당사자를 피고로 하는 소송.

160) 서울고등법원 2004.6.24. 선고 2003누6483 판결.

회가 설치되어 있어 심사를 한다(국가계약법 29조 1항, 특례규정 28조). 그리고 WTO 정부조달협정의 내용을 반영하여 동 위원회에서는 당해 입찰의 연기 또는 계약절차의 중지를 명할 수 있도록 규정하고 있다(국가계약법 30조 2항, 특례규정 30조). 이러한 국제계약분쟁조정위원회에 대해서는 심사기관으로서의 독립성, 중립성, 절차보장, 결정의 구속력, 실효성이라는 관점에서 문제가 있다는 견해가 있다.[161]

국내입찰에 의한 정부조달계약과 관련해서는 최근에 조달청에서는 분쟁조정심의위원회를 설치하여 조달청이 집행하는 입찰, 계약 및 계약이행 과정에서 발생하는 분쟁으로, 조달청의 일차적 결정 및 조치에 대해 이의가 있는 직접 이해당사자가 조정신청을 할 수 있도록 하고 있다.[162]

우리나라에서도 행정계약과 관련된 분쟁에 있어서 행정부 내에서 대체적 분쟁해결수단에 의한 분쟁해결이 활성화되고 있는 추세는 일단 전 세계적인 추세와 부합하는 것으로 바람직한 것으로 볼 수 있다. 그런데 위의 제도들은 모두 정부조달계약과 관련된 것으로서 기타의 행정계약과 관련해서는 아직 제도가 불비하다고 할 수 있다.[163] 민원사무처리에 관한 법률에 의거하여 행정기관에 대하여 시정조치의 권고가 이루어지도록 할 수 있으나(동법 제32조) 이것으로 불충분함은 물론이다. 행정계약 전반과 관련된 대체적 분쟁해결수단의 입법적 개선이 요청된다고 할 것이다.

여기서 살펴볼 점은 정부조달계약과 관련된 분쟁에 있어서 적극적 역할을 담당하고 있는 미국 감사원의 예를 고려할 때 우리나라 감사원도 정부조달계약과 관련된 분쟁, 더 나아가 기타의 행정계약과 관련된 분쟁

---

161) 조태제, "공공조달행정에서의 공정성확보를 위한 사법심사제도의 도입방안", 토지공법연구 13집, 2001, 59면 참조.

162) 노수철, "정부조달계약의 분쟁절차의 비교법적 연구", 군수조달관계법세미나 논문집(제2집), 2002, 64~65면 참조.

163) 예를 들어 행정심판법에서도 행정계약과 관련된 분쟁을 다룰 수 있는 심판형식은 인정하지 않고 있다.

에 있어서 적극적인 역할을 담당하도록 하는 것이 바람직한가 하는 점이다.

우리나라 감사원이 광범위한 직무감찰권과 같이 미국 감사원보다 훨씬 광범위한 법적 권한이 인정된다는 점164)을 고려하면, 우리나라 감사원에서도 미국 감사원과 마찬가지로 예산과 밀접한 관련이 있는 정부조달계약에 있어서 발생하는 각종 분쟁해결이 주체가 될 근거는 충분히 존재한다고 할 수 있다. 이러한 관점에서 정부조달계약의 계약자선정행위도 감사원법 제43조에 따른 심사청구를 할 수 있다고 보아야 한다는 견해165)는 타당하다고 하겠다.

다만 더 나아가 정부조달계약과 관련된 일체의 분쟁, 예컨대 계약의 이행과 관련된 분쟁, 기타 행정계약에 관한 일체의 분쟁도 감사원심사의 대상이 된다고 보는 것은 무리라고 보아야 한다. 감사원의 임무가 어디까지나 회계검사와 직무감찰에 있다는 점(감사원법 제20조)을 고려하면 감사원심사가 개인의 권리구제목적으로 사용되는 것은 한계가 있다고 하겠다.

(2) 법원에 의한 분쟁해결

정부조달계약과 관련하여 국제입찰에 의한 계약이나 국내입찰에 의한 계약 모두 법원에 의한 사법심사가 이루어지는데 현재 대법원은 양 경우 모두 원칙적으로 사법상의 계약으로 보아 민사소송에 의한 구제를 허용하고 있다.166) 이 점에서 우리 판례는 독일의 국고이론의 강력한 영

---

164) 김유환, "미국감사원의 법적 지위와 권력분립원칙", 미국헌법연구 제13권, 2002, 243면 참조.

165) 노수철, "정부조달계약의 분쟁절차의 비교법적 연구", 군수조달관계법세미나 논문집(제2집), 2002, 66면 참조.

166) 대법원 1996.12.20. 선고 96누14708 판결 "예산회계법 또는 지방재정법에 따라 지방자치단체가 당사자가 되어 체결하는 계약은 사법상의 계약일 뿐, 공권력을 행사하는 것이거나 공권력 작용과 일체성을 가진 것은 아니라고 할 것이므로 이에 관한 분쟁은 행정소송의 대상이 될 수 없다"

향하에 있음을 알 수 있다. 이처럼 대법원이 정부조달계약을 사법상 계약으로 보고 있는 가장 중요한 법적인 근거는 국가를 당사자로 하는 계약에 관한 법률 제5조제1항에서 대등한 당사자 간의 계약으로 규정하고 있다는 점이다.

이처럼 정부조달계약을 사법상 계약으로 보는 대법원판례의 영향으로 입찰절차에서 분쟁이 발생할 때에는 민사소송을 하게 된다. 이 때 본안소송의 주된 형식은 주로 '낙찰자지위확인의 소',[167] '제2순위 적격심사대상자 지위확인의 소'[168] 등 확인의 소로 이루어지는 것이 일반적이다. 권리의 신속한 구제를 위해서 이러한 본안소송과 관련된 민사가처분[169]신청이 자주 이루어진다.

'낙찰자지위확인의 소'에서는 낙찰에서 실패한 자가 낙찰에 성공한 자의 낙찰 또는 그에 따른 계약이 무효임을 주장하면서 주로 차순위자인 자신이 낙찰자지위에 있음을 확인하는 방식이 된다. 다시 말해 계약의 당사자가 아닌 제3자가 이미 이루어진 정부조달계약의 무효를 실질적으로 주장할 수 있다. 이 점에서 프랑스와의 차이가 나타난다.[170] 다만 우리나라에서 '계약무효확인의 소'는 분쟁해결을 위한 가장 적절한 수단이 될 수 없기 때문에 '낙찰자지위확인의 소'가 허용되고 있다고 할 수 있다.

---

167) 대법원 1994.12.2. 선고 94다41454 판결 참조.

168) 대법원 2000.5.12. 선고 2000다2429 판결 참조.

169) '낙찰자지위확인의 가처분'의 형식으로 이루어지는 것이 일반적이다. 일반적인 신청취지는 다음과 같다. "1. 신청인은 피신청인이 입찰공고하여 실시한 입찰에서 낙찰자의 지위에 있음을 임시로 정한다. 2. 피신청인은 위 구매에 관한 입찰공고에 따른 입찰 및 계약체결의 절차를 진행하여서는 아니된다" 서울지방법원 2002.5.29. 선고 2002카합1156 판결 참조.

170) 우리나라에서는 계약의 무효는 반드시 법원의 판결을 요하는 것은 아니나, 계약의 무효여부에 대해 다툼이 있을 때에는 법원의 판단이 필요함은 물론이다. 프랑스에서는 행정계약의 무효확인을 제3자가 청구할 수 없으나 우리나라에서는 실질적으로 정부조달계약의 무효를 계약당사자 외의 제3자가 주장할 수 있다는 점에서 차이가 있다고 할 수 있다.

이러한 계약체결과 관련된 확인의 소에서 '확인의 이익'이 어디까지 인정되는지가 문제이다. 낙찰을 받지 못한 자로서 계약무효가 확인될 때 낙찰자로서의 지위가 인정될 수 있는 자에서 낙찰자지위확인의 소의 확인의 이익이 주로 인정되고 있다. 이러한 '낙찰자로서의 지위확인' 외에도 '적격심사대상자로서의 지위확인'도 확인의 이익이 인정되는지가 문제되는데, 이에 관해 대법원은 이를 긍정한 바 있다.[171] 이처럼 위 판결은 '확인의 이익'이 반드시 구체적 권리로 뒷받침될 것을 요하지 않는다고 본 점에서 '확인의 이익'을 넓게 인정한 판결례로 볼 수 있고 이 점은 긍정적으로 평가되고 있다.[172]

'낙찰자지위확인의 가처분'도 낙찰을 받지 못한 자가 이미 이루어진 낙찰 또는 이에 기한 계약의 무효가 선결문제가 되는 것이 일반적이다. 그런데 대법원은 낙찰 등이 법령에 위배되어 이루어졌다고 하더라도 이의 무효가 매우 엄격한 요건하에 인정된다고 보고 있다.[173] 이러한 법리는 낙찰자지위확인의 가처분 인용에 인색한 태도로 이어지고 있다.[174]

정부조달계약의 체결과정과 관련하여 행정청의 재량통제의 효율성을 높이기 위해서는 취소소송의 활용가능성을 보다 확대하는 것이 바람직하다고 할 것이다. 이러한 관점에서 정부조달계약을 일률적으로 공법상 당사자소송의 대상으로 보지 않는다고 하더라도 최소한 낙찰결정은 취소소송의 대상으로 인정하는 것이 바람직하다는 지적[175]은 타당하다고 하겠다.[176]

---

171) 대법원 1994.12.2. 선고 94다41454 판결.
172) 남영찬, "입찰절차상 제2순위 적격심사대상자의 지위가 확인의 소의 대상이 되는지 여부 및 구체적 권리의 발생이 불확정적인 경우 법률상 지위의 확인을 구할 소의 이익유무", 대법원판례해설 제34호, 2000, 363면 참조.
173) 대법원 2001.12.11. 선고 2001다33604 판결.
174) 서울지방법원 2002.5.29. 선고 2002카합1156 판결 참조.
175) 박정훈, "행정조달계약의 법적 성격", 행정법의 체계와 방법론, 박영사, 2005, 230~231면 참조.
176) 이러한 지적에 대해서는 다음과 같은 반론이 이루어질 수 있다. 즉 우리나라에서는 독일과 마찬가지로 계약당사자가 아닌 제3자가 실질적으로 계약

또한 협의의 행정계약과 관련하여 발생한 분쟁은 공법상 당사자소송에 의하는 것이 현행법상으로도 가능하다. 정부조달계약도 그 공법적 특수성을 고려하여 협의의 행정계약으로 볼 때에는 공법상 당사자소송이 당연히 가능한 것으로 보아야 한다. 이렇게 볼 때 현재 민사소송의 형식으로 이루어지고 있는 낙찰자지위확인의 소는 공법상 당사자소송의 형식을 취하게 될 것이다.[177]

문제는 민사소송의 형식으로 이루어지던 낙찰자지위확인의 소를 행정소송의 일종인 공법상 당사자소송으로 하게 될 경우 어떤 차이점이 발생하는가 하는 점이다. 직권탐지주의 여부 등 심리방식에서도 차이점이 존재하지만 가장 큰 차이점은 '계약의 유효성여부'와 같은 본안요건을 판단함에 있어서 공법적 특수성을 충분히 고려하게 된다는 점을 들 수 있다. 예를 들어 정부조달계약의 공법적 성격을 인정할 때에는 관련 법령을 기본적으로 공법으로 보게 되고 이의 위반은 원칙적으로 무효로 볼 수 있게 된다. 이러한 관점은 현재 판례가 취하고 있는 예산법적 해결[178]과는 상당한 차이를 가져오게 된다.

의 무효를 주장하는 것이 가능한 이상 프랑스나 영국과 같이 분리가능한 행위이론을 채택할 필요가 없다는 주장이 그것이다. 그러나 현재 우리나라 판례에 의하면 정부조달계약의 무효사유가 상당히 제한되어 있다는 점, 분리가능한 행위이론을 채택할 때 보다 적정한 재량통제가 가능해진다는 점, 독일 내에서도 2단계이론을 통해 프랑스식의 분리가능한 행위이론을 도입하려는 움직임이 존재한다는 점 등을 종합적으로 고려할 때 이러한 주장은 받아들이기 힘들다고 하겠다.

177) 프랑스와 같이 계약무효확인을 공법상 당사자소송에 의해 구하는 것은 인정되기 힘들다. 우리나라는 프랑스와는 달리 민법원리상 계약무효가 판결을 받아야만 인정되는 것은 아니며 이 점에서는 행정계약도 차이가 없다고 보아야 하기 때문이다. 더구나 프랑스처럼 제3자가 계약무효확인을 주장할 수 없다고 볼 이유도 전혀 없다고 하겠다.

178) 대법원 2001.12.11. 선고 2001다33604 판결 참조.

2) 부정당업자제재와 관련된 분쟁해결

대법원은 정부조달계약과 관련된 모든 분쟁을 민사소송에 의하고 있는 것은 아니다. 대법원은 국가나 지방자치단체가 체결한 정부조달계약과 관련하여 부정당업자제재[179]가 이루어질 때 이를 행정처분으로 보아 이에 대해 행정소송의 일종인 취소소송의 제기를 허용하고 있다.[180] 반면에 정부투자기관 또는 공기업의 입찰참가자격 제한에 있어서는 그 근거가 법규명령이 아닌 정부투자기관회계규정이고 이를 통보받은 다른 정부투자기관, 중앙관서의 장 또는 지방자치단체의 장을 구속한다는 명문의 규정도 없다는 이유로, 부정당업자의 입찰참가자격 제한조치는 행정처분이 아니라 "단지 상대방을 위 공사가 시행하는 입찰에 참가시키지 않겠다는 뜻의 사법상의 효력을 가지는 통지행위"에 불과하다고 보는 것이 오랫동안의 판례였다.[181]

그러나 1999.2.5. 정부투자기관법의 개정으로 동법 제20조 제2항에 입찰참가자격 제한의 근거가 마련됨에 따라 이러한 대법원판례에 변화가 예상된다는 견해[182]가 제시되고 있으나, 기존의 판례이론에 따르면 정부

---

179) 국가를 당사자로 하는 계약에 관한 법률 제27조(부정당업자의 입찰참가자격제한)

  ① 각 중앙관서의 장은 대통령령이 정하는 바에 의하여 경쟁의 공정한 집행 또는 계약의 적정한 이행을 해칠 염려가 있거나 기타 입찰에 참가시키는 것이 부적합하다고 인정되는 자에 대하여서는 일정기간 입찰참가자격을 제한하여야 하며, 이를 다른 중앙관서의 장에게 통보하여야 한다. 이 경우 통보를 받은 다른 중앙관서의 장은 대통령령이 정하는 바에 의하여 해당자의 입찰참가자격을 제한하여야 한다.

180) 대법원 1996.2.27. 선고 95누4360 판결 참조.

181) 대법원 1999.11.26. 선고 99부3 결정 참조.

182) 홍준형, "정부투자기관에 의한 부정당업자제재통보의 법적 성질", 행정법연구 제5호, 1999, 223면 ; 박정훈, "부정당업자 입찰참가자격제한의 법적 제문제", 서울대학교 법학 제46권 제1호, 2005, 283면 참조.

투자기관법의 개정만으로 당연히 처분성이 인정되는 것으로 보기 힘들다는 견해[183]도 제시되고 있다. 그러나 후자의 견해도 기존의 판례이론의 비판을 통해 정부투자기관의 입찰제한처분의 처분성을 인정하고 있으므로 결론에 있어서는 동일하다고 할 수 있다.

국가나 지방자치단체의 부정당업자제재에 관해 신속한 권리구제를 위해서 행정소송법상의 가구제도 폭넓게 활용되고 있다. 대법원은 "부정당업자제재처분의 위법여부가 심리되어 있지 아니하여 상대방이 위 본안소송에서 승소할 것인지의 여부가 불분명하지만, 만일 위 처분의 효력이 정지되지 아니한 채 본안소송이 진행된다면 상대방은 그동안 국가기관 등의 입찰에 참가하지 못하게 되고 따라서 만일 본안소송에서 승소한다고 하더라도 그동안 위 입찰 등에 참가하지 못함으로 인하여 입은 손해는 쉽사리 금전으로 보상될 수 있는 성질의 것이 아니어서 사회관념상 회복하기 어려운 손해에 해당된다 할 것이고, 상대방의 위 부정당제재처분취소의 본안청구가 이유없음이 기록상 분명하지 아니한 이상, 위와 같은 손해를 예방하기 위하여 이 사건 처분의 효력을 정지시킬 긴급한 필요가 있다"고 판단하여 효력정지신청을 인용한바 있다.[184]

---

183) 이원우, "정부투자기관의 부정당업자에 대한 입찰자격 제한조치의 법적 성질－공기업의 행정주체성을 중심으로－", 한국공법이론의 새로운 전개(목촌 김도창 박사팔순기념논문집), 2005, 435면 참조.
184) 대법원 1986.3.21.자 86두5 결정.

제3장 행정계약의 주요유형

제1절 개 관

행정계약의 유형화와 관련해서는 앞서 보았듯이 우리나라 대부분의 학자들은 우선 계약의 주체에 따라 크게 ① 행정주체 상호간의 행정계약, ② 행정주체와 사인 간의 행정계약, ③ 공무수탁사인과 사인 간의 계약을 나누는 것이 일반적이다.[1] 계약의 주체에 따라 행정계약을 유형화하는 것은 나름대로의 실익이 있음을 부인할 수 없다.

그러나 '행정주체와 사인 간의 행정계약'에 기능과 적용영역이 다른 다양한 유형의 행정계약이 속한다는 점에서 이를 일률적으로 동일한 유형으로 다루는 것은 무리가 있다고 할 수 있다. 또한 계약의 주체는 다르다고 하더라도 그 기능이나 적용영역이 동일한 계약이 존재한다는 점에서도 계약의 주체만을 기준으로 유형화하는 것은 한계가 있다고 할 수 있다.

사견으로는 행정계약각론의 체계를 구축함에 있어서는 행정계약의 기능 및 적용영역을 고려하여 유형화하는 것이 필요하다고 생각한다. 왜냐하면 다양한 행정계약들을 유형화하는 의의는 이에 적용되는 법리가 달라진다는 점에서 찾을 수 있는데, 적용법리의 차이는 행정계약의 기능과 적용영역의 차이와 밀접한 연관성이 있다고 보기 때문이다.

---

1) 이상의 세 가지 기능에 대해서는 박윤흔, 최신행정법강의(상)(개정 29판), 박영사, 2004, 560~561면 참조.

우선 행정계약의 기능은 크게 네 가지 정도로 요약될 수 있다. ① 개별적, 구체적 사정에 따라 탄력적으로 행정목적을 달성할 수 있다. ② 상대방의 동의를 전제로 하므로 분쟁을 사전적으로 예방하고 행정적응성을 높일 수 있다. ③ 사실관계 또는 법률관계가 불명확한 경우에 해결을 용이하게 하여 행정경제에 이바지할 수 있다.[2] ④ 행정주체가 지급하는 대가 또는 계약갱신여부와 계약상대방이 달성해야 할 성과를 연계시킴으로서 성과주의를 반영할 수 있다.[3]

행정계약이 사용되는 구체적인 예들을 보면 여러 가지의 기능을 함께 담당하는 것이 오히려 일반적이라고 할 수 있다. 다만 행정영역에 따라 위의 네 가지 기능 중 어느 하나를 주된 기능으로 하는 때가 많다. ① 개별적, 구체적 사정에 따라 탄력적으로 행정목적을 달성하는 행정계약의 기능은 조달행정법,[4] 급부행정법[5]의 영역에서 주로 발휘된다. ② 상대방의 동의를 통해 분쟁을 사전적으로 예방하고 행정적응성을 높이는 행정계약의 기능은 규제행정법의 영역에서 주로 발휘된다.[6] ③ 사실관계 또는 법률관계가 불명확한 경우에 해결을 용이하게 하여 행정경제에 이바지할 수 있는 행정계약의 기능은 행정소송법의 영역에서 주로 발휘된다.[7] ④ 행정주체가 지급하는 대가 또는 계약갱신여부와 계약상대방이 달성해야 할 성과를 연계시킴으로서 성과주의를 반영하는 행정계약의 기능은 행정조직법, 특히 공무원법의 영역에서 주로 발휘된다.[8]

---

2) 박윤흔, 최신행정법강의(상)(개정29판), 박영사, 2004, p.555 참조.

3) 행정계약의 이러한 기능은 그동안 크게 부각되지 않았으나 성과계약제도의 도입에 따라 이러한 기능이 중시되고 있다.

4) 정부조달계약법을 예로 들 수 있다. 근대 이전에 징발의 형식으로 이루어진 조달이 근대 이후에 계약의 형식을 띠게 된 것은 당사자의 합의에 의해 탄력적으로 내용을 결정할 수 있다는 계약의 장점이 반영된 것으로 볼 수 있다.

5) 민관위탁계약, 민관협력계약 등 행정기능의 민영화와 관련된 계약들은 주로 급부행정과 관련되어 있다.

6) 행정행위에 의한 일방적인 규제의 단점을 보완하기 위하여 인정되고 있는 각종 규제계약을 들 수 있다.

7) 소송상 화해계약을 예로 들 수 있다.

제3장에서는 이처럼 행정계약의 기능 및 적용영역을 고려하되, 실체법상의 행정계약에 초점을 맞추어9) 크게 다음과 같이 네 가지로 나누어 살펴보고자 한다. 제1절에서 정부조달계약을, 제2절에서 민관협력계약 및 민간위탁계약을, 제3절에서 규제계약을, 제4절에서 공무원고용계약 및 성과계약을 살펴보고자 한다.

정부조달계약과 민관협력계약 및 민간위탁계약은 탄력적으로 행정목적을 달성하고자 한다는 점에서 공통점이 있다. 그러나 다음과 같은 관점에서 양자를 구분할 실익이 있다. 첫째, 민관협력계약 및 민간위탁계약이 주로 문제되는 급부행정의 영역과 정부조달계약이 주로 문제되는 조달행정의 영역은 이를 구분하여 보는 것이 일반적이다. 둘째, 정부조달계약은 민관협력계약이나 민간위탁계약에 비해 사법상 계약과의 유사성이 보다 큰 것으로 보는 것이 일반적이다.10) 물론 양자의 행정계약의 기능이 유사하기 때문에 법리상 상당한 유사점이 발견되는 것도 사실이다.11) 이러한 유사점과 차이점을 어떻게 볼 것인가가 양 계약의 법제를 정립함에 있어서 중요한 요소가 된다(제2절, 제3절).

규제계약은 행정행위에 의한 기존규제의 단점을 보완하기 위해 체결된다. 따라서 행정작용형식론에서 행정행위와 행정계약의 관계가 이 영역에서 문제된다. 이러한 규제계약은 제2절에서 살펴본 민간위탁계약과 밀접한 관련이 있다. 즉, 행정주체와 산업계대표와 규제계약이 체결될 때 규제권한을 산업계대표에게 위탁하는 내용이 들어갈 수 있다. 이 때 민간위탁계약과 규제계약이 함께 이루어지는 셈인데, 급부행정영역에서 이루어지는 전형적인 민간위탁계약과는 그 적용법리에 차이점이 있다고

---

8) 공무원고용계약이나 성과계약을 예로 들 수 있다.
9) 소송상 화해계약에 관한 분석은 추후의 과제로 남기고자 한다.
10) 정부조달계약에서는 행정주체가 사인에게 직접 대가를 지급하는 형식을 취하기 때문이다.
11) 이러한 관점에서 정부조달계약에 관한 규정이 민관협력계약 등에 어느 정도 준용되는지가 문제되고 있다.

할 수 있다. 즉, 이 때의 민간위탁계약은 규제계약의 성격을 병유하는 관계로 행정규제와 관련된 공법적인 통제의 필요성이 보다 강조되게 된다(제4절).

공무원고용계약과 성과계약을 함께 묶어서 고찰하는 것은 이들 계약이 모두 '성과주의'의 달성이라는 동일한 기능을 담당하고 있고, 성과계약이 주로 문제되는 영역이 공무원법영역이기 때문이다. 공무원고용계약은 준비행정의 일종이라는 점에서 정부조달계약과 유사성이 있다. 그러나 '인적인 수단의 준비'와 관련된 공무원고용계약과 '물적인 수단의 준비'와 관련된 정부조달계약은 다음과 같은 점에서 차이점이 발견된다. 즉, 공무원고용계약에 있어서는 공무원의 계약상 신분보장의 요청이 보다 크다는 점이다(제5절).

제2절 정부조달계약

Ⅰ. 외국의 법제

　정부조달계약법제는 각국마다 조금씩 차이가 있으나 WTO 정부조달
협정의 체결에 따라 각국의 제도가 상당히 접근해가는 모습을 나타내고
있다. 이 과정에서 나타나고 있는 가장 큰 특징 중의 하나를 든다면 정
부조달계약에 있어서 투명성이 강조되고 있다는 점이다.

　이처럼 정부조달계약에서 투명성이 강조되고 있는 이유는 크게 네 가
지 정도를 들 수 있다. 정부조달분야가 국가경제에서 차지하는 비중이 매
우 크고 따라서 경제적 효율성을 제고할 필요성이 매우 크다는 점(value
for money), 다른 행정분야에 비해서 부패의 개연성이 높고 따라서 부패
방지의 필요성이 매우 크다는 점(anti-corruption), 계약의 당사자 간의 관
계가 실질적으로 대등하지 않은 경우가 많기 때문에 공급자인 계약상대
방의 권리를 보호할 필요성이 매우 크다는 점(bidder-protection), WTO 체
제하에서 시장접근성의 확대를 위한 투명성확보의 압력이 커지고 있다
는 점(non-discrimination)이 그것이다.[1]

　투명성이 공법질서의 핵심가치 중의 하나라는 점을 고려할 때, 투명
성의 관점에서 정부조달계약을 분석하는 것은 정부조달계약의 공법적
특수성을 밝혀내는 유용한 틀이 된다고 하겠다. 이하에서는 각국의 정부
조달계약법제를 투명성의 관점에서 비교분석하도록 하겠다.

---

1) Sue Arrowsmith, Government Procurement in the WTO, Studies in Transnational
　Economic Law v. 16(2003), pp.452~457 및 OECD, "Transparency in Government
　Procurement: The Benefits of Efficient Governance and Orientation for Achieving
　it"[TD/TC/WP(2002)31/FINAL], p.6~12 참조.

투명성의 관점에서 정부조달계약법제를 분석할 때 크게 네 가지 범주로 나누어 볼 수 있다. 정보의 공개, 재량권의 한계, 투명성관련규정의 실효성보장,2) 투명성관련규정의 적용범위가 그것이다. 이중 투명성관련규정의 실효성보장과 관련해서는 규정위반시의 법적 효과, 권리구제수단이 문제되나 이에 대해서는 앞서 행정계약총론에서 이미 살펴본바 있다. 따라서 이하에서는 ① 정보의 공개, ② 재량권의 한계, ③ 투명성관련규정의 적용범위의 세 가지 측면에서 각국의 정부조달법제를 검토하도록 한다.

1. 미 국

1) 개 관

미국의 연방정부조달계약시스템이 정립된 역사를 개관하면 다음과 같다. 우선 1940년대 초의 연방조달시스템은 대부분 남북전쟁시기로부터 형성되었다. 2차 세계대전 이후에 1947년의 국방조달법(Armed Services Procurement Act)과 1949년의 연방재산 및 행정서비스법(Federal Property and Administrative Services Act)이 제정되었다. 그리고 이들 법률을 근거로 행정입법도 제정되었다. 국방부에서 제정한 국방조달규칙(Armed Services Procurement Regulations : ASPR)3)과, 총무처(General Services Administration)에 의해서 제정된 연방조달규칙(Federal Procurement Regulations : FPR)이

---

2) Sue Arrowsmith는 정부조달계약의 투명성을 네 가지 측면에서 분석하고 있다. ① 계약체결기회에 관한 정보의 공개(publicity for contracts opportunities), ② 낙찰절차와 관련된 규정의 공개(publicity for the rules of award procedures), ③ 재량의 한계설정(limitation on discretion), ④ 투명성과 관련된 규정을 제대로 시행하고 있는지 여부를 확인하고 이러한 규정의 시행을 강제할 수 있는 규정(provisions on verification and enforcement)이 그것이다(Sue Arrowsmith, Government Procurement in the WTO, p.170 참조).

3) 이는 후에 'Defense Acquisition Regulations'(DAR)로 이름이 변경되었다.

그것이다. 이처럼 정부조달계약법 시스템이 국방조달과 일반조달로 나뉘어서 규율되고 있었던 것이 1970년대 초까지의 연방정부조달계약법제의 특징이었다.4)

그런데 이처럼 연방정부조달계약법제를 규율하는 법률이 국방조달과 일반조달로 나뉘어져 있는 것에 대해서는 많은 비판이 이루어졌고, 양자의 법제를 통합하고자 하는 노력이 이루어지게 된다. 이러한 결과로 1984년 시행된 연방조달규칙(Federal Acquisition Regulation : FAR)에 의해 행정입법 차원에서 양자가 통합되었고, 1978년의 계약분쟁법(Contract Dispute Act)과 1994년의 연방조달간소화법(Federal Aquisition Streamlining Act : FASA)에 의해 법률차원에서도 실질적으로 통합이 이루어지게 되었다.5)

1988년에는 연방조달정책재수권법(Office of Federal Procurement Policy Reauthorization Act)에 의해 연방조달규제위원회(Federal Acquisition Regulatory Council)가 설립되었다. 이 위원회는 다음과 같이 크게 세 가지 업무를 담당한다. 각 행정청의 개별적인 조달규정들을 승인하는 업무, 조달과 관련하여 불필요한 문서사용을 감소시키는 업무, 각 행정청의 조달관련규제를 완화하는 업무가 그것이다.6)

1994년의 연방조달간소화법(FASA)의 주요한 특징이라고 할 수 있는 것은 상업적인 물품의 조달계약을 다루면서 통일상법전(Uniform Commercial Code : UCC)이 물품의 조달계약에 적용되지 않는다고 보았다는 점이다. 통일상법전은 州법이라는 점, 계약체결전의 절차를 다루지 않는다는 점 등이 그 원인이었다. 그러나 이러한 초기의 태도는 나중에 변화하게 되

---

4) Keyes, W. Noel, Government Contracts(3rd ed.), West, St. Paul, Minn. 2000, p.1 참조.

5) 박정훈, "행정조달계약의 법적 성격", 행정법의 체계와 방법론, 박영사, 2005, 217면 참조. Keyes, W. Noel, Government Contracts(3rd ed.), West, St. Paul, Minn. 2000, p.1~5 참조.

6) 연방조달규칙(FAR)의 적용을 위해 각 행정청이 각종의 행정입법을 양산하고 있는데 이들을 통제하는 역할을 담당한다고 할 수 있다. Keyes, W. Noel, Government Contracts(3rd ed.), West, St. Paul, Minn. 2000, p.2 참조.

어 시장가격(commercial price)으로 물품을 조달하는 것도 허용하게 되었고, 단순화된 조달절차(simplified purchase procedure)도 도입하게 되었다.[7]

또한 1995년에 개정된 조달규칙에서는 동 규칙의 목적이 "비용, 질, 시간의 측면에서 가장 효율적으로 고객[8]을 만족시킴과 동시에 공공의 신뢰를 획득하고 공공정책의 목표를 달성하는데 있다"고 규정하고 있다.[9] 그리고 비용, 질, 시간의 측면에서 가장 효율적으로 고객을 만족시키기 위해서 상업적 목적의 물품들의 사용을 극대화하고, 과거의 계약실적을 가지고 있는 사람을 적극적으로 활용하고, 경쟁을 촉진시켜야 한다고 규정하고 있다.[10]

2) 구체적 검토[11]

(1) 정보의 공개

연방조달규칙에서는 경쟁을 촉진시키고, 기업의 조달에의 참여기회를 확대하며, 중소기업의 참여기회를 증진시키기 위해서 입찰관련정보와 낙찰관련정보를 공지해야 한다고 규정하고 있다.[12] 그리고 정부조달계약과 관련하여 공지해야 할 사항이 있을 경우에는 계약공무원은 GPE(government point of entry)[13]에 관련정보를 보내야 한다.[14] 25,000달러를 넘을 것으로 예상되는 정부조달계약의 경우는 GPE에서 직접 정보가 공

---

7) Keyes, W. Noel, Government Contracts(3rd ed.), West, St. Paul, Minn. 2000, p. XXV 참조.
8) 납세자를 대표하여 조달된 물품, 용역, 건물 등을 사용하는 공무원들을 말한다. FAR 1.102-2(a).
9) FAR 1.102(a).
10) FAR 1.102(b).
11) FAR를 중심으로 연방제도에 대해서만 검토한다.
12) FAR 5.002.
13) 정부조달관련정보를 공개하는 공식홈페이지이다. 주소는 http://fedbizopps.gov/ 이다.
14) FAR 5.003.

개되며, 10,000달러~25,000달러의 정부조달계약은 그 외의 온라인, 오프라인에 의한 정보공개가 이루어진다.[15]

(2) 재량권의 통제와 관련된 제도

미국에서도 일반경쟁입찰(full and open competition)이 원칙적인 모습으로 되어 있다.[16] 이러한 일반경쟁입찰에는 크게 두 가지 방식이 있다. '봉함된 입찰'(sealed bid)의 방식과 '경쟁적 제안'(competitive proposal)의 방식이 그것이다.[17] 전자는 입찰을 개봉하기 전까지는 입찰자들과 협상이 이루어지지 않는 반면에, 후자는 입찰자들과 협상이 이루어진다는 점[18]에서 차이가 있다. 봉함된 입찰은 시간이 충분한 경우, 낙찰의 기준이 주로 가격적인 요소인 경우에 허용되며, 경쟁적 제한은 봉함된 입찰의 방식이 적정하지 않은 경우에 이루어진다.[19] 양자가 결합된 '2단계의 봉함된 입찰'(2 step sealed bid)이 이루어질 수도 있다.[20]

일반경쟁입찰에 의하지 않는 경우는 법령에서 명시적으로 인정한 경우에 한하며,[21] 서면에 의한 승인을 요한다.[22] 이는 오직 하나나 제한된 숫자의 기업만이 행정청의 요구를 충족시킬 수 있는 때,[23] 급박한 필요가

---

15) FAR 5.101.

16) FAR 6.100.

17) FAR 6.102.

18) 봉함에 의한 입찰 이외의 방식을 '협상에 의한 계약절차'(contracting by negotiation)로 부르고 있다. FAR 15.000 참조.

19) FAR 6.401.

20) 1단계로는 기술적인 사안에 대해 입찰후보자들과 협상이 이루어진다. 2단계로 이들 중의 일부에게 정식으로 입찰에 참가할 기회를 부여하여 봉합된 입찰에 의해 절차를 진행한다. FAR 14.501.

21) FAR 6.301.

22) 500,000달러를 넘지 않는 정부조달계약은 계약공무원의 확인서발급으로 족하나, 500,000달러를 넘는 정부조달계약의 경우에는 지정된 공무원이나 조달을 하는 행정청의 장 등의 승인을 요한다. FAR 6.304.

23) FAR 6.302-1.

있을 때에 인정된다.[24] 이 외에도 '단순화된 조달절차'(simplified acquisition procedure)가 존재한다. 이는 일정범위 내의 정부조달계약에 있어서는 구매카드[25]를 사용하는 등 신속성의 제고에 초점이 맞추어진 조달절차이다.

상업적 물품의 경우를 제외하고는 입찰참가초청을 한 때로부터 입찰에 참가할 수 있는 기간으로 최소한 30일 이상이 주어져야 한다. 또한 연구나 개발목적의 용역관련 정부조달계약의 경우에는 최소한 45일 이상이 주어져야 한다. 입찰참가초청을 한 날짜는 입찰관련정보가 GPE에 공지된 시점을 기준으로 한다. 다만 WTO 정부조달협정의 적용을 받는 정부조달계약의 경우는 이 기간이 40일 이상이어야 한다. 그러나 입찰내용이 매년마다 정기적으로 예상되는 내용인 것인 때에는 위 기간은 10일 이내로 축소될 수 있다.[26]

(3) 적용범위

법령에 의해 금지되지 않는 한 각 행정청의 특별한 필요가 존재할 때에는 연방조달규칙의 적용을 받지 않는 것이 허용된다. 이처럼 연방조달규칙의 적용으로부터 벗어나는 것이 정당화되는 때는 새로운 조달기술이나 방법의 발전에 따라 연방조달규칙의 엄격한 적용이 불필요하게 되는 때이다.[27] 개별적인 적용배제와 일반적 적용배제가 있는데, 후자에 있어서 당해 행정청은 연방조달규칙의 개정을 제안할 수 있다.[28]

---

24) FAR 6.302-2.
25) 일종의 신용카드와 유사한 것으로 government wide commercial purchase card라고 불린다. FAR 13.301
26) FAR 5.203.
27) FAR 1.402.
28) FAR 1.403.

2. 영　국

1) 개　관

　영국은 정부조달계약에 관한 유럽공동체지침을 국내법으로 전환하여 입법을 한바 있다. 공공공사조달계약규정(Public Works Contracts Regulations 1991), 공공용역조달계약규정(Public Services Contracts Regulations 1993), 공공물품조달계약규정(Public Supply Contracts Regulations 1995)이 그것이다. 이들 규정들은 조달절차 등에 관해 엄격한 규정을 두고 있는데 이는 정부조달시장을 자유화하고자 하는 유럽공동체법의 취지가 반영된 것으로 볼 수 있다. 따라서 이들 규정은 일정한 한계치 이상의 정부조달계약에 대해서만 적용되며,[29] 이들 규정의 적용을 받지 않는 정부조달계약은 기존의 규율체계의 적용을 받는다.[30]

2) 구체적 검토

(1) 정보의 공개

　도급과 관련된 정부조달계약에 있어서는 발주결정이 있은 직후, 물품이나 용역과 관련된 정부조달계약에 있어서는 매 회계연도 시작과 함께 관보에 입찰내역을 게재해야 한다(공공공사조달계약규정 제9조, 공공용역조달계약규정 제9조 제1항, 공공물품조달계약규정 제9조 제1항).

---

29) 도급계약은 기본적으로 5,000,000유로 이상에만 적용되며, 용역이나 물품계약은 200,000유로 이상에 적용된다(공공도급조달계약규정 제7조 제2항, 공공용역조달계약규정 제7조 제2항, 공공물품조달계약규정 제7조 제2항 참조).
30) 예를 들어 1972년 지방자치법 제135조 제2항은 일정수준 이상의 정부조달계약은 일반경쟁입찰에 의하도록 규정하고 있다. 보다 자세히는 Arrowsmith, Sue, The Law of Public and Utilities Procurement, Sweet & Maxwell, London 1996, pp.29～35 참조.

낙찰결정이 이루어진 때 낙찰에 실패한 자가 발주청에게 서면에 의해 요청할 때에는 15일 이내에 낙찰에 실패한 이유, 낙찰이 성공한 자가 상대적으로 높게 평가받은 이유, 낙찰을 받은 자에 관한 정보를 제공해야 한다. 다만 발주청은 이러한 정보의 제공이 법의 집행을 방해하거나, 공익에 반하거나, 개인의 정당한 이익을 침해하거나, 공급자 간의 공정한 경쟁을 방해할 때에는 정보를 제공하지 않을 수 있다(공공공사조달계약규정 제22조 제2항, 제3항, 공공용역조달계약규정 제23조 제2항, 제3항, 공공물품조달계약규정 제23조 제2항, 제3항).

(2) 재량권의 통제와 관련된 제도

조달의 방식에는 세 가지 종류가 존재한다. 일반경쟁입찰(open procedure), 제한경쟁입찰(restricted procedure), '협상에 의한 계약체결절차'(negotiated procedure)가 그것이다. 협상에 의한 계약체결절차는 법령의 규정이 있는 때에만 예외적으로 인정되는데 용역에 관한 정부조달계약에 있어서 이 절차가 보다 넓게 인정되고 있다. 이는 용역의 특성상 낙찰기준으로서의 사양(specification)을 미리 정확하게 특정하기 힘든 때가 존재할 수 있기 때문이다. 이런 때에는 협상을 통해 계약내용을 결정하는 수밖에 없다(공공공사조달계약규정 제10조 제2항, 공공용역조달계약규정 제10조 제2항, 공공물품조달계약규정 제10조 제2항).

이처럼 예외적으로 인정되는 '협상에 의한 계약체결절차' 외에는 일반경쟁입찰이나 제한경쟁입찰을 실시해야 한다. 일반경쟁입찰과 제한경쟁입찰 중 어느 방식을 선택할 것인가에 관해서는 행정청에게 선택재량이 존재한다(공공공사조달계약규정 제10조 제1항, 공공용역조달계약규정 제10조 제1항, 공공물품조달계약규정 제10조 제1항). 다만 이러한 선택에 대한 결정은 사법심사(judicial review)의 대상이 되어 행정법일반이론의 적용을 받게 된다. 따라서 행정청은 일반경쟁입찰 대신에 제한경쟁입찰을 선택하게 된 정당화사유를 제시할 수 있어야 하고 그렇지 못할 경우 권한유월이 될 수 있다.31) 그리고 제한경쟁입찰을 실시할 때에 입찰에 참가하는 자는 유효경쟁(genuine competition)을 보장하기에 충분한 숫자가 되어야 한다(공공공사조달계약규정 제12조 제7항, 공공용역조달계약규정 제12조 제7항, 공공물품조달계약규정 제12조 제7항).

일반경쟁입찰에 의해 조달이 이루어질 때에는 입찰공고가 난 때로부터 입찰서류를 제출할 때까지 최소 52일 이상이 되어야 한다.32) 이 기한은 일반적으로 36일로 축소될 수도 있으나, 어떠한 상황에서도 22일 이상은 되어야 한다. 이들 기한들은 유효한 입찰이 이루어지기에 충분한 기한이 되어야 한다(공공공사조달계약규정 제11조 제3항, 제4항, 공공용역조달계약규정 제11조 제3항, 제4항, 공공물품조달계약규정 제11조 제3항, 제4항). 입찰내역서 등 관련서류들은 요청받은 날로부터 6일 이내에 교부되어야 한다(공공도급조달계약규정 제11조 제5항, 공공용역조달계약규정 제11조 제5항, 공공물품조달계약규정 제11조 제5항).

(3) 적용범위

유럽공동체지침을 전환한 규정들은 국가나 지방자치단체뿐만 아니라 지방자치단체의 공기업 등에도 적용된다(공공공사조달계약규정 제3조, 공공용역조달계약규정 제3조, 공공물품조달계약규정 제3조). 공공용역조달계약규정은 용역의 종류에 따라 적용범위가 달라진다. 운송시설이나 설비의 수리 및 정비, 육상운송, 금융서비스 등33)은 동 규정이 전적으로 적용되나, 호텔서비스, 철도운송, 법률서비스 등34)은 동 규정 중 입찰내역서에서의 기술사양(동규정 제8조), 계약낙찰공표(동규정 제22조) 등 일

---

31) Sue Arrowsmith, The Law of Public and Utilities Procurement, Sweet & Maxwell, London 1996, pp.193~194 참조.

32) 제한경쟁입찰에 있어서 이 기한은 37일이다(공공도급조달계약규정 제12조 제3항, 공공용역조달계약규정 제12조 제3항, 공공물품조달계약규정 제12조 제3항).

33) ‘Part A 서비스’라고 부르고 있다(공공용역조달계약규정 제5조 제2항).

34) ‘Part B 서비스’라고 부르고 있다(공공용역조달계약규정 제5조 제2항).

부규정만이 적용된다(동규정 제5조 제2항).

3. 독　일

1) 개　관

　독일에서는 정부조달계약을 '공공발주'(Vergabe öffentlicher Aufträge)[35] 또는 '공공조달'(öffentlicher Bechaffungsauftrag)이라고 부르고 있다.[36] 독일에서의 정부조달계약은 전통적으로 *私法*상의 계약으로서, 이에 관한 법적 규율은 원칙적으로 민법에 의하고, 계약의 이행보증·해제·해지·변경 등 특수한 내용은 계약내용으로 편입될 때에만 법적 효력을 갖게 된다. 따라서 행정이 어떠한 내용으로, 어떠한 절차에 의해, 어떠한 상대방과 조달계약을 체결할 것인지는 법령으로 정할 필요가 없고 단지 행정규칙으로 정하면 충분하다. 이러한 견지에서 독일에서는 종래 '건축공사발주규칙'(Verdingungsordnung für Bauleistung : VOB)과 '물품구매 및 용역발주규칙'(Verdingungsordnung für Leistungen : VOL)이라는 두 개의 행정규칙에 의해 조달계약이 규율되어 왔고, 이에 대해 법규적 효력을 부여하는 법률 또는 법규명령도 없었다.[37]

---

35) 공공발주(öffentlicher Auftrag)는 독일에서는 실정법상의 개념이다. 경쟁제한법 제99조 제1항에서는 공공발주를 다음과 같이 정의하고 있다. "공공발주는 행정주체와 기업 간에 물품, 도급, 용역의 제공을 목적으로 하는 문서에 의한 계약과 용역의 제공을 하도록 현상금을 거는 절차(Auslubungsverfahren)를 의미한다" 용역의 제공을 하도록 현상금을 거는 절차도 용역계약의 일종으로 볼 수 있으므로 결국 공공발주(öffentlicher Auftrag)는 정부조달계약을 의미하는 것으로 볼 수 있다.

36) Rolf Stober, Allgemeines Wirtschaftsverwaltungsrecht, 14. Aufl., Kohlhammer, Stuttgart 2004, S. 227-244 참조.

37) 박정훈, "행정조달계약의 법적 성격", 행정법의 체계와 방법론, 박영사, 2005, 181～182면 참조, Grau, Ulrich, Historische Entwicklung und Perspektiven des Rechts der öffentliche Aufträge, Peter Lang, Frankfurt am Main 2004, pp.186～189 참조.

위와 같은 전통적인 상황은 1990년대에 들어와 유럽공동체법의 발전
으로 인해 근본적인 변화를 요구받게 되었고, 이에 따라 1993년 예산원
칙법을 개정하여 조달절차에 관한 규율을 법규명령으로 정할 수 있도록
수권하고,38) 국가와 지방자치단체 이외의 공공목적을 위해 설립된 공법
인과 사법인도 그 규율대상이 되도록 하였다.39)

그러나 이러한 예산법적 해결도 낙찰받지 못한 입찰자의 권리구제의 불
충분성이 지적되었고,40) 이에 따라 독일은 다시 1998.5.29. '공공조달계약의
법적 근거를 변경하기 위한 법률'(Gesetz zur Änderung der Rechtsgrundlagen
für die Vergabe öffentlicher Aufträge)을 제정하였다. 그 핵심은 종래의 경쟁
제한방지법(Gesetz gegen Wettbewerbsbeschränkunguen)을 개정하여 공공조
달계약에 관한 제4부를 새로이 추가한 것이다.41)

가장 중요한 변화는 그동안 논란의 핵심이었던 입찰자의 권리를 법률
에 명시한 것인데, 위 경쟁제한방지법 제97조 제7항은 "입찰기업은 발주
자가 발주절차에 관한 규정을 준수할 것을 요구할 수 있는 청구권을 갖
는다"라고 규정하였다. 이로써 동법 제97조 제6항 및 제127조의 수권에
의해 2001.1.9 제정된 공공발주명령(Vergabeverordnung, VgV)42)뿐만 아니
라 행정규칙인 모든 발주규칙(VOB, VOL)들도 대외적 구속력을 갖게 되

---

38) 이 수권에 기해서 1994.2.22. 공공발주명령(Vergabeverordnung, VgV)이 제정되
    었다.
39) 이러한 예산법적 해결에 따른 법적 상태는 유럽공동체 지침의 한계치에 미
    달하는 정부조달계약에 대해서는 오늘날도 유효하다. 박정훈, "행정조달계
    약의 법적 성격", 행정법의 체계와 방법론, 박영사, 2005, 185~186면 ;
    Ulrich Grau, Historische Entwicklung und Perspektiven des Rechts der öffentliche
    Aufträge, Peter Lang, Frankfurt am Main 2004, pp.235~236 참조.
40) Kommission v. Deutschland, Euch, Slg. Ⅰ 1995, 2203(＝Euzw 1995, 635).
41) 이를 '경쟁법적 해결'(wettbewerbsrechtliche Lösung)이라고 부르고 있다. 이에
    관해 자세히는 Lutz Horn, Das Vergaberechtsänderungsgesetz, NVwZ 1998, S.
    1242~1245 참조.
42) 예산원칙법에 의해 1994.2.22. 제정되었던 공공발주명령을 폐지하고, 경쟁제
    한법 제97조 제6항과 제127조에 기해 새롭게 제정된 것이다.

어, 이에 위반한 입찰절차는 위법한 것이 된다. 그런데 이러한 경쟁제한방지법의 규정이나 공공발주명령은 어디까지나 유럽공동체의 한계치[43]를 넘는 계약에만 적용된다.[44]

이상의 내용을 정리해보면 다음과 같다. 우선 유럽공동체지침의 한계치를 넘지 않는 정부조달에 대해서는 예산원칙법의 일부규정과 '공공공사 발주규칙'(VOB/A)[45]과 '물품구매 및 용역발주규칙'(VOL/A)의 제1장이 적용된다. 다음으로 유럽공동체 한계치를 넘는 정부조달에 대해서는 경쟁제한법의 일부규정[46]과 공공발주명령(VgV), 그리고 '공공공사 발주규칙'(VOB/A)의 2장∼4장, '물품구매 및 용역발주규칙'(VOL/A)의 제2장∼제4장이 적용된다.[47]

2) 구체적 검토

(1) 정보의 공개

한계치 미달의 '물품 또는 용역'과 관련된 정부조달계약에 있어서, 행정주체는 경쟁입찰초청 시에 입찰과 관련된 정보를 일간신문이나 공보 또는 무역잡지 등에서 공고해야 한다. 이러한 정보에는 발주청(Vergabestelle)의 이름, 주소, 연락처, 선택된 입찰방식, 이행해야 하는 물품이나 용역

---

43) 공공발주명령 제2조에서는 물품과 용역계약은 부문별로 40만 Euro, 20만 Euro, 13만 Euro로 정하고 있고, 건축공사계약은 500만 Euro로 정하고 있다.

44) 박정훈, "행정조달계약의 법적 성격", 행정법의 체계와 방법론, 박영사, 2005, 192면, Lutz Horn, Das Vergaberechtsänderungsgesetz, NVwZ 1998, S. 1242 참조.

45) '공공공사 발주규칙'(VOB)과 '물품구매 및 용역발주규칙'(VOL)은 각각 A파트와 B파트로 나누어진다. A파트는 정부조달계약에 관한 일반적인 규정들을 두고 있고, B파트는 각 정부조달계약에서 사용될 일반거래약관을 규정하고 있다.

46) 경쟁제한법 제97조∼제129조.

47) 이 외에도 VOF(Verdingundensordnung für freiberufliche Leistungen)도 존재하는데 이는 전문직종의 서비스관련 조달규칙이다. 이는 한계치를 넘는 정부조달계약에만 적용된다.

의 성질, 물품공급이나 용역제공의 납기, 입찰서류를 제출해야 할 행정청의 이름, 대금지급의 방식, 입찰서류 제출의 기한 등이 포함된다(물품구매 및 용역발주규칙A 제1장 제17조 제1항). 한계치 이하의 '공사'관련 정부조달계약에 있어서는, 이러한 사항들 외에도, 입찰서류 제출 시에 사용해야 하는 언어, 입찰서류 개봉 시에 참석할 수 있는 사람, 계약상대방이 갖추어야 할 법적인 성격, 입찰자의 평가를 위해 필요한 관련입증자료 등을 추가로 공고해야 한다(공공공사 발주규칙A 제1장 제17조 제1항).[48] 한계치 이상의 '물품 또는 용역'과 관련된 정부조달계약에 있어서, 행정주체는 발주청이 사용하고자하는 낙찰기준을 입찰초청 시 공고해야 한다(공공공사 발주규칙B 제2장 제9a조).

2001.1.9 제정된 공공발주명령(VgV) 제13조에서는 계약을 체결할 행정주체는 낙찰 받지 못하는 입찰자들에게 낙찰 받게 되는 입찰자의 성명과 낙찰 받지 못하게 된 이유를 통지하도록 규정하고 있다. 이러한 통지는 낙찰이 이루어지기 14일 이전에 해야 한다. 이 기간이 도과하기 전이나, 기간이 도과했다고 하더라도 통지가 아직 되지 않은 상태에서는 계약이 체결될 수 없다. 만약 이에 위반하여 계약이 체결된 경우는 무효로 규정하고 있다.

(2) 재량권의 통제와 관련된 제도

조달의 방식에는 일반경쟁입찰(öffentliche Ausschreibung),[49] 제한경쟁입찰(beschränkte Ausschreibug),[50] 수의계약(freihändige Vergabe)[51] 등 크게

---

48) 공사관련 정부조달계약의 경우보다 엄격한 기준을 요하고 있음을 알 수 있다.

49) 제한 없이 모든 회사에게 입찰에 참가할 자격을 부여하는 방식을 말한다(물품구매 및 용역발주규칙A 제1장 제3조 제1항 1문, 공공공사 발주규칙A 제1장 제3조 제1항 1문).

50) 제한된 후보자에게만 입찰참가의 자격을 부여하는 방식을 말한다. 이는 다시 두 가지로 나누어진다. 처음부터 제한된 후보자만 입찰참가의 자격을 부여하는 경우와 일단 제한 없이 모든 회사에게 입찰참가를 초청하나 그 중 일부의 후보자에 대해서만 정식으로 입찰에 들어올 자격을 부여하는 경우

세 가지가 있다. 일반경쟁입찰에 의하는 것이 원칙이며, 제한경쟁입찰이나 수의계약은 도급이나 용역의 성질상 일반경쟁입찰에 의하는 것이 적정하지 않은 경우에만 예외적으로 인정된다(물품구매 및 용역발주규칙A 제1장 제3조 제1항·제2항, 공공공사 발주규칙A 제1장 제3조 제1항·제2항).

다만 조달의 방식에 있어서 '공사'와 관련된 정부조달계약의 경우와 '물품이나 용역'과 관련된 정부조달계약의 경우가 차이가 있다. 예를 들어 공사와 관련된 정부조달계약의 경우, 공사의 성질상 제한된 숫자의 계약자만이 계약을 이행할 수 있을 때에는 일단 공개적으로 후보기업을 초청하는 절차를 거친 다음에야 비로소 제한경쟁입찰을 실시할 수 있다(공공공사 발주규칙A 제1장 제3조 제3항 제2호). 그러나 물품이나 용역과 관련된 정부조달계약의 경우, 물품이나 용역의 성질상 제한된 숫자의 계약자만이 계약을 이행할 수 있을 때 반드시 공개적으로 후보기업을 초청하는 절차를 거치지 않고서도 제한경쟁입찰을 실시할 수 있다(물품구매 및 용역발주규칙A 제1장 제3조 제3항 제2호).

수의계약이 허용되는 경우도 '물품 또는 용역'과 관련된 정부조달계약에 있어서 보다 넓게 인정된다. 즉, 공사와 관련된 정부조달계약의 경우 수의계약은 일반경쟁입찰이나 제한경쟁입찰이 적정하지 않은 때에만 인정되며 그 사유도 특허 등의 사유로 특정기업과만 계약을 체결할 수 있는 경우, 공사의 성질이나 내용이 분명하게 기술될 수 없는 경우, 이미 낙찰된 공사부문과 별도로 분리하여 계약을 체결하기 곤란한 경우, 공사가 매우 급박한 경우, 일반경쟁입찰이나 제한경쟁입찰이 실패한 후 다시 이러한 절차를 거치더라도 만족스러운 결과가 예정되지 않는 경우, 기밀

가 그것이다(물품구매 및 용역발주규칙A 제1장 제3조 제1항 2문, 공공공사 발주규칙A 제1장 제3조 제1항 2문).

51) 정식의 입찰절차 없이 자유롭게 계약을 체결하는 경우이다(물품구매 및 용역발주규칙A 제1장 제3조 제1항 3문, 공공공사 발주규칙A 제1장 제3조 제1항 3문).

유지를 위해 필요한 경우(공공공사 발주규칙A 제1장 제3조 제4항)에 제한된다. 그러나 물품이나 용역과 관련된 정부조달계약에 있어서는 이러한 사유 외에도 물품이나 용역이 창의성을 요하는 경우, 유리한 기회가 존재하는 경우 등에도 수의계약이 인정되고 있다(물품구매 및 용역발주규칙A 제1장 제3조 제4항).

한계치를 넘는 경우 일반경쟁입찰, 제한경쟁입찰이 존재하는 점은 한계치에 미달되는 때와 동일하다. 다만 한계치를 넘는 경우에는 수의계약을 대체하는 계약방식인 '협상에 의한 계약체결절차'(Verhandlungsverfahren)가 존재한다. 이는 후보자들 중 일부를 선택하여 협상을 진행하여 그 중 한 회사와 계약을 체결하는 방식을 말한다(공공공사 발주규칙A 2장 3a조 1호, 공공공사 발주규칙A 3장 3b조 1호, 물품구매 및 용역발주규칙A 2장 제3a조 1호). 이러한 협상에 의한 계약체결은 사전적으로 예를 들어 일반경쟁입찰이나 제한경쟁입찰에서 낙찰자가 결정되지 못했고, 원래의 입찰조건에 근본적인 변화가 없었던 때에 실시된다(공공공사 발주규칙A 2장 제3a조 5호).[52]

한계치 이하인 때 입찰공고가 난 때로부터 입찰서류를 제출하기까지의 기간이 최소 10일 이상은 되어야 한다. 급박한 필요가 있는 경우에도 그러하다. 입찰서류를 제출하는 기간은 입찰서류를 개봉하는 시점에서 종료하게 된다(공공공사 발주규칙A 1장 제18조).

한계치를 넘는 때에는 입찰공고가 난 때로부터 입찰서류가 제출하기까지의 기간이 일반경쟁입찰인 때에는 최소 52일이 되어야 하고, 급박한 필요가 있다고 하더라도 최소 22일이 되어야 한다(공공공사 발주규칙A 제2장 제18a조 제1호). 제한입찰이나 협상에 의한 계약체결의 경우에는

---

52) 이는 다시 사전공고를 요하는 경우와 그렇지 않은 경우로 나누어지는데 만약 일반경쟁입찰이나 제한경쟁입찰에서 낙찰자가 결정되지 못했고, 원래의 입찰조건에 근본적인 변화가 없었으며, 협상에 의한 계약체결절차에 원래 일반경쟁입찰이나 제한경쟁입찰에 참여했던 회사들이 그대로 참여했다면 사전공고를 요하지 않는다(공공공사 발주규칙A 2장 3a조 5호).

입찰공고가 난 때로부터 절차참여의 신청을 하는 기간 사이가 최소 37일이 되어야 하고, 급박한 필요가 있다고 하더라도 최소 15일이 되어야 한다(공공공사 발주규칙A 제2장 제18a조 제1호). 그리고 절차참여의 신청을 한 때로부터 입찰서류를 제출받는 기간 사이가 최소 40일이 되어야 하고, 급박한 필요가 있다고 하더라도 최소 10일 이상이 되어야 한다(공공공사 발주규칙A 제2장 제18a조 제1호).

(3) 적용범위

경쟁제한법 제98조는 이러한 정부조달계약에 특별한 규정이 적용되는 행정주체의 범위에 국가나 지방자치단체는 물론, 공익을 위한 비상업적 목적의 기능을 행사하기 위한 목적으로 새워진 법인, 이들 법인들로 구성된 협회, 수도·에너지·교통·통신 등의 분야에서 임무를 수행하는 자연인 또는 법인, 병원·스포츠시설·레크리에이션 시설 등을 세울 수 있도록 재정을 지원받는 자연인 또는 법인이 포함된다고 보고 있다.[53]

4. 프랑스

1) 개 관

프랑스의 정부조달계약에 관한 기본법률은 공공조달계약법전(Code des Marchés Publics)이다. 위 법전은 1964년과 1966년의 데끄레를 통해 제정된바 있다. 그런데 전통적인 정부조달계약법제에 대해서는 유럽법의 발전에 따라 많은 개혁의 요구가 이루어지게 된다. 대표적인 것이 재정경제부가 1999년 '공공조달법제의 개혁을 위한 정책백서'에서 밝힌 개혁방

---

53) 물론 이 법률은 어디까지나 한계치를 넘는 정부조달계약에 대해서만 적용된다(경쟁제한법 100조). 한계치에 미달되는 정부조달계약에 있어서도 '경쟁'이 원칙이고 입찰에 참가한 자들이 '평등'하게 대우를 받아야 한다고 규정하고 있다(공공공사 발주규칙A 1장 2조, 물품 및 용역 발주규칙A 1장 2조).

안이다. 동 정책백서에서는 크게 네 가지의 개혁론이 주장되었다. ① 중소기업에 대한 정부조달참여기회의 확대, ② 계약체결절차에 있어서 투명성의 제고 및 입찰참가자의 권리보호, ③ 관련법제의 적용범위의 명확화, ④ 정보통신기술을 이용한 절차의 효율성 제고가 그것이다.54)

이러한 개혁의 요구가 받아들여져 2001년도에 들어서서 공공조달법전에 중요한 개혁이 이루어지게 된다. 즉, 기존의 345개의 조항이 136개의 조항으로 단순화되었고 특히 입찰절차와 관련하여 여러 가지 개혁이 이루어지게 된다. 그리고 동 법전은 2004년도에 들어와 다시 개정이 이루어진다.

새로운 공공조달법전은 제1조에서 크게 세 가지의 원칙을 제시하고 있다. 조달절차에의 자유로운 참가, 참가자들의 평등한 대우, 절차의 투명성이 그것이다. 이들은 모두 행정법의 일반원리55)이자 헌법상의 원리56)로서 판례에 의해 인정받고 있다. 프랑스에서도 투명성이 정부조달계약법제의 중요한 원리임을 알 수 있다.

2) 구체적 검토

(1) 정보의 공개

물품이나 서비스공급계약에 있어서 그 가액이 90,000유로~150,000유로인 때,57) 공토목공사계약에 있어서 그 가액이 90,000유로~5,900,000유로인 때에는 국내의 입찰공고지(Bulletin officiel des annonces des marchés publics)에 입찰내역을 게재해야 한다. 물품이나 서비스공급계약에서 그 가액이 150,000유로를 넘거나, 공토목공사계약에서 그 가액이 5,900,000유로

---

54) Minstrère de l'economie, des finance et de l'industrie, Document d'orientation de la réform des marchés publics, 1999(http://www.finances.gouv.fr/marches_publics/sommaire. html) 참조.

55) CE Avis, Sect., 29 juillet 2002, Sté MAJ Blanchisseries de Pantin, AJDA 2002, 755.

56) CC 26 juin 2003, Loi habilitant le Governement à simplifier le droit, AJDA 2003, 1391.

57) 지방자치단체에 있어서는 90,000유로~230,000유로이다.

를 넘는 때에는 국내의 입찰공고지 및 유럽공동체의 관보에 동시에 입찰내역을 게재해야 한다. 가액이 90,000유로 미만인 때에는 발주청은 공고여부에 대해 자율적인 권한을 갖는다. 이러한 입찰내역을 공고할 때는 유효경쟁이 이루어지기에 충분한 정보가 공개되어야 한다(동법 제40조).

(2) 재량권의 통제

첫째, 경쟁입찰(appel d'offre)은 행정주체가 계약상대방과 협상을 하지 않고 객관적인 기준에 의해 경제적으로 가장 유리한 계약을 체결하는 절차를 말한다. 이는 다시 입찰참가자에 제한이 없는 일반경쟁입찰과 제한이 있는 제한경쟁입찰로 나누어진다(공공조달법전 제33조).

이러한 새로운 경쟁입찰방식(appel d'offre)은 전통적인 경쟁입찰방식(adjudication)과 다음과 같은 차이점이 존재한다. 즉, 전통적인 경쟁입찰방식에 의하면 가격이 유일한 낙찰기준인 반면, 새로운 경쟁입찰방식에 의하면 가격 외에도 제품의 질 등 여러 가지 낙찰기준이 고려된다.[58] 새로운 공공조달법전은 이처럼 가격 외에도 질을 고려한 경쟁입찰을 원칙적인 방식으로 채택하였다(동법 제26조). 경쟁입찰절차에서의 입찰은 입찰심사위원회(commission d'appel d'offre)에 의해 심사를 받게 된다(동법 제21조, 제22조).

둘째, '협상에 의한 계약체결절차'(procédure négocié)는 다수 또는 단일의 계약상대방과의 협상을 통해 계약을 체결하는 절차이다(동법 제34조). 이 절차는 다시 크게 세 가지 종류로 나누어진다. ① 사전공고와 경쟁이 있어야 하는 때, ② 사전공고는 없으나 경쟁은 있어야 하는 때, ③ 사전공고 및 경쟁이 모두 없어도 되는 때가 그것인데 이들 각각에 해당되는 때를 열거하고 있다(동법 제35조). ③은 기존의 수의계약(marché de gré à gré)과 유사하다고 할 수 있다.[59]

---

58) Rivero, Jean/Waline, Jean, Droit administratif(20 édition), Dalloz, Paris 2004, p.378 참조.

셋째, '경쟁협상에 의한 계약체결절차'(procédure de dialogue compétitif)
이다. 이 절차는 기술적 전문성으로 인해 행정주체가 낙찰기준을 스스로
정하기 힘들거나 프로젝트에 대한 재정충당을 행정주체 스스로 하기 힘
든 때에 사용하는 절차이다(동법 제36조).[60] 이 절차에 의할 때에는 경쟁
협상위원회(commission de dialogue compétitif)의 심사를 거쳐야 한다. 동 위
원회는 지방자치단체에 대해서는 자문기구로서의 역할만을 하며, 국가
에 대해서는 의결기구로서의 역할까지 담당한다(동법 제24조).

넷째, '설계시공일괄계약'(procédure propre aux marchés de conception-
réalisation)이다. '설계시공일괄계약'은 공사의 설계 및 시공일체에 관해
체결되는 계약을 말한다(동법 제37조).[61] 이러한 계약은 특히 민관협력
계약에서 많이 나타나게 되는데 장기간의 계약이 되고 사기업의 경제적
위험부담이 크다는 점에서 계약체결절차 등에 있어서 특칙을 마련하고
있다. 민관협력계약에 관해서 자세히는 2004년도의 민관협력에 관한 법
률명령에서 규율하고 있다.

다섯째, 경쟁심사절차(concour)이다. 이는 디자인의 우수성에 대한 심
사가 필요한 건축설계계약 등에 적용된다. 이러한 경쟁심사절차도 일반
경쟁심사와 제한경쟁심사로 나누어진다(동법 제38조). 심사위원(jury)을
위촉하여 후보작들을 심사평가하는데, 이 위원들은 의결을 할 수 있는
권한을 갖는다(제25조).

경쟁입찰(appel d'offre)에 의해 조달이 이루어질 때에는 입찰공고가 난

---

59) Rivero, Jean/Waline, Jean, Droit administratif(20 édition), Dalloz, Paris 2004, p.378
    참조.
60) 협상에 의한 계약체결절차와 매우 유사하나 이 때에는 낙찰기준 등을 정함
    에 있어서도 기업의 도움을 필요로 한다는 점에서 차이가 있다.
61) 그런데 이러한 계약이 유효한가에 대해서는 의문이 제기된 바 있다. 즉, 공
    사설계계약 및 공사시행계약 각각을 별도로 경쟁입찰절차에 의해 체결하지
    않는 것은 헌법상의 경쟁원리에 반하는 것이 아닌가 하는 점이 문제되었기
    때문이다(Rivero, Jean/Waline, Jean, Droit administratif(20 édition), Dalloz, Paris
    2004, p.378 참조).

때로부터 입찰서류를 제출할 때까지 최소 52일이 되어야 한다. 다음과 같은 때에도 최소 22일이 되어야 한다. 즉, 입찰내역이 사전에 관보를 통해 공고가 이루어진 때가 그것이다. 이 때에도 관보를 통한 입찰공고가 입찰서류를 제출하기 최소 52일 전에 이루어져야 한다. 입찰내역서(cahier de charge)와 계약부속서류들은 입찰자로부터 요청받은 날로부터 공토목공사 및 서비스계약은 6일 이내에, 물품계약은 4일 이내에 교부되어야 한다(동법 제57조 제2항).

(3) 적용범위

공공조달법전은 동 계약이 국가, 지방자치단체, 그리고 행정적 성격을 가진 공기업(établissement public)에 적용된다고 규정하고 있다. 즉, 상공업적 성격을 가진 공기업에는 동법의 적용이 없음을 명확히 하고 있다. 그리고 특별한 규정이 없는 한 국가에 적용되는 규정은 국가소속 공기업에도 원칙적으로 적용되고, 지방자치단체에 적용되는 규정은 지방자치단체소속 공기업에도 원칙적으로 적용된다고 규정하고 있다(동법 제2조). 그리고 정보공개의 방식 등과 관련하여 가액에 따라 차별성을 인정하고 있다(동법 제57조).

5. WTO

1) 개   관[62]

투자나 서비스무역이 그러했듯이 정부조달도 전통적으로 다자간 무역규범의 범주에서 제외된 부문이었다. GATT(1947)에서 정부조달에 관

---

[62] 이하의 내용에 대해 자세히는 Sue Arrowsmith, Government Procurement in the WTO, p.25~47 및 양준석, 김홍렬, 다자무역 내 정부조달 논의와 정책적 시사점: WTO를 중심으로, 대외경제정책연구원(2001), 23~43면 참조.

하여 언급하고 있는 조항은 제3조의 '조세와 규제에 대한 내국민대우'규정인데 동조의 8(a)항은 "이 조문은 정부기관이 정부의 목적으로, 그리고 상업적 재판매 또는 상업적 판매를 위한 상품의 생산에 사용하는 것을 염두에 두지 않고 구매한 물품의 조달을 규율하는 법률, 규제, 기타 요건에는 적용되지 않는다"라고 하여 정부조달에 대한 GATT의 적용을 명시적으로 배제하였다.

그러나 1970년대에 들어와 차별적이고 불투명한 정부조달정책이 일으키는 무역제한적인 효과에 대한 인식이 크게 증가하면서 동경라운드(1973~1979)에서 정부조달에 관한 복수국간 협정(Plurilateral Agreement on Government Procurement : GPA)[63])이 체결되기에 이르렀고 이는 1981년에 발효되기에 이른다.

이 정부조달협정은 우루과이라운드(UR)를 거치면서 대폭 수정되었는데, 1996년 발효된 새로운 정부조달협정의 적용대상은 종래 중앙정부의 상품구매에 국한되었던 것이 이제 건설공사를 포함한 각종 서비스조달, 지방자치단체와 일부 공기업의 조달로 크게 확대되기에 이르렀다.

이 협정은 본질적으로 시장접근 협정이지만 내용의 대부분은 조달과정 전반에 걸쳐 기준을 제시하는 내용으로 채워져 있다. 이것은 시장접근규정이 의미를 지니기 위해서는 조달시스템이 투명하고, 공평하며, 객관성과 책임성이 있어야 한다는 인식을 반영한 것이라고 할 수 있다. 이 협정의 기둥이랄 수 있는 원칙은 역시 무차별원칙, 특히 내국민대우(national-treatment)원칙으로서 정부조달시장에서 외국의 상품과 서비스 그리고 외국공급자가 국내 상품과 서비스 그리고 국내공급자보다 불리한 대우를 받아서는 안 된다는 것이다.

이 기본원리가 충실히 지켜지고 외국공급자가 동등한 경쟁의 기회를 누릴 수 있도록 보장하기 위해서 협정은 절차의 투명성확보에 강조점을

---

63) 따라서 모든 GATT 회원국이 준수해야 할 다자간 협정(Multilateral Agreement)과는 달리 협정에 가입한 회원국들만이 준수할 의무가 있다.

두고 있다.64) 다시 말해 WTO에서의 투명성확보에 대한 논의는 무차별원칙의 관철을 목표로 하는데 있다고 할 수 있다.

그런데 무차별원칙의 관철에 초점을 맞춘 정부조달협정에는 선진국을 중심으로 불과 30여 개 국만이 가입하는데 그쳤는데 이에 대해서 협력실패의 전형적인 사례라는 평가가 내려지고 있다.65) 이처럼 정부조달협정이 극소수의 국가만이 가입하게 된 원인으로 다음의 점이 지적되고 있다.66)

첫째, 정부조달협정의 내용이 원리만 정해놓고 구체적인 내용은 각국의 재량에 맡기는 소극적인 규정형식으로 되어 있는 것이 아니라 각국이 충족시켜야 하는 상세한 기준을 정한 적극적인 규정형식으로 되어 있다는 점(Positive Harmonizing Rules), 둘째, 중소기업진흥책등 국가의 재량이 발휘될 수 있는 여지를 차단하고 있다는 점(Discretion Fettering Rules), 셋째, 개도국이 이로 인해 혜택을 입을 가능성이 별로 없다는 점이 그것이다(Reciprocity).

이처럼 소수의 국가만이 참여하는 정부조달협정체제로는 조달시장 자유화의 목표가 실질적으로 달성하기 힘들다고 판단한 선진국들은 개도국의 참여를 이끌어내기 위해 시장접근을 명시적으로 내세우지 않으면서도 투명성의 제고를 위한 별도의 협정을 만들 필요성을 느끼게 된다. 이에 1996년 12월 싱가포르에서 열린 WTO 각료회의는 '정부조달 투명성 작업반'(Working Group on Transparency in Government Procurement)을 만들어 투명성의 제고를 위한 별도의 협정을 만들기 위한 작업을 진행하기 시작했다. 2001년도의 도하각료회의에서 이 투명성협정은 시장접근과는 무관하다는 점을 명시한 것67)은 사실이나, 미국과 EU를 비롯한

---

64) 최병선, "조달시장 개방체제하의 조달행정 발전방안", 한국행정학회 2003년도 기획세미나 발표논문집(새로운 조달행정의 패러다임 정립연구), 95면.

65) John Linarelli, The WTO Transparency Agenda: Law, Economics and International Relations Theory, Public Procurement-The Continuing Revolution, Internationl Economic Development Law Series v. 15(2003), p.235.

66) John Linarelli, The WTO Transparency Agenda: Law, Economics and International Relations Theory, pp.236~238.

선진국들은 여기서 만들어지게 될 투명성협정은 시장접근성을 확대하기 위한 하나의 징검다리로 보고 있다.68) 또한 이 투명성협정의 논의과정에서는 부패의 방지는 협정의 주된 목표가 아니라는 점이 강력하게 주장되고 있다.69)

이처럼 투명성협정의 논의과정에서는 이 협정이 선진국의 개도국시장에 대한 진출을 용이하게 해주는 것에 불과한 것 아닌가 하는 개도국들의 끊임없는 문제제기가 있었고, 결국 2004년 8월 1일 일반이사회(General Council)에서는 정부조달에 있어서 투명성협상을 도하라운드 내에서는 더 이상 진행시키지 않기로 하는 결정을 내리게 된다.70) 이러한 일반이사회의 결정에 대해서는 정부조달에 있어서 투명성제고가 개도국에도 장기적으로 이득이 된다는 점에서 이를 비판하는 견해가 있다.71) 이처럼 투명성협정에 관한 논의가 현재 중단된 상태이기는 하나, 여기서의 논의가 우리나라 법제정비에 여러 가지 시사점을 던져준다는 점을 고려하여 이하에서는 정부조달협정의 내용과 함께 투명성작업반에서 논의되었던 점들을 함께 살펴보도록 한다.

---

67) Doha Ministerial Declaration[WT/MIN(01)/DEC/1] Paragraph 26 참조. 여기서는 정부조달의 투명성협정에 관한 논의는 투명성의 측면에만 제한될 것이며, 국내의 공급자에게 우선권을 주는 범위를 제한하지 않을 것이라고 하여 시장접근과는 무관하다는 점을 밝히고 있다. 이는 개도국의 반발을 고려한 것으로 볼 수 있다.

68) Sue Arrowsmith, Government Procurement in the WTO, pp.453~454 참조.

69) WTO Working Group on Transparency in Government Procurement, Report to the General Council(1999)[WT/WGTGP/3 — 이하 Report to the General Council(1999)], p.36 ; Report to the General Council(2003)[WT/WGTGP/7 — 이하 Report to the General Council(2003)] 각 참조.

70) Decision Adopted by the General Council on 1 August 2004, WT/L/579(August 2, 2004).

71) Decker, Daniela/Hans-Joahim Priess, The WTO General Council of August 1, 2004: A Note on the Decision not to launch Negotiations on Transparency in Government Procurement during the Doha Round, Public Procurement Law Review 1, NA 1-4 (2005), p. NA4 참조.

2) 구체적 검토

(1) 정보의 공개

WTO 정부조달협정에서는 협정의 적용범위에 속하는 정부조달에 관한 법률, 규정, 사법적 결정, 일반적으로 적용되는 행정예규 및 기타 절차(표준계약조항) 등을 본 협정부속서 Ⅳ에 게재된 적절한 출판물에 신속히 공표해야 한다(제19조 제1항)라고 규정하여 공개의 범위를 확대하고 있다.

WTO 투명성작업반에서도 국내법규정과 절차에 대한 정보의 공개범위와 관련해서 여러 가지 논의가 이루어지고 있다. 우선 단순히 법규정의 내용을 공개하는데 그칠 것인가 아니면 조달의 절차전반을 잘 이해할 수 있도록 중요한 규정내용을 정리하여 공개할 의무를 부여할 것인가에 관한 논의가 있다. 또한 행정규칙과 같은 행정청 내부의 지침과 관련해서는 이를 공개하는 것이 오히려 입찰자에게 조달주체에 대한 선입견을 가져올 수 있는 경우에는 이의 공개를 의무화해서는 안 되며 조달절차의 운용과 관련된 지침의 경우만 공개를 의무화해야 한다는 주장이 제시되고 있다.[72]

WTO 정부조달협정은 외국기업의 입찰참여를 초청할 때에 관한 자세한 규정을 두고 있다. 우선 중앙정부기관이 입찰참여를 초청할 때에는 조달공고(notice of proposed procurement)의 방식을 취하며(제9조 제2항), 여기에는 조달대상 물품이나 서비스의 종류 및 수량, 입찰절차, 물품의 납품기일이나 서비스의 개시일 및 완료일, 입찰참가신청서의 제출 등을 위한 주소와 마감일자 및 이에 사용되어야 할 언어, 조달기관의 주소, 공급자나 서비스제공자에게 요구되는 경제적, 기술적 요건, 입찰설명서 구입에 소요되는 금액 및 지불요건, 조달기관이 어떤 조달방법(구매, 리스

---

72) Report to the General Council(1999), pp.13～14 참조.

등)을 사용하는지 등의 정보가 포함되어 있어야 한다(제9조 제6항). 지방정부기관과 기타기관은 위 조달공고보다 공고내용이 보다 간략한 조달계획공고(notice of planned procurement)를 사용할 수 있다(제9조 제3항).

다음으로 공급자와 서비스제공자에게 제공되는 입찰설명서에는 조달계획공고에 공표되어야 하는 정보를 비롯하여 공급자와 서비스제공자가 유효한 입찰서를 제출하는데 필요한 모든 정보와 입찰서를 송부할 조달기관의 주소, 보충정보 제공처의 주소, 입찰 및 입찰설명서에 사용되어야 할 언어, 입찰서 접수 마감일시 및 접수 허용기간, 개찰시 참가할 공인입회자 및 개찰일시와 장소, 공급자나 서비스제공자에게 요구되는 경제적, 기술적 요건, 재정보증 및 기타 정보 또는 서류, 요구되는 물품 또는 서비스, 또는 기타 모든 요건에 대한 완전한 설명, 입찰서 평가에 고려하에 될 가격 이외의 모든 요소 및 입찰가격 평가에 포함되는 비용요소 등을 포함하는 낙찰자 선정기준 등이 포함되어야 한다(제12조 제2항).

WTO 투명성작업반에서는 우선 정보공개의 범위를 정하는 일반적인 기준으로 '잠재적인 공급자가 입찰에 참여함에 있어서 자신의 이익을 산정하기에 충분한 정도'가 되어야 한다는 주장이 제시되고 있다. 또한 정보공개의 범위는 입찰단계나 방식에 따라 탄력성있게 정해져야 한다는 주장이 강력한데 예컨대 일반경쟁입찰의 경우보다 지명경쟁입찰의 경우에 보다 구체적인 정보가 제시되어야 한다는 것이다.[73] 또한 정보공개를 제한해야 할 예외적인 사유가 있을 수 있는데 이는 입찰방식에 있어서 경쟁을 제한하는 사유와 동일하게 보아야 한다는 견해가 제시되고 있다.[74]

WTO 정부조달협정에 있어서는 무차별원칙이 적용되기 때문에 오프셋(offset)[75]과 같이 내국민 공급자를 우대하는 조건은 원칙적으로 인정하

---

73) Report to the General Council(1999), p.15 참조.
74) Report to the General Council(1999), p.18 참조.
75) 국산화비율지정, 기술라이센싱, 투자요건, 연계무역, 또는 이와 유사한 요건 등을 통해 국내산업의 발전을 장려하거나 국제수지의 개선을 꾀하기 위해

지 않고 있다(16조). WTO 투명성작업반에서는 무차별원칙이 적용되는 것을 전제로 하지 않은 협정수립을 목표로 하고 있기 때문에 오프셋의 부과가 가능할 수도 있는데 이를 낙찰조건으로 할 경우 이에 관한 정보를 반드시 공개하여 투명성을 확보해야 한다는 주장이 있다.[76]

WTO 정부조달협정에서는 낙찰한 후 72일 이내에 ① 낙찰된 물품이나 서비스의 종류 및 수량, ② 낙찰한 조달기관명 및 주소, ③ 낙찰일자, ④ 낙찰자명 및 주소, ⑤ 낙찰금액 또는 낙찰결정시 고려되었던 최저가 및 최고가의 입찰금액, ⑥ 규정에 따라 조달참가초청 시 공고를 했다는 점이나 제한입찰절차를 사용하였다는 것에 대한 정당성의 입증, ⑦ 사용된 입찰절차의 유형을 공고하도록 규정하고 있다(제18조 제1항). 또한 협정의 회원국 출신 공급자나 서비스제공자의 요청이 있을 경우 ① 조달기관의 조달관행과 조달절차에 대한 설명, ② 공급자의 등록자격 심사신청이 거부된 사유, 기존자격이 정지된 사유 또는 유자격자로 선정되지 아니한 사유에 대한 적절한 정보, ③ 유찰자들에 대하여는 유찰된 사유, 낙찰자명, 낙찰된 입찰서의 특징 및 상대적 이점에 관한 적절한 정보를 신속히 제공해야 한다(제18조 제2항).

다만 낙찰에 대한 정보 중 특정정보의 공개가 법집행을 방해하거나, 공공의 이익을 해치거나, 특정한 공공기업이나 민간기업의 정당한 상업적 이익을 침해하거나, 공급자와 서비스제공자들 간의 공정한 경쟁을 침해할 우려가 있을 때에는 그러한 정보를 공개하지 아니할 수 있다(제18조 제4항).

동 협정에서는 또한 본 협정의 회원국인 유찰자 측의 정부가 본 협정 제22조의 규정을 침해하지 않는 범위 내에서, 해당 조달이 공정하고 공평하게 이루어졌음을 확인하는데 필요한 해당계약의 낙찰정보를 추가로 요구할 수 있으며 이를 위하여 조달국 정부는 낙찰된 입찰서의 특색과

취하는 조치를 말한다.

76) Report to the General Council(1999), p.20~21 참조.

상대적 이점에 관한 정보 및 낙찰가에 관한 정보를 제공하여야 한다고 규정하고 있다(제19조 제2항).

WTO 투명성작업반에서도 낙찰과 관련된 정보를 사후적으로 제공하는 것과 관련하여 많은 논의가 이루어지고 있는데 크게 다음과 같은 세 가지의 방안을 놓고 논의가 이루어지고 있다. ① 각 국가의 국내법이 규정하고 있는 바에 따르는 방안, ② 각 국가가 낙찰정보를 공표할지, 아니면 낙찰에 실패한 개개의 입찰자에게 통지할지 여부를 선택할 수 있도록 하는 방안, ③ 낙찰정보를 공표하도록 규정하는 방안이 그것이다.[77]

(2) 재량권의 통제

정부조달계약에서의 공식적인 조달방식에는 일반경쟁입찰에 의한 경우(open tendering), 선택입찰에 의한 경우(selective tendering), 제한입찰에 의한 경우(limited tendering) 등이 있다. 공개입찰은 우리나라의 일반경쟁입찰에 대응하고, 선택입찰은 우리나라의 지명경쟁입찰에 대응하며, 제한입찰은 우리나라의 수의계약에 대응한다고 볼 수 있다. 대부분의 국가들의 조달관련법에서는 이러한 방식 가운데 어떠한 방식을 선택할 것인지에 대한 기준을 정해놓고 있다.

WTO 정부조달협정은 제한입찰의 허용범위를 대폭 축소하고 있는데 ① 공개 혹은 선택입찰에 부쳤으나 응찰이 없는 경우, 또는 제출된 입찰서가 담합이 되었거나 입찰의 필수요건을 따른 입찰서가 없는 경우, 또는 본 협정이 규정하는 입찰참가조건에 부합하지 아니하는 공급자나 서비스제공자가 입찰한 경우, ② 예술품 또는 특허권이나 출판권 같은 독점적 권리의 보호와 관련된 사유로 인하여, 또는 기술적인 이유로 경쟁이 없는 상태에서 특정공급자나 서비스제공자에 의해서만 조달대상 물품이나 서비스를 조달할 수 있으며, 적절한 대용품이나 대체품이 없는 경우, ③ 조달기관의 사전예측이 불가능한 상황으로 인하여 초래된 극도

---

77) Report to the General Council(1999), p.26~28 참조.

의 긴급한 사유로 인하여 조달대상물품을 공개 또는 선택입찰절차에 의하여 조달한다면 필요한 시간 내에 구매할 수 없는 경우 등 그 사유를 엄격하게 제한하고 있다(제15조).

WTO 투명성작업반에서는 조달방식과 관련하여 다음과 같이 크게 네 가지 방안을 놓고 논의가 이루어지고 있다. ① 각 국가의 관행을 고려하여 탄력성있게 방식을 채택할 수 있도록 하는 방안, ②-1) 각 국가가 탄력적으로 방식을 채택하도록 하되 채택한 방식이 투명성의 원리에 어긋나지 않도록 하는 방안, ②-2) 각 국가가 탄력적으로 방식을 채택하도록 하되 입찰 이외의 방식을 취할 때에는 그 요건을 명시하는 방안, ③-1) 각 국가가 탄력적으로 방식을 채택하도록 하되 제한입찰과 같이 본질적으로 투명성이 문제가 있는 경우는 예외적으로 인정하는 방안, ③-2) 각 국가가 탄력적으로 방식을 채택하도록 하되 제한입찰과 같이 본질적으로 투명성이 문제가 있는 경우의 요건을 명시하는 방안, ④ 어떤 방식을 취할지 여부에 대해 하나하나 요건을 명시하는 방안이 그것이다.[78]

WTO 정부조달협정에서는 공개경쟁입찰에 있어서 입찰접수 기한은 어떠한 경우이든 규정한 공표일로부터 40일 이상이 되어야 한다(제11조 제2항). 다만 조달기관은 충분히 실증하는 긴급한 상황으로 인해 당해기간이 비현실적일 경우에는 기한을 단축할 수 있는데 어떠한 경우이든 10일 이상이 되어야 한다(제11조 제3항).

WTO 투명성작업반에서는 입찰접수기한이 지나치게 구체적으로 규정되는 것은 바람직하지 않다는 주장이 매우 강한 상태이며, 만약 규정을 하더라도 정부조달협정 제11조 제1항과 같이 그 원리를 규정하는 수준에 그쳐야 한다는 주장이 유력하다.[79]

---

78) Report to the General Council(1999), pp.10~12 참조.

79) Report to the General Council(1999), p.23 참조. 예컨대 투명성협정에서 기한의 내용을 구체적으로 정하는 것은 국가의 주권을 침해한다는 논란이 있다. Sue Arrowsmith, Government Procurement in the WTO, pp.458~459 참조.

(3) 적용범위

WTO 투명성작업반에서는 투명성협약의 적용을 국가만을 대상으로 할 것인가, 지방자치단체까지 대상으로 할 것인가, 공기업 등까지 대상으로 할 것인가에 관해 논쟁이 이루어지고 있다. 특히 공기업을 포함시킬지 여부에 관하여 많은 논의가 이루어지고 있는데 일부 회원국들은 공기업의 조달을 정부조달 투명성협정의 적용대상에 포함시키자고 주장한다. 이러한 주장은 공기업이 정부기관의 일부라고 간주하거나, 또는 정부가 공기업의 조달에 강력한 영향력을 미칠 수 있다는 가정에 근거하고 있다. 그러나 정부가 어느 정도로 공기업의 조달에 관여하는 경우에 공기업의 조달을 정부조달로 간주해야 하는지에 대해서는 아직 많은 논의가 이루어지고 있는 상태이다.[80]

WTO 정부조달협정에서는 동 협정이 적용되는 기준가를 조달주체에 따라 차등적으로 규정하고 있으며(제1조), 이 기준가를 산정하는 방법에 관해서도 규정하고 있다. 즉 가액평가 시에 프리미엄, 요금, 수수료, 수취이자를 포함한 모든 형태의 보수를 고려해야 하며(제2조 제2항), 조달기관은 본 협정의 적용을 회피할 목적으로 가액평가방법을 선택하거나 조달요구를 시켜서는 안된다(제2조 제3항).

WTO 투명성작업반에서의 논의를 살펴보면 조달의 대상과 관련하여 우선 물품만이 아니라 서비스까지 대상으로 삼을 것인지 여부가 문제되고 있다. 투명성협약이 시장접근과 무관하다는 점에서 그 대상을 넓게 규정하는 것이 타당하다고 주장하는 견해가 있는가 하면, 물품만을 대상으로 규정하는 것이 타당하다는 견해도 제시되고 있다.[81]

---

80) Report to the General Council(1999), p.5.
81) Report to the General Council(1999), p.6 참조.

6. 외국법제 상호간의 비교

이상에서의 내용을 정리해보자. 서구의 선진 각국에서는 기존에 투명성을 추구하는 목표가 경제적 효율성의 증대, 부패의 방지, 계약상대방의 보호에 있었으나 정부조달협정이 발효되면서 시장접근성의 증대라는 새로운 목표가 추가되었다.

그러면 이처럼 WTO를 중심으로 등장한 시장접근성의 확대(무차별원칙의 관철)라는 새로운 목표는 기존의 세 가지 목표들과 어떤 관계에 놓이게 된 것인지 살펴보도록 하겠다. 우선 경제적 효율성과의 관계를 보도록 하겠다. 시장접근성을 확대하려는 이유는 결국은 시장의 개방을 통해 경제적 효율성을 극대화하려고 하는 것이라고 할 수 있다. 다시 말해 새로운 목표가 설정되었다고 하기보다는 기존의 경제적 효율성의 논의가 국내적 차원에서 국제적 차원으로 그 논의의 범위를 확대하였다고 봄이 보다 정당할 것이다.[82] 따라서 정보공개의 범위도 실질적으로 '외국기업이 시장접근을 용이하게 할 수 있는 충분한 정보'로 확대되는 경향을 가져왔다고 할 수 있다(정보의 공개).

다음으로 부패방지와의 관계를 보도록 하겠다. 사실 부패의 문제가 국제통상에서 논의되고 있는 이유는 부패가 실질적으로 비관세장벽(non-tariff barriers)의 역할을 하고 있다는 점 때문이다. 이와 관련하여 재량의 한계설정의 중요성이 부각되는데 이는 재량이 많은 영역이 부패의 가능성이 높다는 인식 때문이다. 그리고 이처럼 시장접근의 확대라는 목표가

---

82) John Linarelli가 WTO 정부조달협정이 국제관계이론에서 이야기하는 세가지 모델, 즉 레짐관리모델(regime management model), 효율적 시장모델(efficient market model), 무역 이해관계인모델(trade stakeholders model) 중 효율적 시장모델에 가장 근접하다고 평가하고 있는 것도 이러한 맥락에서 이해할 수 있다. John Linarelli, The WTO Transparency Agenda: Law, Economics and International Relations Theory; in Sue Arrowsmith et al. ed., Public Procurement-The Continuing Revolution, Kluwer Law International, The Hague 2003, p.239 참조.

부패방지의 목표와 중첩되면서 보다 재량권을 강하게 제한하려는 경향을 보이게 된다. 예를 들어 수의계약의 허용범위와 관련하여 WTO 정부조달협정에서의 기준이 일반적인 국내법의 기준보다 엄격한 것은 이러한 모습을 보여준다고 하겠다(재량의 한계설정).

이어서 계약상대방의 권리보호와의 관계를 보도록 하겠다. 시장접근성이 강조됨에 따라 외국기업이 국내기업과 차별받지 않고 권리구제를 받을 수 있는 국내심사제도를 갖출 것을 요구하게 되고 이는 바로 선진적인 분쟁해결시스템의 도입의 압력으로 작용하게 된다. 뒤에서 보겠지만 우리나라에서 국제계약분쟁심의위원회를 설치한 것도 WTO 정부조달협정의 영향이라고 할 수 있다(투명성관련규정의 실효성 확보).

그리고 이처럼 시장접근의 강화를 주장하는 입장에서는 투명성협정의 적용범위를 어떻게든 늘리고자 하는 경향성을 보인다고 할 수 있다. WTO 투명성 작업반에서 국제입찰에 의하는 경우와 국내입찰에 의하는 경우를 구별하지 않고 투명성관련규정이 적용되게 하려는 주장이 강력하게 이루어지고 있는 것이 이러한 예라고 할 수 있다(투명성관련규정의 적용범위).

이상의 내용을 보면 시장자유화에 따른 시장접근성의 강조는 기존의 투명성의 목표 세 가지와 각각 결합되면서 보다 투명성을 강화하는 동인으로 작용하고 있음을 쉽게 알 수 있다. 이처럼 시장접근의 강화가 결국은 기존의 세 가지 정부조달의 투명성목표를 달성하는데도 도움을 준다는 점에서는 원칙적으로 시장접근 강화의 목표에 대해 지나치게 방어적으로 대응하지 않는 것이 바람직하다.

그러나 무차별원칙을 강조하여 시장접근의 강화를 주장하는 것에는 다음과 같은 한계가 있다는 점이 동시에 지적되어야 한다. 즉 시장접근의 강화를 목표로 하는 투명성의 논의가 본질적으로 시장접근의 주체가 되는 기업, 즉 공급자의 권리보호나 경제적 효율성 증대에 보다 초점이 맞추어져 있다는 점이다.

예를 들어 경제적 효율성과 관련해서 보더라도 시장접근성의 확대를 강조하는 입장에서 정보의 공개나 재량의 한계 등을 강조하는 이유를 살펴보면 본질적으로 공급자가 경제적 효율성을 극대화하는데 있음을 알 수 있다. 반면에 수요자, 즉 조달주체의 재정운용의 합리화라는 측면은 시장접근에 따른 부수적 효과로 설명될 뿐이고 그 자체에 의미를 두고 있지는 않다.

다음으로 부패방지와 관련해서 보더라도 시장접근성의 확대를 강조하는 입장에서는 수요자 측(조달주체) 부패의 측면에만 초점을 맞추고 공급자 측 부패의 측면에는 별로 관심을 기울이지 않고 있다. 부정당업자제재(debarment) 등 공급자 측의 부패방지를 위해 필수적인 제도에 대해서 WTO 정부조달협정이나 투명성작업반에서 별로 논의를 하고 있지 않은 것이 단적인 예라고 할 수 있다.

이처럼 무차별원칙 즉 시장접근의 논리만이 지나치게 강조될 경우 정부조달의 투명성에서 공급자와 수요자의 측면을 균형있게 보지 못하게 되는 결과에 도달할 수 있다는 점을 유의해야 할 것이다.

II. 우리나라의 법제

1. 개 관

우리나라 정부조달법제에 있어서 독일의 국고이론의 영향으로 원칙적으로 사법상 계약으로 보는 것이 판례의 일관된 태도임은 앞서 본바 있다. 그러나 이러한 태도는 정부조달계약의 공법적 특수성을 반영하지 못한다는 점에서 많은 비판이 제기되고 있다. 이러한 우리나라의 정부조달법제도도 최근 변화의 조짐이 나타나고 있다. WTO 정부조달협정에 가입하게 된 것이 큰 원인이라고 할 수 있다.

우리나라는 도쿄라운드가 완료된 1983년 사이에 정부조달협정에의 가입을 3차례 추진하였으나 미국 및 선진국들의 한국양허안에 대한 불만으로 정부조달협정에 가입하는데 실패하였고, 1994년 우루과이라운드에서 개정된 정부조달협정에 비로소 가입하기에 이른다.

이에 따라 국가를 당사자로 하는 계약에 관한 법률(이하 국가계약법)이 제정되었는데 동 법률 4조에서는 국제입찰에 의할 정부조달계약의 범위를 규정하는 한편, 제29조에서는 국제계약분쟁조정위원회를 설치토록 하여 적정한 분쟁해결이 이루어지도록 조치하고 있다. 또한 위 법률의 위임에 따라 국제입찰에 의하는 때와 관련하여 특정조달을위한국가를당사자로하는계약에관한법률시행령특례규정(이하 특례규정) 및 특정조달을위한국가를당사자로하는계약에관한법률시행특례규칙(이하 특례규칙)에서 규율하고 있다. 특례규정 제4조에서는 특정조달계약의 원칙으로 계약상대자를 공정하게 선정하여야 하며, 정부조달과 관련된 정보를 차별적으로 제공하여서는 안 된다고 규정하고 있으며 그 외에도 투명성에 관한 각종의 규정을 두고 있다.

2. 구체적 검토

1) 정보의 공개

국가계약법이나 동시행령에서는 국내법규정과 절차에 대한 정보공개에 관한 규정은 두고 있지 않으나, 현재 법제처, 조달청 등의 홈페이지를 통해 조달과 관련된 절차나 규정에 대해 상세한 공개가 이루어지고 있으며 이는 OECD에서도 모범적인 사례의 하나로 언급되고 있다.[83]

국제입찰에 의할 때 각 중앙관서의 장 또는 계약담당공무원은 입찰참

---

83) OECD, Transparency in Government Procurement: The Benefits of Efficient Governance and Orientation for Achieving it[TD/TC/WP(2002)31/FINAL], pp.24~25 참조.

가자등으로부터 당해 입찰과 관련된 정보제공요청이 있는 경우에는 이에 응해야 하는데(특례규정 제17조 제2항) 이 경우 공개해야 할 정보에는 발주기관의 조달관행 및 조달절차가 포함된다(특례규칙 제4조 제1항 제1호). 다만 "이러한 관행 및 절차에 대한 정보를 공개할 때 법집행이 방해되거나 공공의 이익의 침해될 우려가 있는 경우" 등에는 비공개할 수도 있다(특례규칙 제4조 제3항).

국내입찰에 의할 때 공고해야 할 내용에는 입찰에 부치는 사항, 입찰참가자의 자격에 관한 사항, 낙찰자결정방법, 계약의 착수일 및 완료일 등이 포함된다(국계법시행령 제36조). 국제입찰에 의할 때 입찰공고 시 포함되어야 하는 내용은 국내입찰 시 공고해야 할 내용에 당해 조달과 관련하여 추가될 조달의 조건에 관한 사항 및 반복계약의 경우에 있어서 후속입찰에 대하여는 그 입찰공고의 예정시기, 일반경쟁입찰 또는 지명경쟁입찰의 방법과 협상절차의 포함여부, 구매, 입찰 및 할부구매 등 발주기관이 사용할 조달형태, 입찰참가자격심사신청서, 입찰참가신청서 및 입찰서의 제출 등을 위한 주소와 제출마감일 및 사용언어, 협정의 적용대상여부가 추가된다(특례규정 제12조).

국제입찰과 관련하여 특례규정 제17조 제1항에서는 낙찰자를 결정하였거나 수의계약상대자를 결정한 때에는 그 결정일의 다음날로부터 72일 이내에 낙찰되거나 수의계약한 조달대상, 수량 및 금액, 낙찰자 또는 수의계약상대자의 성명 및 주소, 조달기관의 주소, 낙찰자 또는 수의계약상대자의 결정절차, 경쟁입찰의 경우에는 입찰의 공고절차, 수의계약의 경우에는 수의계약사유, 기타 낙찰자등의 결정에 관한 사항 등을 지정정보처리장치에 다음의 사항을 공고하도록 하여 WTO 정부조달협정의 내용을 반영하고 있다.

그리고 동 특례규정 제17조 제2항에서는 입찰참가자 등으로부터 당해 입찰과 관련된 정보제공 요청이 있는 경우에는 특별한 사유가 없는 한 이에 응하도록 하고 있으며, 이러한 정보제공의 내용으로 입찰참가자격심사신청이 거부된 사유, 기존자격이 정지된 사유 및 유자격자로 선정되지 아니한 사유, 낙찰되지 아니한 사유, 낙찰자명 및 낙찰된 입찰서의 특징 및 장점을 열거하고 있다(특례규칙 제4조 제1항). 그리고 WTO 정부조달협정의 내용에 따라 '당해 정보의 공개 등으로 법집행이 방해되거나 공공의 이익이 침해될 우려가 있는 경우' 공개를 하지 않을 수 있다고 규정하고 있다(특례규칙 제4조 제3항).

이러한 규정내용을 WTO 정부조달협정의 내용과 비교해보면 WTO에서 입찰공고 및 입찰설명서에서 공개하도록 한 내용을 우리는 입찰공고 내에서 모두 공개토록 하여 보다 적극적인 공개방식을 취하고 있는데 이는 긍정적으로 평가할 수 있다.

그리고 WTO 정부조달협정의 내용에 따라 '당해 정보의 공개 등으로 법집행이 방해되거나 공공의 이익이 침해될 우려가 있는 경우' 등의 경우에 공개를 하지 않을 수 있다고 규정하고 있으나(특례규칙 제4조 제3항), 앞서 본바와 마찬가지로 이러한 비공개사유도 수요자의 효율성, 공급자의 부패의 측면을 고려하여 합리적으로 활용되는 것이 필요하다고 하겠다.

2) 재량권의 통제

(1) 조달방식

국내입찰에 의할 때 계약방식은 일반경쟁입찰에 의한 계약, 제한경쟁입찰에 의한 계약, 지명경쟁입찰에 의한 계약 및 수의계약으로 구분된다(국가계약법 제7조). 일반경쟁입찰에 의하는 것이 원칙이며, 나머지 계약방식을 사용할 수 있는 경우는 열거하여 규정하고 있다(시행령 제21조, 제23조, 제26조). 국제입찰의 경우 계약방식은 일반경쟁입찰에 의한 계약, 지명경쟁입찰에 의한 계약 및 수의계약으로 구분된다(특례규정 제7조). 제한경쟁입찰에 의한 계약방식이 없는 점이 일단 국내입찰의 경우와 차이점이라고 할 수 있는데 이는 앞서 보았듯이 WTO 정부조달협정의 계약방식에 맞추어 규정하였기 때문이다. 또한 동법 시행령 제43조에서는 물품·용역계약에 있어서 계약이행의 전문성·기술성·긴급성, 공공시설물의 안전성 등을 위해 필요한 경우에는 다수의 공급자로부터 제안서를 제출받아 평가한 후 협상절차를 통해서 계약을 체결하는 '협상에 의한 계약체결' 방식도 규정하고 있다.

투명성과 관련하여 가장 문제가 되는 것이 수의계약의 허용범위라고 할 수 있는데 국제입찰의 경우에는 대체로 WTO 정부조달협정의 내용에 맞추어 그 허용범위를 제한하고 있다(특례규정 제23조). 다만 우리 법에 규정된 "긴급한 사유로 인하여 경쟁입찰에 의하여서는 필요한 기간 내에 조달할 수 없는 경우"(제23조 제3호)가 WTO 정부조달협정의 관련 규정[84]에 비해 너무 포괄적으로 규정이 이루어졌다는 비판이 이루어질 수 있다. 국내입찰의 경우에도 이와 유사한 규정을 두고 있는데 이와 관련하여 많은 문제가 제기되고 있다.

국내입찰의 경우 국제입찰의 경우에 비해 보다 광범위하게 수의계약을 허용하고 있는데 이는 행정의 합목적성의 실현을 위해 불가피한 면이 있다고 할 수 있다. 하지만 그 내용이 적정한지 여부에 대해서는 보다 검토가 필요하다.

국제입찰에서는 인정되지 않으나 국내입찰에서는 인정되는 수의계약 사유에는 국가기관의 행위를 비밀리에 할 필요가 있는 경우(국계법시행령 제26조 제1항 제2호), 특정연고자, 지역주민, 특정물품 생산자 등과 계약이 필요하거나 기타 이에 준하는 사유가 있는 경우(국계법시행령 제26조 제1항 제7호), 기타 계약의 목적, 성질 등에 비추어 불가피한 사유가 있는 경우(국계법시행령 제26조 제1항 제8호)등이 포함되고 있다.

그런데 이러한 사유들 중 특히 '국가기관의 행위를 비밀리에 할 필요

---

84) WTO 정부조달 협정 15조 1항
　　조달기관의 사전예측이 불가능한 상황으로 인하여 초래된 극도의 긴급한 사유로 인하여, 조달대상물품을 공개 또는 선택입찰절차에 의하여 조달한다면 필요한 시간 내에 구매할 수 없는 경우

가 있을 경우'와 같은 요건은 지나치게 불명확하여 남용될 여지가 많다는 점이 지적되고 있다.[85] 또한 '천재, 지변, 작전상의 병력이동, 긴급한 행사, 긴급복구가 필요한 수해 등 비상재해 기타 이에 준하는 경우로서 경쟁에 부칠 여유가 없을 경우'(국계법시행령 26조 1항 1호)도 우리나라에 거의 매해 수해가 발생하고 있는 점, 공사의 규모가 매우 대규모라는 점 등을 고려할 때 남용될 여지가 많다는 점이 지적되고 있다.[86]

(2) 기 한

국내입찰에 의할 때 입찰서 제출마감일의 전일부터 기산하여 10일 전에 이를 행하도록 하며, 공사입찰의 경우로서 현장설명을 할 경우 현장설명일의 전일로부터 기한하여 7일 전에 공고를 하며, 현장설명을 하지 않을 경우 공사의 추정가격에 따라 10일~40일의 기간을 두도록 하고 있다. 긴급을 요하는 경우에는 입찰서 제출마감일의 전일부터 기산하여 5일 전까지 입찰공고를 하도록 하고 있다(국계법시행령 제35조 제1항).

국제입찰에 의할 때 일반경쟁입찰에 있어서는 앞서 본바와 같이 일정한 사항을 입찰서 제출마감일 전일부터 기산하여 40일 이전에 해야 한다(특례규정 제11조 제2항). 그리고 긴급을 요하는 경우에는 10일 이전에 입찰공고를 할 수 있다(동조 제3항).

행정의 합목적성의 관점에서 국제입찰에서 수의계약이 인정되는 경우와 국내입찰에서 수의계약이 인정되는 경우를 완전히 똑같이 볼 수는 없다고 하더라도 그 요건을 보다 명확하게 하여 투명성을 제고할 필요성이 매우 높다고 하겠다.

국내입찰과 국제입찰을 비교할 때 양자에 큰 차이는 없고 긴급을 요

---

85) 이종원, "조달행정의 부패방지를 위한 과제", 반부패지도작성을 위한 제6차 토론회(조달행정과 반부패, 2001.11), 국제투명성기구한국본부 , 8~9면 참조.
86) "태풍 매미 2천 억대 복구공사 불법수의계약 전모", 월간중앙 2004년 9월호 88~94면 및 "강릉도 태풍 매미 복구공사 450억 불법수의계약", 월간중앙 2004년 10월호 118~121면 각 참조.

하는 경우의 기일만 5일과 10일로 차이가 있다. 행정의 합목적성의 고려 하에 양자의 차이를 긍정하더라도 두 배나 차이가 나는 것은 바람직하 다고 보기 힘들다. 국내입찰의 경우에도 최소 7일 이상의 기한을 두는 것이 타당하다.

3) 적용범위

(1) 계약의 주체

현재 국가계약법과 특례규정에는 각각 국내입찰에 의할 때 적용되는 투명성관련규정과 국제입찰에 의할 때 적용되는 투명성관련규정을 두고 있다. 그리고 이들은 모두 국가가 주체가 되어 조달을 하는 경우에만 적 용된다. 하지만 지방재정법 63조에서는 국계법의 관련규정을 준용하도 록 되어 있으므로 결국 투명성관련규정은 지방자치단체까지 적용된다고 볼 수 있다.

공기업의 경우에는 조달의 투명성과 관련하여 과거 정부투자기관회 계규정에서 규율하고 있었으나, 정부투자기관관리기본법과 정부투자기 관회계규칙(재정경제부령)의 개정에 의해 현재는 동법 및 동규칙에서 조 달의 투명성과 관련한 내용을 규율하고 있다. 판례는 국가나 지방자치단 체가 부정당업자제재를 한 경우에는 처분성이 인정되어 행정소송이 가 능하나, 공기업의 경우 부정당업자제재를 한 경우에는 처분성을 부인하 고 있다.[87]

(2) 계약의 대상

우리나라에서는 국제입찰에 의해 계약이 이루어지는 경우와 국내입 찰에 의해서만 계약이 이루어지는 경우를 구분하여 전자의 경우에만 WTO 정부조달협정의 기준에 따른 엄격한 투명성기준을 요구하고 있다.

---

87) 대법원 1999.11.26. 선고 99부3 결정.

이러한 태도가 과연 바람직하다고 할 수 있는지 의문이 제기된다.

현재 WTO 정부조달협정은 한계치 이상의 조달에 대해서만 무차별원칙을 기초로 하는 동 협정이 적용되도록 하고 있어 실질적으로 국제입찰에 의하는 경우에만 동 협정상의 투명성관련규정이 적용되는 결과를 낳고 있다. 우리 법도 이에 영향을 받은 것으로 볼 수 있다.

앞서 보았듯이 WTO 투명성 작업반에서는 국제입찰에 의하는 경우와 국내입찰에 의하는 경우를 구별하지 않고 투명성관련규정이 적용되게 하려는 주장이 강력하게 이루어지고 있다.

이러한 경향을 고려할 때 우리나라의 경우 국내입찰의 경우에도 원칙적으로 국제입찰에 못지않은 투명성기준을 갖추도록 노력하는 것이 바람직하다고 볼 것이다. 다만 재량권의 한계 측면에 있어서는 행정의 합목적성실현이라는 관점에서 국제입찰과 국내입찰 간에 어느 정도 차이를 두는 것이 불가피하다.

제3절 민관협력계약 및 민간위탁계약

Ⅰ. 외국의 법제

1. 미 국

미국에서 'public-private partnership'이라고 하면 넓은 의미로는 공공영역과 민간영역 간의 협력을 포함하는 넓은 범위의 행위를 말한다. 이는 좁은 의미로는 정부와 계약상대방 간에 특정의 프로그램에 대해서 체결되는 민관협력계약(partnering agreement)을 포함한다.[1]

일단 연방차원에서 볼 때 이러한 좁은 의미의 민관협력계약에 관해서는 연방조달규칙(FAR)이 기본적으로 적용되는 것으로 보고 있다. 다만 각 개별분야별로 민관협력계약의 가이드라인이 마련되어 있다.[2]

그러면 이러한 정부조달계약과 비교할 때 민관협력계약의 특수성을 어디에서 찾을 수 있을지 문제된다. 이와 관련해서는 민관협력계약이 장기간 상호간의 신뢰와 협력에 바탕을 두고 있다는 점에서 마치 결혼계약과 마찬가지의 성격을 갖고 있다는 감사원의 지적[3]을 바탕으로 다음과 같은 특수성이 지적되고 있다.

우선 계약상대방의 선정에 있어서 가격의 요소보다는 최상의 질(best value)에 보다 초점이 맞추어져야 한다는 것이다.[4] 그리고 계약기간이 장

---

1) Mutek, Michael W. Implementation of Public-Private Partnering, 30 Pub. Cont. L. J. 557(2001), p.560 참조.
2) 대표적인 예가 U.S. Army Material Command's(AMC) GUIDE to Partnering이다. Mutek, op. cit., p.560 참조.
3) Mutek, op. cit., p.559 참조.
4) 물론 최근의 정부조달계약에서도 가격요소만을 강조한다는 점을 고려할 때

기간이고 상호간의 신뢰가 협력이 민관협력계약의 핵심이라는 점에서 계약상대방회사의 포괄적인 성실성에 대한 검사(comprehensive due diligence inquiry : 계약상대방회사의 최고경영자의 계약에 관한 관심의 정도, 협력적 행위를 중시하는 조직문화의 존재여부, 상호이익과 장기목표에 대한 헌신의 정도)에 관한 검사가 이루어져야 한다는 것이다.5)

계약기간과 관련해서는 다음과 같은 논의가 이루어지고 있다. 민관협력계약에서 민간기업이 참여하는 가장 큰 유인은 계약기간이 장기라는 점을 들 수 있다. 이처럼 장기계약에 관해서는 정부조달규칙은 일정한 경우 이를 허용하고 있다. 다만 이처럼 장기간에 걸쳐 한 민간기업과만 계약관계가 유지될 경우 경쟁체제도입이 저해되어 공익성이 저해될 수 있지 않은가 하는 문제가 제기될 수 있다. 이러한 문제를 막을 수 있는 한 가지 방식으로 계약의 성과에 따라 계약의 갱신여부를 결정하도록 하는 것을 들 수 있다.6)

민관협력계약의 또 다른 특징으로는 계약기간이 장기간이어서 이 사이에 발생할 수 있는 각종의 상황에 대해서 세밀하게 계약을 체결하기 어렵다는 점이 지적되고 있다. 즉, 계약에 공백이 많을 수 있다는 것이다. 이러한 점에서 민관협력계약은 세밀한 계약조항에 의해서라기보다는 상호신뢰를 바탕으로 한 문화적인 요소에 보다 더 많이 의존할 수밖에 없다는 지적이 이루어지고 있다.7)

미국에서는 민간위탁계약(contracting-out)에 관한 논의도 활발하게 이루어지고 있다. 앞서 본 광의의 민관협력계약의 개념에 의하면 이러한 계약유형도 당연히 민관협력계약의 유형에 들어간다고 볼 수 있을 것이나, 민간위탁계약과 민관협력계약은 구분하여 논하는 것이 일반적인 것으로 보인다.

이러한 특징의 강조는 매우 상대적이라고 할 수 있다.
5) Mutek, Implementation of Public-Private Partnering, p.577 참조.
6) Mutek, op. cit., pp.578~579 참조.
7) Mutek, op. cit., p.582 참조.

이러한 민간위탁계약은 행정기능의 민영화의 관점에서 많은 논의가 이루어지고 있는데, 공법적인 관점에서는 이러한 계약에 의해 권한이 부여되는 사인의 권한통제를 어떤 방식으로 관철할 것인가가 주된 논의의 초점이 되고 있다. 특히 행정기능의 민영화의 한계가 과연 무엇인지와 관련하여 민영교도소의 문제가 집중적으로 논의되고 있다.

민간위탁계약에 의해 권한이 부여되는 사인의 권한통제의 시스템은 일단 공법적인 관점에서는 크게 세 가지를 들 수 있다. 국가행위이론(state action theory), 위임불가이론(non-delegation doctrine), 사인에 대한 절차법적용의 확대(extending procedural controls to private actors)가 그것이다.[8]

① 국가행위이론은 일정한 사인의 행위를 국가의 행위로 의제하여 수정헌법 14조의 적법절차조항의 적용이 이루어지도록 하는 이론을 말한다. 이와 관련해서 미국법원은 크게 세 가지의 심사방식을 도입했다. 공동참여(joint participation)심사,[9] 연관성(nexus)심사,[10] 공적 기능(public function)심사[11]가 그것이다.

위의 세 가지 심사 중 어느 하나에 의해서만 국가행위로 의제되더라도 헌법상의 적법절차조항의 적용이 이루어지게 되나, 판례는 국가행위이론의 적용에 매우 소극적이다. 이러한 이유로 국가행위이론은 민간위탁계약에 관한 충분한 통제방식이 되기는 어렵다는 지적이 있다.[12]

② 위임불가이론은 의회가 다른 공적 주체나 사적 주체에게 헌법상 부여된 입법권한을 위임해서는 안 된다는 이론을 말한다. 만약 결정을 할 수 있는 권한을 위임하는 경우에는, 의회는 수임을 받은 기관이 재량

---

8) 이에 관해 자세히는 Freeman, Jody, The Private Role in Public Governance, 75 N.Y.U.L. Rev. 543(2000), pp.574∼588 참조.

9) 국가가 사적인 행위자와 상호의존적인 관계에서 특정의 행위를 한 경우 국가행위로 의제하는 것을 말한다.

10) 관련된 규정이 국가와 사적인 행위자 간에 충분한 연관성을 규율하고 있어서 사적인 행위자가 국가행위 그 자체로 의제되는 경우이다.

11) 사인이 공적인 기능을 행사할 때 국가행위로 의제하는 것이다.

12) Freeman, Jody, The Private Role in Public Governance, p.576 참조.

을 행사할 수 있는 적법한 범위를 설정해야 한다. 그러나 판례상으로는 매우 광범위한 위임이 허용되고 있어서, 위임이 아무리 불분명하다고 하더라도 위헌성이 인정될 가능성은 매우 낮은 것으로 평가되고 있다.13)

③ 행정절차법이나 정보공개법(Freedom of Information Act)은 행정의 투명성, 합리성, 책임성을 관철하기 위한 법들로 볼 수 있는데 이들 규정을 민간위탁계약에 적용하는 것도 생각해볼 수 있다. 그러나 이들 법에 규정된 엄격한 절차를 거치도록 하는 것은 탄력성과 효율성을 생명으로 하는 민간위탁계약의 장점을 감소시킬 우려가 있다는 지적이 이루어지고 있다.14)

민간위탁계약의 한계와 관련하여 가장 쟁점이 되고 있는 것은 바로 가장 전통적인 공적 작용으로 보았던 교정 및 행형작용을 민간에게 위탁하는 계약이다. 근본적으로 이러한 계약은 국가로 하여금 행형작용의 책임을 방기하는 것을 가능케 하는 것으로 허용될 수 없다는 주장이 없지 않다. 그러나 미국 내의 다수의 견해는 일단 교도소와 관련한 민간위탁계약의 적법성을 인정하면서 민영화에 따른 비용절감을 어떤 식으로 실현할 것인가에 논의의 초점을 맞추고 있다. 행정법적인 관점에서는 이러한 교도소관련 민간위탁계약에 있어서 적법절차, 합리성, 공공참여, 공개성, 책임성 등을 어떻게 실현할 것인지의 문제가 제기되고 있다.15)

이러한 공법적인 관점과 관련해서는 위에서 살펴본 전통적인 두 가지 메커니즘, 즉 위임불가이론과 국가행위이론의 적용에 초점이 맞추어지고 있다. 우선 위임불가이론의 관점에서는 만약 국가가 교도소의 운영만을 사기업에게 위임하고, 궁극적으로 규칙을 제정하거나 재결을 할 권한은 국가에게 유보되어 있다면 위헌성이 인정될 여지는 없다고 보는 것이 일반적이다.16) 따라서 위임불가이론에 의하면 대부분의 민영교도소

---

13) Freeman, The Private Role in Public Governance, p.581 참조.

14) Freeman, The Private Role in Public Governance, p.587 참조.

15) Freeman, The Private Role in Public Governance, p.631 참조.

16) Freeman, The Private Role in Public Governance, p.633 참조. 그러나 Freeman은

관련 민간위탁계약의 司法的 統制는 매우 힘들어진다고 하지 않을 수 없다.

이러한 위임불가이론에 비해서 국가행위이론이 그 활용여지가 보다 크다는 지적이 있다. West v. Atkins 사건에서는 민영교도소에 고용된 의사가 수감자에게 의료서비스를 제공하는 과정에서 인권침해가 문제가 된 사례에서 의사의 행위가 '州법의 외관하에'(under color of state law) 이루어졌고 따라서 수감자의 헌법상의 권리를 침해함을 인정한 사례가 있다.[17]

이러한 전통적인 메커니즘 외에도 최근에는 보다 효율적으로 책임성을 증진시키는 방안이 제시되고 있다. 예를 들어 Texas州의 경우와 같이 민영교도소운영과 관련한 모델계약서를 만들고, 이 안에 지속적으로 자체모니터링[18]을 실시하는 규정이나 관련정보의 지속적인 공개를 하도록 의무지우는 규정을 포함시키는 방식이 그것이다.[19]

2. 영 국

민관협력계약은 전통적으로 특히 교통기반시설(도로, 다리, 터널, 철도 등)에서 많이 사용되어 왔다. 최근에 민관협력계약은 더 넓은 범위에서 사용되고 있는데, 이러한 계약유형이 가장 대표적으로 사용되고 있는 국가는 영국이다. 영국은 1992년에 도입된 PFI(Private Finance Initiative)를 토대로 민관협력계약을 활발하게 사용하고 있다. 그 대표적인 예로는 주요정보통신시스템의 공급, 국영 런던지하철의 공급, 교도소의 건설 및

이처럼 정책결정과 이의 운용이 쉽게 구별되지 않는다는 점에서 이의 구별을 전제로 합헌성을 쉽게 인정하는데 대해서는 비판적인 태도를 보이고 있다. 민영교도소운영의 실제를 보면 민영교도소 직원이 수감자의 일상생활의 거의 모든 영역에 있어서 재량권을 행사하게 되므로 정책결정과 이의 운영의 구별은 매우 모호해진다는 것이다.

17) Freeman, The Private Role in Public Governance, p.581 참조.
18) 이 모니터링의 기준은 Texas州정부가 승인한 기준에 의한다.
19) Freeman, The Private Role in Public Governance, p.634 참조.

운영, 선박의 공급과 관리, 건물의 공급과 서비스(정부부처의 사무실이나 대학 등) 등을 들 수 있다.[20]

민관협력계약은 학교, 대학, 병원을 개발메커니즘을 공급할 수도 있다. 예를 들어 민간영역에서 대학이나 병원의 건물을 건설하고 리모델링을 하여 청소, 음식공급, 안전시스템가동 등의 서비스를 제공할 수 있다. 그리고 공공영역은 관련된 시설을 민간영역에게 임대를 한다. 사실상 민관협력계약은 정부의 행위가 주요시설물의 사용과 관련되는 경우라면 언제든지 사용이 가능하다.[21]

이처럼 민관협력계약이 사용되고 있는 주된 원인은 크게 두 가지로 설명되고 있다. 이는 광범위한 민간의 참여가 공공예산의 효율적인 활용에 도움이 된다는 것이다. 무엇보다 대규모 기반시설의 건설과 운영에 있어서 발생할 수 있는 위험을 민간에게 이전하고, 민간은 다양한 선택가능성(설계, 건설 그리고 운영의 통합, 혁신적인 방법의 사용, 건설된 건물의 사용 등)을 통해 비용을 절감하고 투자에 따른 이익을 회수할 수 있다는 장점이 있다. 두 번째로 예산상의 제약으로 인해 민관협력의 방식에 의해서만 중요기반시설의 건설이 가능한 경우가 있다.[22]

이러한 민관협력계약과 관련해서 발생하고 있는 중요한 법적인 쟁점 중의 하나는 기존의 정부조달계약에 관한 규정들이 어느 정도 민관협력계약에 적용될 수 있는가 하는 점이다. 이와 관련하여 크게 두 가지가 문제되고 있다.

첫째, 민관협력계약의 복합적 성격을 어떻게 고려할 것인가 하는 점이다. 예를 들어 교도소건설과 운영에 관한 민관협력계약의 경우 교도소

---

20) Arrowsmith, Sue, Public Private Partnerships and The European Procurement Rules: EU Policies in Conflict?, Common Market Law Review 37, 709-737(2000), pp.709~710 참조.

21) Arrowsmith, Sue, Public Private Partnerships and The European Procurement Rules: EU Policies in Conflict?, p.710 참조.

22) Ibid.

건설은 도급계약의 성격을 갖지만, 교도소운영은 용역계약의 성격을 갖는다. 이처럼 복합적인 성격을 갖는 경우에 정부조달계약의 어떤 규정이 적용되는 것으로 볼 것인가가 문제된다.

둘째, 민관협력계약의 특수성을 어떤 식으로 반영할 것인가 하는 점이다. 민관협력계약은 계약기간이 길고, 대규모사업에 따른 위험부담이 민간영역에 이전된다는 특징을 가지고 있다. 이러한 특징들이 정부조달계약의 규정적용에 있어서 어떤 식으로 적용되는 것으로 볼 것인가 하는 점이다.

우선 첫 번째 문제를 보도록 하겠다. 유럽공동체지침이나 이를 전환한 영국의 관련법령에서는 이처럼 복합적인 성격의 계약을 어떻게 다루어야 하는지에 대해 명시적인 규정을 두고 있지 않다. 다만 유럽법원의 판례와 영국의 하급심판례에서 크게 다음과 같은 두 가지 판단기준이 제시되고 있다.

① 우선 각 요소의 가치비중을 기준으로 평가하는 방식이다(greater value test). 즉 용역(service)의 가치와 공사(work)의 가치를 비교하여 양자 중 더 큰 요소를 기준으로 정부조달계약에 관한 규정이 적용된다고 보는 것이다. ② 다음으로 계약의 주된 목적이 무엇인가를 기준으로 평가하는 방식이다(main object of value test). 예를 들어 용역이 주된 목적이고 공사는 부수적인(incidental) 목적이라면 용역조달계약으로 보아야 한다는 것이다.

유럽법원이나 영국에서는 이 두 가지 기준을 모두 고려하여 적용법리를 판단하고 있는 것으로 보인다. 다만 Arrowsmith는 ② 기준은 무엇이 주된 것이고, 무엇이 부수적인 것인지를 판단함이 매우 어려운 경우가 존재하여 법적 안정성을 해칠 우려가 있으므로 ①의 기준이 선호되어야 한다는 입장을 취하고 있다.[23]

다음으로 두 번째 문제를 보도록 하자. 민관협력계약의 특수성이 정

---

23) Arrowsmith, Sue, Public Private Partnerships and The European Procurement Rules: EU Policies in Conflict?, Common Market Law Review 37, 709-737(2000), pp.715∼716 참조.

부조달계약의 적용에 있어서 어떤 식으로 반영되어야 하는지의 문제이다. 이와 관련하여 Arrowsmith는 정부조달계약에 관한 유럽공동체지침의 취지를 반영할 때는 다음과 같이 크게 세 가지 유형으로 나누어진다고 보고 있다. ① 정부조달계약에 관한 규정이 전면적으로 적용되는 사례, ② 정부조달계약에 관한 규정이 부분적으로 적용되는 사례, ③ 정부조달계약에 관한 규정의 적용이 배제되는 사례가 그것이다.

① 원칙적으로 대부분의 민관협력계약은 정부조달계약에 관한 규정, 특히 계약체결방식에 관한 엄격한 규정이 전면적으로 적용되는 것으로 본다. 다만 수도, 교통, 에너지, 통신 등의 경우 그 공공재로서의 성격으로 인해 정부조달계약과 관련된 규정 자체에서 좀더 탄력적인 계약체결방식이 사용될 수 있도록 규정하고 있고 이는 민관협력계약에도 그대로 적용된다.

② 공사계약 중에 특허(concession)의 방식으로 계약이 체결되는 때와 용역계약 중 일부계약('Part B' 서비스라고 한다)24)에 대해서는 정부조달계약에 관한 규정이 부분적으로 적용되는 것으로 본다. 여기서 특허의 방식은 도급계약과 관련된 유럽공동체지침에서 다음과 같이 규정하고 있다. "특허에 의한 도급계약이라 함은 그 대가지급이 공사가 이루어진 시설물에 대해 운영권을 인정하는 방식(사용료를 일반공중으로부터 받는다)으로 이루어지거나 이와 동시에 공적 주체의 보수지급이 이루어지는 경우를 의미한다"25) 이처럼 공사계약 중에 특허의 방식으로 계약이 체결되는 경우는 정부조달계약의 규정 중 공고기간 및 응답기간에 관한 규정만이 적용된다. 'Part B' 서비스는 기술적 사양(technical specifications)이나 계약낙찰의 공표(publicity for contract awards) 등에 관한 규정만이 적

---

24) 호텔과 레스토랑 서비스, 철도에 의한 운송서비스, 법률서비스 등이 속한다.
25) 이런 기준에 의하면 예를 들어 민영교도소의 설립과 운영에 관한 계약은 특허에 해당되지 않는다. 왜냐하면 이 경우 그 대가는 일반적으로 행정주체에 의해서만 지급되기 때문이다. Arrowsmith, Sue, Public Private Partnerships and The European Procurement Rules: EU Policies in Conflict?, Common Market Law Review 37, 709-737(2000), p.716 참조.

용된다.

③ 서비스계약 중에 특허의 방식으로 계약이 체결되는 경우에는 정부조달계약에 관한 규정이 전면적으로 배제된다. 서비스와 관련된 유럽공동체지침에는 특허방식의 서비스계약에 관한 규정을 두고 있지 않으나, 특허방식의 서비스계약은 동 지침의 적용을 받지 않는 것으로 해석되고 있다. 왜냐하면 이를 포함하고자 하는 유럽집행위원회(Commission)의 원래 제안이 유럽각료이사회(Council)에 의해 받아들여지지 않았기 때문이다.

이러한 입법태도에 대해서는 다음과 같은 평가가 이루어지고 있다. 민간부문에서의 위험부담이 커질수록 계약체결방식에 좀더 탄력성을 부여할 필요성은 인정할 수 있으나, 비용지급이 행정주체에 의해서 이루어지는가 아니면 일반공중으로부터 이루어지는가의 여부, 다시 말해 특허에 해당되는지의 여부에 따라서 차이를 두는 것은 그 정당성을 인정하기 힘들다는 것이다.26)

민간위탁계약은 앞서 보았듯이 넓은 의미의 민관협력계약의 일부로 다루어지고 있다고 볼 수 있다. 1994년 영국에서 제정된 '탈규제 및 민간위탁계약법'(Deregulation and Contracting Out Act)이 민간위탁계약과 관련된 기본법이라고 할 수 있다. 이 법률은 우선적으로 민간위탁계약을 체결함에 있어서 법적인 장애물을 제거하는데 목표가 주어져 있다고 할 수 있다.

위 법률은 대부분의 행정기능, 특히 현재 법적으로 민간위탁계약을 체결하기에 제약이 있는 행정기능까지 장관의 명령(Ministerial Order)을 통해 민간위탁계약을 체결할 수 있는 가능성을 부여하고 있다. 이러한 명령은 행정기능의 전부 또는 일부만의 민간위탁계약의 권한을 부여할 수 있다[동법 제69(4)조 및 제70(4)조 참조].

그러한 일정한 기능은 민간위탁계약의 체결의 가능성이 배제된다. 이들은 정책적인 이유로 전적인 통제를 유지하고 기능의 행사에 대해서 전

---

26) Sue Arrowsmith, Public Private Partnerships and The European Procurement Rules: EU Policies in Conflict?, Common Market Law Review 37, 709-737(2000), p.718.

적인 책임을 행정주체가 부담하는 것이 타당하다고 여겨지는 경우들이다
(동법 제71조). 이들은 크게 네 가지 종류가 있다. ① 법원이나 재판소가
司法權을 행사하는 때, ② 행정기능을 행사하거나 이에 하지 않는 것이
개인의 자유에 필연적으로 개입하거나 영향을 미치게 되는 때, ③ 재산의
압수, 수색 등의 권한의 행사의 때, ④ 부수적인 입법(subordinate legislation)
의 권한이나 의무를 부여하는 때가 그것이다.

민영교도소와 관련된 민간위탁계약도 미국의 영향을 받아 영국에서
도 활용되고 있는데 수감자의 인권침해가 문제될 수 있는 사례에 있어
서는 민영교도소 운영을 하는 사기업과 수감자의 관계를 단순한 사법상
법률관계로 보지 않고 공법적 법률관계의 성격을 갖는 것으로 보아 인
권법(Human Rights Act)[27]의 적용이 이루어지는 것으로 보고 있다는 점
이 일단 특색으로 볼 수 있다. 이는 미국의 국가행위이론과 유사성을 갖
는 것으로 볼 수 있다.

3. 독 일

행정주체와 사인의 협력은 독일에서도 오래전부터 있어왔다고 할 수
있다. 실제적으로 연구·기술프로그램, 사회간접자본프로그램과 관련하
여 공사협력이 다양하게 이루어졌으며, 전통적으로 私法에 의한 행정,
行政私法에 의한 행정, 고권적 행정으로 행정을 분류해온 것이 이를 나
타낸다고 할 수 있다.[28]

다만 영국과 미국의 Public-Private Partnership의 영향으로 최근 민관협력
은 행정기능의 민영화경향과 함께 그 적용범위가 다양해지고 있다.[29][30]

---

27) 유럽인권협약을 영국국내법으로 전환한 것으로 불문법국가인 영국에서 헌
   법유사의 기능을 담당하고 있다.
28) Wolff/Bachoff/Stober, Verwaltungsrecht, Band 3(5. Aufl.), München 2003, § 92 Rn.
   1-2, 이상해, "독일행정절차법에서 공법상 계약의 개정과 공사협력의 입법
   논의", 부산대학교 법학연구 제45권 제1호, 2004, 221면 참조.

이러한 민관협력의 개념은 논자에 따라 상이하게 사용되고 있다. B.
Wolff는 Public-Private Partnership을 '행정주체와 사인 간에 이루어지는 협
력으로서 일반적으로 급부를 이행하는 과정에서 사경제주체가 투자를
하는 방식'으로 정의하고 있으나,[31] 이에 대해서는 지나치게 일반적이어
서 법적인 의미를 부여하기 힘들다는 비판이 있다. 이 견해는 '행정주체
와 사인 간에 형식적, 실체적 민영화과정에서 이루어지는 협력'을 의미
한다고 보고 있다.[32]

이러한 민관협력은 여러 가지 유형으로 분류되는데, 논자에 따라 분
류방식은 다양하나 공통적으로 지적하고 있는 유형으로 민간경영자모델
(Betreibermodell),[33] 특허모델(Kozessionsmodell),[34] 참가모델(Beteiligungsmodell)[35]

---

29) 건축법, 경제행정법, 환경법, 문화행정법 등에서 나타나고 있다. Bauer, Hartmut,
Verwaltungsrechtliche und Verwaltungswissenschaftliche Aspekte der Gestaltung von
Kooperationsverträgen bei Public Private Partnership, DÖV 1998, S. 89 참조.

30) 특히 환경법의 영역에서는 '협력의 원칙'이 법원리로 자리잡고 있다. Schirvani,
Foroud, Das Kooperationsprinzip im deutschem und europäischen Umweltrecht,
Berlin 2005, S. 1ff 참조.

31) B. Wolff, in : Jahrbuch für Neue Politische Ökonomie, Bd. 15, 1996, 243 ff.

32) Wolff/Bachoff/Stober, Verwaltungsrecht, Band 3(5. Aufl.), München 2003, § 92 Rn.
5 참조. 이 견해는 PPP와 신공공관리론(New Public Management)를 다음과 같
이 구별하고 있다. 전자는 행정주체와 사인 간의 협력을 의미하나, 후자는
행정주체내부에 시장원리를 도입하는 것을 의미하는 것으로 양자간에 차이
가 있다는 것이다. Wolff/Bachoff/Stober, Verwaltungsrecht, Band 3(5. Aufl.),
München 2003, § 92 Rn. 6 참조.

33) 민간경영자모델은 민간경영자가 공임무수행을 위해 필요한 시설 등의 설치
에 대하여 계획하고, 이에 소요되는 자금을 조달하고, 시설을 건축하여 경
영하지만, 제3자에 대하여는 독립된 법적 주체로 등장하지 않고 다면 행정
보조자로서 이러한 임무수행을 사실상 담당한다.

34) 특허모델에서는 공임무수행을 담당하는 사인이 외부에 대하여 독립적으로
활동한다. 행정주체는 일정한 활동에 대하여 특허권을 유보하고 특허를 통
해 사인에게 이러한 활동을 할 권리와 의무를 부여한다.

35) 참가모델은 협력모델(Kooperationsmodell)이라고도 불리는데 이는 행정주체가
공임무를 수행하기 위하여 사인과 함께 참가회사(Beteiligungsgesellschaft)를
창립하는 것을 말한다. 행정주체가 어느 정도의 지분으로 참여해야 하는가

등이 있다.36)

　민관협력과 관련하여 체결되는 계약의 법적 규율과 관련해서는 원칙
적으로 정부조달계약에 관한 규정이 준용되는 것으로 보고 있으나, 계약
체결의 방식과 관련해서는 계약의 탄력성을 위해서 협상에 의한 계약체
결절차가 우선시되어야 한다는 견해가 제시되고 있다.37) 이러한 견해는
유럽법원의 엄격한 견해와는 상반되는 것으로 볼 수 있다.38) 그리고 최
근에는 행정절차법의 공법상 계약에 관한 규정들을 개정하여 협력계약
의 유형을 입법화하는 논의가 이루어지고 있다.39)

　민간위탁계약과 관련해서 살펴볼 것은 교도소관리업무의 민간위탁과
관련한 경향이다. 최근 Hessen주는 새 교도소의 건축 및 운영에 사기업
을 참여시키려는 계획을 적극적으로 추진하고 있다. 다만 이 과정에서
형집행에 있어서 국가권력독점은 제한없이 보장된 상태로 남아 있어야
된다고 보고 있다. 다시 말해 '형집행' 자체의 민영화는 불가능하며 '형
집행과정'에서의 부분적인 민영화만이 가능하다는 것이다.40)

　는 일률적으로 말할 수는 없으나, 원칙적으로 과반수이상을 행정주체가 가
　지는 때를 의미하는 것으로 보고 있다.

36) 이상의 내용에 대해서는 Wolff/Bachoff/Stober, Verwaltungsrecht, Band 3(5. Aufl.),
　München 2003, § 92 Rn. 24-29, Björn Höftmann, Public Private Partnership als
　Instrument der kooperativen und sektorübergreifenden Leistungsbereitstellung-darstellt
　an der neu strukturierten kommunalen Abfallwirtschaft, Lütjensee 2001, S. 30, 이원
　우, "정부기능의 민영화를 위한 법적 수단에 대한 고찰－사인에 의한 공행
　정의 법적 수단에 대한 체계적 연구", 행정법연구 제3호, 1998, 129～135면
　참조.

37) Ralf Leinemann, Die Vergabe öffentlicher Aufträge(3 Aufl.), Köln/Berlin/Bonn/
　München 2004, Rn. 54, 66 참조.

38) 유럽법원은 협상에 의한 계약체결을 할 수 있는 예외적인 사유에 대해 입증
　을 하지 않는 한 협상에 의한 계약체결이 불가능하다고 한다. EuGH, Urteil
　vom 20. 3. 1996, Rs. C-318/94, Slg. 1996 Ⅰ-1949.

39) 이상해, "독일행정절차법에서 공법상 계약의 개정과 공사협력의 입법논의",
　부산대학교 법학연구 제45권 제1호, 2004, 233～236면.

40) Hessen州에서는 2006년부터 형무소 운영에 사기업이 참여하게 된다. 유럽의

4. 프랑스

프랑스의 행정계약의 유형은 전통적으로 세 가지 정도를 든다. 공역무위탁계약, 공공조달계약, 그리고 공물의 사용계약이 그것이다.[41] 여기에 최근에 새로운 행정계약의 유형으로 추가된 것이 바로 민관협력계약(contrat de Partenariat)이다.

프랑스에서도 전통적으로 공역무위탁계약을 통해 민관의 협력이 부분적으로 이루어져왔다고 볼 수 있으나, 영국과 같은 방식의 민관협력계약제도가 정식으로 도입된 것은 2004.6.17. 법률명령(ordonnance)에 의해서라고 볼 수 있다. 이 법률명령은 영국이 1992년에 도입한 PFI제도의 영향을 많이 받은 것으로 평가되고 있다.[42] 이러한 민관협력계약은 기존에 인정되던 행정계약의 유형과 어떤 관계에 놓이게 되는지가 프랑스에도 문제가 되고 있다. 이에 관한 논의를 살펴보도록 하자.

여러 기업들이 이 프로젝트를 수주하기 위해 경합을 벌였으나 최종적으로 영국회사가 수주를 하였고 동회사와 Hessen주는 5년간의 서비스계약을 2004년 11월 8일 체결했다. 이 계약에 따르면 동회사는 단지 수감자의 권리침해와 관련없는 형무소운영의 약 40%의 일을 맡을 예정이다. 형무소의 관리와 안전업무는 계속해서 국가가 관할권을 갖는다. 즉, 죄수구금이나 강제력사용과 같은 고권업무는 동회사에 이양되지 않고 국가가 계속 이행하고 회사직원은 공무원을 보조하는 역할을 담당한다. 즉, 회사직원은 식당, 청소, 작업장, 죄수수송에 대한 책임을 지고 비디오감시 및 행정의 일부를 담당한다. 그러나 회사직원은 죄수를 상대로 그들의 행동을 유도하기 위한 어떠한 강제력도 사용할 수 없다. Bonk, Rechtliche Rahmenbedingungen einer Privatisierung im Strafvollzug, JZ 2000, S. 435, 이상해, "독일행정절차법에서 공법상 계약의 개정과 공사협력의 입법논의", 부산대학교 법학연구 제45권 제1호, 2004, 225면 참조.

41) 그 외에 공무원고용계약을 하나 정도 더 추가하기도 한다. Richer, Droit des contrats administratifs(2 édition), LGDJ, Paris 1999, pp.509~523 참조.

42) François Brebet, Les contrats de partenariat de l'ordonnance du 17 juin 2004-Une nouvelle espèce de contracts administatifs, Litec, Paris 2005, p.29 참조.

우선 기존에 존재하던 공역무위탁계약(contrat de délégation de service public)과의 관계가 문제된다. 공공임무가 포괄적으로 '사적인 사무감독인'(maîtrise d'ouvrage privée)에게 이전된다는 점에서 일단 양자는 공통점이 존재한다.[43] 그러나 양자의 구별과 관련해서는 다음과 같은 학설의 대립이 존재한다.

다수의 견해는 민관협력계약에 있어서 계약주체인 사인은 공역무의 수행에 참여하는 것은 가능하나, 공역무위탁계약과는 달리 공역무의 관리자체를 위탁받는 것은 아니라고 보고 있다.[44] 이 견해는 꽁세유데따가 오래전부터 민간이 공역무의 수행에 참여하는 계약과 공역무 자체의 수행권을 부여하는 계약 자체를 구별해왔다는 점을 중요한 논거로 삼고 있다.[45] 이 견해는 2004.6.17. 법률명령의 제정으로 인해 동 법률명령에 의한 민관협력계약이 기존의 공역무위탁계약을 대체한 것은 아니라고 보고 있다.[46]

양자를 구분하는 다수의 견해를 일단 토대로 양자의 차이점을 살펴보도록 하겠다. ① 우선 민관협력계약은 행정주체에 의해 보수가 지급되나, 공역무위탁계약은 일반공중에 의해 사용료가 지급된다는 점이 차이점으로 지적되고 있으나 이러한 차이점은 상대적인 것에 불과하다는 견해가 있다.[47] 공역무위탁계약에서도 보수지급이 공역무사용결과에 구속

---

43) Brebet, Les contrats de partenariat de l'ordonnance du 17 juin 2004, p.137 참조.
44) 2004년 6월 17일 법률명령 1조에서 "공적 주체가 책임지고 있는 공공서비스 …"라는 표현은 어디까지나 공적 주체가 여전히 공공서비스의 관리책임을 진다는 의미이며 이것 자체가 민간에게 위임된다는 의미는 아니라는 것이다. Brebet, op. cit., p.139 참조.
45) 이는 독일에서 행정보조자와 공무수탁사인을 구별하고 있는 것과 맥락을 같이 한다.
46) 이에 반해 소수의 견해는 2004.6.17. 법률명령에 의한 민관협력계약에는 공역무위탁계약도 포함되는 것으로 보고 있다. 이 견해에 의하면 위 법률명령의 제정으로 인해 동 법률명령에 의한 민관협력계약이 기존의 공역무위탁계약을 실질적으로 대체한 것으로 보게 된다. Brebet, op. cit., pp.138~189 참조.
47) 프랑스의 공역무 위탁계약은 통상 특허(concession)의 방식으로 이루어진다는

된다는 전제하에서는 얼마든지 행정주체에 의해 보수가 지급될 수 있고, 양 보수지급방법이 결합된 형태도 존재할 수 있을 뿐만 아니라, 2004.6.17. 의 법률명령에 의하면 민관협력계약의 경우에 건설된 공공시설을 운영하면서 사용료를 민간기업이 받는 것이 허용되기 때문이다.

② 다음으로 민관협력계약은 사업으로 인한 위험이 민간에게 이전되는 반면에, 공역무위탁계약의 경우는 위험이 분산된다는 점이 차이점으로 지적되고 있으나 이 역시 다음과 같은 비판이 이루어지고 있다. 여기서의 위험의 개념을 어떻게 이해하는가, 즉 경제적 위험, 기술적 위험, 행정적 위험 등 무엇으로 이해하는가에 따라 달라질 수 있다는 것이다.[48]

다음으로 민관협력계약과 정부조달계약의 관계가 문제가 된다. 우선 양자의 공통점으로는 원칙적으로 공적 주체에 의해 보수가 지급된다는 점, 공역무의 필요를 충족시키기 위한 계약이라는 점이 지적되고 있다. 양자의 차이점은 계약의 대상, 사무감독인, 보수지급의 방식, 계약기간 등에서 나타난다고 지적되고 있다.[49]

① 우선 계약대상의 측면에서는 민관협력계약의 경우 시설의 건설, 운영, 관리에 대한 총체적인 계약이 가능한데, 정부조달계약의 경우는 분할하여 계약하는 것이 원칙이며 총체적인 계약은 불가하다는 점에서 차이점이 지적되고 있다.

② 사무감독인의 측면에서는 민관협력계약의 경우 사적인 사무감독인(maître d'ouvrage privée)의 감독하에 계약이행이 이루어지나, 정부조달계약의 경우는 공적인 사무감독인(maître d'ouvrage publique)의 감독하에 계약이 이루어진다는 점에서 차이점이 지적되고 있다. 이는 다음과 같은 점에서 중요한 의미를 갖는다. 민관협력계약을 체결한 행정주체는, 판례에 의해 정립된 공사감독이 필요한 세 가지 요건(행정주체의 주도로 공사가 진행될 것, 행정주체의 필요를 위해 그 공사를 계획했을 것, 공사가

점이 반영된 것으로 볼 수 있다. Brebet, op. cit., p.140 참조.
48) Brebet, Les contrats de partenariat de l'ordonnance du 17 juin 2004, p.141 참조.
49) Brebet, op. cit., pp.142~144 참조.

이루어진 건물이 준공 이후에 행정주체에게 귀속될 것)이 충족되는 경우에도 공적인 사무감독인을 세울 필요가 없다는 점에서 의미가 있다.

③ 보수지급의 방식에 있어서 민관협력계약의 경우 후불(le paiement différé)이 가능하나, 정부조달계약은 후불이 불가능하다는 점이 지적되고 있다.

④ 계약기간의 측면에서 민관협력계약의 경우 계약기간이 장기이고, 정부조달계약은 단기라는 점에서 차이가 있다는 점이 지적되고 있다.

정부조달계약법제와의 차이는 민관협력계약의 경우 계약체결방식이 크게 두 가지로 단순화되어 있는데 경쟁협상(dialogue compétitif)에 의한 절차가 원칙으로 되어 있고, 경쟁입찰(appel d'offre)이 예외로 되어 있다.[50]

5. 외국법제 상호간의 비교

1) 개념 상호간의 관계

Public-Private Partnership(PPP)이라는 개념을 보면 최광의로는 공공부문과 민간부문 간의 협력일체를 가리키는 개념으로 사용되고, 광의로는 이러한 협력관계 중 계약을 체결하는 경우를 가리키며, 협의로는 민간부문이 주로 재정적인 투자를 하면서 시설을 건설하고 운영권 또는 소유권을 갖는 내용으로 행정주체와 체결하는 계약을 가리키는 것으로 볼 수 있다. 이 중에서도 각국의 사용례를 보면 이를 주로 협의의 의미로 많이 사용되고 있으나, 영국이나 미국의 경우는 최광의나 광의로 사용되는 예도 발견된다. 이처럼 Public-Private Partnership의 개념을 어떻게 이해하는가에 따라서 다른 유사개념들과의 관계설정이 달라짐은 물론이다.

다음으로 각국에서 어느 정도 의견의 일치를 보고 있는 개념으로는 특허(concession)의 개념을 들 수 있다. 유럽공동체지침의 영향으로 영국

---

50) Brebet, op. cit., pp.168~170 참조.

과 프랑스에서 그 핵심에 있어서 동일하게 사용되고 있음을 알 수 있다. 즉 공역무의 위탁에 따른 대가지급이 원칙적으로 행정주체에 의해 직접적으로 이루어지기 보다는 공역무 이용자로부터의 사용료수입에 의해 이루어진다는 점이 특허개념의 핵심으로 공통적으로 언급되고 있다.

다음으로 생각해보아야 할 것은 영미에서 사용되고 있는 민간위탁계약(contracting-out)의 개념과 프랑스의 공역무 위탁계약의 개념을 동일한 것으로 볼 것인가 하는 점이다.[51] 정부기능의 일부를 민간영역에서 위탁한다는 점에서는 양자는 매우 유사한 것으로 볼 수 있으나, 다음과 같은 점에서 양자의 개념을 동일한 것으로 보기는 힘들다고 판단된다.

첫째, 프랑스의 공역무위탁계약은 공역무특허계약과 거의 동일한 의미로 사용되고 있다. 영미에서의 민간위탁계약의 경우 대가지급이 반드시 사인에 의해 이루어질 것을 전제로 하는 것은 아니기 때문에 항상 특허계약으로 볼 수는 없다. 이러한 점에서 양자개념에 차이가 발견된다.

둘째, 프랑스의 공역무 위탁계약은 어디까지나 용역의 위임만을 위미한다. 그러나 영미에서 민간위탁계약이라고 할 때에는 용역만이 아니라 공사의 위탁 등 그 개념범위가 매우 넓다고 할 수 있다.

이러한 점들을 전체적으로 고려할 때 영미의 민간위탁계약의 개념은 프랑스의 공역무위탁계약보다는 넓은 의미로 사용되고 있다고 보아야 할 것이다. 그렇다면 영미의 민간위탁계약의 개념과 민관협력계약의 개

---

51) 영미의 경우 '공역무' 위탁계약이라는 개념은 잘 사용되지 않고 있다. 그 원인은 '공역무'(service public) 개념의 발전사가 프랑스와 영미에서 상이하다는 점에서 일단 찾을 수 있을 것이다. 주지하다시피 공역무는 프랑스 행정법의 중심적인 개념으로 발전되어 왔고 이러한 맥락에서 공역무위탁계약이라는 개념이 행정계약의 대표적인 유형 중의 하나로 오래전부터 정립되어 왔다. 반면에, 영국에서는 이러한 공역무개념의 역사가 그리 오래되지 않았고 따라서 이의 위탁계약을 별도의 유형으로 구성하지 않았다고 할 수 있다. 미국의 경우에도 공역무의 개념은 그리 널리 사용되지 않고 있다. 영국에서의 공역무 개념의 역사에 대해서는 Prosser, Tony, Public Service Law: Privatization's Unexpected Offspring, 63 FALL Law & Contemp. Probs. 63(2000)을 참조할 것.

념과의 관계는 어떠한가.

앞서 본 바와 같이 민관협력계약은 협의, 즉 민간부문이 주로 재정적인 투자를 하는 '재정' 민영화의 관점에 주로 초점을 맞추어 이해하고, 민간위탁계약은 민간부문에 임무수행권한이 위임되는 '임무수행' 민영화의 관점에 주로 초점을 맞추어 이해되고 있다는 점에서 일단 차이가 있다고 할 수 있다. 미국에서 양자를 보통 구분하고 사용하고 있는 것은 이러한 점에 착안한 것으로 판단된다.

그러나 민관협력계약을 광의로 이해하면 양자의 구별이 매우 어려워질 뿐 아니라, 협의로 이해한다고 하더라도 구체적인 사안에서는 '재정' 민영화와 '임무수행' 민영화가 함께 이루어지는 내용의 계약이 체결되는 경우가 많기 때문에 양자의 구분은 매우 어려워진다고 볼 수 있다. 영국의 경우 민관협력계약에서 민간위탁계약의 대표적인 예로 통상적으로 설명되는 민영교도소를 언급하고 있는 것은 이러한 점을 잘 보여준다고 할 수 있다.

2) 상호간 법리의 비교

공역무 특허계약의 경우 일반적인 민관협력계약과는 구별되어 취급될 필요가 있다는 점은 영국이나 프랑스에서 모두 인정되고 있다는 점에서는 공통점이 존재한다고 할 수 있다. 이러한 결과로 공역무 특허계약의 경우 일반적인 민관협력계약에 비해 보다 계약체결방식 등에 있어서 그 엄격성이 완화되어 있다.

그러면 이처럼 특허를 다르게 취급하는 이유는 무엇인지 살펴볼 필요가 있다. 이에 대해서는 보수지급의 방식이 다르다는 점에서 그 원인을 찾는 것이 일반적이다.52) 그러나 이러한 보수지급방식의 차이가 왜

---

52) 특허계약의 경우 일반공중으로부터 사용료는 받는 것을 통해 대가를 지급받으나, 일반적인 민관협력계약의 경우 공적 주체로부터 직접 대가를 지급받는다는 점에서 차이가 있다는 것이다.

적용법리의 차이를 낳아야 하는지에 대해서는 의문을 제기하는 견해가 있다.53)

민간위탁계약의 법리와 민관협력계약의 법리의 차이에 관해서는 문헌상 이를 찾아보기가 힘들다. 이는 앞서 보았듯이 민간위탁계약과 민관협력계약의 개념상 차이를 구분하기가 매우 어렵다는 점에서 기인하는 것으로 판단된다.

다음으로 민관협력계약과 정부조달계약의 관계를 보도록 하겠다. 영미의 경우 정부조달계약에 관한 규정이 민관협력계약에 어느 정도까지 적용될 수 있을까에 초점을 맞추고 있는 반면에, 프랑스의 경우 양자를 일단 구분하고 별도의 법체계에 의해 규율하고 있다는 점에서는 일단 차이가 있다. 이러한 점에서 영미의 경우 민관협력계약과 정부조달계약의 유사성에 초점을 맞추고 있는 반면에 프랑스의 경우 민관협력계약과 정부조달계약의 차별성에 초점을 맞추고 있는 것으로 볼 수 있다.

협의의 민관협력계약의 경우 정부조달계약에 비해 민간기업의 위험부담의 정도가 크다는 점, 장기간에 걸쳐 상호간의 신뢰를 바탕으로 계약이 유지된다는 점을 고려하여 그 절차면에서 탄력성을 보다 크게 인정하고 있다는 점에서는 각국이 모두 공통된 모습을 보여주고 있다.

다만 광의의 민관협력계약에 포함된다고 볼 수 있는 민간위탁계약의 경우 그 한계설정을 위한 다양한 공법적인 노력이 이루어지고 있음을 알 수 있다. 미국에서 국가행위이론, 위임불가이론, 절차법규정의 확대적용 등의 법리가 활용되고 있고, 영국에서 인권법의 적용을 인정하고 있는 것은 이러한 모습을 보여준다고 할 수 있다.

---

53) Sue Arrowsmith, Public Private Partnerships and The European Procurement Rules: EU Policies in Conflict?, Common Market Law Review 37, 709-737(2000), p.718 참조.

II. 우리나라의 법제

1. 개 념

우리나라의 경우 민관협력계약의 개념에 관해서는 이와 관련된 기본법이라고 할 수 있는 사회기반시설에 관한 민간투자법(이하 민간투자법)에서 특별히 규정을 두고 있지 않다. 이와 관련한 학계의 논의를 보면 민자유치의 개념에 관해서 대체로 다음과 같은 네 가지 개념요소가 제시되고 있다. ① 민자유치는 국가 또는 지방자치단체를 비롯한 공공단체가 그 주체가 된다는 점, ② 민자유치의 궁극적인 목적은 사회간접자본시설의 건설과 운영을 통하여 국민의 생존을 배려하는데 있다는 점, ③ 사인으로부터 공공시설의 건설과 운영에 필요한 재원의 전부 또는 일부를 조달한다는 점, ④ 자본을 투하한 사인은 일정한 범위에서 사회간접자본시설의 운영 및 수익권을 갖는다는 점이 그것이다.[54]

다음으로 민간위탁계약에 관해서 살펴보면 이러한 계약유형이 사용되고 있는 대표적인 예로 사회복지사업법상의 사회복지업무위탁계약(동법 제52조), 민영교도소설치·운영에 관한 법률상의 교정업무위탁계약(동법 제4조) 등을 들 수 있다. 이들 법령에서 '민간위탁계약' 자체에 대한 개념은 찾기 힘들며 다만 대통령령인 '행정권한의 위임 및 위탁에 관한 규정' 제2조 제3호에서는 '민간위탁'을 '각종 법률에 규정된 행정기관의 사무 중 일부를 지방자치단체가 아닌 법인·단체 또는 그 기관이나 개인에게 맡겨 그의 명의와 책임하에 행사하도록 하는 것'으로 규정하고 있다.

학설상으로 민간위탁계약은 행정임무담당의 민영화와 관련하여 많이

---

54) 김성수, "공공부문과 민간부문 간의 협력을 위한 법적 과제—한국에서의 민자유치론을 중심으로", 공법연구 제24집 제5호, 1995, 267~271면 참조.

언급되고 있으나 정확한 법적인 의미에 대한 논의는 찾아보기 힘들다. 이처럼 민간위탁계약의 법적 개념에 관한 논의가 부재한 관계로 민관협력계약의 개념과의 관계에 관한 논의는 더더욱 찾아보기 힘들다.

프랑스에서와 같은 공역무위탁계약이나 공역무특허계약에 관한 국내에서의 논의를 보면 주로 프랑스의 제도를 소개하는 정도이고 우리나라 법제의 설명도구로까지는 아직 발전되지 않고 있는 것으로 판단된다. 실정법상으로도 이를 차별하여 취급하고 있는 법제는 찾아보기 힘들다.[55]

민관협력계약, 민간위탁계약, 공역무위탁계약, 공역무특허계약 등의 개념을 어떻게 설정하는 것이 타당한지가 문제된다. 우선 민관협력계약의 개념에 관해서 먼저 살펴보도록 하겠다. 민관협력계약에 관한 기본법인 민간투자법이 제정되어 있는 상태인 이상 일단 이 법제를 기반으로 민관협력계약의 개념을 정립할 필요성이 존재한다고 할 수 있다. 위에서 제시된 민자유치의 4가지 개념요소들은 비교법적 분석에서 살펴본 협의의 민관협력계약의 개념과 대체로 일치한다고 할 수 있는데, 이는 민간투자법의 규율체계와 일치하는 것으로 일단 긍정적으로 수용할 수 있다고 하겠다. 이렇게 볼 경우 협의의 민관협력계약은 '행정주체가 사회기반시설의 설립을 위해 사인으로부터 재정을 조달하는 한편, 재정을 조달한 사인에게 동 시설의 운영권 등을 부여하는 계약'으로 정의할 수 있다.

문제는 민관협력계약의 개념을 이처럼 협의의 개념으로만 사용할 것인가 하는 점이다. 즉 민간투자법의 적용을 받는 계약이 아니라고 하더라도 행정기능의 민영화[56]과정에서 공공부문과 민간부문의 협력이 이루어지는 다양한 형태의 계약이 존재할 수 있는데, 이러한 계약들을 포섭

---

55) 여기에는 다음과 같은 원인이 있다고 판단된다. 첫째, 우리나라의 경우 공역무의 개념이 법적인 개념으로 아직 정착되지 못하고 있다는 점, 둘째, 특허의 개념이 주로 행정행위의 하위분류로 설명되고 있고 행정계약의 유형으로까지는 설명되고 있지 않다는 점을 그 원인으로 분석해볼 수 있다.

56) 행정기능의 민영화는 임무가 실현되는 단계라는 관점에서 크게 네 가지로 나누어진다고 지적되고 있다. 계획, 수행, 재정, 통제가 그것이다. 이원우, "민영화에 대한 법적 논의의 기초", 219~220면 참조.

하는 광의의 민관협력계약의 개념을 인정할 필요가 있는가 하는 점이다. 민관협력이 행정기능의 민영화라는 일관된 틀에서 이루어진다는 점을 고려하면 이들을 광의의 민관협력계약의 개념에 포섭할 필요성이 분명히 존재한다고 할 수 있다. 이 경우 광의의 민관협력계약은 '행정기능의 민영화과정에서 행정주체와 사인 간에 체결되는 협력에 관한 계약'으로 정의할 수 있다.

마지막으로 공역무위탁계약 또는 공역무특허계약의 개념을 인정할 필요가 존재하는지 문제된다. 이 질문은 다시 두 가지로 나누어진다고 할 수 있다. 첫째, 공역무의 개념을 인정하고 이와 관련한 특수한 법제를 인정하는 것이 타당한가, 둘째, 특허계약의 개념을 인정하고 이와 관련한 특수한 법제를 인정하는 것이 타당한가 하는 질문이 그것이다.

우선 첫 번째 질문에 대해서는 긍정적인 답변을 할 수 있다. 아직 우리 실정법상으로나 학설상으로 공역무의 개념이 법적인 개념으로 정립되어 있지 않은 것이 사실이다. 우리나라에서 공역무의 개념을 어떻게 정립할 것인가 하는 점은 이 논문의 범위를 벗어나는 것으로서 여기에서 자세히 논의할 여유는 없으나 국민의 생존배려에 영향을 미치는 공역무의 경우 그 공법적 특수성을 반영할 필요는 분명히 있다고 할 수 있다.

다음으로 두 번째 질문, 즉 특허(concession)계약의 개념을 인정하고 이와 관련하여 특수한 법제를 인정할 것인가 하는 점에 대해서 살펴보도록 하겠다. 앞서 비교법적 분석에서 보았듯이 특허의 본질적인 특성은 대가지급이 일반공중에 의해 원칙적으로 이루어진다는 점에 있다. 그런데 실무상 대가지급의 방식이 혼합적인 방식(일부는 공적 주체에 의해 직접적으로 충당, 나머지는 일반공중으로부터 사용료로 충당)으로 이루어지는 경우도 상당히 많고, 이러한 대가지급의 방식의 차이가 관련법제의 차이를 가져올 만한 정당화사유로 보기 힘들다는 비판이 많다는 점을 고려하면 우리나라의 경우에도 특허계약의 개념을 별도로 인정하는 것이 바람직한가는 매우 의문이라고 하지 않을 수 없다.

2. 적용법리

1) 협의의 민관협력계약

(1) 개 관

민간투자법에 따른 사업추진절차57)에서 여러 가지 계약이 체결된다. 실시협약이 체결(동법 제13조 제3항)되며 사업예정지에 속한 국공유재산의 경우 사업시행자에게 수의계약에 의한 매각이 이루어지게 된다(동법 제19조 제1항). 이러한 계약들과 관련해서 여러 가지 법적 문제들이 발생하게 된다. 실시협약과 관련하여서는 이의 법적 성질을 어떻게 볼 것인지, 실시협약의 전후에 발생하는 여러 가지 행위들의 법적 성질을 어떻게 볼 것인지, 국가를 당사자로 하는 계약에 관한 법률을 동 협약에 어느 정도까지 적용할 수 있는지 등이 문제된다.58)

(2) 실시협약의 법적 성질

우선 실시협약의 법적 성질을 어떻게 볼 것인지가 문제된다. 이에 관해서는 공법상 계약설이 매우 유력하게 주장되고 있다. 실시협약에 의한 사업시행은 민간투자법 및 관련 법률에 정한 일정한 절차 등 규정을 반드시 따라야 하고 사업시행자는 사업시행자 지정 시 인정된 사업 외의 사업은 수행할 수 없으며 관리운영권의 처분 시나 출자자 변경 시 주무관청의 사전승인이 요구되어지고 주무관청의 포괄적인 감독명령권이 존

---

57) 대상사업의 지정→시설사업기본계획의 수립고시→사업계획의 제출(사업시행후보자)→사업계획의 검토, 평가 및 우선협상대상자지정→실시협약의 체결 및 사업시행자지정→실시계획승인신청(사업시행자)→실시계획의 승인→공사시행→준공확인.
58) 이 외에도 국공유재산을 사업시행자에게 수의계약에 의해 매각이 가능토록 한 것에 대해서는 최근 많은 문제점이 제기되고 있는 상태이다.

재하는 등 실시협약은 공공성의 이탈을 방지하기 위한 사법상의 제한 또는 수정사항이 상당히 존재하여 일응 공법상의 계약에 해당하는 것으로 보인다는 것이다.59)60)

또한 관련하급심판례를 보면 "법 제18조 내지 제20조에 의하면, 사업시행자는 민간투자사업의 시행을 위하여 타인의 토지에 출입 등을 할 수 있고, 국·공유재산을 무상으로 사용할 수 있으며, 토지 등을 수용 또는 사용할 수 있으므로 사업시행자 지정의 효력을 가진 실시협약의 체결을 단순한 사법적, 일반적 계약관계라고 할 수 없다"61)라고 판시하여 협의의 행정계약에 해당한다는 취지로 판시하고 있다.

민간투자법상의 실시협약의 경우 관련법제의 내용에 의해 협의의 행정계약으로 볼 수 있는 대표적인 예로 보아야 하므로 위와 같은 학설과 판례의 태도는 정당한 것으로 보아야 할 것이다. 문제는 이처럼 협의의 행정계약으로 볼 경우에 그 구체적인 법리구성에 있어서 사법상의 계약과 어떤 차이점을 갖는 것으로 볼 것인가 하는 점이다.

위에서 공법상 계약설을 주장한 견해를 보면 "하지만 공익적인 제한이 상당하다는 점을 제외한다면 실시협약은 본질적으로 당사자 간의 대등한 의사표시의 합치라는 점에서는 사법상 계약과 다를 바 없다"라고 하여 적용법리상은 특별한 차이를 인정할 수 없다고 보고 있다. 이러한 전제하에서 정부조달계약과 관련된 대법원판례(대법원 2001.12.11. 선고

---

59) 황창용 외, "사회간접자본시설에대한민간투자법과 관련법률의 체계에 관한 연구—민간투자법의 주요 쟁점 및 인허가사항을 중심으로", 국토연구원, 2004, 59면 참조.
60) 또한 실시협약의 법적 성질을 '3면적 행정작용'에 있어서 '2중 처분적 행정계약'이라고 보는 견해도 있다. 이 견해에 의하면 실시협약이라는 하나의 행정계약체결을 통해서 첫째, 사업시행자에게 사업시행자 지위를 부여하는 개별적·일방적 행정행위가 있고, 둘째, 이용자에 대하여 일반적·구체적 행정행위, 즉 일반처분을 발하게 된다고 한다. 윤성철, 공공시설에 대한 민간투자법제에 관한 연구, 성균관대학교 대학원 법학박사학위논문, 2004, 167면 참조.
61) 서울고등법원 2004.6.24. 선고 2003누6483 판결.

2001다 33604 판결)의 취지가 그대로 민간투자법 상의 실시협약에도 적용되는 것으로 보아야 한다고 주장하고 있다.[62]

그러나 이러한 주장은 두 가지 관점에서 비판되어야 한다. 우선 위 판례는 어디까지나 정부조달계약이 사법상의 계약이라는 점을 전제로 한 판례이므로 (협의의) 행정계약으로의 성격이 인정되는 민간투자법상의 실시협약에 그대로 적용될 수 없다는 점이다. 다음으로 위 판례 자체가 앞서 보았듯이 정부조달계약의 성격을 제대로 파악하지 못한 문제가 많은 판례라는 점이다. 이러한 점을 고려할 때 민간투자법 및 그 시행령의 규정에 위반된 실시협약의 경우 원칙적으로 무효를 인정하는 것이 타당하다고 하겠다.

(3) 실시협약과 관련된 제반조치들의 법적 성질

다음으로 실시협약과 관련된 제반조치들의 법적 성질이 문제될 수 있다. 우선적으로 사업시행자후보자가 사업계획의 제출한 다음에 행정청은 사업계획을 검토·평가한 다음에 우선협상대상자를 지정하게 되는데, 이러한 우선협상대상자 지정행위의 법적 성질을 어떻게 볼 것인가 하는 점이 문제된다. 실시협약의 법적 성질을 우선 사법상의 계약으로 본다면 이러한 우선협상대상자 지정행위는 계약체결 이전의 준비과정의 일부에 불과한 것으로 보게 될 가능성이 높고, 이럴 경우 법원의 통제대상으로 보기 힘들어질 것이다. 이와 관련하여 최근 하급심에서는 우선협상대상자 지정행위를 행정처분으로 인정한바 있다.[63]

학설상으로도 우선협상대상자지정행위에 대해서는 그 처분성을 인정하는 견해가 유력하다. 어느 일방 민간제안자를 우선협상대상자로 지정하면 이른바 타방은 차순위협상대상자로 되거나 협상자로 지정탈락되는 경우가 되므로 우선협상대상자지정행위는 일방에게는 수익을 타방

---

62) 황창용 외, 전게보고서, 15면 참조.
63) 서울고등법원 2004.6.24. 선고 2003누6483 판결.

에게는 침익 내지 부담을 지우는 복효적 행정행위의 성질을 가진다는 것이다.[64]

우선협상대상자지정행위에 대해서 처분으로서의 성질을 인정하는 판례 및 학설의 태도는 실시협약의 법적 성질을 협의의 행정계약으로 보는 것과 일맥상통하는 것으로 타당하다고 하겠다. 실시협약이 정식으로 체결되기 전이라고 하더라도 우선협상대상자로 지정받는지 여부는 관련 법제에 의해 사업계획을 제출하는 사업자의 권리관계에 중대한 영향을 미치므로 처분성을 인정하는 것이 타당하다고 할 것이다.

다음으로 실시협약체결행위를 처분성을 인정하여 행정소송이 가능하다고 볼 수 있는지 문제된다. 이와 관련하여 민간투자법 제13조 제3항은 "… 실시협약을 체결함으로써 사업시행자를 지정한다"라고 규정하고 있다. 이러한 규정의 취지를 볼 때 실시협약의 체결행위는 계약체결행위임과 동시에 사업시행자를 지정하는 행정처분의 성격을 갖는 것으로 보는 것이 타당하다.[65]

(4) 국가를 당사자로 하는 계약에 관한 법률의 적용과 관련된 문제들

민간투자법에서 일단 실시협약에 관해 기본적인 규율을 하고 있으나 모든 절차에 관해 충분하게 규정하고 있는 것은 아니다. 따라서 정부조달계약에 적용되는 국가를 당사자로 하는 계약에 관한 법률(이하 국가계약법)의 적용이 어느 정도로 이루어지는 것이 타당한 것인지의 문제가 발생하게 된다.

국가계약법 제9조는 각 중앙관서의 장 또는 계약담당공무원은 경쟁입

---

64) 윤성철, 공공시설에 대한 민간투자법제에 관한 연구, 성균관대학교 대학원 법학박사학위논문, 2004, 139면 참조.
65) 같은 취지로 황창용 외, "사회간접자본시설에대한민간투자법과 관련법률의 체계에 관한 연구—민간투자법의 주요 쟁점 및 인허가사항을 중심으로", 60 면 참조.

찰에 참가하고자 하는 자로 하여금 입찰보증금을 납부하게 하도록 정하고 있다. 그러나 민간투자법의 실시협약의 경우 실무상 국가계약법의 입찰보증금 규정을 실무상으로 적용하지 않고 있는 실정이다.[66]

이에 대하여는 민간투자사업은 국가계약법이 적용되므로 원칙적으로 납부해야 하는 것이지만 국가계약법 시행령 제37조 제3항에서 정한 예외사유[67]에 해당하는 것으로 보아 입찰보증금을 납부하지 않아도 된다는 견해도 있고, 국가계약법상 입찰보증금 규정이 적용되는 입찰과 낙찰에 대하여 입찰은 청약, 낙찰은 계약의 예약이라고 볼 수 있으나 민간투자사업의 입찰과 낙찰은 일정한 협상을 할 것을 전제로 협상대상자의 낙찰이므로 이를 청약과 계약의 예약이라고 볼 수 없어 그 법적 성격의 상이함으로 국가계약법의 입찰보증금 규정이 적용될 수 없다고 하는 견해도 있다.[68] 어쨌든 이 두 가지 견해는 모두 입찰보증금의 규정의 적용을 하지 않고 있는 실무의 태도를 긍정한다는 점에서는 공통점이 있다고 할 수 있다.

입찰보증금 부과의 취지는 경쟁입찰에서 낙찰결정을 받은 후 계약체결을 하지 않을 위험을 차단하기 위한 것으로 볼 수 있다. 민간투자법상의 실시협약의 경우 일단 우선협상대상자를 지정하고 이 대상자와의 협상을 통해 최종적으로 계약이 체결되는 구조인바, 이는 낙찰결정이 이루어진 다음 특별한 협상이 없이 계약체결이 이루어지는 국가계약법상의 일반경쟁에 의한 입찰과는 분명히 그 구조가 다르다고 보아야 할 것이고 오히려 국가계약법 시행령 제43조에 의한 협상에 의한 계약체결의 방식과 그 방식이 매우 유사하다고 보아야 한다.

그런데 국가계약법 시행령 제43조에 의한 협상에 의한 계약체결방식

---

66) 황창용 외, 전게보고서, 62면 참조.
67) 국가계약법 시행령 제37조 제3항에 규정된 여러 가지 보증금면제사유 중 6호의 "기타 경쟁입찰에서 낙찰자로 결정된 후 계약체결을 기피할 우려가 없다고 인정되는 자"에 해당한다는 견해로 분석된다.
68) 황창용 외, 전게보고서, 62면 참조.

의 경우 동조 제4항에서 각 중앙관서의 장이 계약체결에 필요한 기준 및 절차 등을 정하도록 하고 있는데, 이에 따르면 입찰보증금에 관한 규정이 협상에 의한 계약체결방식에 그대로 적용된다고 보기는 힘들다고 판단된다. 왜냐하면 일반경쟁에 의한 입찰에 따르는 경우는 낙찰 이후에 협상의 여지가 없이 바로 계약체결의무를 지게 되므로 낙찰결정을 받은 자가 계약체결을 회피할 위험이 상당히 존재하나, 협상에 의한 계약체결방식의 경우 우선협상대상자로 지정된 이후에 다시 협상이 이루어지므로 우선협상대상자로 지정된 이후에 계약체결을 무작정 회피할 가능성은 상대적으로 적다고 보아야 하기 때문이다.

이러한 점을 고려하면 협상에 의한 계약체결방식을 채택하고 있는 민간투자법상의 실시협약에 국가계약법상의 입찰보증금의 규정을 그대로 적용하는 것은 무리가 있다고 하겠다.

국가계약법은 제15조에서 공사, 제조, 구매, 용역 기타 국고의 부담이 되는 계약에 있어서는 국가가 계약상대방에게 '대가'를 지급하도록 규정하고 있고 그 대가에 대하여 대가지급기한과 지체일수에 따른 이자도 함께 규정하고 있다. 이 규정이 민간투자법상의 실시협약에도 그대로 적용되는가 하는 점도 문제된다.

즉, 민간투자법 제53조에서는 귀속시설사업의 원활한 수행을 위해 필요한 경우에는 공공부문에서 민간에게 보조금을 교부하거나 장기대부를 할 수 있도록 규정하고 있는데, 이를 국가계약법상의 대가지급으로 보아 이를 국가계약법에 따라 일정한 기한 내에 해야 하고 그렇게 하지 않을 경우 지체일수에 따른 이자도 부과하는 것이 바람직한가의 문제가 발생한다.

민간투자법 제53조와 동법 시행령 제37조에 의하면 공공부문에서 보조금을 교부하거나 장기대부를 하는 것은 계약상대방에게 대가를 지급하는 것이라기보다는 귀속시설사업의 원활한 시행, 사용료의 적정수준 유지 등을 위해 이루어지는 재정지원이라고 보아야 하므로 국가계약법

제15조의 대가의 지급에 관한 규정이 그대로 민간투자법에 적용된다고 볼 수는 없다는 견해[69]가 있는바 타당하다고 하겠다.

2) 광의의 민관협력계약

(1) 민간위탁계약의 법적 근거

앞서 보았듯이 민관협력계약을 광의로 즉, 공공부문과 민간부문의 협력과정에서 이루어진 계약으로 이해하게 될 경우에는 민간위탁계약의 개념을 실질적으로 포함하게 된다. 민간위탁은 기존에 주로 위탁기관을 행정청이 일방적으로 지정하는 지정위탁으로 방식으로 많이 이루어져 왔다.

그런데 이러한 지정위탁의 방식에 대해서 여러 가지 문제점이 제기됨[70]에 따라 1999.12.31. 행정권한의 위임 및 위탁에 관한 규정 제12조의 2에서는 계약형식에 의한 민간위탁계약에 관한 근거규정을 신설하였다. 이 조항에서는 "행정기관은 민간수탁기관이 선정된 때에는 민간수탁기관과 위탁에 관한 계약을 체결하여야 한다"고 규정하면서 이러한 계약을 체결하는 때에는 계약내용에 민간위탁의 목적, 위탁수수료 또는 비용, 위탁기간, 민간수탁기관의 의무, 계약위반 시의 책임 기타 필요한 사항을 포함하여야 한다고 규정하고 있다. 이에 의하면 민간위탁과 관련해서는 계약이 원칙적인 형식이 되었음을 알 수 있다.[71]

---

69) 황창용 외, 전게보고서, 64면 참조.

70) 첫째, 지정위탁의 경우 법령상의 근거를 요하게 되는 결과로 자율적이고 신축적인 관리를 저해하며, 둘째, 위탁기관과 수탁기관 간에 상호간에 기대되는 조건들에 대한 합의가 불가능하고, 셋째, 특정한 수탁기관이 선정되면 이를 법령상 명문화하게 됨에 따라 지정된 수탁기관이 교체될 가능성이 없어 실질적으로 공정한 경쟁이 이루어지지 않는다는 것이다. 박중훈, 성과계약에 기초한 행정서비스의 민간위탁방안, 한국행정연구원, 2003, 80~81면 참조.

71) 이러한 계약은 '성과계약'이라는 관점에서 최근 행정학의 집중적인 관심의

정부조직법 제6조 및 행정권한의 위임 및 위탁에 관한 규정을 기본법령으로 하여 민간위탁계약에 관한 개별법령이 존재한다. 개별법령의 특징은 행정권한의 위임 및 위탁에 관한 규정에서 민간위탁계약에 관한 근거규정이 신설된 1999.12.31. 이전에 제정된 법령의 민간위탁에 관한 규정들은 민간위탁자체에 관한 규정을 두고 있을 뿐 계약체결에 관해서는 특별한 규정을 별도로 두고 있지 않으나,[72] 위 시점 이후에 제정된 법령의 민간위탁에 관한 규정들은 민간위탁과 관련된 계약에 관해서 특별한 규정을 별도로 두는 것이 일반적이라는 점이다.[73]

민간위탁계약과 관련해서는 여러 가지 문제가 제기될 수 있다. 우선적으로 개별법령상의 근거가 없다고 하더라도 정부조직법 제6조 및 행정권한의 위임 및 위탁에 관한 규정만을 근거로 일반적으로 민간위탁계약의 성립이 가능한가의 문제가 제기된다.

이는 법률유보와 민간위탁계약과의 관계의 문제로 볼 수 있다. 앞서 보았듯이 법률유보에 관한 본질성설에 입각하여 보면 국민의 기본권과 직접적으로 관련되는 민간위탁계약의 경우에는 별도의 법령상의 근거를 요한다고 보는 것이 타당하다고 할 것이다. 예를 들어 민영교도소 등의 설치·운영에 관한 계약과 같은 경우 재소자의 기본권에 미치는 영향이 크다고 할 수 있고 이런 경우는 당연히 별도의 법령상의 근거를 요한다고 볼 것이다.[74]

다만 문제가 될 수 있는 것은 민간위탁에 관한 근거규정만 있으면 족한가, 아니면 민영교도소등의 설치·운영에 관한 법률처럼 민간위탁'계

대상이 되고 있다. 대표적으로 박중훈, 성과계약에 기초한 행정서비스의 민간위탁방안, 한국행정연구원, 2003 참조.

72) 대표적으로 사회복지사업법 제52조 제2항을 들 수 있다.

73) 대표적으로 민영교도소등의 설치·운영에 관한 법률 제4조를 들 수 있다.

74) 이러한 관점에서 국가와 사단법인 아가페 간에 2003.2.4. 체결된 민영교도소등의 설치·운영 등 교정업무위탁계약이 2000.1.28. 제정공포 되고 2001.7.1.부터 시행된 민영교도소등의 설치·운영에 관한 법률을 토대로 하고 있는 것은 당연하다고 할 수 있다.

약'에 관한 별도의 근거규정까지 있을 것을 요하는가 하는 점이다. 국민의 기본권과 직접적으로 관련되는 민간위탁의 경우에는 민간위탁계약에 관한 근거까지 요한다고 보는 것이 타당하다.

이처럼 국민의 기본권과 직접적으로 관련되는 민간위탁계약이 아닌 경우에는 별도의 법령상의 근거를 요하지 않는 것으로 보아야 할 것이다. 실제로 법령상 명문규정에 근거하지 않고 이루어지는 위탁은 중앙부처에 귀속된 고유한 정부기능이라기보다는 청사관리 등과 같이 기관 내적으로 수요하는 일상적이고 보편적인 내부관리기능에 한정되고 있다.[75]

(2) 민간위탁계약의 법적 한계

다음으로 민간위탁계약이 어느 정도까지 허용될 수 있는가 하는 점이 문제된다. 위에서 보았듯이 정부조직법 제6조 및 행정권한의 위임 및 위탁에 관한 규정 제11조에서는 국민의 권리·의무와 직접 관계되지 아니하는 업무에 한해서 민간위탁이 가능한 것으로 규정하고 있다. 이러한 규정내용과 관련하여 최근 가장 논란이 되고 있는 것은 민영교도소법에서 행형업무의 민간위탁계약을 허용한 것이 과연 타당한가 하는 점이다.

교정업무 또는 행형업무의 민간위탁계약과 관련하여 우선 논의의 대상이 되고 있는 것은 교정업무 또는 행형업무를 민간에게 위탁하는 것이 정부조직법 제6조, 행정권한의 위임 및 위탁에 관한 규정 제11조 제1항의 취지에 반하는 것은 아닌가 하는 점이다. 왜냐하면 교정업무 또는 행형업무의 경우 수형자의 신체의 자유박탈이라는 중대한 기본권제한을 내용으로 하는 것이므로 '국민의 권리·의무와 직접 관계되는 행정작용'이라고 보아야 하는바 이의 민간위탁을 인정하는 것은 국민의 권리·의무와 직접 관계되는 행정작용의 민간위탁을 금지한 정부조직법 제6조, 행정권한의 위임 및 위탁에 관한 규정 제11조 제1항의 취지에 반하는 것은 아닌가 하는 의문이 발생할 수 있기 때문이다.[76]

---

75) 박중훈, 성과계약에 기초한 행정서비스의 민간위탁방안, 77면 참조.

이와 관련하여 행형과 같이 고권적인 행정의 영역은 민주적인 통제, 법치국가적 정형성 그리고 기본권을 척도로 한 사법심사가능성 등이 요청되고 이러한 헌법적 질서의 본질적 전제조건을 충족시키는 경우에는 행형의 일부에 대해서 제3자인 사인에 의한 기능수행이 가능하다는 견해[77]가 있다.

비교법적 분석에서 보았듯이 교정업무 또는 행형업무의 민간위탁에 대해서는 이의 가능성에 대해 근본적으로 회의하는 견해가 존재하는 것이 사실이나, 구체적으로 국가의 적정한 통제가 이루어지는 범위 내에서 민간위탁이 이루어지는 것이 허용된다고 보는 것이 일반적인 견해임을 알 수 있다.

이러한 비교법적 분석을 토대로 할 때 교정업무 또는 행형업무의 민간위탁의 문제는 가능, 불가능의 양자택일의 문제라기보다는 어느 정도의 범위에서 민간위탁이 가능한가 하는 '위탁의 범위설정'의 문제로 보는 것이 타당하다고 하겠다. 즉 교정업무 또는 행형업무가 국민의 권리·의무와 직접적인 관련이 있다고 하여 당연히 민간위탁이 전적으로 불가능한 것은 아니고 개별 법률을 근거로, 국가의 통제가 합리적으로 이루어지는 범위 내에서는 민간위탁이 가능하다고 보아야 할 것이다.

그렇다면 현행 민영교도소법에 따른 민간위탁이 이러한 정당한 한계 내에서 이루어지고 있는지 문제된다. 이와 관련하여 현행 민영교도소법에 따른 위탁계약의 경우 선정기준이 모호하고 선정주체인 법무부 장관에게 지나치게 많은 재량이 부여되고 있다는 점, 민영교도소운영에 사적 동기가 개입할 여지를 막을 여지가 없다는 점, 위탁의 범위나 개념정의가 불명확하다는 점 등을 근거로 하여 민간위탁의 정당한 한계를 벗어났다는 취지의 비판[78]이 이루어지고 있다.

---

76) 김성돈, "우리나라 '민영교도소법'의 허용성과 위험성", 성균관법학 제13권 제2호, 2001, 38면 참조.
77) 김성돈, "우리나라 '민영교도소법'의 허용성과 위험성", 39면 참조.
78) 김성돈, 전게논문, 42~45면 참조.

그러나 수탁자가 민영교도소법 또는 이 법에 의한 명령이나 처분에 위반할 경우에는 위탁업무를 정지시킬 수도 있고(제6조), 민영교도소검사 뒤에 보정명령을 불이행하거나 기타 다른 명령이나 처분에 중대한 위반행위 등을 할 경우에 법무부장관에게 계약해지권한을 부여하고 있으며(제7조), 민영교도소의 장에게는 여러 가지 사항에 관하여 법무부장관에 보고·검사할 의무가 부과되어 있다(제34조). 더 나아가 법무부장관에게는 민영교도소등의 업무 및 그와 관련된 교정법인의 업무에 대해 소속공무원을 파견하여 지도·감독할 권한이 부여되어 있고(제33조), 감사 및 시정조치요구권 및 관계임직원에 대한 인사조치권(제35조)까지 부여되어 있다.

이처럼 민영교도소 설치 및 운영계약의 법률상 근거가 명확하게 존재하고, 국가의 통제권한이 광범위하게 수탁자에게 미치고 있는 점을 고려할 때 일단 현행 교정업무 또는 행형업무의 위탁에 관한 계약은 민간위탁의 한계범위 내에 속하는 것이 보아야 할 것이다. 다만, 민영교도소법에서 주로 행정주체에 의한 통제에 관한 규정만을 두고 있는 점은 문제라고 하지 않을 수 없다. 계약의 이행과정에서 제3자(인권관련 시민단체 등)에 의해 통제가 충분히 이루어질 수 있도록 재소자의 인권이 침해당하지 않는 범위 내에서 계약이행관련 정보공개 등이 보다 적극적으로 이루어질 수 있는 법제마련이 필요하다고 하겠다.

제4절 규제계약

Ⅰ. 외국의 법제

1. 미 국

미국에서는 규제계약이 널리 활용되고 있는데, 그 중 대표적인 것으로 1990년대에 미국의 환경청이 실시한 환경규제개혁 프로그램의 일종인 'Project XL'을 들 수 있다. 이에 의하면 행정주체는 피규제기업과 협약을 체결하게 되는데 그 내용은 피규제기업이 특정 시설이나 장소에 대한 대안적인 규제목적 달성수단을 개발하고, 행정주체는 이에 대한 대가로 기존의 명령적 규제를 유보하는데 동의를 하게 된다. 이러한 Project XL의 핵심개념은 3가지로 요약된다고 보고 있다. ① 현재의 규제보다 우월한 환경기준의 달성, ② 규제의 탄력성, ③ 이해관계인들의 참여가 그것이다.[1]

Project XL에 따른 규제계약이 법적 구속력이 있는 진정한 계약인지, 아니면 단순한 사실상의 효력만을 갖는 합의에 불과한 것인지가 문제된다. 이를 일반적으로 환경계약(environmental contract)이라고 부르는 점을 고려할 때 법적 구속력이 있는 것으로 보이는 것이 사실이다. 그러나 환경청은 참여기업이 책임을 져야 하는 약속과 참여기업의 단순한 희망사항을 구별하고, 다시 책임을 져야 하는 약속을 강제집행이 가능한 약속과 그렇지 않은 임의적 약속으로 구별하고 있다.[2] 이에 의하면 Project

---

1) 이희정, 법의 지배와 행정법상 재판 외 분쟁해결수단: 미국의 경우를 중심으로, 서울대학교 대학원 법학박사학위논문, 204면 참조.
2) 이희정, 전게논문, 218면 참조.

XL에 의한 모든 합의를 법적 구속력이 있는 진정한 계약으로 보기는 힘들다고 하겠다.

다음으로 Project XL은 의회의 입법에 의한 법률적 근거없이 행정부의 주도하에 마련된 규제개혁제도라는 점에 그 특징이 있다고 할 수 있다. 이처럼 명확한 법률적 근거가 없이 기존의 법령에 따른 명령적 규제를 유보하는 내용의 계약을 체결할 수 있는 근거가 무엇인지에 관해 미국 내에서도 많은 논의가 이루어지고 있다.

환경청 측에서는 행정청에게는 법집행 여부의 재량이 존재한다는 점, 상대방에 따라 기존 법령을 탄력적으로 해석할 재량이 존재한다는 점 등의 논거를 제시하고 있으나, 많은 학설들은 'Project XL'과 같이 기존 법령에 따른 규제의 적용을 유보하는 내용을 갖는 경우에는 법률상 근거를 요하는 것으로 보아야 한다는 견해를 나타내고 있다.

그런데 이러한 행정주체와 피규제기관의 규제계약의 가장 큰 문제는 앞서 보았듯이 행정주체가 피규제기관에 포획될 가능성이 존재한다는 점이다.3) Project XL과 관련된 규제계약의 경우 이러한 문제에 대응하기 위해서 다음과 같이 크게 두 가지의 대응방안이 활용되고 있다.

첫째, 계약체결과정에서의 투명성을 높이는 것이다. 이는 다시 둘로 나누어 볼 수 있는데 정보의 공개와 이해관계인의 참여가 그것이다. 즉, 환경청은 인터넷 홈페이지를 통해 채택 후 집행과 평가 단계에 있는 프로젝트, 구체적인 집행방안을 개발 중에 있는 프로젝트, 제출 후 환경청과 주의 합동심사를 받고 있는 프로젝트 등을 나누어 이를 공개하고 있다. 다음으로 환경청은 ① 프로젝트 개발사업에 직접 참여하는 자, ② 프로젝트에 의견을 제출하는 자, ③ 일반공중으로 나누어서 이들의 참여가 실질적인 것이 되도록 세부적 지침을 마련하고 있다.

둘째, 계약해지권을 행정주체가 보유하고 이러한 해지를 통해 기존의 규제로 돌아갔을 때 기존 규제를 정교하고 엄격하게 적용하고 있다.

---

3) Freeman, Jody, The Contracting State, p.157 참조.

2. 영 국

영국에서도 환경분야에서 민간의 자발적인 참여를 촉진하는 각종의 수단을 광범위하게 사용해 왔다. 예를 들어 에너지 효율성에 관한 Best Practice Programmes[예를 들어 집단적인 선언(Making a Corporate Commitment : MACC)을 들 수 있다], 환경기술 또는 제조자책임 조치, 정부와 사업자 간의 대화를 촉진하기 위한 조치[4] 등이 그것이다.[5]

1970년대 초반 이후로 농약의 저장 및 운반에 관한 협약, 페놀 등 특정한 물질에 대해서 세제에의 사용을 금지하는 협약, 플라스틱 필름을 농가로부터 수거하는 협약 등이 체결된바 있고 1996년에도 냉방기기 산업협회 등과 세 개의 독자적인 협정들이 체결된바 있다.[6]

신공공관리론의 확산에 따라 관료제적인 규제로부터 시장원리의 도입을 통한 규제로 그 중점이 옮겨감에 따라 이러한 규제계약의 중요성이 보다 더 강조되고 있다. 그런데 신공공관리론이 일반적으로 규제완화를 주장하나 규제계약의 도입은 오히려 규제의 강화를 가져오는 측면이 있다는 지적이 있다. 즉, 관료제적인 규제에 있어서는 추상적인 기준을 가지고 규제를 하였으나, 규제계약에 의함에 따라 보다 구체적으로 명확한 규제가 이루어진다는 것이다.[7]

---

4) 기업과 환경에 관한 자문위원회를 설치하는 것을 예로 들 수 있다.

5) Calster, Geert Van/Deketelaere, Kurt, The Use of Voluntary Agreements in the European Community's Environmental Policy, in: Orts, Eric W./Deketelaere, Kurt(ed.), Rnvironmental Contracts, Kluwer Law International, The Hague/London/Boston, 2000, p.245 참조.

6) Calster, Geert Van/Deketelaere, Kurt, The Use of Voluntary Agreements in the European Community's Environmental Policy, in: Orts, Eric W./Deketelaere, Kurt(ed.), Environmental Contracts, Kluwer Law International, The Hague/London/Boston, 2000, p.246 참조.

7) Vincent-Jones, Peter, The Regulation of Contractualisation in Quasi-Markets for Public Services, Public Law 304-327(1999), pp.312~313 참조.

이러한 규제계약이 성공적으로 이루어지기 위해서는 계약체결과정에 소비자의 참여가 보장되어야 한다는 견해가 있다. 소비자의 참여에 의해 보다 효율적인 규제가 이루어질 유인이 제공된다는 것이다.[8]

3. 독 일

독일에서도 환경분야에서 다양한 협약이 체결되고 있다.[9] 환경보전정책이 이와 같이 합의형성을 기조로 하는 것으로 기울게 된 배경에는, 한편에서는 정책면에서 규제적 수법·간접규제방식의 한계가 인식되었던 것, 다른 한편에서는 이론면에서 원인자부담의 원칙, 소위 환경배려의무의 사고방식을 기조로 하는 사업자자기책임과 공평한 책임분담·역할분담을 근거로 한 협력원칙(Kooperationsprinzip)이 강조되게 되었던 것 등의 사정이 존재한다.[10]

구체적인 예를 보면 1970년대 후반부터 기업들이 환경분야에서 80여 개의 자율규제의 일방적 선언을 한바 있다.[11] 이는 쓰레기 처리(예를 들어 배터리, 종이, 봉투, 폐차 등), 특정의 물질의 제거[예를 들어 특정의 기구에서 프레온가스(CFC)를 제거하는 것], 상하수도에 위험한 물질을

---

8) Vincent-Jones는 규제계약과정에 이해관계인들이 참여하는 것은 전통적인 법이론이나 신고전파적인 경제학 이론의 전제가 되고 있는 개인주의를 극복하는 하나의 방식이 된다고 한다. Vincent-Jones, Peter, The Regulation of Contractualisation in Quasi-Markets for Public Services, Public Law 304-327(1999), p.313 참조.

9) 이러한 협약은 '자기통제협약'(Selbstbeschränkungsabkommen), '자기의무협약'(Selbstver -pflichtungsabkommen), '분야별 협약'(Branchenabkommen), '비공식적 교환협약'(informale Austauschabsprache), '신사협정'(gentlemen's agreement), '도덕적 설득'(moral suasion) 등 여러 가지 용어로 사용되고 있다. Joachim Scherer, Rechtsprobleme normsetzender "Absprachen" zwischen Staat und Wirtschaft am Beispiel des Umweltrechts, DÖV 1991, S. 1 참조.

10) 한귀현, 독일환경법, 한국법제연구원, 2002, 309면 참조.

11) 한귀현, 독일환경법, 한국법제연구원, 2002, 309면 참조.

투기하지 않는 것(예를 들어 암모니움 등), 이산화탄소의 배출의 억제 등에서 이루어졌다.12) 이러한 자율규제의 일방적 선언은 물론 행정계약으로 보기는 힘들다.13) 그러나 이러한 일방적인 선언은 자주 권한이 있는 환경청과 관련 산업계의 심도있는 협상의 결과로 나오게 되는 것이 일반적이고, 환경부장관의 기자회견 등의 방식으로 이러한 일방적인 선언을 비공식적인 방법으로 승인하고 있다. 그리고 이러한 선언의 내용에는 거의 대부분 산업계가 환경청에게 보고해야 하는 내용을 담고 있다.14)

그런데 이러한 비공식적인 합의는 산업계 내의 기업들의 자발적인 합의를 기초로 한다는 점에서 경쟁법위반여부가 문제가 되고 있다. 그러나 이는 공익적인 목적의 자발적 합의이므로 경쟁제한법의 적용을 받지 않는다는 견해가 유력하다.15)

Bavaria州는 최근에 산업계, 무역협회 등과 공식적인 협약을 체결한바 있다. 이 협약에는 환경관리와 감시체계에의 민간기업의 참여, 쓰레기 감소, 에너지 효율성의 증대, 철도의 사용증대 등의 다양한 내용을 포함하고 있다.16)

---

12) Calster, Geert Van/Deketelaere, Kurt, The Use of Voluntary Agreements in the European Community's Environmental Policy, in: Orts, Eric W./Deketelaere, Kurt(ed.), Rnvironmental Contracts, Kluwer Law International, The Hague/London/Boston, 2000, pp.239~240 참조.

13) Joachim Scherer, Rechtsprobleme normsetzender "Absprachen" zwischen Staat und Wirtschaft am Beispiel des Umweltrechts, DÖV 1991, S. 1 참조.

14) Calster, Geert Van/Deketelaere, Kurt, The Use of Voluntary Agreements in the European Community's Environmental Policy, in: Orts, Eric W./Deketelaere, Kurt(ed.), Environmental Contracts, Kluwer Law International, The Hague/London/Boston, 2000, pp.239~240 참조.

15) Joachim Scherer, Rechtsprobleme normsetzender "Absprachen" zwischen Staat und Wirtschaft am Beispiel des Umweltrechts, DÖV 1991, S. 5 참조.

16) Calster, Geert Van/Deketelaere, Kurt, The Use of Voluntary Agreements in the European Community's Environmental Policy, in: Orts, Eric W./Deketelaere, Kurt(ed.), Environmental Contracts, Kluwer Law International, The Hague/London/Boston, 2000, p.239 참조.

1995년의 베를린 기후 컨퍼런스의 결과로 이루어진 산업계의 이산화탄소 배출억제에 관한 일방적인 선언은 최근에 보다 더 확대되고 명확화된 바 있다. 물론 이러한 경우에도 정식의 행정계약이라고 보기는 힘들다. 그러나 이러한 현상은 Bavaria에서의 공식적인 협정과 마찬가지로 독일에서도 좀더 공식적인 규제방식으로의 전환의 모습을 보여주고 있는 것으로 평가되고 있다.[17]

이처럼 전통적인 명령강제적 행정수단에 사회의 자발적 협조를 활용하는 협동적 행정작용의 증대에 관해서는 독일국법학자대회에서 '사회적 자기조정과 국가적 규제·조정 사이의 행정과 행정법'이라는 주제로 자세히 다루어진바 있다.[18] 이 대회에서 주제발표를 한 Fabio 교수는 환경협약에 의한 자율적인 규제방식의 민주주의적 한계를 다음과 같이 지적하고 있다.

민주주의원리는 사회의 자유와 국가의 지배권을 명확히 분리하는 형태를 요구하는데, 이러한 분리원칙은 법치국가적 투명성 요청과 기본권의 기능조건의 확보를 위해서도 필요하다는 것이다. 이 분리원칙은 두 개의 측면으로 작용된다고 한다. 첫째로, 공행정은 고권적인 결정을 내리는 영역에서는 자율적인 사회부분세력들로부터 원칙적으로 단절·독립되어 한다. 둘째로, 행정업무를 위임받은 사회적 자기조정체는 공권력 행사의 범주 내에 들어올 수 없도록 법률로써 제한하거나 아니면 공무수탁사인(Beliene)으로서 공법과 국가의 감독에 복종해야 한다는 것이다.[19]

---

17) Calster, Geert Van/Deketelaere, Kurt, The Use of Voluntary Agreements in the European Community's Environmental Policy, in: Orts, Eric W./Deketelaere, Kurt(ed.), Environmental Contracts, Kluwer Law International, The Hague/London/Boston, 2000, p.240 참조.

18) Matthais Schmidt-Preuß, Verwaltung und Verwaltungsrecht zwischen gesellschaftlicher Selbstregulierung und staatlicher Steuerung, VVDStRL H. 56, 1997, S. 160-234 ; Udo Di Fabio, Verwaltung und Verwaltungsrecht zwischen gesellschaftlicher Selbstregulierung und staatlicher Steuerung, VVDStRL H. 56, 1997, S. 235-277 참조.

4. 프랑스

프랑스는 환경법영역에서의 협정을 유럽 최초로 체결한 국가이다. 1971년 시멘트분야의 사업자들과 환경부장관 간에 '분야별 협정'(accord de branche)이 체결되었다. 이 협약은 당해 분야 전반에 있어서 환경보호를 위한 새로운 기준을 맞추기 위해 이에 필요한 시설을 설치할 시간계획표를 작성하고 이를 준수할 것을 합의하는 내용이었다.[20]

이후에 다양한 종류의 환경협약이 발전되었다. '분야별 계약'(contrat de branche)은 행정주체와 다양한 산업계 간에 체결되는 계약으로서 산업계는 환경규제를 자발적으로 실시하고 행정주체는 이에 대해 보조금을 지급하는 내용이었다. 그런데 이러한 계약들은 유럽법의 발전에 의해 제한을 받게 된다.[21]

이러한 이유로 '분야별 계약'은 '분야별 계획협약'(programme de branche)과 '기업별 계획협약'(programme de entreprise)으로 바뀌게 된다. '분야별 계획협약'은 행정주체와 특정산업계 상호간에 체결되는 협약이고, '기업별 계획협약'은 행정주체와 개별기업 상호간에 체결하는 협약이다. 이들 계획협약들은 법적 구속력이 인정되는 예가 많았다.[22] 또한 이들 협정들

---

19) Udo Di Fabio, Verwaltung und Verwaltungsrecht zwischen gesellschaftlicher Selbstregulierung und staatlicher Steuerung, VVDStRL H. 56, 1997, S. 263-265 참조.

20) Calster, Geert Van/Deketelaere, Kurt, The Use of Voluntary Agreements in the European Community's Environmental Policy, in: Orts, Eric W./Deketelaere, Kurt(ed.), Environmental Contracts, Kluwer Law International, The Hague/London/Boston, 2000, p.241 참조.

21) 유럽법하에서는 국내기업에 대한 보조금지급은 외국기업과의 차별을 가져오고 이로 인해 무역자유화에 걸림돌이 된다고 보게 된다. 이에 따라 유럽법하에서는 국내기업에 대한 보조금지급은 엄격히 제한된다. Orts, Eric W./Deketelaere, Kurt, Introduction: Environmental Contracts and Regulatory Innovation, in: Orts, Eric W./Deketelaere, Kurt(ed.), Environmental Contracts, Kluwer Law International, The Hague/London/Boston, 2000, p.5 참조.

은 입법에 의한 기준설정의 기초로 작용하고 있고, 입법이 이루어진 이후에는 협정을 대체하는 모습을 보이고 있다. 즉, 이러한 협정이 정식입법의 준비절차로서의 기능을 담당했다.[23)24)]

그런데 위에서 살펴본 여러 가지 유형의 규제계약들은 1985년에 내려진 꽁세유데따의 판결에 의해 상당한 제한을 받게 된다. 이 사건에서 법령에서 일방적인 행정작용에 대해서만 근거를 마련하고 있고 계약에 관해서 근거를 마련하고 있지 않을 때는 행정계약의 체결이 불가능하다고 보았다.[25)] 다시 말해 규제관련법령에서 행정계약의 체결에 관한 근거규정을 두지 않을 때에는 행정계약의 체결이 불가능하다고 본 것이다.

이러한 판례에도 불구하고 1990년대에 들어가서는 법령상의 기준을 뛰어넘는 내용에 대해 '기초협약'(accord-cadre) 및 '자발적 협약'(engagement voluntaire)이 나타나게 된다. 대표적인 예가 江의 환경보호와 관련된 계약이다. 이 계약은 강물의 사용과 관련하여 발생하게 되는 수질오염 등에 관하여 이해관계인들이 모여 계약을 체결하는 것을 말한다.[26)] 그렇다

---

22) Orts, Eric W./Deketelaere, Kurt, Introduction: Environmental Contracts and Regulatory Innovation, in: Orts, Eric W./Deketelaere, Kurt(ed.), Environmental Contracts, Kluwer Law International, The Hague/London/Boston, 2000, p.5 참조.

23) Calster, Geert Van/Deketelaere, Kurt, The Use of Voluntary Agreements in the European Community's Environmental Policy, in: Orts, Eric W./Deketelaere, Kurt(ed.), Environmental Contracts, Kluwer Law International, The Hague/London/Boston, 2000, p.241 참조.

24) 1980년대에 들어와서는 프랑스의 중앙정부는 지방자치단체들과 대여섯 가지의 환경목표를 달성하기 위한 계획을 세우고 이에 관한 협약을 맺게 된다. 이는 '계획계약'(contrat de plan)이라고 불린다. Orts, Eric W./Deketelaere, Kurt, Introduction: Environmental Contracts and Regulatory Innovation, in: Orts, Eric W./Deketelaere, Kurt(ed.), Environmental Contracts, Kluwer Law International, The Hague/London/Boston, 2000, p.5 참조.

25) CE 8 mars 1985, Assoc. les Amis de la Terre, RFDA 1985, 363.

26) Orts, Eric W./Deketelaere, Kurt, Introduction: Environmental Contracts and Regulatory Innovation, in: Orts, Eric W./Deketelaere, Kurt(ed.), Environmental Contracts, Kluwer Law International, The Hague/London/Boston, 2000, p.6 참조.

면 이러한 계약들과 1985년의 판례가 조화될 수 있는 것인지 문제된다. 1995년에도 규제행정법의 영역에서 일방적 행정작용에 관한 근거규정만 이 존재할 때는 행정계약의 체결이 불가하다고 본 판례가 있다는 점[27] 을 고려하면 위와 같은 계약들이 정당화되기 위해서는 법령상의 근거를 요하는 것으로 보아야 할 것이다.

5. 외국법제 상호간의 비교

우선 규제계약의 법적 효력의 문제이다. 흔히 '환경협약'(environment agreement)이라고 할 때에는 법적인 구속력이 인정되는 계약과 법적인 구 속력까지 인정되지 않는 사실상의 합의가 모두 포함되는 개념으로 사용 되고 있다고 할 수 있다. 각국에서도 이 두 가지 유형의 협약이 모두 사 용되고 있다고 할 수 있다.

다만 각국에서 나타나고 있는 경향 중의 하나는 사실상의 합의보다는 법적인 구속력을 갖는 계약을 선호하는 경향이 점차로 나타나고 있다는 점이다. 법적인 구속력있는 계약은 계약위반 시에 법원의 판결에 의해 집행이 가능할 수 있다는 점 때문에 보다 분명한 체계(framework)를 계약 당사자에게 제공하고, 따라서 규제목적의 달성에 보다 효율적이라는 점 이 인식되고 있기 때문이다.[28]

다음으로 법적인 구속력이 있는 규제계약에 있어서 미국의 실무상으 로는 법적인 근거를 반드시 요하지 않는다고 보고 있으나 이에 대해서 는 많은 비판이 이루어지고 있다는 점은 앞서 본 바와 같다. 규제기관이 피규제기관에 포획되는 문제를 해결하기 위해서는 결국 규제계약의 체 결과정에서 정보공개, 이해관계인의 참여를 통해 투명성이 제고되어야

---

27) CE Sect. 23 juin 1995, Min. Cult. c/Association Défense Tuileries, CJEG 1995, 376.
28) Commission of the European Union, Communication from the Commission to the Council and the European Parliament on Environmental Agreements, p.11 참조.

하고, 제3자의 권리구제수단이 확보되어야 한다는 점이 각국에서 공통적으로 지적되고 있다고 할 수 있다. 또한 규제협약을 체결하지 않는 기업이 무임승차를 하는 현상을 막기 위해서는 협약이 해당 산업계의 상당부분에 효력을 미쳐야 하고, 일반공중이나 소비자가 이 협약의 중요성을 인식하도록 하여 해당기업이 협약체결에의 압박을 받도록 하는 것이 필요하다는 점이 공통적으로 지적되고 있다고 할 수 있다.

II. 우리나라의 법제

1. 규제계약의 개념

우선 '규제계약'(regulatory contract)과 '규제협약'(regulatory agreement)은 구별되어야 할 필요가 있다. 비교법적으로 보았듯이 규제계약은 법적 구속력이 인정되는 경우로서 법원에 의해 계약내용의 관철이 가능한 경우를 의미한다고 보아야 하고, 규제협약은 이러한 규제계약 및 법적인 구속력이 없는 단순한 합의를 모두 포함하는 넓은 개념으로 이해하는 것이 바람직하다.

문제는 현재 환경정책기본법 제34조 제2항, 환경부의 '자율환경관리협약 운영규정', 에너지이용합리화법 제12조의 2, 산업자원부의 '에너지절약 및 온실가스배출감소를 위한 자발적 협약 운영규정'(산업자원부 공고 제2003-370호)을 근거로 체결되고 있는 자발적 협약을 계약으로 볼 것인가, 아니면 단순한 사실상의 합의에 불과한 것으로 볼 것인가 하는 점이다.

이에 관해서는 협약서상 의무 중 핵심적인 부분들이 '노력' 또는 '강구'할 의무로 표현됨으로써, 법적으로 강제할 수 있는 확정적인 의무는 되지 못한다는 점에서 그 구속력은 법적이기보다는 사실적인 영역에 머

무를 가능성이 높다는 견해가 있다.[29]

자발적 협약이 계약에 해당하는지 여부를 살펴보기 위해서는 동 운영규정 및 협약서의 내용을 전반적으로 검토해볼 필요가 있다. 우선 산자부 운영규정 [별표 3]으로 규정되어 있는 모델협약서의 내용을 보면 "이행과정에서 발생하는 모든 문제에 대해 상호 협의하여 해결한다"(제2조 1항), "정부와 협약기업은 … 협약내용이 성공적으로 이행될 수 있도록 최선을 다한다"(제2조 2호)라고 규정하고 있고, 협약기업과 정부의 의무에 대해서도 "성실히 이행한다", "최대한 노력한다" 등으로 규정하고 있으며, 분쟁의 해결에 관해서도 "협약 당사자가 상호 협의하여 해결책을 모색한다", "자발적 협약 자문위원회의 조정을 요청한다"라고 규정되어 있다. 또한 환경부 운영규정에서는 '자율환경관리협약'(VEA : Voluntary Environmental management Agreements)이라는 표현을 사용하여(제1조) '자율성'과 '협약'을 강조하고 있으며, 계약위반에 대한 조치가 계약이행의 촉구 및 계약해지(운영규정 제18조)에 불과하다. 이러한 점을 고려할 때 자발적 협약을 법적 구속력 있는 계약으로 보기는 힘들다고 보는 것이 타당하다.

그러나 앞서 비교법적 검토에서 보았듯이 사실상의 합의라고 하여 법치주의적 통제로부터 완전히 벗어나는 것은 전혀 아니라고 할 수 있다. 앞서 보았듯이 협약체결의 전후 과정의 정부의 여러 가지 행위에 대해 사법적 통제가 이루어질 수도 있으며, 투명성 등의 관철의 요청은 그대로 존재한다고 볼 수 있다. 물론 현행 법제상 이러한 법치주의적 통제의 요청이 충분히 반영되고 있는가 하는 점은 보다 검토를 요한다. 이는 뒤에서 다시 살펴보도록 하겠다.

금융감독원공고에 의한 금융기관검사 및 제재에 관한 규정 제20조의2 제2항에 의해서 인정되는 양해각서는 단순한 사실상의 합의로 보기는 힘들다고 하겠다. 양해각서에 의하면 경영상의 취약점에 대해 개선대책

---

29) 이희정, 전게논문, 318면 참조.

의 수립, 이행을 약정하고 이에 위반할 때에는 기관 및 임원제재 등이
이루어짐으로써 양해각서의 내용을 강제할 수 있는 체계가 갖추어져 있
기 때문이다. 따라서 위 양해각서는 행정계약의 일종으로 파악하는 것이
타당하다고 하겠다.

2. 규제계약의 법적 근거

규제협약의 체결을 위해 법률상 근거를 요하는지 문제를 살펴보기 위
해서는 규제협약 중 법적 구속력이 없는 사실상 합의와 법적 구속력이
있는 규제계약을 나누어서 볼 필요가 있다.

통상적인 사실상의 합의에 있어서는 법령상의 근거를 요하지 않는다
고 보더라도 큰 무리가 없다고 할 수 있다. 그러나 '규제'와 관련되는 사
실상 합의의 경우도 이렇게 보는 것은 남용의 우려가 있다는 점에서 타
당하다고 볼 수 없다. 행정규제기본법 시행령 제2조 제4호에서 '사실행
위'의 경우에도 규제에 포함되는 것으로 보고 원칙적으로 규제법정주의
의 적용대상으로 보고 있는 것은 이러한 취지가 반영된 것으로 보아야
한다. 이러한 점을 고려할 때 '규제'와 관련되는 사실상 합의의 경우에도
법령상의 근거를 요한다고 보는 것이 타당하다.

이와 관련하여 환경정책기본법 제5조에서 인정되고 있는 일반·추상
적인 사업자의 협력의무로부터 환경보호행정의 주체인 국가 등과 다양
한 형태의 환경협의가 이루어질 수 있다는 견해[30]가 있다. 그러나 '규제'
와 관련되는 사실상 합의를 이 규정만을 근거로 당연히 인정할 수는 없
다고 하겠다. 환경정책기본법 제34조와 같이 최소한 임무에 관한 조직법
상의 근거는 요한다고 보는 것이 타당하다.

---

30) 김성수, "환경법상 협력의 원칙", 공법연구 제28집 제2호, 2000, 443면 참조.

3. 규제계약 관련조치의 법적 성질

다음으로 법적 구속력이 있는 규제계약에 해당되는 때에는 당연히 법령상의 근거를 요한다고 보아야 할 것이다. 헌법상의 법률유보의 원리 및 행정규제기본법의 규정을 유추적용하여 이러한 해석이 정당화된다고 하겠다. 이 때 에너지이용합리화법 제12조의 2의 규정형식처럼 계약자체에 대한 작용법상의 근거를 요한다고 보는 것이 타당하다.

협약체결의 전후단계에서 이루어지는 협약체결 대상자의 확정행위(환경부 운영규정 제11조, 산자부 운영규정 제9조), 협약체결행위(환경부 운영규정 제12조, 산자부 운영규정 제10조), 정부의 재정지원의 중단행위 또는 기존규제유예조치의 중단(산자부 운영규정 제15조), 정부의 자발적 협약의 해지(환경부 운영규정 제18조) 등이 행정처분으로서의 성질을 갖는지 문제된다. 이에 관해서는 협약체결의 전후에 이루어진 제3자의 권리구제를 위해 중요한 의미를 갖는 것으로서 이들 각각 처분성이 인정되어야 한다는 주장[31]이 있다.

우선적으로 살펴보아야 하는 것은 협약을 '사실상의 합의'로 보는 경우에도 협약체결의 전후단계에서 이루어지는 각 개별행위에 대해 처분성을 인정하는 것이 가능한가 하는 점이다. 사실상의 합의의 경우에도 합의의 상대방 또는 제3자의 권리구제의 필요성이 존재한다면 이를 별도로 분리하여 처분성을 인정하는 것이 충분히 가능한 것으로 보아야 할 것이다. 개별적으로 살펴보자.

우선 협약체결 대상자의 확정행위나 협약체결행위의 경우 협약체결 기업의 주변에 사는 인근주민의 경우 이 행위로 인해 기존의 규제가 일정기간 동안 유예됨으로 인해 환경적 피해를 입는 경우가 발생할 수 있다. 이처럼 제3자에게 미치는 영향을 고려할 때 협약체결 대상자의 확정

---

31) 이희정, 전게논문, 319면 참조.

행위나 협약체결행위를 처분으로 보아 그 결정에 있어서 재량권의 일탈, 남용이 있을 때 이를 다툴 수 있도록 해주는 것이 타당하다고 하겠다.

다음으로 정부의 재정지원의 중단행위 또는 기존규제유예조치의 중단, 정부의 자발적 협약의 해지의 경우를 살펴보자. 이 부분은 제3자 보다는 협약의 상대방과 직접적인 이해관계가 있다고 할 수 있다. 그런데 이 경우 항상 처분성이 인정될 수 있다고 볼 것인지는 의문이다. 우선 정부의 재정지원의 중단행위나 이를 포함하는 정부의 자발적 협약의 해지는 보조금지급결정취소처분[32]과 마찬가지로 그 처분성을 인정함에 지장이 없을 것이다. 문제는 기존규제유예조치의 중단의 경우이다. 기존규제유예조치의 경우 협약기간 동안 기존 법령의 적용을 유예하여 준 것에 불과한데 다시 원칙으로 돌아서 기존 법령을 엄격하게 적용하겠다고 의사를 표시한 것을 처분성이 인정된다고 볼 수 있을지는 상당히 의문이라고 하지 않을 수 없다.

4. 규제계약의 투명성제고

1) 정보의 공개

환경부나 산자부의 운영규정을 보면 정보의 공개에 관한 규정은 찾아보기 힘들고 오히려 비밀유지에 관한 규정을 두고 있다. 환경부 운영규정 제23조에서는 "관할 행정기관은 협약기업에 관하여 취득한 각종 정보를 협약추진 이외의 목적으로 사용할 수 없으며, 협약 추진 이외의 목적으로 사용하고자 하는 경우에는 사전에 협약기업과 협의해야 한다"라고 규정하고 있고, 산자부 운영규정 제21조에서도 유사한 규정을 두고 있다.

그렇다면 이 규정과 공공기관 등의 정보공개에 관한 법률(정보공개법)과의 관계는 어떻게 설정해야 하는가의 문제가 제기된다. 즉 환경부나

---

32) 대법원 2005.1.28. 선고 2002두11165 판결 참조.

산자부의 운영규정에 공개에 관한 특별한 규정을 두고 있지 않은 이상 협약과 관련된 일체의 정보의 공개는 위 정보공개법의 적용을 받게 되는데 이 때 위 비밀유지에 관한 협약내용과의 충돌의 문제를 어떻게 해결할 것인가 하는 점이다.

자발적 협약은 사실상의 합의라고 하더라도 관련법령의 취지에 부합하게 해석해야 함은 물론이다. 따라서 비밀유지의 대상인 '협약기업에 관해 취득한 정보'라 함은 정보공개법 제9조 제1항 제7호[33]에서 규정하고 있는 비공개정보대상의 범위에 한정되는 것으로 해석해야 할 것이다.

그렇다면 다음과 같은 의문이 제기될 수 있다. 즉 사실상의 합의가 아닌 규제계약의 형식으로 정보공개법상의 비공개정보대상의 범위를 넘어서는 비밀유지조항을 둘 경우 이 조항의 효력을 어떻게 볼 것인가 하는 점이다. 아무리 법률상 근거를 갖고 규제계약이 체결된다고 하더라도 정보공개법에 위반되는 내용의 계약은 그 한도 내에서 효력을 갖는다고 볼 수 없다.

어쨌든 현재 우리법제상으로 자발적 협약과 관련된 정보공개는 정보공개법에 따라 이루어지고 있음을 알 수 있다. 그런데 정보공개법은 정보공개청구에 의한 공개를 원칙으로 하고 있고, 행정청이 주도적으로 공개하는 것(동법 제7조의 행정정보의 공표)은 예외적으로 인정하고 있다. 자발적 협약과 관련된 정보의 경우 정보공개법 제7조의 행정정보의 공표대상에 당연히 포함된다고 해석하기가 쉽지 않기 때문에 결국 정보공개청구에 의한 공개만이 원칙적으로 가능하다고 할 수 있다.

그러나 입법론적인 관점에서 볼 때 자발적 협약에 관한 이러한 우리나라의 공개법제는 비교법적으로 볼 때 매우 미흡하다고 보아야 한다. 따라서 동 운영규정에서 협약관련 정보공개에 관한 보다 자세한 규정을 두는 것이 바람직하다고 하겠다.

---

33) 법인·단체 또는 개인의 경영·영업상 비밀에 관한 사항으로서 공개될 경우 법인 등의 정당한 이익을 현저히 해할 우려가 있다고 인정되는 정보(단서는 생략).

2) 제3자의 참여

환경부와 산자부의 운영규정을 보면 이해관계인 등의 참여를 보장하기 위해 산·학·연 관계자 및 주민대표 등을 중심으로 '자율환경관리협약 협의회'(환경부 운영규정 제21조) 또는 '자발적 협약 자문위원회'(산자부 제17조)를 구성할 수 있도록 규정하고 있다. 이러한 협의회나 위원회의 경우 협약이행계획서를 평가하거나 이행실적의 평가 및 점검 등에 참여하게 된다. 또한 연구소, 학계, 관련단체 업계 등의 관련 전문가로 기술지원단(환경부 운영규정 제20조, 산자부 운영규정 제18조)을 구성하여 협약기업의 기술진단이나 기술지원에 참여할 수 있도록 규정하고 있다.

이들 모두 협약체결의 전후 과정에 제3자의 참여를 보장하는 제도라고 볼 수 있다. 그러나 이들 기구가 모두 필수적 기구가 아니고 필요에 따라 설치할 수 있는 임의기구화 되어 있다는 점은 문제라고 할 수 있다. 최소한 '자율환경관리협약 협의회' 또는 '자발적 협약 자문위원회'는 필수적으로 설치하도록 하는 것이 바람직하다고 하겠다.

제5절 공무원고용계약 및 성과계약

Ⅰ. 외국의 법제

1. 미 국

미국에서의 계약직공무원제도의 고찰을 위해서는 고위공무원단제도 (Senior Executive Service : SES)를 살펴볼 필요가 있다. 고위공무원단제도는 1978년 제정된 공무원제도개혁법(Civil Service Reform Act of 1978)에 의해 설립되었으며, 1979년 7월부터 운영되기 시작했다. 이러한 고위공무원단 을 설치하게 된 주된 취지는 고위공무원에 대한 범정부적인 단일의 인 사체계를 통해 고위공무원단의 충원과 능력발전에 있어서 탄력성을 기 하고 보다 폭넓게 이들을 활용토록 하려는 데 있다. 고위공무원단의 주 요한 특징으로는 첫째, 근본적으로 성과에 의해 보수가 지급되며, 둘째, 서열이 개인에 달려 있고 직위 자체에 의존하지 않는다는 점이 지적되 고 있다.[1]

고위공무원단의 임용종류에는 크게 구분해 경력직(career appointment), 비경력직(non-career appointment), 계약직(limited appointment), 임시계약직 (linited emergency appointment)의 네 가지가 있다. 경력직의 면직과 관련해 서는 특별한 규정과 절차가 있으나, 비경력직과 계약직, 임시계약직은 없다. 즉, 경력직만이 신분을 보장받으며 비경력직, 계약직, 임시계약직

---

1) 김일재, 미국인사행정론, 집문당, 2003, 109~100면 참조. 1978년의 공무원제 도개혁법의 주된 특징 중의 하나가 성과주의의 도입이다. Lubbers, Jeffrey S., The Federal Administrative Judiciary: Establishing an appropriate System of Performance Evaluation for AJLs, 7 Admin. L. J. Am. U. 589(1994), pp.589~590 참조.

등은 신분보장을 받지 않는다. 법규에 의해 전체 10%만이 비경력직이 될 수 있고 계약직과 임시계약직을 합쳐서 5%라는 제한이 있다.[2]

공무원고용계약의 공법적 특수성과 관련해서는 공무원고용계약과 헌법상의 적법절차의 관계를 살펴볼 필요가 있다. 이와 관련해 우선 Perry v. Sindermann 사건과 Board of Regents v. Roth[3] 사건을 분석하도록 하겠다. 양자 모두 공립 대학교의 직원들이 근로계약의 해지 또는 갱신거부와 관련하여 적법절차조항의 보호를 받을 수 있는지가 문제가 되었다. 연방대법원은 적법절차조항의 보호를 받는 대상은 실제적으로 부동산, 동산, 금전을 소유한 경우에 한정되는 것은 아니나 보호받는 이익의 범위가 무제한적인 것은 아니라고 판시했다. 이어서 연방대법원은 적법절차에 의해 보호받는 재산상 이익은 '적법한 권한주장'(legitimate claim of entitlement)에 근거해야 하며 '이익이 존속할 것이라는 일방적인 기대'(unilateral expectation)로는 부족하다고 보았다.

이러한 전제하에 대법원은 확정기한으로 계약을 체결한 Roth의 경우에는 재계약을 주장할 법적 권한이 없다고 보아 적법절차에 의한 보호를 인정하지 않은 반면, Sindermann의 경우는 묵시적인 장기계약(implies long-term contract)이 체결된 경우여서 적법절차에 의한 보호를 받을 수 있는 법적 권한이 있다고 보았다.

그러나 많은 하급법원들은 Roth 사건이나 Sindermann 사건의 논리를 전통적인 고용계약 이외의 계약에 적용하는 것을 꺼려했다. Roth 사건에서 연방대법원은 이익의 정도(weight of an interest)는 그것이 적법절차의 보호를 받는지의 여부와는 무관하다고 판시했지만 하급법원들은 계약들

---

2) European Institute of Public Administration(EIPA), The Senior Civil Service: A Comparison of Personnel Development for Top Managers in Fourteen OECD Member Countries, European Institute of Public Administration, Maastricht 1998, pp.65∼70(서주현 외 譯, "14개 OECD 회원국의 고위공무원제도, 중앙인사위원회, 2000, 56∼58면) 참조.

3) 408 U.S. 564(1972).

이 근로자 및 그들에게 주어진 관련된 지위에 관해 상대적으로 어느 정도의 중요성이 있는지를 기초로 하여 다양한 유형의 계약들을 구별하려고 시도해왔다.

자주 하급법원들은 공식적으로 용역조달계약(service contract)이나 물품조달계약(supply contract)을 근로계약과는 구분하려는 경향을 보여 왔다. 이는 단순한 계약(mere contracts)을 헌법상 보호되는 재산상 이익과 구별하려는 것이다. 제9 순회항소법원의 San Bernardino Physicians' Service Medical Group, Inc. v. County of San Bernardino 사건4)이 이러한 모습을 보여주는 대표적인 판결이다. 이 사건은 카운티와 외과의사 간에 체결한 4년간의 확정기한 계약이 문제가 된 것이다. 법원은 이 사건에서 개인적인 고용계약과 서비스계약을 구별하려고 시도했다. 양자는 각 개인에게 이익의 중요성이 다르다는 것을 근거로 한 것이다. 즉, 법원은 개인에게 핵심적인 이해관계가 있는 계약5)으로부터 멀어질수록 헌법적인 보호를 받기 힘들다고 판시하고 있다.

다른 하급법원들은 고용관계의 성질과 근로자의 의존성 정도를 고려하는 모습을 보여주고 있다. 제2순회 항소법원은 S & D Maintenance Co. c. Goldin6) 사건에서는 다른 하급법원에 의해 광범위하게 추종되고 있는 기준을 세운 바 있다. 즉 '극단적인 의존성'(extreme dependence)이나 '영속성'(permanence)을 포함하는 공법상의 계약만이 헌법상 적법절차에 의해 보호되는 법적 지위를 발생시킨다는 것이다.

많은 순회 항소법원들은 S & D Maintenance Co.이 정한 정식을 따랐는데 특히 제7순회 항소법원은 적법절차를 분석함에 있어서 헌법적으로 보호되는 재산권의 범위를 훨씬 확장하였다. 특히 제7순회 항소법원은 적법절차의 보호를 단지 정년이 보장된 것이나 다름없는 장기계약에만 인정하지 않고 확정기한의 고용계약에도 확장하려는 모습을 보여주었

---

4) 825 F.2d 1404(9th Cir. 1986).
5) 대표적인 것이 고용계약이다.
6) 844 F.2d 962(2d Cir. 1988).

다. 그러나 제7순회 항소법원의 경우에도 개인의 고용계약에만 적법절차에 의한 보호를 인정하였고, 서비스계약의 경우에는 적법절차조항의 보호를 인정함에 있어서 어려움을 나타냈다.

이처럼 헌법상 보호받는 이익이 존재하는가 하는 것이 적법절차에 입각한 사법심사의 중요한 관문이라고 할 수 있지만 어떤 절차가 적정한 절차인가(what process is due)가 보다 더 중요하다고 할 수 있다. 많은 법원들이 공법상 계약의 침해에 있어서 고용계약이 아닌 다른 계약에서 헌법상 보호되는 재산권의 지위를 인정하는데 주저했던 이유는 계약위반소송(breach of contract claim)이 가능하고 이것으로 충분한 절차라고 보았기 때문이다.

2. 영 국

영국에서는 계약에 의한 공무원임용의 범위가 1990년대 중반에 들어서 확장된다. 즉, 1994년~1995년에 발표한 정책백서에 의해 고위공무원단(Senior Civil Service)제도가 도입되었고, 1996년 4월 1급~5급(사무차관 이하 과장급 이상)을 구성하는 약 3,700여 개 직위에 해당되는 모든 공무원을 대상으로 고위공무원단(SCS)에 편입시켰다. 이들 직위는 모두 계약직화되었으며, 개방형 임용방식에 따라 공개모집의 절차를 거쳐 임용되었다.7)

영국에서는 계약에 의한 공무원임용은 다음과 같은 점에서 그 공법적 특수성이 강조되고 있다. 첫째, 계약을 체결할 수 있는 권한의 근거가 사법상 계약과 다르다. 즉, 당사자의 동의를 통해 체결될 수 있는 *私法*상의 계약과는 달리 공무원고용계약의 체결에는 법령의 근거 또는 대권적 권한을 요한다.8) 둘째, 행정주체가 공무원의 관리와 관련된 일방적인 규정

---

7) 남궁근, "개방형 임용제도 도입과 과제", 고시계 제25권 제5호, 2000.5, 104면 참조.

을 계약에 포함시킬 수 있는 가능성이 인정된다.9) 셋째, 국가안전보장 등 공익적인 목적을 위해 공무원의 권리를 제한할 수 있다.10) 넷째, 행정부에 의한 공무원고용계약에 있어서 행정주체에 의한 재량권남용을 통제하기 위해 공법상의 권리구제시스템이 요청된다. 공무원에 대한 보수지급이 국민의 세금으로 이루어진다는 점에서 행정부의 재정사용에 대한 적정한 통제를 위해서도 그러하다.11)

1980년대 후반부터 시작된 영국의 행정개혁 프로그램인 Next Steps 프로그램의 중요한 내용 중의 하나가 바로 책임운영기관(executive agency)의 설치이다. 이는 기존에 중앙정부가 모두 담당하던 정책결정기능과 행정임무수행기능을 분리하여 후자를 새롭게 설치되는 책임운영기관에 위탁하는 제도를 말한다. 이처럼 책임운영기관에 행정임무를 위탁하는 과정에 해당 중앙정부부서의 장관과 책임운영기관 간에 성과계약(performance agreement)이 체결되게 된다. 이 성과계약에는 책임운영기관의 임무와 달성할 목표, 해당 중앙정부부서의 감독시스템에 관한 내용이 들어간다.12)

이러한 성과계약의 법적 성질에 관해서는 엄격한 의미의 법적 계약이라고 보기는 힘들다는 것이 일반적이다. 왜냐하면 책임운영기관에게는 독립적 법인격이 부여되지 않기 때문이다.13) 하지만 일반사인에게 행정

---

8) Morris, Gillian S./Fredman Sandra S., Public or Private? State Employees and Judicial Review, Law Quarterly Review 107(Apr), 298-316(1991), p.309 참조.

9) Morris, Gillian S./Fredman Sandra S., Public or Private? State Employees and Judicial Review, Law Quarterly Review 107(Apr), 298-316(1991), p.310 참조.

10) 언론의 자유, 정치적 행동의 자유 등이 그 예이다. Morris, Gillian S./Fredman Sandra S., Public or Private? State Employees and Judicial Review, Law Quarterly Review 107(Apr), 298-316(1991), pp.310~311 참조.

11) 공무원고용계약의 해지에 대해서 사법심사청구가 인정되는 경우가 있다. Morris, Gillian S./Fredman Sandra S., Public or Private? State Employees and Judicial Review, Law Quarterly Review 107(Apr), 298-316(1991), p.311 참조.

12) Freedland, Mark R., Government by Contract and Public Law, Public Law 86-104(1994), pp.88~89 참조.

13) Ian Harden, The Contracting State, 1992, p.46 참조.

임무를 위탁할 때 체결되는 계약과 유사하다는 점에서 계약과 거의 유사한 것으로 보아야 한다는 견해[14]도 제시되고 있다.

3. 독 일

독일의 '공직자'(Angehörige des öffentlichen Dienstes)는 크게 둘로 나누어진다. 공무원법의 적용을 받는 '공무원'(Beamte)과 공공부문 종사자이면서도 私法의 적용을 받는 '계약공직자'(Angestellte) 및 '노무공직자'(Arbeiter)가 그것이다.[15] 이는 '공직제도의 이원화현상'으로 불리고 있다. 즉, 종래 고권적 작용에 의해서만 설정될 수 있었던 전통적인 공무원관계 외에 私法상의 계약에 의해 형성된 제2의 공직자집단이 생기게 된 것이다.[16]

이 중 '공무원'은 기본적으로 연방공무원법(Bundesbeamten gesetz : BBG)에 의해 규율되며 공무원법의 통일적 적용을 위한 대강규정으로 공무원 大綱法(Beamtenrechtsrahmengesetz : BRRG)이 있어 개개의 주법을 구속한다. 공무원의 종류에는 크게 네 가지가 있는데, 종신직/실습직 공무원, 철회가능부 공무원, 명예직 공무원, 기간제 공무원이 그것이다(연방공무원법 제5조). 이러한 '공무원'의 임명행위의 법적 성질은 행정행위로 보는 것이 일반적이다.[17] 이처럼 '공무원'의 고용은 행정행위에 의하고, '계약공직자'나 '노무공직자'의 고용은 私法상의 계약에 의한다고 보는 결과로 공직자의 고용과 관련하여 협의의 행정계약이 인정될 여지는 매

---

14) Freedland, Mark R., Government by Contract and Public Law, Public Law 86-104(1994), p.89 참조.

15) Kunig, in : Schmidt-Aßmann(Hrsg.), Besonderes Verwaltungsrecht, 12 Augl., 2005, Rn. 1 참조.

16) 허영, 헌법이론과 헌법(신정판), 박영사, 1995, 991면, 김형철, "독일공무원제도에 관한 소고-계약직 공무원과 관련하여", 연세법학연구 제6집 제2권, 1999, 52면 참조.

17) Kunig, in : Schmidt-Aßmann(Hrsg.), Besonderes Verwaltungsrecht, 12 Augl., 2005, Rn. 93 참조.

우 좁다고 볼 수 있다.

　연방행정법원의 판례에 의하면 헌법상 직업공무원제[18]의 취지에 따라 공무원관계의 규율은 오직 법률에 의해서만 이루어질 수 있다고 보고 있다. 다시 말해 행정부가 계약을 통해서 법률상 규정된 공무원의 의무를 면제·변경하거나, 또는 법률상 규정되지 않은 의무를 공무원에게 부여하는 것은 허용되지 않는다고 본다.[19] 계약을 통해 공무원법관계를 규율하는 것은 법률의 수권이 있거나 법률상 근거가 있는 때에만 가능하다. 금전적인 권리나 의무를 규율할 때 특히 그러하다.[20] 실정법상으로도 공무원보수법이나 공무원처우법의 내용을 벗어나는 보수나 처우를 약정하는 내용의 계약체결이 금지되어 있다.[21] 이러한 의미에서 공무원법에 있어서의 행정계약의 허용여부와 관련해서는 '허가유보부 금지'(Verbot mit Erlaubnisvorbehalt)가 존재한다는 평가[22]가 있다.

　이처럼 공무원관계를 계약에 의해 규율하는 것이 어려운 이유는 무엇보다 기본법 제33조 제5항에 의하여 공무원의 법률관계는 '전통적인 직업공무원제도의 원칙'을 고려해야 하기 때문이다. 여기서 '전통적인 직업공무원제도의 원칙'이 무엇인가가 문제인데 판례[23]와 학설[24]이 일반적으로 인정하고 있는 것으로는 ① 공무원의 근무관계는 공법상의 근

---

18) 기본법 제33조
　　⑤ 공무원법은 직업공무원제의 전통적인 제원칙을 고려하여 규정되어야 한다.

19) BVewGE 52, 183 ; BVewGE 91, 200 = NVwZ 1993, 1193.

20) BVewGE 91, 200 = NVwZ 1993, 1193.

21) 심지어 일부법률은 계약에 의한 공무원임용을 명시적으로 금지하고 있다. 연방공무원법(BBG) 제183조 제1항, 공무원大綱法(BRRG) 제50조 제2항, 연방공무원보수법(BBesG) 제3조 등.

22) Bonk, in: Stelkens/Bonk/Sachs, Verwaltungsverfahrensgesetz-Kommentar, 6. Aufl., München 2001, § 54 Rn. 129 참조.

23) BVerGE 43, 154 ; BVerGE 36, 79 ; BVerGE 44, 249 등

24) Konrad Hesse, Grundzüge des Verfassungsrechts der Bundesrepublik Deutschland, 20 Aufl., 2001, § 14 Rn. 541(계희열 역, 통일독일헌법원론, 박영사, 2001, 323～333면) 참조.

무·성실관계인 것, ② 종신제 임명의 원칙, ③ 공무원의 정치적 중립성, ④ 능력주의 원칙, ⑤ 경력직렬구분의 원칙(Laufbahnprinzip), ⑥ 국가의 공무원에 대한 생활보장원칙(Alimentationsprinzip), ⑦ 공무원의 파업금지, ⑧ 공무원신분관계의 법적 보장 등이다.[25]

　다만 판례는 '전통적인 직업공무원제도의 원칙'을 해석함에 있어서 기본법이 인정한 자유·법치·사회국가적 민주주의에서의 공무기능과 일치하는 한 공무원법의 발전에 관하여 변화된 상황을 일정한 범위 내에서 고려하는 것이 입법권자의 재량으로서 허용된다고 본다.[26] 그러나 이러한 입법권자의 재량도 어디까지나 '전통적인 직업공무원제도의 원칙'의 한계 내에서만 인정되는 것이다. 따라서 독일에서는 공무원법에 관한 개혁구상이 여러 번 있었는데, 그 때마다 '전통적인 직업공무원제도의 원칙'이 걸림돌이 되었다.[27]

　그러나 이처럼 '전통적인 직업공무원제도의 원칙'을 엄격하게 적용하는 판례와 입법태도에 대해서는 다음과 같은 지적이 있다. 현대적이고 효과적인 형태의 행정의 발전에 따라 '전통적인 직업공무원제도의 원칙'이 전반적으로 설득력을 잃고 있다는 점, 독일이 유럽연합에 편입됨에 따라 전체 공무원법의 독일적 특수성이 유럽식으로 적응되어야 할 필요성이 증대하고 있다는 점 등을 고려할 때 '전통적인 직업공무원제도의 원칙'을 엄격하게 적용하는 판례와 입법태도는 위기를 맞고 있다는 지적[28]이 그것이다.

　실제로 1995년 공직법개혁을 위한 법초안[29] 제정 이후로 전통적인 직

---

25) 김선욱, "독일헌법상의 직업공무원제도와 시간제공무원", 행정판례연구 Ⅶ, 2002, 415~416면 참조.
26) BVerfGE 8, 1 ; BVerfGE 9, 268, BVerfGE 11, 203 등.
27) 김선욱, "독일헌법상의 직업공무원제도와 시간제공무원", 행정판례연구 Ⅶ, 2002, 416면 참조.
28) Konrad Hesse, Grundzüge des Verfassungsrechts der Bundesrepublik Deutschland, 20 Aufl., 2001, § 14 Rn. 542(계희열 역, 통일독일헌법원론, 박영사, 2001, 333면) 참조.

업공무원제도는 성과주의의 심각한 도전을 받고 있다. 즉, 각 州는 주도적 기능(Amt mit leitender Funktion)을 가진 직무를 실습직 외에 최장 10년의 기간제 공무원 관계에 위탁할 수 있게 되었다(공무원大綱법 제12b조). 또한 私法상의 계약에 의한 '계약공직자'가 현저하게 증가하고 있는데, 이는 보다 탄력성을 가지고 있는 사경제에서 발달한 비공무원인 공직자 집단을 선호하는 경향이 나타나기 때문이다.[30]

4. 프랑스

프랑스의 공무원(agent public)은 계약에 의해 채용되는 때가 많고 이러한 계약직 공무원은 점차로 증대하는 추세에 있다.[31] 이러한 계약직 공무원의 채용계약의 법적 성질은 공법적인 성격의 것과 사법적인 성격의 것이 존재한다. 이러한 법적 성질의 구분과 관련해서는 많은 판례이론이 정립되어 있다. 앞서 보았듯이 행정적 공역무의 집행에 '직접적으로 참여'하는 사람이나 '집행 그 자체'에 참여하는 사람을 채용하는 계약을 행정계약이라고 할 수 있는데 여기서 직접적 참여의 개념이 무엇인지가 문제된다.

당해 공역무의 고유한 기능을 수행하는 전문적인 공무원의 채용과 관련된 계약은 공법적인 성질을 가진 것으로 보고, 공역무의 일반적인 수요, 예를 들어 건물의 청소나 유지, 보존 또는 서비스의 설치와 관련된 공무원의 채용계약은 사법적인 성질을 가진 것으로 보는 것이 일반적이다.[32] 보다 구체적인 예를 들면 다음과 같다. 만약 매점에서 일하는 여성

---

29) Entwurf eines Gesetzes zur Reform des öffentlichen Dienstrechts vom 12. 10. 1995, Gesetz zur Reform des öffentlichen Dienstrechts vom 24. 02. 1997.

30) 김형철, "독일공무원제도에 관한 소고 – 계약직 공무원과 관련하여", 연세법학연구 제6집 제2권, 1999, 61～62면 참조.

31) 임도빈, 프랑스의 정치행정체계, 법문사, 2002, 224면.

32) Chapus, René, Droit administratif général, T.1(15 édition), Montchrestien, Paris

이 단지 식기류를 설거지하는 일만 하는 것이 아니라 어린이들의 휴식을 위한 티켓을 받는 역할까지 한다면 그 계약은 행정계약이다.[33) 프랑스의 대사관의 요리사는 공법상의 지위에 있는 것으로 평가된다, 다시 말해 외교관의 서비스의 집행에 직접적으로 참여하는 것과 마찬가지이다. 좋은 식탁이 외교업무에 기여한다고 볼 수 있기 때문이다.[34)

한 직원이 1942년부터 1946년까지 건물을 청소하고 난방시설을 닦고 유지보존하는 업무를 위해 학교에서 고용되었다. 그 후 어린이들의 보호소가 학교에 만들어졌다. 그녀에게 1946년부터 1952년까지는 그 보호소를 돌보고 모든 교환업무를 담당하는 일이 부여되었다. 권한쟁의심판소는 1942년부터 1946년 사이에는 사법상의 계약이라고 판시했다, 그러나 1946년부터 1952년은 행정계약이라고 판시했다. 이에 따라 위 직원은 1942~1946년 사이는 일반법원에 소송을 제기하고, 1946~1952년 사이는 행정법원에 소를 제기하는 의무를 지게 되었다.[35)

1981년 10월에 공립병원이 계약에 의해 구두계약으로 한 직원을 채용했다. 이는 유사의료인력 및 청소원들에게 프랑스어 및 산수를 가르치게 하기 위한 것이었다. 1년이 지난 후(이후 3년 동안) 위 사람은 청소원들에게만 가르쳤다. 이 경우 첫 1년 동안은 행정계약이었으나, 이후부터 계약은 사법상 계약으로 본다. 왜냐하면 유사의료인에 대한 것과는 반대로 청소원에 대한 것은 공역무의 임무의 목록에는 들어가지 않기 때문이다.[36)

영국의 Next Steps 프로그램에 의한 행정조직개편은 프랑스에도 영향을 미치게 된다. 1988년 수상에 취임한 로까르 수상은 행정현대화를 정책의 최우선과제로 추진하는데 그 내용 중의 하나가 영국의 책임운영기

2001, p.512 참조.

33) CE 22 juin 1979, Mne Canti, DA 1979, 252; TC 4 novembre 1991, Miie de
    Guerequiz, 775, D 1992, IR 34.

34) CE Sect. 7 juin 1991, Troquet, 222, RDP 1992, 255, RFDA 1991, 690.

35) TC 25 novembre 1963, Vve Mazerand, 792, JCP 1964, 13466.

36) TC 29 juin 1987, Bungener, 451, D 1989, SC, 63.

관과 같이 '책임운영기관'(centre de résponsabilité)를 설치한 것이다. 책임운영기관은 소속 중앙부처와 3년간 목표치 계약을 하고 재정과 인사조직상 광범위한 재량권을 갖고 국민에게 행정서비스를 제공하고 있다. 그런데 이 제도는 그 적용범위가 건설부의 특별지방행정기관인 도 건설국 등 130여 개의 특별지방행정기관에 머무르고 있어 영국의 책임운영기관 제도에 비해서는 제한적으로 실시되고 있다.37)

성과의 평가면에서도 영국과 프랑스의 차이가 지적되고 있다. 즉, 영국은 금전적인 면에서 성과가 투입된 비용을 정당화할 수 있는가에 중점을 두고 지나치게 계량화하는 반면, 프랑스에서는 과거에 상급기관이 계서제적인 통제권을 행사하는 방식에서 새로운 방식으로 전환하는 것에 중점을 두며, 성과의 평가는 비금전적인 것을 포함한 광범위한 영향평가를 중시한다는 점이 그것이다.38)

5. 외국법제 상호간의 비교

1) 공통점

첫째, 계약직공무원의 범위가 확대되고 있는 경향을 들 수 있다. 독일에서 '계약공직자'가 현저하게 증가하고 있는 점, 영국에서도 고위공무원단 제도의 도입으로 계약직의 범위를 확대한 점을 들 수 있다. 이러한 점은 성과주의에 따라 행정의 효율성을 제고하고자 하는 신공공관리론이 공무원법제에 영향을 미치고 있기 때문으로 볼 수 있다.

둘째, 계약직의 확대로 인한 공무원신분보장의 불안정성을 보완하기 위한 장치가 마련되어 있다는 점을 들 수 있다. 독일에 있어서는 헌법상의 '직업공무원제'에 의해 계약직의 확대경향에 대한 헌법적 한계를 설

---

37) 임도빈, 프랑스의 정치행정체계, 법문사, 2002, 281면 참조.
38) 임도빈, 프랑스의 정치행정체계, 법문사, 2002, 282~283면 참조.

정하고 있고, 영국에 있어서도 공무원고용계약의 해지에 대해 사법심사 청구가 가능하다고 하고 있는 점 등이 그러한 예로 볼 수 있다.

셋째, 책임운영기관을 도입하고 이 기관과 중앙부처 간에 성과계약을 체결함으로서 행정의 효율성을 제고하는 점을 들 수 있다. 계약이 성과주의의 행정개혁 시스템에 부합되는 법형식이기 때문으로 볼 수 있다.

2) **차이점**

첫째, 영국이 독일에 비해 공무원고용에 있어서 계약을 통해 인사관리의 탄력성을 추구하는 경향이 강하다. 바꾸어서 말하면 독일과 프랑스는 공무원신분의 보장에 보다 초점이 맞추어져 있다고 할 수 있다. 독일에서는 기본법에 직업공무원제에 관한 규정을 두고 있다는 점, 이로 인해 공무원법관계에 있어서 계약에 의한 규율을 가능한 한 피하는 경향이 있으나, 영국에서는 계약에 의한 공무원고용이 보편화되어 있다는 점에서 이를 알 수 있다.

둘째, 독일의 '계약공직자'를 고용하는 계약의 성질은 私法상의 계약으로 보나, 영국의 공무원고용계약의 성질은 공법적인 특수성을 강조하고 있다는 점을 들 수 있다. 영국에서 공무원고용계약의 공법적인 특수성을 강조하고 있는 것은 계약제도를 통한 행정부의 재량권남용을 통제하기 위한 것으로 볼 수 있다. 앞서 영국이 독일이나 프랑스에 비해 공무원고용에 있어서 계약친화력이 있다고 본 바 있는데 이로 인한 부작용을 나름대로 통제하는 균형감각이 나타나고 있는 것으로 평가할 수 있다.

셋째, 성과계약과 같이 기업의 원리를 행정원리에 도입하는 경향이 영국이 프랑스에 비해 강하다고 할 수 있다. 성과계약을 체결하는 대표적인 예 중의 하나가 책임운영기관인데, 영국의 책임운영기관제도가 대대적인 개혁이었던데 비하여 프랑스의 책임운영기관은 매우 제한적으로 시행되고 있다는 점[39]에서 이러한 차이점이 나타난다.

II. 우리나라의 법제

1. 공무원고용계약

공무원임명행위의 법적 성질에 관해서는 쌍방적 행정행위설, 공법상 계약설 등이 대립되고 있으나, 경력직 공무원과 특수경력직 공무원의 대다수에 대한 임용행위는 협력을 요하는 행정행위로 이해하고, 계약직공무원의 임명행위는 협의의 행정계약으로 이해하는 것이 일반적이다.[40] 판례의 태도도 동일한 것으로 평가할 수 있다. 즉, 일반경력직 공무원의 임명 또는 해임행위에 대해서 "임명권자의 의사표시를 내용으로 하는 하나의 행정처분으로 보아야 할 것"이라고 판시한 반면,[41] 계약직공무원의 채용계약은 협의의 행정계약으로 보아 동 계약의 해지는 공법상 당사자소송에 의해야 한다고 판시한바 있다.[42] 그러나 고용직공무원의 채용하는 계약은 단순한 사법상의 계약으로 보고 있다.[43]

계약직공무원에 관하여 처음 근거규정이 마련된 것은 1973.2.5. 일부 개정된 국가공무원법 제43조의 3이다. 동조 제1항에서는 "국가 각 기관의 장은 예산의 범위 안에서 과학자 및 기술자와 고용계약을 체결하여 일정한 기간 연구 또는 기술업무를 수행하게 할 수 있다"라고 규정하였다. 이처럼 계약직원제에 대한 근거를 마련하게 된 취지는 국내외 우수 과학자 및 기술자를 국가의 연구 또는 기술업무에 종사할 수 있도록 하는 것이었다. 동 규정을 근거로 1973.11.29. 대통령령 제6941호로 계약직

---

39) 임도빈, 프랑스의 정치행정체계, 법문사, 2002, 291면.

40) 김명식, "공무원 임명행위의 법적 성질", 고시계 제42권 제3호, 1998. 3, 92~103면 ; 홍정선, 행정법원론(하)(제13판), 박영사, 2005, 232면 참조.

41) 대법원 1962.11.8. 선고 62누163 판결.

42) 대법원 1996.5.31. 선고 95누10617 판결.

43) 대법원 1995.10.13. 선고 95다184 판결, 대법원 1996.1.23. 선고 95다5899 판결.

원규정이 제정되었다.

위 계약직원규정 제2조 제1항에서는 "계약직원은 국가의 각 행정기관의 장이 일반적인 공무원의 채용방법으로서는 직원의 확보가 곤란하다고 인정되는 전문적인 기술과 지식을 요하는 조사·연구·시험·검사·제조·의료 및 특수설비의 관리와 조작 등 업무를 수행하게 하기 위하여 특히 필요한 경우에 계약에 의하여 고용하는 자"로 한다고 규정하였다. 이 외에 고용계약의 해지, 보수, 계약직원의 감독 등에 관해 규정을 두었다.

위 계약직원규정은 1982년 전문직공무원규정으로 이름이 바뀌었다가 1998년 2월에는 다시 계약직공무원규정으로 이름이 바뀌었다. 1999년 5월에는 정부조직법의 개편을 통해 국장급 이상 고위직의 20% 범위 내에서 개방형임용제도를 도입하였다.[44] 종전에는 우표도안이나 헬기 조정과 같은 특수전문분야에 한하여 계약직공무원이 채용되었으나, 1999년 이후 개방형직위제 및 정원을 대체하는 계약직공무원의 개념이 도입되면서 일반공무원과 동질적인 직무를 담당하는 새로운 종류의 계약직 공무원이 등장하게 된 것이다.[45]

이처럼 계약직 공무원제도가 확대되고 있는 것은 행정계약의 활용이 보다 활성화되고 있음을 잘 보여준다고 볼 수 있다. 이처럼 공무원고용계약이 활성화되고 있는 이유는 근무상황과 업무수행실적을 평가하여 계약의 변경·연장 또는 해지 시 이를 반영함으로써 행정의 효율성을 높임과 동시에, 탄력적인 인사관리를 통해 재정적 효율성을 높일 수 있을 것으로 기대하기 때문이다.[46]

그러나 이러한 계약직 공무원제도의 확대는 필연적으로 공무원신분

---

44) 계약직공무원규정 제2조 제8항 참조.
45) 김상묵/강제상/김종래, "계약직 공무원제도의 운영실태에 관한 분석", 한국정책학보 제12권 2호, 2003, 235면 참조.
46) 계약기간이 정해져 있고, 계약의 해지도 폭넓게 인정된다(계약직공무원규정 제6조, 제7조 참조).

의 불안정성을 낳게 되는데 이것이 헌법 제7조의 직업공무원제와 합치되는지 문제된다. 즉, 헌법재판소는 신분보장을 직업공무원제도의 요소로 보고 있는데[47], 계약직공무원제도는 직업공무원제가 약속해 온 신분보장에 중대한 영향을 미칠 수 있기 때문이다. 이에 관해서는 다음과 같은 견해가 제시되고 있다.

> … 개방형 인사제도는 성과주의를 실현하는 수단이 될 수도 있는 반면, 자칫 엽관제의 폐단, 정당이나 단체의 후견, 지도력상실에 따른 행정의 불안정화 등과 같은 직업공무원제에 반하는 위헌적 사태를 초래할 수도 있다. 그렇기 때문에 개방형 인사제도를 도입함에 있어서는 그 이용요건과 절차, 인사관리의 공정성·객관성·투명성 및 신뢰성이 특별히 요구되는 것이다.[48]

이처럼 계약직 공무원제도의 공정성·객관성·투명성을 제고하기 위해 현재 계약직공무원과의 계약체결과정에서 소속장관의 승인을 얻거나 중앙인사위원회와 미리 협의를 거치도록 하는 규정을 두고 있고(계약직공무원규정 제5조 제1항), 계약직공무원의 채용계약을 하기 전에 공고를 하도록 하는 등(계약직공무원규정 제5조 제3항, 책임운영기관의 설치·운영에 관한 법률시행령 제3조 제1항)의 규정을 두고 있다.

계약직공무원의 채용계약이 확대되고 있는 현재의 경향은 행정의 효율성제고라는 관점에서 긍정적인 측면이 있지만 엽관제의 폐단, 정당이나 단체의 후견, 지도력상실에 따른 행정의 불안정화 등의 부정적 측면이 발생할 가능성도 충분히 존재한다. 계약직공무원의 이러한 폐단을 막기 위해서는 계약직공무원 채용계약의 협의의 행정계약으로서의 성질을 강조하는 것이 의미를 갖는다고 할 수 있다.

우선 우리나라의 계약직공무원의 채용계약의 법적 성질을 협의의 행

---

47) 헌법재판소 1994.4.28. 선고 91헌바15 결정.
48) 홍준형, "신공공관리이론의 공법적 문제―공무원인사제도개혁을 중심으로", 행정법연구 제4호, 1999, 26면.

정계약으로 파악하는 것은 비교법적으로 볼 때 다음과 같은 관점에서 정당화될 수 있다. 첫째, 독일의 '공직자'는 행정행위에 의해 임명되는 '공무원'과 私法상의 契約에 의해 임명되는 '계약공직자' 및 '노무공직자'로 2원화되어 있다. 반면에 우리나라에서는 독일의 '공직자'에 해당하는 개념을 '공무원'이라고 부르며 모두 공무원법에서 일률적으로 규율하고 있다.[49] 이러한 결과로 국가공무원법에서는 계약직공무원도 공무원의 일원으로 분류하고 있다(국가공무원법 제2조).

둘째, 헌법상의 직업공무원제의 적용에 있어서 계약직공무원이 배제되지 않는다는 점이다. 물론 독일에서도 헌법상의 직업공무원제는 시대의 변화에 따라 많은 도전을 받고 있는 것이 사실이지만 소위 '헌법변천'에 의해 그 규범력이 완전히 상실되었다는 주장까지는 나오지 않고 있다. 우리나라에 있어서도 직업공무원제의 취지는 계약직공무원에게도 반영되어야 한다는 전제하에 설 때에는 그 공법적 특수성이 반영되어야 함은 물론이다.

셋째, 계약직공무원이 담당하는 임무는 공공성을 갖는 국가사무들이다. 예를 들어 책임운영기관이 담당하는 사무는 정부가 수행하는 사무 중 공공성을 유지하면서도 경쟁원리에 따라 운영하는 것이 바람직한 사무이다(책임운영기관의 설치·운영에 관한 법률 제2조). '민간위탁'의 방식을 사용하지 않고 '책임운영기관에 대한 위탁'의 방식을 사용한 것은 당해 사무의 공공성이 보다 크다는 점을 반영한 것이다. 이러한 관점에서 책임운영기관의 장을 채용하는 계약은 기능적 관점에서 볼 때 공법적 성격이 강하게 나타나는 것으로 볼 수 있다.

이러한 점들을 고려할 때 계약직공무원의 채용계약은 협의의 행정계약으로 충분히 볼 수 있다고 하겠다. 그리고 이렇게 보는 것의 실제적인 의미는 다음과 같다. 첫째, 채용계약의 해지에 있어서 보다 엄격한 재량

---

49) 허영, 헌법이론과 헌법(신정판), 박영사, 1995, 991~993면 ; 김형철, "독일공무원제도에 관한 소고－계약직 공무원과 관련하여", 연세법학연구 제6집 제2권, 1999, 54면 참조.

통제가 이루어질 필요가 있다. 채용계약의 해지사유가 법률에 규정이 있고,[50] 당해 계약서에 그 사유를 명시하는 때가 많으나 당해 사유에 해당하는지 여부를 판단함에 있어서 재량권의 일탈, 남용이 없는지에 관해 법원의 통제가 가능토록 해야 한다.

둘째, 계약직공무원의 채용계약체결과정의 공정성·객관성·투명성이 확보되어야 한다.[51] 현재 계약직공무원과의 계약체결과정에서 소속장관의 승인을 얻거나 중앙인사위원회와 미리 협의를 거치도록 하는 규정을 두고 있고(계약직공무원규정 제5조 제1항), 계약직공무원의 채용계약을 하기 전에 공고를 하도록 하는 등(계약직공무원규정 제5조 제3항, 책임운영기관의 설치·운영에 관한 법률시행령 제3조 제1항)의 규정을 두고 있으나 이러한 규정으로 계약직공무원 채용계약체결과정의 공정성·객관성·투명성이 충분히 확보되었다고 보기는 힘들다고 하겠다. 예를 들어 관련규정에서는 공고를 거치지 않고 계약갱신이 이루어질 수 있는 때를 폭넓게 인정하고 있으나(계약직공무원규정 제6조 제2항, 책임운영기관의 설치·운영에 관한 법률시행령 제6조), 이는 계약체결과정에서의 경쟁의 원리를 침해하는 문제가 있을 수 있기 때문에 그 범위를 제한하는 것이 필요하다고 하겠다.

2. 성과계약

계약직 공무원 제도의 확대가 정당화되고 있는 주요한 논거 중의 하나가 '성과주의'라고 할 수 있다. 이러한 '성과'의 강조가 신공공관리론의 주요한 특징 중의 하나라고 할 수 있는데 이와 관련하여 최근 도입된 대표적인 제도가 '성과계약'(performance agreement)이다. 이러한 성과계약

---

50) 예를 들어 책임운영기관의 설치·운영에 관한 법률시행령 제5조를 들 수 있다.
51) 홍준형, "신공공관리이론의 공법적 문제－공무원인사제도개혁을 중심으로", 행정법연구 제4호, 1999, 26면.

이 나타나고 있는 예는 여러 가지가 있으나 그 중 가장 대표적인 예로 다음과 같이 두 가지를 들 수 있다.

첫째, 장차관 등의 기관책임자와 실국장, 과장 간에 성과목표 및 지표 등에 대해서 합의를 하고, 당해 연도의 직무성과계약에 의해 개인의 성과를 평가하고, 평가결과 등을 성과급, 승진 등에 반영하기로 하는 내용의 직무성과계약을 들 수 있다.[52)53)] 이러한 직무성과계약은 계약직 공무원 사이에서만 체결되는 것은 아니며, 그 외의 일반 경력직 공무원 사이에서도 체결될 수 있다.

둘째, 중앙행정기관의 장이 국가를 대표하여 책임운영기관의 장과 체결하는 성과계약을 들 수 있다. 즉, 우리나라에서도 영국의 정부혁신프

---

52) 이는 2004년 10월 중앙인사위원회의 직무성과계약제운영지침으로 도입되었다. 이 계약은 당사자간 top down의 방식으로 계약이 체결된다. 예를 들어 중앙인사위원회의 경우 중앙인사위원장과 사무처장 간에 1차 성과계약이 체결되고, 사무처장과 국장 간에 2차 성과계약이 체결되며, 국장과 과장 간에 3차 성과계약이 체결된다. 중앙인사위원회, 직무성과계약제도소개, 2004.12. 18, 10면 참조.

53) 계약서의 내용은 대체로 다음과 같다.

"중앙인사위원회 위원장(갑)과 중앙인사위원회 사무처장(을)은 기관의 임무와 전략적 방향을 달성하기 위해 별지와 같이 상호 합의에 의해 성과계약을 체결한다.

갑은 을이 수행하는 목표수행에 대한 적절한 방향을 제시하고, 면담을 통해 목표의 진행상황을 점검하며, 최종적인 성과를 공정하게 평가한다. 을은 기관의 임무와 전략적 방향을 차질없이 달성하기 위해 적합한 목표를 설정하고, 목표를 성실히 수행하면서 면담을 통한 평가에 적극적으로 응하고, 평가결과를 인사관리기준으로 활용하기로 동의한다.

갑: 직위 중앙인사위원장 성명 000

을: 직위 사무처장　　　　서명 000

계약기간: 2004.10.14.～2005.12.31.

날짜: 2004.10.14."

계약서에 첨부되는 별지에는 기관임무, 전략적 방향, 전략목표, 역점과제, 평가지표(정량적 지표, 정성적 지표) 등이 들어간다. 중앙인사위원회, 직무성과계약제도소개, 2004.12.18, 22～24면 참조.

로그램의 영향을 받아 책임운영기관의 설치·운영에 관한 법률에 의해 책임운영기관을 설치할 수 있다.54) 이러한 책임운영기관의 장은 소속행정기관의 장이 공개모집 절차에 따라 행정이나 경영에 관한 지식·능력 또는 관련분야의 경험이 풍부한 자 중에서 계약직공무원으로 채용한다(동법 제7조 제1항). 이러한 채용계약의 내용에는 기관장이 수행할 직무의 내용, 기관장의 보수에 관한 사항, 사업목표 및 그에 따른 성과 목표에 관한 사항, 성과에 따른 처우에 관한 사항 등이 포함된다(동법시행령 제4조 제1항). 이처럼 채용계약 내에 포함되는 성과목표 및 성과에 따른 처우에 관한 사항부분은 성과계약의 일종으로 볼 수 있다.

　이러한 성과계약의 법적 성질에 관해서는 법적인 구속력이 없다는 견해,55) 법적 의무와 계약불이행에 따른 위험관리장치가 강제되는 시장경제주체들 간의 법적 계약모델 보다는 도덕적 혹은 윤리적 차원을 포함한 상대적으로 느슨한 형태의 '준계약적 협정형식'을 가진다는 견해56) 등이 제시되고 있다.

　성과계약의 유형에 대해서는 다음과 같은 견해가 제시된다. 이 견해는 성과계약을 크게 수직적 계약과 수평적 계약으로 나눈다. 그리고 수직적 계약에는 다시 기본틀합의,57) 예산과 성과합의,58) 조직 내 성과합의,59) 개인별 성과합의60)가 속한다고 보고 있다. 그리고 수평적 계약에

---

54) 동법 제2조 제1항에서는 책임운영기관을 "정부가 수행하는 사무 중 공공성을 유지하면서도 경쟁원리에 따라 운영하는 것이 바람직한 사무에 대하여 책임운영기관의 장에게 행정 및 재정상의 자율성을 부여하고 그 운영성과에 대하여 책임을 지도록 하는 행정기관"이라고 정의하고 있다.

55) 이근주/송정미, 성과계약과 인사관리: 개방형 임용제, 한국행정연구원 연구보고서, 2002, 8면 참조.

56) 이재원, "성과계약기반의 책임운영기관 활성화방안", 지방정부연구 제8권 제1호, 2004, 10면 참조.

57) 부처별로 전략과 우선순위에 대해 이루어진 합의를 말한다.

58) 예산부처와 사업부처 간에 이루어진 합의를 말한다.

59) 부처의 장관과 고위관리자 간에 이루어진 합의를 말한다.

60) 장관 및 고위관리자와 직원 간에 이루어진 합의를 말한다.

는 부서 간 성과계약,[61] 정부 간 성과계약,[62] 시민사회와의 합의[63]가 속한다고 보고 있다.[64]

성과계약과 관련해서는 이의 법적 성질을 어떻게 볼 것인지 하는 점이 문제이다. 우선 중앙인사위원회의 운영지침에 의해 장차관이나 실국장 간에 체결되는 직무성과계약을 살펴보도록 하겠다. 이들 계약의 내용을 보면 성과에 관한 평가지표 등이 들어가고 이에 관한 평가결과가 인사관리기준으로 활용될 수 있다는 점에 관한 내용이 들어가 있는 것은 사실이나 이러한 평가지표가 인사관리와 구체적으로 어떻게 연관성이 있는지에 대해서는 명시적인 규정을 두지 않고 있다. 그리고 예를 들어 '국장과 과장 간에 체결되는 직무성과계약'에 있어서 인사관리의 영향을 받게 되는 과장은 자연인으로서 법인격을 갖는다고 하더라도 평가업무를 담당하는 국장은 독립된 법인격을 갖는 것으로 보기 힘들다. 이러한 점을 종합할 때 양자간의 합의에 법적인 구속력을 인정하기는 힘들다고 하겠다.[65]

다음으로 책임운영기관의 장의 채용계약 내에 포함된 성과계약을 살펴보도록 하겠다. 여기서의 성과계약은 앞서 본 장차관 또는 실국장 간에 체결되는 직무성과계약과는 다음과 같은 차이점이 있다. 첫째, 장차관 또는 실국장 간에 체결되는 직무성과계약은 신분설정과 관련된 계약과 무관하게 이루어지나, 책임운영기관의 장과의 성과계약은 공무원고용계약과 동시에 이루어진다는 점에서 차이가 있다. 둘째, 예를 들어 국장과 과장 간에 체결되는 직무성과계약은 법주체 상호간의 계약으로 보

---

61) 정부 내 부서 간 거래관계 형성에 관한 합의를 말한다.

62) 국가와 지방자치단체 간 성과합의를 말한다.

63) 시민사회에 대한 고객서비스 합의를 말한다.

64) 이재원, "성과계약기반의 책임운영기관 활성화방안", 지방정부연구 제8권
제1호, 2004, 11면.

65) 국장이 국가를 대표하여 계약을 체결한 것으로 볼 수 있다는 반론이 제기될
수 있으나 장관이 아닌 국장이 국가를 대표하여 계약을 체결한 것으로 볼
법적인 근거를 찾기는 힘들다고 하겠다.

기 힘드나, 책임운영기관의 장과의 성과계약에 있어서는 소속 중앙행정
기관의 長이 국가를 대표하여 계약을 체결한다는 점에서 법주체 상호
간의 계약으로 볼 수 있다. 이러한 점들을 고려하면 책임운영기관의 장
의 채용계약 내에 포함된 성과계약은 법적 구속력이 인정된다고 할 수
있다.

　장차관과 실국장 간에 체결되는 직무성과계약이 비록 법적 구속력이
없는 사실상 합의에 불과한 것으로 본다고 하더라도 이의 내용이 인사
관리에 사실상 영향을 미칠 수 있다는 점을 고려할 때 이러한 계약체결
과 관련하여 단지 행정규칙 형식인 중앙인사위원회 운영지침으로만 규
율하고 있는 것은 문제가 있다고 하겠다. 이와 관련된 법령상의 근거마
련이 시급하다고 하겠다.

결 론

I. 외국법제의 종합적 비교

외국의 법제를 종합적으로 볼 때 다음과 같은 특징이 나타나고 있음을 알 수 있다. 행정계약의 기초(제1장)와 행정계약의 일반법리(제2장)에서는 보편성과 특수성이 혼재되어 나타나고 있는 반면에, 행정계약의 유형별 분석(제3장)에서는 보편성이 상대적으로 강하게 나타나고 있다는 점이 그것이다. 그리고 이러한 특성은 자유주의−공동체주의 맥락에서 보다 분명하게 설명된다고 할 수 있다. 행정계약의 기초(제1장)와 행정계약의 일반법리(제2장)를 행정계약총론으로 묶어서 보고, 행정계약각론(제3장)을 구별하여 고찰해보도록 하겠다.

1. 행정계약총론

1) 행정계약의 개념과 유형, 공사법의 구별

우선 행정계약의 용어 및 개념, 유형, 그리고 공사법의 구별과 행정계약의 관계를 보면 독일과 나머지 세 국가에 상당한 차이가 발생하고 있음을 볼 수 있다. 정부조달계약법제를 행정계약법제의 중심에 놓고 있는가(프랑스, 미국, 영국), 그렇지 않은가(독일)하는 점의 차이가 그것이다. 프랑스, 미국, 영국에서 정부조달계약법제를 행정계약법제의 중심에 놓고 있는 것은 공법을 기능적, 실질적으로 넓게 이해하여 정부조달계약법

제도 이러한 공법적인 틀 안에서 이해하려고 하기 때문이라고 할 수 있다. 반면에 권력설을 중심으로 공법의 범위를 좁게 이해하는 독일에서는 정부조달계약법제를 私法으로 이해하려고 하는 것으로 볼 수 있다.

이처럼 독일이 다른 나라에 비해 공법의 설정범위를 좁히고 있는 것은 독일의 행정계약법 체계가 고전적인 자유주의의 모습을 띠고 있기 때문으로 볼 수 있다. 즉 공법과 사법을 구분하면서 공법의 범위를 좁혀서 이해함으로서 상대적으로 사적 자치의 영역을 넓게 확보하려는 모습을 보여주고 있는 것으로 볼 수 있다. 이에 비해 프랑스, 미국, 영국에서는 독일에 비해 공법의 범위를 넓게 설정한다는 점에서 상대적으로 공동체주의적 모습을 보여주고 있는 것으로 볼 수 있다.

2) 행정계약의 헌법적 근거

행정계약과 법률유보의 관계를 보면 독일이나 미국에서는 행정계약의 체결에 있어서 법령상의 근거를 원칙적으로 요하지 않는 것으로 보나 프랑스에서는 고권적 행정영역에서 행정계약이 체결될 때에는 법령상의 근거를 원칙적으로 요하는 것으로 본다는 점이 주요한 차이점으로 나타나고 있음을 알 수 있다.

우선 독일의 이러한 모습은 고전적 자유주의적 태도를 보인 것으로 볼 수 있다. 즉, 私法상의 계약이 사적 자치의 원리에 의해 법령상의 근거가 없이 체결될 수 있는 것과 같이 행정계약에서도 법령상의 근거를 원칙적으로 요하지 않는다고 보는 것이다. 이에 비해 프랑스는 행정계약의 민주적 통제를 위해 고권적 행정영역의 행정계약에 있어서 법령상의 근거를 요한다고 봄으로서 공동체적 가치를 보다 추구하고자 한 것으로 볼 수 있다.

영국에서 왕이 체결하는 계약에 있어서는 자연인이 체결하는 계약과 마찬가지로 법령상의 근거를 요하지 않는다고 본 것은 왕과 자연인을 동등하게 취급하는 자유주의적 원리가 반영될 것을 볼 수 있다. 그러나 왕 이외의 행정주체가 체결하는 계약에 있어서는 법령의 근거를 요한다고 본 것은 상대적으로 공동체주의가 반영된 것으로 볼 수 있다.

다음으로 행정계약과 법률우위의 관계를 보도록 하겠다. ① 이미 법률이 존재하고 이후에 이에 위반되는 행정계약이 체결되는 경우를 보면 독일에서는 '단순히 위법한 계약'의 개념을 인정하여 위법하더라도 유효성을 인정하는 경우가 존재하는 반면, 프랑스, 미국, 영국은 이러한 개념을 인정하지 않고 위법의 경우 원칙적으로 무효를 인정하는 시스템이라고 할 수 있다. 이러한 독일의 태도는 행정계약의 구속력을 다른 국가보다 강하게 인정하는 시스템으로 볼 수 있는데 이 역시 사적 자치의 원리에 따라 계약의 구속력을 강하게 인정하는 사법상 계약의 시스템과 유사한 것으로 독일 행정계약법의 자유주의적 특성이 다시 한번 드러나는 것으로 이해할 수 있다.

② 행정계약이 우선적으로 존재하고 이의 내용에 영향을 미치는 법률이 제정된 경우를 보면 계약조항(contract clause)이 존재하는 미국에 비해 이러한 조항이 존재하지 않고 계약의 자유의 헌법적 가치를 인정하지 않는 프랑스나 왕의 계약체결권한이 법령에 의해서 제한될 수 있다고 보는 영국에서 법률에 따른 행정계약의 내용변경이 보다 쉽게 인정되고 있다. 이 때 프랑스나 영국에서 미국보다 법률우위가 보다 강하게 관철되고 있는 것으로 볼 수 있다. 이를 바꾸어 말하면 법률의 제정에 따라 기존에 체결된 계약의 구속력이 약화되는 것이 보다 쉽게 가능하다는 의미가 되며 이 점에 있어서는 프랑스와 영국의 행정계약법제가 미국의 그것에 비해 공동체주의의 성격이 강하다고 평가할 수 있다.

3) 행정의 행위형식체계에 있어서의 행정계약

독일, 미국, 영국에서는 행정행위형식의 선택에 재량권이 인정되나, 프랑스는 고권적 행정에서는 이러한 재량권이 원칙적으로 부정된다는 점에서 기본적인 차이가 발생된다. 이러한 이유로 프랑스에서는 독일식의 '행정행위를 대체하는 행정행위'의 개념은 찾아보기 힘들다. 이는 앞서 본 행정계약과 법률유보의 관계와 연관성이 있다고 할 수 있다.

이처럼 행정주체에게 행위형식의 선택의 재량이 인정하는 것이 오히려 행정주체의 권한의 폭을 넓혀준다는 점에서 오히려 공동체주의적인 요소가 있지 않은가 하는 의문이 제기될 수 있다. 그러나 행위주체에게 행위형식의 선택의 재량을 제한적으로 인정하는 프랑스의 태도가 오히려 공익의 대변자로서의 의회의 입법권한을 존중한 입장이라는 점에서 보다 공동체주의적인 입장으로 보는 것이 타당하다.

4) 행정계약의 체결과정에서의 법적 규율

행정계약체결과정에서 독일과 프랑스의 가장 큰 차이점을 든다면 민법상의 의사표시하자의 이론이 행정계약에서 차지하는 위치가 다르다는 점을 들 수 있다. 독일에서는 민법상의 의사표시하자이론이 거의 그대로 적용되는 반면에 프랑스의 경우 민법상의 이론이 상당히 수정되어 제한적으로 적용된다는 점이다. 이는 사적 자치에 입각한 私法상 계약에서는 의사표시의 하자가 계약의 효력에 미치는 영향이 크나, 행정계약에서는 당사자의 의사에 사법상 계약만큼 큰 비중을 두고자 하지 않는 것으로서 역시 프랑스의 상대적인 공동체주의적인 특성을 드러내주고 있는 것으로 볼 수 있다.

민법상의 표현대리의 법리의 적용에 있어서 독일과 프랑스는 적극적인 반면, 영국과 미국은 소극적인 모습을 보이고 있다. 영국과 미국에서 계약을 체결한 행정주체에게 법령상의 권한이 존재하는가를 중시하는 데서 이러한 경향이 나타난다. 영미에서 권한없는 행정청이 계약을 체결했을 때 금반언의 원칙을 적용하여 이를 신뢰한 상대방을 보호하는 것을 꺼리고 있는 것은 법률우위를 보다 강력하게 관철하기 위한 것으로서 공동체주의적 성향이 나타나고 있는 것으로 볼 수 있다.

5) 행정계약의 체결 이후의 법적 규율

행정계약의 체결 이후의 법적 규율에 있어서의 각국의 법제의 공통점을 든다면 사정변경이론을 토대로 한 사정변경에 관련된 원칙들이 사법상의 계약에 비해 보다 쉽게 인정되는 경향이 있다는 점을 들 수 있다. 사법상의 계약에 비해 계약의 구속력이 완화되고 있는 모습을 공통적으로 보여주는 것으로 볼 수 있다.

사정변경원칙의 적용과 관련하여 독일과 프랑스의 차이 중의 하나는 독일에서는 계약기초의 상실에 따른 계약자체의 해지도 가능한 반면, 프랑스에서는 불가예견에 따른 계약의 해지는 원칙적으로 불가능하다고 보고 있다는 점이다. 이는 프랑스의 불가예견론이 공역무 계속의 원칙과 결부되어 인정되고 있기 때문이다. 이처럼 프랑스에서 사정변경원칙이 공역무제도를 토대로 하고 있는 것도 사정변경원칙의 공동체주의적 특성을 드러내는 것으로 볼 수 있다.

또한 외국법제에서 나타나고 있는 공통점 중의 하나는 사정변경원리와 구별되는 '공익을 이유로 한 일방적 계약해지'가 인정되고 있다는 점을 들 수 있다. 이는 私法상 계약에는 인정되지 않는 행정계약의 현저한 특징으로서 공익이 강조되는 공동체주의적 모습이 각국에서 보편적으로 드러나고 있는 부분이라고 볼 수 있다.

6) 행정계약의 하자

행정계약의 하자론의 적용범위가 私法상 계약의 하자론의 적용범위보다 넓은 경향을 각국이 공통적으로 보이고 있다. 독일에서는 민법상 계약이 무효가 되는 금지법률보다는 행정계약이 무효가 되는 금지법률의 범위가 보다 넓은 것으로 보아야 한다는 견해가 유력하고, 프랑스에서는 민법에서 포기된 부존재의 이론이 어느 정도 명맥을 유지하고 있으며, 미국의 금반언의 원칙을 정부에게 불리하게 적용하는 것을 피하고 있다는 점 등에서 이러한 경향을 읽을 수 있다. 이는 전체적으로 사법상 계약에 비해 행정계약의 경우 법률우위의 원칙이 보다 중시되기 때문으로 공동체주의적 특성이 공통적으로 나타나고 있는 것으로 볼 수 있다.

다만 프랑스 행정계약의 무효를 인정받기 위해서는 반드시 법원의 판결을 요한다는 점에서 독일이나 미국과는 차이가 나타난다. 이는 계약의 구속력을 강하게 인정하는 사법상의 계약이론의 영향을 받은 바가 크다고 할 수 있는데 이 점에 있어서는 프랑스 행정계약법제의 공동체주의적 성격이 상대적으로 완화되어 나타나고 있다고 볼 수 있다. 절대적 무효와 상대적 무효를 구분하는 프랑스의 법제도 다른 국가와 구별되는 특색이라고 할 수 있는데 이 역시 프랑스의 독특한 사법상 민법하자이론의 영향으로 볼 수 있다.

7) 행정계약 관련분쟁의 쟁송수단

독일에서는 정부조달계약에 대한 쟁송수단과 기타 행정계약에 대한 쟁송수단이 차이가 있다는 점에서 다른 나라와의 차이가 있다. 이 점은 공사법의 구별의 관점에서 행정계약을 보는 시각에 차이가 있기 때문이고 이는 독일의 상대적으로 자유주의적 성격을 드러내는 것으로 볼 수 있다.

다만 프랑스, 미국, 영국을 비교해보면 프랑스, 영국에서는 행정계약의 일부에 대해서 행정소송이 가능하다고 보는 분리가능한 행위이론을 채택하여 법치국가적 통제를 확보하려는 모습을 보여주고 있다는 점에서 미국에 비해 보다 강한 공동체주의적 모습을 보여주는 것으로 볼 수 있다.

행정계약을 다루는 전문법원이 존재한다는 점은 각국의 공통적인 특징으로 나타난다고 볼 수 있다. 공사법의 구별이 엄격한 독일이나 프랑스는 물론이고 미국에서도 연방배상청구법원 등에서 이 사건을 주로 다루고 있다는 점에서 이를 알 수 있다. 이는 행정계약에 관한 분쟁이 상당히 전문성을 요한다는 점, 공익관련성이 매우 크다는 점을 고려한 것으로서 공동체주의적인 특성이 공통적으로 나타나고 있는 것으로 볼 수 있다.

다만 미국의 연방배상청구법원의 판례를 보면 사법상 계약과 행정계약의 차이점을 강조하는 입장에서 최근에는 양자의 유사성을 강조하는 입장이 주류를 이루어가고 있다는 점에서 공동체주의를 조금씩 벗어나 신자유주의적인 경향을 나타내기 시작하고 있는 것으로 분석해볼 수 있다.

2. 행정계약각론

1) 정부조달계약

정부조달계약법제를 놓고 보면 각국의 수렴(convergence)현상이 강하게 나타나고 있음을 볼 수 있다. 이는 WTO 정부조달협정의 영향이 크다고 할 수 있다. 정부조달계약법제의 경우 전통적으로 사법상 계약과 가장 유사한 것으로 이해되어 왔으나 WTO 정부조달협정이나 투명성작업반 등의 활동을 통해 정부조달계약의 투명성이 강조되면서 공법적 특수성이 강조되고 있는 추세라고 할 수 있다.

그러나 이처럼 정부조달계약법제의 공법적 특수성이 강조되고 있다는 점만으로는 이 분야에서 공동체주의적인 성격이 강하게 나타나고 있다고 단정할 수는 없다. 그 이유는 정부조달계약의 투명성이 강조되고 있는 이유가 어디까지나 정부조달시장에서의 외국기업의 시장접근성을 강력하게 보호하는데 보다 초점이 맞추어져 있기 때문이다. 이러한 점을 고려할 때에는 정부조달계약법제의 신자유주의적 특성이 각국에서 공통적으로 나타나고 있는 것으로 볼 수 있다.

2) 민관협력계약 및 민간위탁계약

민관협력계약이나 민간위탁계약은 각국의 행정기능의 민영화과정에서 공통적으로 나타나고 있는 계약형식이라고 볼 수 있다. 이처럼 전통적으로

행정이 직접 담당해왔던 행정기능자체가 시장의 대표적인 기제인 계약의
형식으로 위임된다는 것 자체가 신자유주의의 확산으로 볼 수 있다. 미국
과 영국이 이를 주도하고 독일과 프랑스가 이를 따라가고 있다는 점에서
영미의 신자유주의적인 경향이 보다 강한 것으로 볼 수 있다.

민관협력계약의 경우 정부조달계약에 비해 민간기업의 위험부담의
정도가 크다는 점, 장기간에 걸쳐 상호간의 신뢰를 바탕으로 계약이 유
지된다는 점을 고려하여 그 절차면, 특히 계약체결면에서 정부조달계약
에 비해 탄력성을 크게 인정한다는 점에서는 각국이 모두 공통적인 모
습을 보여주고 있는 것으로 볼 수 있다. 민관협력계약에 있어서 법령에
의한 통제를 정부조달계약에 비해 상대적으로 제한한다는 점에서 신자
유주의적인 경향을 드러내고 있다고 볼 수 있다.

다만 민간위탁계약에 있어서 그 한계의 설정을 위한 공법적인 노력이
지속되고 있음을 볼 수 있다. 미국에서 국가행위이론, 위임불가이론 등
의 법리가 활용되고 있고, 영국에서 인권법의 적용을 인정하고 있는 것
은 이러한 모습을 보여준다고 할 수 있다. 그런데 이러한 법리들은 민간
위탁계약의 고유한 법리라고 보기는 힘들고 공법일반의 법리를 민간위
탁계약에 적용한 것으로 볼 수 있다.

3) 규제계약

규제협약의 법적 효력과 관련해서 각국에서 나타나고 있는 경향 중의
하나는 사실상의 합의보다는 법적인 구속력을 갖는 계약을 선호하고 있
는 경향이 나타나고 있다는 점이 특징이라고 할 수 있다. 이러한 경향은
다음과 같이 이해할 수 있다. 즉, 전통적인 일방적인 규제방식이 중심이
된 시스템에서는 사실상의 합의만이 보충적으로 활용되나 규제계약이
본격적으로 사용되면서 전통적인 규제방식을 대체하는 경향이 생기고
있는 것으로 볼 수 있다. 이처럼 정식의 계약형식이 전통적인 행정법영
역인 규제법영역에 사용되는 경향도 신자유주의의 경향으로 볼 수 있다.

다만 규제계약에 있어서 규제기관이 피규제기관에 포획되는 문제를
해결하기 위해서 각국에서는 규제계약의 체결과정에서 정보공개, 이해
관계인의 참여를 통해 투명성이 제고되어야 한다는 점이 강조되고 있다.
이 역시 규제계약의 고유한 법리가 아닌 공법의 일반법리가 규제계약에
반영된 것으로 볼 수 있다.

4) 공무원고용계약 및 성과계약

신공공관리론의 확산에 의해 공무원법의 대대적인 개혁이 이루어지
고 있는데 그 대표적인 사례로서 계약직공무원이 확대되고 성과계약이
활성화되고 있다는 점을 들 수 있다. 이들은 모두 성과주의를 실현하는
데 그 초점이 맞추어져 있다고 할 수 있다. 이러한 경향은 직업공무원제
가 헌법상 규정되어 있는 독일에 비해 영국이나 미국에서 더 강하게 나
타나고 있으나, 독일이나 프랑스도 영국과 미국의 영향으로 이러한 계약
유형이 증가하고 있는 추세이다. 이러한 점을 고려할 때 공공영역에서의
시장원리의 확산이라는 신자유주의적인 경향이 공무원고용계약 및 성과
계약에서 공통적으로 나타나고 있다고 할 수 있다.

그러나 이러한 성과주의만을 강조할 때에는 엽관제의 폐해가 나타날
수 있고, 공무원신분이 지나치게 불안정해질 수 있다는 점 등을 고려하
여 영국과 미국에서도 절차적 통제를 강화하는 등 그 공법적 특수성을
반영하기 위한 노력을 기울이고 있다. 이 역시 공법의 일반원리의 적용
을 통해 신자유주의를 제어하고자 하는 모습으로 이해할 수 있다.

3. 종합적 평가

행정계약총론분야에 있어서 독일은 고전적 자유주의의 경향을 강하
게 띠면서 점점 공동체주의에 접근하는 모습을 보여주고 있고, 프랑스는

공동체주의의 경향을 강하게 띠고 있으며, 미국은 기본적으로 공동체주의를 보이면서 이를 조금씩 벗어나 신자유주의로 향하는 모습을 나타내고 있으며, 영국은 프랑스와 미국의 중간 정도의 경향을 보여주고 있는 것으로 분석할 수 있다. 또한 행정계약각론분야에서는 각국이 상당정도로 신자유주의적인 경향을 보이고 있는 것으로 평가할 수 있다. 다만 미국, 영국이 프랑스, 독일에 비해 이러한 경향을 보다 강하게 보이고 있는 것으로 평가할 수 있다.

이상의 내용을 종합해보면 행정계약법총론과 행정계약법각론의 괴리현상이 나타나고 있음을 알 수 있다. 즉, 행정계약총론분야에서는 공동체주의를 중심으로 모여 있는 반면, 행정계약각론분야에는 공동체주의를 벗어나 신자유주의로 향하는 모습을 보여주고 있는 것으로 볼 수 있다. 이는 행정계약법각론에서의 신자유주의적인 흐름을 행정계약법총론의 상대적으로 공동체주의적 관점에서 제어함으로써 양자간의 균형을 이루려는 모습으로 이해할 수 있다.[1]

II. 우리나라 법제의 정비방안

위와 같은 비교법적 분석을 토대로 할 때 우리나라의 행정계약법제의 분석에 대해 어떤 시사점을 얻을 수 있는지 살펴보도록 하겠다. 행정계약각론의 영역에서 공공부문에 시장원리를 일부 도입함으로서 효율성을 증대시키되, 행정계약총론의 영역에서 법치주의, 민주주의적 관점에서 통제를 가함으로서 신자유주의의 문제점을 제어하려는 각국의 노력은 우리 법제에 주는 시사점이 적지 않다고 하겠다.

---

1) 이러한 관점에서 행정계약각론만을 보고 다른 나라의 행정계약법제를 논의하는 것은 일면적인 이해에 머무는 결과가 된다고 하겠다. 그리고 이처럼 신자유주의와 공동체주의가 균형을 이루는 각국법제의 모습은 소위 '신공동체주의'에 가까운 것으로 평가할 수 있다.

다만 우리나라의 행정계약법제의 정립에 있어서는 다음과 같은 우리의 특수성을 고려해야 할 것이다. 행정계약법제의 성공은 근본적으로 계약당사자 상호간의 신뢰(trust)에 달려있다고 할 수 있는데, 법사회학적으로 볼 때 우리사회의 경우 신뢰의 범위가 매우 협소하다는 특징을 가지고 있다는 점이 지적되고 있다.2) 이러한 상황에서 행정계약의 적극적인 활용만을 강조하는 것은 많은 문제가 발생할 수 있음은 물론이다. 이러한 관점에서 예를 들어 우리나라에서 수의계약의 활성화를 논의하는 것은 아직 시기상조라고 보아야 한다.

이러한 점을 고려하면 우리 법제의 경우 행정계약총론분야에서 공동체주의적인 관점에서 민주주의적, 법치주의적 통제가 보다 엄격하게 이루어질 필요가 있다고 할 것이고, 행정계약각론에 있어서도 직접 민주제적 요소의 강화는 긍정적으로 받아들이되, 시장원리의 무분별한 도입은 피해야 할 것이다. 이러한 관점에서 우리 법제의 정비방안을 분야별로 구체적으로 밝히면 다음과 같다.

---

2) 이은영 교수는 이와 관련하여 다음과 같은 점을 지적하고 있다. "한국인이 계약상대방을 누구로 할 것인가를 선택하는 과정을 살펴보면 상대방의 선택범위가 폐쇄성을 띰을 알 수 있다. 가장 좋은 계약조건을 제시하는 사람을 공모하거나 또는 넓게 수소문해서 찾는 경우는 적고, 인적 연계망을 갖고 있는 자 중에서 한 명을 선택하는 경우가 많다. 소상인에서부터 대기업에 이르기까지 혈족이나 인적 연계망에 속한 사람들 사이에서만 거래를 하는 것이 관행화되어 있다. 대기업의 계약상대방은 계열회사이거나, 친인척이거나, 그 기업의 임원이었던 경력을 갖고 있는 등 양 당사자 사이에 특별한 인적 관계를 갖고 있는 경우가 많다. 중소기업이나 소상인에게서는 혈연에 의한 의존도가 더욱 높은 것을 발견할 수 있다. 본사에서 대리점을 내도록 허락하거나, 프랜차이즈 점포를 열거나, 백화점·대형시장에 입점할 자격을 부여받는 데에도 인적 연계망은 매우 중요한 작용을 한다"(이은영, "계약에 있어서 법과 문화", 민사법학 제25호, 2004, 239~240면 참조).

1. 행정계약총론

1) 행정계약의 개념과 유형, 공사법의 구별

우선 사법상 계약까지 포함하는 광의의 행정계약의 개념과 공법상 당사자소송의 대상이 되는 협의의 행정계약의 개념을 나누어 볼 필요가 있다고 하겠다. 이러한 광의의 행정계약의 개념을 설정하는 실익은 행정주체가 사용하는 각종의 계약유형을 포괄적으로 검토대상으로 삼음으로써 각 유형의 공법적 특수성을 보다 구체적으로 밝혀낼 수 있는 토대가 마련된다는 점에서 찾을 수 있다.

또한 협의의 행정계약과 사법상의 계약을 구별하는 기준과 관련해서는 당사자의 의사, 관련법제등을 기준으로 하여 이익설적인 관점에서 분석해야 할 것이다. 프랑스의 경우 계약의 대상도 중요한 기준으로 삼고 있으나 공역무의 개념이 아직 확고하게 자리잡고 있지 않은 우리나라의 경우에는 이 기준을 독립적인 공사법구별의 기준으로 삼는 것은 신중할 필요가 있다고 하겠다. 행정계약의 유형과 관련해서는 행정의 기능을 중심으로 한 구별에 초점을 맞출 필요가 있다.

2) 행정계약의 헌법적 근거

다음으로 행정계약의 헌법적 근거를 살펴보자. 우리나라 헌법은 경제조항을 두고 있다는 점에서 다른 국가의 헌법체계와 다른 특수성을 가지고 있고 이러한 점을 충분히 살려야 할 것이다. 이러한 관점에서 경제적 행정계약과 비경제적 행정계약을 나누어서, 전자의 경우 헌법상 경제조항의 적용을 받게 됨에 따라 그 구속력의 배제에는 비경제적 행정계약에 비해 상당한 제한이 발생한다고 할 수 있다.

우선적으로 행정계약과 법률유보의 관계를 보면 크게 두 가지를 나누어 볼 필요가 있다고 하겠다. ① 입법자의 의사에 의해 행정행위만이 법령에 규정된 경우 권력행정의 영역에서는 원칙적으로 법령상의 근거를 엄격하게 요하고, 비권력행정의 경우에도 국민의 기본권에 중대한 영향을 미칠 우려가 있는 경우는 법령상 근거를 요한다고 보아야 할 것이다. ② 아무런 행위형식에 대한 규율이 없는 경우에는 좀더 자유롭게 행정계약의 성립을 인정하는 것이 가능하다고 보아야 할 것이다.

다음으로 행정계약과 법률우위의 관계를 보자. ① 이미 법령이 존재하고 이후에 이에 위반되는 행정계약이 체결되는 경우를 보면 행정계약과 관련된 법령의 규정은 원칙적으로 강행규정으로 보아야 할 것이다. 또한 독일과 같이 단순위법한 계약의 개념을 인정할 법률상 근거도 존재한다고 보기 힘들다고 하겠다. 이러한 점을 고려할 때 행정계약이 관련법령을 위반하여 체결된 경우는 원칙적으로 무효로 보아 법률우위의 원칙을 엄격하게 관철하는 것이 타당하다고 하겠다.

② 행정계약이 우선적으로 존재하고 이의 내용에 영향을 미치는 법률이 제정된 경우를 보면 미국과 같이 헌법상 계약조항(contract clause)이 존재하지 않는다는 점에서 우리나라의 경우 미국에 비해서 행정계약의 내용에 영향을 미치는 법률제정의 헌법적 허용가능성이 보다 크다고 하겠다.

3) 행정의 행위형식체계에 있어서의 행정계약

우리나라에서 행정행위를 광범위하게 계약에 의해 대체가 가능토록 하는 것은 법치국가적 보장체계를 잠탈할 위험이 매우 높고, 이렇게 볼 실정법상의 근거도 존재하지 않는다는 점에서 양자의 선택을 어느 정도 제한하는 것이 바람직하나, 행정의 탄력성과 조화를 추구하는 것이 바람직하다.

이와 관련해서는 ① 행정행위에 대해서만 법령상 근거가 존재하는 경우와, ② 행정행위나 행정계약에 대해 모두 법령상 근거가 존재하지 않는 경우, ③ 행정행위와 행정계약에 대해 모두 법령상의 근거가 존재하는 경우를 나누어 보아야 할 것이다. ①의 경우에는 권력행정의 영역의 경우에는 국민의 기본권에 중대한 효력을 미칠 우려가 있는 경우는 행정계약으로의 대체는 부인해야 하고, 비권력행정의 경우에도 국민의 기본권에 중대한 효력을 미칠 우려가 있는 경우에는 행정계약으로의 대체는 부인해야 한다. ②의 경우에는 조직법상의 근거만 있으면 작용법상의 근거가 없다고 하더라도 행정계약형식의 선택이 가능한 것으로 보아야 한다. ③의 경우에는 행정청에게 광범위한 행위형식의 선택의 재량권이 인정되는 것으로 보아야 한다.

행정계약과 행정행위의 구별기준에 관해서는 '대등성'을 구별표준으로 기준으로 하기보다는, 당사자의 의사(쌍방 간의 법률관계를 상호적으로 규율할 의사)가 있는지 여부를 기준으로 판단하되, 이를 판단함에 있어서는 행정작용에 붙인 이름, 행정작용의 형식 등 여러 가지 외부적인 상황들을 광범위하게 참조해야 할 것이다. 다만 당사자의 권리구제의 필요성을 고려하여 행정계약 중 일부를 분리하여 처분으로 보아 취소소송의 대상이 되도록 하는 것이 바람직하다.

4) 행정계약의 체결과정에서의 법적 규율

우리나라에서도 독일이나 프랑스와 마찬가지로 원칙적으로 국가, 지방자치단체 등과 같이 법인격이 인정되는 행정주체의 경우에만 원칙적으로 계약체결이 가능하다고 보아야 할 것이다. 다음으로 동일한 법주체 내부의 기관 상호간에도 법령상의 근거가 존재할 경우에는 법적 구속력 있는 내부계약의 성립이 가능하다고 보아야 할 것이다.

행정계약의 경우 당사자들의 진정한 의사 못지않게 계약에 관한 공익적 요청이 크다는 점을 고려할 때 민법상의 의사표시 하자이론을 그대로 받아들이는 것은 부당하며 상당한 수정이 불가피하다고 할 것이다. 계약의 취소나 무효를 쉽게 인정하는 것보다는 계약의 존속은 원칙적으로 인정하면서 손해배상청구, 계약내용의 수정 등을 인정하는 것이 보다 바람직하다.

　행정계약일반에 관해 독일행정절차법과 같은 일반규정이 존재하지 않는 우리나라의 경우에는 원칙적으로 구두에 의한 계약체결이 가능한 것으로 일단 볼 수 있다. 다만 국가를 당사자로 하는 계약에 관한 법률 제11조에서는 원칙적으로 계약서를 작성하도록 규정하고 있는데 이러한 규정은 정부조달계약과 유사한 성격을 갖는 행정계약에 유추적용되어야 할 것이다.

5) 행정계약의 체결 이후의 법적 규율

　우리나라에서도 각국의 법제와 마찬가지로 사정변경원칙에 따른 계약의 해지·변경과 공익을 원인으로 한 계약의 해지·변경을 구별하여 볼 필요가 있다고 할 것이다. 사정변경원칙에 따른 계약의 해지·변경의 경우 반드시 법령이나 계약상의 근거가 없다고 하더라도 가능하다고 보아야 할 것이다. 경제적 사정이 변경된 경우는 원칙적으로 사정변경원칙에 따라 계약체결당시 예견이 불가능했던 현저한 사정이 변경된 경우에만 계약을 해지·변경하는 것이 가능하다고 하겠다.

　이에 비해 공익을 원인으로 한 계약의 해지·변경의 경우 이의 남용 가능성이 매우 크다는 점을 고려하면 반드시 법령이나 계약상의 근거를 필요로 한다고 보아야 한다. 그리고 여기서의 '공익적인 사정'은 경제적 사정 이외의 사정을 의미하는 것으로 보아야 할 것이다.

6) 행정계약의 하자

　권한없는 행정청에 의해 계약이 체결된 경우 민법상의 이론과 유사하게 표현대리의 법리를 적용할 수 있는가가 문제되는데, 프랑스와 같이 사실상의 공무원 이론을 광범위하게 인정할 경우에는 계약상대방의 보호에 있어서는 장점이 있으나 법률우위의 원칙을 보다 철저하게 관철하는 데에는 한계가 있다고 할 수 있다. 이러한 점을 고려하여 권한없는 행정청에 의한 계약체결이 이루어진 경우에는 권한있는 행정청의 인지여부, 승인가능성여부 등을 종합적으로 고려하여 그 효과를 결정하는 것이 타당하다고 하겠다.

7) 행정계약 관련분쟁의 쟁송수단

우리나라 판례에서는 정부조달계약과 관련된 분쟁에 있어서 원칙적으로 민사소송에 의한다고 보고 있으며, 이러한 이유로 계약체결 전(前)단계에 있어서 민사가처분의 인용도 매우 인색한 것이 판례의 태도이다.

정부조달계약을 사법상 계약과 동일한 것으로 보는 이러한 판례의 태도는 정부조달계약의 공법적 성격을 무시한 것으로서 비판받아 마땅하다. 다만 부정당업자제재와 관련해서는 행정소송에 의하고 있다는 점은 부정당업자의 제재 과정에서의 재량권의 일탈, 남용을 통제할 수 있는 장치가 될 수 있다는 점에서 바람직한 것으로 볼 수 있다.

협의의 행정계약의 범위가 넓혀짐과 동시에 공법상 당사자소송이 활발하게 활용될 수 있도록 해야 할 것이며, 행정부 내에서의 분쟁해결이나 대체적 분쟁해결수단을 통한 분쟁해결이 입법적으로 정비될 필요가 있다고 하겠다.

2. 행정계약각론

1) 정부조달계약

정부조달계약법제를 놓고 볼 때 정보의 공개, 재량권의 한계설정 등을 통해 정부조달계약의 투명성을 제고하는 것은 우리나라의 경우에도 당연히 필요하다고 할 것이다. 다만 WTO를 중심으로 한 투명성제고의 논의에 있어서는 지나치게 계약상대방의 보호, 행정주체의 부패의 측면에만 초점이 맞추어진 점을 고려하여 행정주체의 부패, 행정주체의 재정적 효율성의 제고라는 측면이 균형있게 다루어질 필요가 있다고 하겠다.

2) 민관협력계약 및 민간위탁계약

협의의 민관협력계약과 광의의 민관협력계약을 나누어 볼 필요가 있다고 하겠다. 협의의 민관협력계약은 재정민영화와 관련된 계약으로 사용하고, 광의의 민관협력계약의 경우에는 민간위탁계약까지 포함하는 넓은 의미로 사용하는 것이 민관협력을 포괄적으로 공법적 관점에서 분석하는데 도움을 준다고 하겠다.

이 경우 협의의 민관협력계약의 경우 정부조달계약에 비해 사기업에 재정적 위험이 크고 장기간의 신뢰관계를 요한다는 점을 고려할 때 계약체결절차의 엄격성이 부분적으로 완화될 필요성이 존재한다고 하겠다.

광의의 민관협력계약에 속하는 민간위탁계약의 경우 기본권에 중대한 영향을 미치는 민간위탁계약의 경우 이의 체결을 위해서는 정부조직법 제6조와 행정권한의 위임 및 위탁에 관한 규정만으로는 불충분하다고 하겠고, 별도의 법령을 요한다고 보는 것이 타당하다. 민간위탁의 한계도 문제가 되는데 행정주체의 통제가 충분히 이루어지고, 투명성이 보장되는 전제하에서만 행정기능의 위탁이 가능하다고 보아야 할 것이다.

3) 규제계약

법적 구속력이 없는 규제협약의 경우 이것이 '규제'와 관련된다는 점을 고려하면 아무런 법령상의 근거도 요하지 않는다고 보기는 힘들고 최소한 임무에 관한 조직법상의 근거는 요한다고 보는 것이 타당하다고 하겠다. 다음으로 법적 구속력이 있는 규제계약의 경우에는 당연히 법령상의 근거(조직법상, 작용법상)를 요한다고 보는 것이 타당하다.

또한 규제계약의 경우 계약체결 전후로 이루어진 각종의 조치와 관련해서는 이를 처분으로 보아 재량권의 일탈, 남용이 있는 경우에는 이의 처분성을 인정하여 행정소송이 가능토록 하는 것이 타당하다. 규제계약의 남용을 막기 위해서는 정보의 공개 및 제3자의 참여가 입법적으로 보장되도록 해야 한다.

4) 공무원고용계약 및 성과계약

헌법상 직원공무원제의 취지, 담당임무의 공익성을 고려할 때 공무원고용계약의 공법적 특수성이 충분히 반영되는 해석론과 입법론이 필요하다고 하겠다. 공무원고용계약의 해지과정에서는 재량통제가 충실히 이루어져야 할 것이며 계약체결과정에서 투명성 제고의 필요성이 크다고 하겠다.

3. 앞으로의 과제

행정계약법제의 정립을 위해 앞으로 추가적으로 연구가 필요한 점들을 지적하면 다음과 같다. '제1부 행정계약의 기초'와 관련해서는 첫째, 행정계약과 *私法*과의 관계를 논의함에 있어서 공사법을 통틀어 일반법리로 작용할 수 있는 것이 무엇인지에 관한 연구가 필요하다. 예를 들어 독일에서는 '사정변경법리'가 공사법을 불문하고 적용될 수 있는 법리로 보아야 한다는 견해가 제시되고 있다. 행정계약의 일반이론에서도 계속하여 제기되는 질문이 민법상의 의사표시하자이론, 무권대리이론, 표현대리이론 등이 행정계약에 어느 정도 준용될 수 있는가라는 점이다. 이러한 점들을 고려할 때 공사법을 불문하고 적용되는 일반법리의 정립이 필요하다고 할 수 있다.

둘째, 행정계약과 형법의 관계가 연구될 필요가 있다. 프랑스의 사례를 보면 '정부조달계약의 형사법화'가 논의될 정도로 행정계약과 형법이 밀접한 관련을 맺고 있다. 프랑스에서 '정부조달계약의 형사법화'가 논의되고 있는 것은 정부조달계약에서 투명성을 강력하게 관철하기 위한 방법으로 형사적 제재수단을 도입하였기 때문으로 볼 수 있다. 물론 이러한 프랑스의 예가 바로 우리나라에도 보편타당성을 갖는다고 볼 수는 없을 것이나, 행정계약법제의 투명성제고의 하나의 방식으로 형사법적 제재를 어느 정도 활용할 수 있을지 논의가 필요하다고 하겠다.

'제2부 행정계약의 일반이론'과 관련해서는 첫째, 행정계약의 채무불이행법제가 연구될 필요가 있다. 채무불이행법은 주지하다시피 민법에서 많은 변화를 겪고 있는 분야이다. 이러한 변화의 흐름을 충분히 고려하면서 행정계약에 특유한 채무불이행법제를 어떻게 정립해갈 것인지 연구되어야 할 것이다. 또한 행정계약의 채무불이행법제와 국가배상책임법제의 관계를 어떻게 정립할 것인지도 논의되어야 한다. 이는 민법분야에서 채무불이행책임과 불법행위책임의 관계설정이 문제되고 있는 것과 같은 맥락이라고 할 수 있다.

둘째, 행정계약의 집행관련법제가 연구될 필요가 있다. 민법상 계약에 있어서는 채무불이행이 있을 때는 별도로 소송을 제기하여 확정판결을 받아야 집행이 가능한 것이 원칙이다. 독일이나 프랑스의 법제를 보면 행정계약에는 강제집행인락의 문구를 조항에 편입시켜 별도의 소송이 없어도 채무불이행시 바로 집행이 가능하도록 하는 예가 있다. 우리나라에 있어서 이러한 즉시집행력이 있는 계약이 어느 정도 범위에서 인정될 수 있는지 연구가 필요하다고 하겠다.

'제3부 행정계약의 주요유형'과 관련해서는 첫째, '국가를 당사자로 하는 계약에 관한 법률'이 어느 정도까지 적용 또는 준용될 수 있는지에 대한 해석론 또는 입법론의 정립이 필요하다. 물론 이를 위해서는 정부조달계약과 기타 행정계약유형의 공통점과 차이점에 대한 연구가 전제되어야 할 것이다.

둘째, 행정소송에서의 소송상 화해와 같이 소송법상의 행정계약에 관한 연구가 필요하다. 대체적 분쟁해결수단(ADR)의 강조에 따라 행정소송에 있어서도 조정이나 화해제도의 활용이 강조되고 있다. 행정기관 상호간이나 행정주체와 사인 상호간에 체결되는 소송상 행정계약은 실체법상 행정계약에 비해 어떤 특수성이 있는지에 관해 연구가 필요하다고 하겠다.

행정의 효율성과 행정에 대한 민주주의적, 법치국가적 통제가 조화를 이룬 행정계약법제의 정립은 신자유주의의 세계화 가운데에서 그 장점을 수용하면서도 공동체적 가치를 지켜가기 위해서 불가피한 과제라고 할 수 있다. 이러한 행정계약법제가 제대로 정착될 경우 계약과정을 통해 행정주체와 국민 간, 행정주체 상호간의 '신뢰'[3]가 강화될 것이며, 이러한 신뢰의 제고는 행정법문화의 선진화에 기여하게 될 것이다. 행정계약법제의 확산이 시대적 흐름이라고 할 경우 이것이 행정주체와 국민간, 행정주체 상호간의 신뢰의 증진이라는 순기능을 할 수 있도록 학계와 실무계가 끊임없이 노력을 기울여야 하겠다.

---

3) 신보수주의의 대표적인 이론가 중의 한 명인 프란시스 후쿠야마는 자본주의발전을 위해서는 '신뢰'(trust)라는 사회적 자본이 필수적임을 강조하고 있다(프란시스 후쿠야마 저, 구승희 역, 트러스트, 한국경제신문사, 1996 참조). 사회구성원 상호간의 신뢰의 범위가 지연, 학연, 혈연 등의 전통적인 신뢰범주를 벗어나 사회전반으로 확산될 때 거래비용을 낮추어 자본주의발전의 동력이 될 수 있다는 것이다. 후쿠야마가 자유민주주의를 역사의 최종점으로 보면서도(이러한 후쿠야마의 견해에 대해서 본 논문의 필자는 비판적이다) 이처럼 '신뢰'라는 공동체주의적 요소를 중시하고 있는 점은 시사하는 바가 크다고 하겠다.

〈참 고 문 헌〉

1. 국내문헌

1) 단행본

김근세, 책임운영기관 제도에 관한 비교분석, 집문당, 2000.

김남진/김연태, 행정법 I (제9판), 법문사, 2005.

김동희, 행정법 I (제11판), 박영사, 2005.

김비환, 자유지상주의자들, 자유주의자들, 그리고 민주주의자들 -기본권을 통해 본 시장과 민주주의, 성균관대 출판부, 2005.

김상용, 비교계약법, 법영사, 2002.

김일재, 미국인사행정론, 집문당, 2003.

김철용, 행정법 I (제8판), 박영사, 2005.

류지태, 행정법신론(제8판), 신영사, 2004.

박세일, 법경제학(개정판), 박영사, 2003.

박영복, 글로벌시대의 계약법 -국제거래와 민법이론-, 집문당, 2005.

박윤흔, 최신행정법강의(상)(개정29판), 박영사, 2004.

박정훈, 행정법의 체계와 방법론, 박영사, 2005.

박정훈, 행정소송의 구조와 기능, 박영사, 2006.

배득종/김성수/유평준, 민자유치론 -도시 및 사회공익시설을 중심으로, 박영사, 1996.

서원우, 전환기의 행정법이론, 박영사, 1997.

서필언, 영국행정개혁론, 대영문화사, 2005.

양준석/김홍렬, 다자무역 내 정부조달 논의와 정책적 시사점 : WTO를 중심으로, 대외경제정책연구원, 2001.

양명조, 미국계약법, 법문사, 1996.

이광윤, 행정법이론 -비교적 고찰-, 성균관대학교 출판부, 2000.

이호정, 영국계약법, 경문사, 2003.

장훈기, 정부계약제도해설(개정판), 범신사, 1998.

최병조, 로마법·민법논고, 박영사, 1999.
최송화, 법치국가와 공익, 박영사, 2002.
최재건, 국가계약법, 청림출판, 2006.
한경동, 정부조달과 반부패, 한국경제연구원, 2002.
한귀현, 독일환경법, 한국법제연구원, 2002.

2) 논문, 연구보고서

강구철, "공법상 계약", 관동대학교 논문집 제13권 제2호, 1985.
계승균, "정부계약법상 계약금액조정제도", 제5회 국방조달 관계법 세미나 논문집, 국방부조달본부, 2005.
권형준, "프랑스 행정법상의 행정계약론", 행정문제논집(한양대학교) 제3권, 1982.
길준규, "공공위탁법 연구", 토지공법연구 제13집, 2001.
김관보, "조달계약방법의 개선방안 : 공공공사 입·낙찰 계약제도를 중심으로", 한국행정학회 2003년도 기획세미나 발표논문집(새로운 조달행정의 패러다임 정립연구), 2003.
김남진, "공법상의 계약", 고시계 제29권 제1호, 1984.1.
김남진, "공법계약과 사법계약의 구별", 고시계 제29권 제8호, 1984.8.
김동희, "프랑스 행정법상의 행정계약에 관한 고찰", 서울대 법학 제32권 3·4호, 1991.
김동희, "행정작용론 소고", 행정작용법(중범 김동희 교수 정년기념논문집), 박영사, 2005.
김명길, "행정계약논고", 부산교육대학 논문집 제23권 제1호, 1987.
김명식, "공무원 임명행위의 법적 성질", 고시계 제43권 제3호, 1998.3.
김명용, 사인에 의한 행정의 한계와 신장을 위한 법제개선방안, 한국법제연구원, 2004.
김민호, "공공서비스의 민간위탁과 공기업의 민영화", 토지공법연구 제25집, 2005.
김병기, "독일 행정법상 위법한 행정계약과 그 법적 효력", 행정법연구 제3호, 1998.
김상묵/강제상/김종래, "계약직 공무원제도의 운영실태에 관한 분석", 한국정책학보 제12권 제2호, 2003.

김선욱, “독일헌법상의 직업공무원제도와 시간제공무원”, 행정판례연구 Ⅶ, 2002.

김성돈, “우리나라 ‘민영교도소법’의 허용성과 위험성”, 성균관법학 제13권 제2호, 2001.10.

김성수, “공법상 계약과 행정의 법률적합성의 원칙”, 고시계 제37권 제2호, 1992.2.

김성수, “공공부문과 민간부문 간의 협력을 위한 법적 과제―한국에서의 민자유치론을 중심으로”, 공법연구 제24집 제5호, 1995.

김연태, “환경행정에 있어서 비공식적 행정작용으로서의 협상”, 공법연구 제23집 제3호, 1994.

김용섭, “경제행정법상 보조금”, 고시계 제46권 제3호, 2001.3.

김유환, “미국 행정법에서의 참여와 협력―그 의미의 변화와 새로운 행정법질서―”, 공법연구 제30집 제5호, 2001.

김종철, “관료국가에서 계약국가로?―김대중 정부의 정부혁신정책에 내표된 국가기능의 변화―”, 법과 사회 제20호, 2001.

김중권, “행정의 작용형식의 체계에 관한 소고”, 공법연구 제30집 제4호, 2001.

김해룡, “공법상 계약의 성립에 관한 법적 문제”, 고시계 제46권 제8호, 2001.8.

김형천, “입찰에서의 담합행위와 입찰방해죄의 성부”, 대법원판례해설 제37호, 2001.

김형철, “독일공무원제도에 관한 소고―계약직 공무원과 관련하여”, 연세법학연구 제6집 제2권, 1999.

남영찬, “입찰절차상 제2순위 적격심사대상자의 지위가 확인의 소의 대상이 되는지 여부 및 구체적 권리의 발생이 불확정적인 경우 법률상 지위의 확인을 구할 소의 이익유무”, 대법원판례해설 제34호, 2000.

남효순, “나뽈레옹법전(프랑스 민법전)의 제정에 관한 연구”, 서울대학교 법학 제43권 제3호, 2002.

노수철, “정부조달계약의 분쟁절차의 비교법적 연구”, 제2회 군수조달관계법세미나 논문집, 2002.

노수철, “정부조달계약제도하의 계약상대자 보호문제연구”, 제4회 군수조달관계법세미나 논문집, 2004.

류지태, “공법상 계약과 권리구제”, 고시연구 제31권 제3호, 2004.3.

박규하, “행정계약이론과 공법상 계약이론”, 고시연구 제20권 제4호, 1993.4.

박균성, “행정사건과 민사사건의 구분과 관계에 관한 연구”, 경희법학 제34

권 제1호, 1999.

박기병, "공법상의 계약에 대한 민법규정의 적용—독일의 경우를 중심으로", 현대 행정법이론(우제 이명구 박사 화갑기념논문집[Ⅱ]), 1996.

박기병, "공법상 계약에 의한 보조금의 지급과 경쟁자소송", 관동대학교 논문집 제24권 제2호, 1996.

박기병, "공법상 계약에 관한 이론의 역사적 발달과정", 공법연구 제24집 제4호.

박수혁, "행정법에 있어서의 협력의 원칙", 고시계 제37권 제8호, 1992.8.

박윤흔, "공법상 계약", 고시계 제28권 제9호, 1983.9.

박정훈, "행정의 효율성과 법치행정—독일에서의 논의와 원리이론적 분석을 중심으로", 한국공법이론의 새로운 전개(목촌 김도창 박사팔순기념논문집), 2005.

박정훈, "부정당업자 입찰참가자격제한의 법적 제문제", 서울대학교 법학 제46권 제1호, 2005.

박종국, "공법상 계약에 관한 고찰", 공법연구 제23집 제2호, 1994.

박중훈, 성과계약에 기초한 행정서비스의 민간위탁방안, 한국행정연구원, 2003.

박해육, "신공공관리 시대의 성과계약관리", 지방행정연구 제19권 제3호(통권 58호), 2004.

방석호, "WTO 정부조달협정", 국제통상과 WTO법, 아시아사회과학연구원, 1996.

백태승, "독일 행위기초론의 발전과 최근동향", 저스티스 제25권 제1호, 1992.7.

백윤기, "전문직공무원 채용해지에 대한 쟁송", 재판의 한길(김용준 헌법재판소장 화갑기념논문집), 박영사, 1998.

백윤기, "당사자소송의 대상", 행정판례연구 Ⅳ, 1999.

변해철, "정부계약에 관한 연구—프랑스의 공공조달계약법제를 중심으로", 공법연구 제23집 제3호, 1994.

석종현, "공과 사의 융화현상에 대한 소고", 현대 행정법이론(우제 이명구 박사 화갑기념논문집[Ⅱ]), 1996.

선재성, "공공계약에서 낙찰자결정과 계약이 무효가 되는 사유", 대법원판례해설 제38호, 2001.

선정원, "지방자치단체의 수의계약", 행정법연구 제14호, 2005.5.

송동수, "행정계약의 현대적 재조명", 토지공법연구 제10집, 2000.

신보성, "공법상의 계약—행정법계약의 주요문제를 중심으로", 고시계 제30권 제12호, 1985.12.

신삼철, WTO 정부조달협정체계의 분석과 제도정비에 관한 연구, 청주대학교 대학원 박사학위논문, 2003.12.

신용락, “계약자유의 헌법적 한계”, 헌법문제와 재판[하], 재판자료 제77집, 1997.

안철상, “공법상 당사자소송의 본질과 유형에 관한 일고찰”, 사법논집 제29집, 1998.

윤성철, 공공시설에 대한 민간투자법제에 관한 연구, 성균관대학교 대학원 법학박사학위논문, 2004.

이강혁, “공법상의 계약－이론적 추이를 중심으로”, 고시계 제22권 제5호, 1977.5.

이계수, “신자유주의의 세계화와 법치국가의 위기”, 현대 공법학의 과제(청담 최송화 교수 화갑기념논문집), 2002.

이광윤, “민주적 국가경영을 위한 행정의 계약화”, 성균관법학 제13권 제2호, 2001.10.

이근주/송정미, 성과계약과 인사관리 : 개방형 임용제, 한국행정연구원 연구보고서, 2002.

이동수, “국가계약법제에 관한 행정법상 문제점”, 토지공법연구 제13집, 2001.

이명구, “공법상 계약의 법적 문제”, 법학논총(한양대) 4집, 1987.2.

이상도, “정부계약의 의의, 특색 및 종류”, 군사법논집 제1집, 1994.

이상도, “정부계약의 방법에 관한 연구”, 군사법논집 제2집, 1995.

이상해, “독일행정절차법에서 공법상 계약의 개정과 공사협력의 입법논의”, 부산대학교 법학연구 제45권 제1호, 2004.

이상호, 건설산업의 경쟁력강화를 위한 국가계약제도의 개선방안－PQ제도를 중심으로－, 재정경제부 용역보고서, 2003.

이원우, “민영화에 대한 법적 논의의 기초”, 한림법학 FORUM 제7권, 1998.

이원우, “정부투자기관의 부정당업자에 대한 입찰자격 제한조치의 법적 성질－공기업의 행정주체성을 중심으로－”, 한국공법이론의 새로운 전개(목촌 김도창 박사팔순기념논문집), 2005.

이은영, “계약에 있어서 법과 문화”, 민사법학 제25호, 2004.

이은영, “계약에 관한 법철학적 고찰”, 현대법철학의 흐름, 법문사, 1996.

이재목, “계약사정의 변경과 계약내용의 조정”, 비교사법 제8권 제1호(상)(통권 제13호), 2001.

이홍훈, “행정소송과 민사소송”, 한국공법이론의 새로운 전개(목촌 김도창 박사 화갑기념논문집), 2005.

이희정, 법의 지배와 행정법상 재판 외 분쟁해결수단 : 미국의 경우를 중심으로, 서울대학교 대학원 법학박사학위논문, 2004.2.

임지봉, "미국헌법상의 적법절차와 그 운용", 미국헌법연구 제13권, 2002.

장태주, "공법상 계약의 적용범위-독일 행정절차법상의 공법상 계약을 중심으로-", 공법연구 제29집 제2호, 2000.

정 원, "입찰관련 법적 성격 규명과 분쟁해결 방안", 제4회 국방조달 관계법 세미나 논문집, 국방부조달본부, 2004.

정하명, "미국에서의 교도소 민영화에 관한 공법적 논의", 공법연구 제30집 제1호, 2001.

정하중, "민간에 의한 공행정수행", 공법연구 제30집 제1호, 2001.

조용호, "공중보건의사 채용계약해지에 대한 쟁송", 대법원판례해설 제25호, 1996.

조태제, "공법상 계약에서의 분쟁과 그 해결", 관동대학교 논문집 제22권 제1호, 1994.

조태제, "공공조달행정에서의 공정성확보를 위한 사법심사제도의 도입방안", 토지공법연구 13집, 2001.

조홍석, "국가계약법제의 헌법상 문제점-부정당업자의 제재와 관련하여-", 토지공법연구 제13집, 2001.

천병태, "행정계약", 고시계 제30권 제11호, 1985.11.

최병선, "조달시장 개방체제 하의 조달행정 발전방안", 한국행정학회 2003년도 기획세미나 발표논문집(새로운 조달행정의 패러다임 정립연구), 2003.

최성은, 행정법상 행정계약의 법리, 원광대학교 대학원 법학박사학위논문, 2003.

한견우, "프랑스에서의 참여와 협력에 의한 행정과 행정법", 공법연구 제30집 제5호, 2001.

황창용/홍성필/정민웅/권용훈, 사회간접자본시설에대한민간투자법과 관련 법률의 체계에 관한 연구-민간투자법의 주요 쟁점 및 인허가사항을 중심으로, 국토연구원, 2004.

홍정선, "경제행정법과 교부지원", 고시계 35권 제7호, 1990.7.

홍준형, "신공공관리이론의 공법적 문제-공무원인사제도개혁을 중심으로", 행정법연구 제4호, 1999.

홍준형, "정부투자기관에 의한 부정당업자제재통보의 법적 성질", 행정법연구 제5호, 1999.

2. 외국문헌

1) 독일문헌

(1) 단행본

Apelt, Willibalt, Der verwaltungsrechtliche Vertrag, Leipzig, 1920, Neudruck 1964.

Bartle, Harold, Handbuch Öffentliche Aufträge, 2. Aufl., Baden-Baden 2000.

Breloer, Carolin Eva, Europäische Vorgaben und das deutsche Vergaberecht, Frankfurt am Main 2003.

Bullinger, Martin, Vertrag und Verwaltungsakt, W. Kohlhammer, 1962.

Burgi, Martin, Funktionale Privatisierung und Verwaltungshilfe -Staatsaufgabendogmatik Phänomenologie -Verfassungsrecht, Tübingen 1999.

Butterwegge, George, Verwaltungsvertrag und Verwaltunsakt-Probleme der Überscheidung von Verwaltungsakten und Verwaltungsverträgen unter besonderer Berücksichitigung des Verfügungsvertrages, Berlin 2001.

Dewitz, Ralf Michael, Der Vertrag in der Lehre Otto Mayers, Berlin 2004.

Ehlers, Dirk, Verwaltung in Privatrechtsform, Berlin 1984.

Grau, Ulrich, Historische Entwicklung und Perspektiven des Rechts der öffentliche Aufträge, Frankfurt am Main 2004.

Gurlit, Elke, Verwaltungsvertrag und Gesetz, Tübingen 2000.

Herbert Grziwotz, Vertraggestaltung im öffentlichen Recht, München 2002.

Höfling, Wolfram, Vertragfeiheit-Eine grundrechtsdogmatische Studie, Heidelberg, 1991.

Hufen, Friedhelm, Verwaltungsprozeßrecht, 3. Aufl., München 1998.

Imboden, Max, Der vertragrechtliche Vertrag, Basel 1958.

Leinemann, Ralf, Die Vergabe öffentlicher Aufträge, 3 Aufl. Köln/Berlin/Bonn/München 2004.

Köbler, Ralf, Die "Clausula rebus sic stantibus" als allgemeiner Rechtsgrundsatz, Tübingen 1991.

Maurer, Hartmut, Allgemeines Verwaltungsrecht, 15. Aufl., München 2004. Pestalozza, Christian, "Formenmißbrauch" des Staates-Zur Figur und Folgen des "Rechtsmißbrauchs" und ihrer Anwendung des staatliches Verhalten, München 1973.

Schimpf, Christian, Der verwaltungsrechtliche Vertrag unter besonderer Berücksichtigung seiner Rechtswidrigkeit, Berlin 1982.

Schlette, Volker, Die Verwaltung als Vertragspartner, Tübingen 1999.

Schmidt, Detlef, Die Unterscheidung von privatem und öffentlichem Recht, Baden-Baden 1985.

Spannowsky, Willy, Grenzen des Verwaltungshandelns durch Verträge und Absprachen, Berlin 1994.

Stober, Rolf, Allgemeines Wirtschaftsverwaltungsrecht, 14. Aufl., Stuttgart 2004.

Vosniakou Ekaterini, Beiträge zur Rechtsverhältnistheorie- Verwaltungsrechtsverhältnis und Fortschreibung der Verwaltungsrechtsdogmatik, Perter Lang, Frankfurt am Main 1992.

Wall, Heinrich de, Die Anwendbarkeit privatrechtlicher Vorschriften im Verwaltungsrecht, Mohr Siebeck, Tübingen 1999.

Weiß, Paula Macedo, Pacta sunt servanda im Verwaltungsvertrag, Frankfurt am Main 1998.

Zweigert, Konrad/Kötz, Hein, Einführung in die Rechtsvergleichung, 3. Aufl., Tübingen 1996.

(2) 논 문

Autexier, Christian J., Verträge und Absprachen zwischen der Verwaltung und Privaten in Frankreich, VVDStRL H. 52, S. 285-297.

Bauer, Hartmut, Anpassungsflexibilität im öffentlich-rechtlichen Vertrag, in: Hofmann-Riem, Wolfgang/Schmidt-Aßmann, Eberhard(Hrsg.), Innovation und Flexibilität des Verwaltungshandelns, Baden-Baden 1994, S. 245-288.

Bauer, Hartmut, Verwaltungsrechtliche und Verwaltungswissenschaftliche Aspekte der Gestaltung von Kooperationsverträgen bei Public Private Partnership, DÖV 1998, S. 89-97.

Bleckmann, Albert, Verfassungsrechtliche Probleme des Verwaltungsvertrages, NVwZ 1990, S. 601-607, in: ders, Zur Dogmatik des Allgemeinen Verwaltungsrechts Ⅰ, Baden-Baden 1999, S. 494-508.

Bonk, Heinz Joachim, Rechtliche Rahmenbedingungen einer Privatisierung im Strafvollzug, JZ 2000, S. 435-442.

Burmeister, Joachim, Verträge und Absprachen zwischen der Verwaltung und Privaten,

VVDStRL H. 52, 1992, S. 190-247.

Byok, Die Entwicklung des Vergaberechts seit 1999, NJW 2001, S. 2295-2302.

Dauber, Gelinde, Möglichkeit und Grenzen kooperativen Verwaltungshandelns, in Wandlungen der Handlungsformen im Öffentlichen Recht, Stuttgart/München/ Hannover/Berlin 1991, S. 67-98.

Die Fabio, Udo, Vertrag statt Gesetz?-Gesetzesvertretende und gesetzes-ausfüllende Verwaltungsverträge im Natur-und Landschaftshutz, DVBl. 1990, S. 348-346.

Di Fabio Udo, Verwaltung und Verwaltungsrecht zwischen gesellschaftlicher Selbstregulierung und staatlicher Steuerung, VVDStRL H. 56, 1997, S. 235-277.

Elbel, Thomas, Das Recht der Öffentlichen Aufträge auf dem Prüfstand des europäischen Rechts, DÖV 1999, S. 235-242.

Friehe, Heinz-Josef, Die Konkurrentenklage gegen einen Öffentlich-rechtlichen Subventionsvertrag, DÖV 1980, S. 673-677.

Huber, Peter M., Der Schutz des Bieters im öffentlichen Auftragwesen unterhalb der sog. Schwellenwerte, JZ 2000, S. 877-882.

Krebs, Walter, Verträge und Absprachen zwischen der Verwaltung und Privaten, VVDStRL H. 52, 1992, S. 248-284.

Mayer, Otto, Zur Lehre vom öffentlichrechtlichen Vertrage, AöR 3(1888), in: ders, Kleine Schriften zum öffentlichen Recht, Band I, Verwatungsrecht, Berlin 1981.

Ossenbühl, Fritz, Die Erfüllung von Verwaltungsaufgaben durch Private, VVDStRL H. 29, 1971, S. 137-209.

Pünder, Hermann, Zur Verbindlichkeit der Kontrakte zwischen Politik und Verwaltung im Rahmen des Neuen Steurungsmodells, DÖV 1998, S. 63-71.

Scherer, Joachim, Rechtsprobleme normsetzender "Absprachen" zwischen Staat und Wirtschaft am Beispiel des Umweltrechts, DÖV 1991, S. 1-7.

Schmidt-Aßmann, Eberhard, öffentliches Recht und Privatrecht: Ihre Fuktionen als wechselseitiges Auffangordnungen, in: Wolfgang Hoffmann-Riem/ Eberhard Schmidt Aßmann(Hrsg.), öffentliches Recht und Privatrecht als wechselseitiges Auffangordnungen, Baden-Baden 1995, S. 7-40.

Schmidt-Preuß, Matthais, Verwaltung und Verwaltungsrecht zwischen gesellschaftlicher Selbstregulierung und staatlicher Steuerung, VVDStRL H. 56, 1997, S. 160-234.

Schweizer, Rainer J., Verträge und Absprachen zwischen der Verwaltung und Privaten in der Schweiz, VVDStRL H. 52, 1992, S. 314-322.

Stolleis, Michael, öffentliches Recht und Privatrecht im Prozeß der Entstehung des modernen Staates, in Wolfgang Hoffmann-Riem/Eberhard Schmidt Aßmann(Hrsg.), öffentliches Recht und Privatrecht als wechselsetiges Auffangordnungen, Nomos Verlag, Baden-Baden 1995, S. 41-60.

Wahl, Rainer, Verwaltungsverfahren zwischen Verwaltungseffizienz und Rechtsschutzauftrag, VVDStRL H. 41, 1983, S. 151-192.

Willenbruch, Klaus, Vorbeugender und vorläufiger Rechtsschutz nach dem Vergaberechtsänderungsgesetz(§ 97-129 GWB), NVwZ 1999, S. 1062-1068.

2) 프랑스문헌

(1) 단행본

Braconnier, Stéphane, Droit des marchés publics, Imprimerie Nationale, Paris 2002.

Brebet, François, Les contrats de partenariat de l'ordonnance du 17 juin 2004-Une nouvelle espèce de contrats administatifs, Litec, Paris 2005.

Chapus, René, Droit du contentieux administratif(11 édition), Montchrestien, Paris 2004.

Guettier, Christophe, Droit des contrats administratifs, PUF, Paris 2004.

Jèze, Gaston, Les contrats administratifs,
   T.1: Étude des principaux contrats administratifs, LGDJ, Paris 1927.

Laubadère, Andre/Moderne, Frank/Delvolve, Pierre, Traité des contrats administratifs,
   T.1: La notion de contrat administratif etc, LGDJ, Paris 1983.
   T.2: Le obligation du cocontractant etc, LGDJ, Paris 2004.

Laubadère, Andre/Gaudemet, Yves, Traité de droit administratif,
   T.1: Droit administratif général(16 ed), 2001.

Linditch, Florian, Le droit des marchés publics(3 édition), Dalloz, 2004.

Pouyaud, Dominique, La nullité des contrats administratifs, LGDJ, Paris 1991.

Prebissy-Schnall, Catherine, La pénalisation du droit des marchés publics, LGDJ, Paris 2002.

Richer, Laurant, Droit des contrats administratifs(2 édition), LGDJ, Paris 1999.

Rivero, Jean/Waline, Jean, Droit administratif(20 édition), Dalloz, Paris 2004.

(2) 논 문

Bazex, Michel, Le Conseil de la concurrence et les marchés publics, A.J.D.A. 1994(Spécial).

Drago, Roland, Le contrat administratif Aujourd'hui, in: Droits, Revue Française de Théorie Juridique 12, 1990.

Dreyfus, Jean-David, Acualité des contrats entre personnes publiques, A.J.D.A. 2000.

Emery, Cyrille, Intercommunalité et contrats entre personnes publiques, A.J.D.A. 2000.

Fardet, Christophe, La clause exorbitante et la réalisation de l'intérêt général-A propos de l'arrêt du Tribunal des conflits du 5 juillet 1999, "UGAP", A.J.D.A. 2000.

Ghestin, Jacques, La notion de contrat, in Droits(Revue Française de Théorie Juridique) 12, 1990.

Gliozzo, Thomas, L'utilisation de critères additionnels dans la passation des marchés publics par appel d'offres, A.J.D.A. 2002.

Gosselin, Bernard, Actualité des travaux de la Commission centrale des marchés, A.J.D.A. 1994(Spécial).

Guibal, Michel, Codification et simplification du droit des marchés publics, A.J.D.A. 1994(Spécial).

Guillot, Jean-Louis, La banque et les marchés publics, A.J.D.A. 1994(Spécial).

Jossaud, Alain, Pour un droit public des marchés, A.J.D.A. 2002.

Koenig, Pierre, Le Statut constitutionnel de a'dministration, in Joachim Burmeister, Le Statut constitutionnel de a'dministration en France et en République Fédérale d'Allemagne, Carl Heymanns Verlag KG, Köln/Berlin/Bonn/München 1997.

Linditch, Florian, Le nouveau droit des marchés publics de la culture, A.J.D.A. 2002.

Peyrical, Jean-Marc, Les contrats de prestation entre collectivités publiques-Réflexions et interrogations, A.J.D.A. 2000.

Pignon, Sophie, La réform de la commande publique, A.J.D.A. 2002.

Richer, Laurant, L'article 1 du Code des marchés publics doit-il être révisé?, A.J.D.A. 1994(Spécial).

Vandermeeren, Roland, Le référé administratif précontractuel, A.J.D.A. 1994(Spécial).

Waline, Jean, La théorie générale du contrat en droit civil et en droit administratif, in : Mélanges en l'honneur du Pr J. Ghestin, Le contrat au début du 21e siècle, LGDJ, Paris 2001.

3) 영미문헌

(1) 단행본

Arrowsmith, Sue, The Law of Public and Utilities Procurement, Sweet & Maxwell, London 1996.

Arrowsmith, Sue, Government Procurement in the WTO, Kluwer Law International, Hague 2003.

Arrowsmith, Sue, Civil Liability and Public Authorities, Earlsgate Press, Winteringham 1992.

Atiyah, P.S., Promises, Morals, and Law, Oxford University Press, New York 1981 (reprinted 2003).

Collins, Hugh, Regulating Contracts, Oxford University Press, New York 1999.

Davies, A. C. L., Accountability-A Public Law Analysis of Government by Contract, Oxford University Press, New York 2001.

Harden, Ian, The Contracting State, Open University Press, Buckingham/Bristol 1992.

Keyes, W. Noel, Government Contracts(3rd ed.), West, St. Paul, Minn. 2000.

Martin, José M. Fernández, The EC Public Procurement Rules-A Critical Analysis, Oxford University Press, New York 1996.

Schwartz, Bernard, Administrative Law(3rd ed.), Little, Brown and Company, Boston/Toronto/London 1991.

Smith, Stephan A., Contract Theory, Oxford University Press, New York 2004.

Tiefer Charles/Shook, William A., Government Contract Law, Carolina Academic Press, Durham 1999.

Trepte, Peter, Regulating Procurement-Understanding the Ends and Means of Public Procurement Regulation, Oxford University Press, New York 2004.

Turpin, Colin, Government Contracts, Penguin Books, Harmondsworth 1972.

Turpin, Colin, Government Procurement and Contracts, Longman, Harlow 1989.

Whelan, John W., Federal Government Contracts(2nd ed.), Foundation Press, New York 2002.

(2) 논문, 연구보고서

Arrowsmith, Sue, Public Private Partnerships and The European Procurement Rules: EU Policies in Conflict?, Common Market Law Review 37, 709-737(2000).

Arrowsmith, Sue, Application of the U.K. Procurment Regulations to PFI Contracts: New Case Law, Public Procurement Law Review 3, NA 84-87(2002).

Bamforth, Nicholas, The Public Law-Private Law Distinction: A Comparative and Philosophical Approach, in Peter Leyland et al. ed., Administrative Law Facing Future: Old Constraints & New Horizons, Black Stone Limited, London 1997.

Calster, Geert Van/Deketelaere, Kurt, The Use of Voluntary Agreements in the European Community's Environmental Policy, in: Orts, Eric W./Deketelaere, Kurt(ed.), Environmental Contracts, Kluwer Law International, The Hague/London/Boston, 2000.

DeSouza, Patrick J., Regulating Fraud in Military Procurement: A Legal Process Model, 95 Yale L. J. 390(1985).

European Institute of Public Administration(EIPA), The Senior Civil Service: A Comparison of Personnel Development for Top Managers in Fourteen OECD Member Countries, European Institute of Public Administration, Maastricht 1998(서주현 외 譯, "14개 OECD 회원국의 고위공무원제도, 중앙인사위원회, 2000).

Evenett, Simon J. and Hoekman, Bernand M., Transparency in Government Procurement: What Can We Expect from International Agreement?, in : Sue Arrowsmith et al. ed., Public Procurement—The Continuing Revolution, Kluwer Law International, The Hague 2003.

Freedland, Mark R., Government by Contract and Public Law, Public Law 86-104(1994).

Freeman, Jody, The Contracting State, 28 Fla. St. U.L. Rev. 155(2000).

Freeman, Jody, The Private Role in Public Governance, 75 N.Y.U.L. Rev. 543(2000).

Hunt, Murray, Constitutionalism and the Contractualisation of Government; in Michael Taggart ed., The Province of Administrative Law, Hart Publishing, Oxford 1997.

Krug, Zachary D., Due Process and the Problem of Public Contracts; A Critical Look at Current Doctrine, 89 Cornell L. Rev. 1044(2004).

Linarelli, John, The WTO Transparency Agenda: Law, Economics and International Relations Theory, in : Sue Arrowsmith et al. ed., Public Procurement-The Continuing Revolution, Kluwer Law International, The Hague 2003.

Merrill, Thomas W., Public Contracts, Private Contracts, and the Transformation of the Constitutional Order, 37 Case W. Res. L. Rev. 597(1987).

Morris, Gillian S./Fredman Sandra S., Public or Private? State Employees and Judicial Review, Law Quarterly Review 107(Apr), 298-316(1991).

Mutek, Michael W. Implementation of Public-Private Partnering, 30 Pub. Cont. L. J. 557(2001).

Orts, Eric W./Deketelaere, Kurt, Introduction: Environmental Contracts and Regulatory Innovation, in: Orts, Eric W./Deketelaere, Kurt(ed.), Rnvironmental Contracts, Kluwer Law International, The Hague/London/Boston, 2000.

Pederson, Mark A., Rethinking the Termination for Convenience Clause in Federal Contracts, 31 Pub. Cont. L. J. 83(2001).

Prosser, Tony, Public Service Law: Privatization's Unexpected Offspring, 63 FALL Law & Contemp. Probs. 63(2000).

Schwartz, Joshua I., Liability for Sovereign Acts: Congruence and Exceptionalism in Government Contracts Law, 64 Geo. Wash. L. Rev. 633(1996).

Schwartz, Joshua I., Public Contracts Specialization as a Rational for the Court of Federal Claims, 71 Geo. Wash. L. Rev. 863(2003).

Seidenfeld, Mark, An Apology for Administrative Law in the Contracting State, 28 Fla. St. U.L. Rev. 215(2000).

Skilbeck, The Private Finance Initiative and Public Procurement, Public Procurement Law Review 4, 148-159(1996).

Verdeax, Jean-Jacques, Public Procurement in the European Union and in the United States: A Comparative Study, 32 Pub. Cont. L. J. 713(2003).

Vincent-Jones, Peter, The Regulation of Contractualisation in Quasi-Markets for Public Services, Public Law 304-327(1999).

(3) 국제기구 관련문헌

Commission of the European Union, Green Paper on Public-private Partnerships and Community Law on Public Contracts and Concessions[Brussels, 30. 4. 2004 COM(2004) 327 final].

Commission of the European Union, Communication from the Commission to the Council and the European Parliament on Environmental Agreements [Brussels, 27. 11. 1996 COM(96) 561 final].

OECD, Transparency in Government Procurement: The Benefits of Efficient Governance and Orientation for Achieving it[TD/TC/WP(2002)31/FINAL].

WTO Working Group on Transparency in Government Procurement, Report to the General Council(2003)[WT/WGTGP/7].

WTO Working Group on Transparency in Government Procurement, Report to the General Council(1999)[WT/WGTGP/3].

WTO Working Group on Transparency in Government Procurement, Report to the General Council(1998)[WT/WGTGP/2].

2. 외국법률용어색인

김 대 인

서울대학교 법과대학 졸업
동 대학원 졸업(법학석사 및 박사)
변호사
Journal of Public Procurement Editorial Board
한동대학교 법학부 조교수 역임
현재 이화여자대학교 법과대학 조교수

<주요 논저>

정부조달계약의 투명성제고를 위한 법제개선방안, 한국법제연구원.
'법과 개발'의 관점에서 본 공공조달법제의 현황과 과제, 공법연구 제36집 제4호.
Korean Administrative Case Decisions in Law & Development Context, Journal of
Korean Law Volume 6, Number 1.

행정계약법의 이해   값 22,000원

| 2007년 3월 30일 | 초판 발행 |
| 2008년 10월 6일 | 재판 발행 |

저　　자 : 김 대 인
발 행 인 : 한 정 희
발 행 처 : 경인문화사
편　　집 : 장 호 희
서울특별시 마포구 마포동 324-3
전화 : 718-4831~2, 팩스 : 703-9711
이메일 : kyunginp@chol.com
홈페이지 : http://www.kyunginp.co.kr
　　　　　 : http://한국학서적.kr
등록번호 : 제10-18호(1973. 11. 8)

ISBN : 978-89-499-0463-4 94360
ⓒ 2008, Kyung-in Publishing Co, Printed in Korea
＊ 파본 및 훼손된 책은 교환해 드립니다.